경제와 영어의 만남

성궤의 잃어버린 비밀

초판 1쇄 인쇄 2022년 7월 25일
초판 1쇄 발행 2022년 7월 30일

지은이 로렌스 가드너
옮긴이 김 원
펴낸이 金泰奉
펴낸곳 한솜미디어
등 록 제5 - 213호

편 집 김태일, 김수정
마케팅 김명준

주 소 (우 05044) 서울시 광진구 아차산로 413(구의동 243 - 22)
전 화 (02)454 - 0492(代)
팩 스 (02)454 - 0493
이메일 hansom@hansom.co.kr
홈페이지 www.hansomt.co.kr

값 16,000원
ISBN 978 - 89 - 5959 - 557 0 (03900)

* * *

Lost Secrets of the Sacred Ark by Laurence Gardner
Copyright © 2003 Laurence Gardner
Korean translation rights © 2022 HANSOMEDIA/DDIAT
Korean translation rights are arranged with Laurence Gardner Estate
through Andrew Lownie Literary Agency UK and AMO Agency Korea

이 책의 한국어판 저작권은 AMO 에이전시를 통해
저작권자와 독점 계약한 '도서출판 띠앗/한솜미디어'에 있습니다.
저작권법에 의해 한국 내에서 보호를 받는 저작물이므로
무단전재와 복제를 금합니다.

Lost Secrets of   the Sacred Ark

성궤의 잃어버린 비밀

금의 힘에 대한 놀라운 계시

로렌스 가드너 지음 / **김 원** 옮김

한솜미디어

1. 세라비트 엘 카딤에 있는 하토르산 신전의 유적

2. 세라비트 엘 카딤에 있는 신전의 호렙산 동굴 유적

3. 에스겔의 환상 - 게루빔과 천상의 왕좌

4. 불사조의 비상 - 피터 롭슨, 2001

5. 덴데라의 하토르 신전에 있는 신비한 부조

6. 왕족의 묘를 지키는 아누비스가 있는 투탕카멘의 이집트 궤

7. 투탕카멘의 황금 용기 위에 있는 날개 달린 게룹

8. 2세기 그리스 문서로부터 샤르트르 미로

9. 아시리아 아프칼루 – 솔방울 지니와 왕. 아슈르나시르팔 2세의 님루드 왕궁으로부터 약 BC 870년

10. 성궤를 그린 로열 아치의 프리메이슨 표현
로렌스 더모트, 1783

11. 황금가의 운명 - 피터 롭슨, 2002

12. 샤르트르 성당의 미로

13. 막달라 마리아의 프로방스 도착 – 앤드류 존슨, 2001

놀라운 황금 파워의 경이로운 탐구

"우리의 돌은 최고 수준의 순도와 미묘한 고정력으로
소화되는 금에 불과하다. 그것은 돌처럼 고정되고 불연성이지만
겉모습은 매우 미세한 가루와 같다."

– 에이레네우스 필라테스 – 현자의 돌, 1667

성궤의 잃어버린 비밀

차 례

감사의 글/ 21
서론/ 22

1부

1 **황금가家/** 27
   신성한 산/ 27
   축복받은 자의 땅/ 32
   위대한 자/ 35
   최종 목표/ 38

2 **낙원의 돌/** 42
   생명을 주는 자/ 42
   매일의 양식/ 46
   신성한 만나/ 49

3 **빛과 완벽/** 54
   보석의 신비/ 54
   기이한 나선/ 57
   놀라운 루비/ 60
   증언의 반지/ 62
   새로운 왕조/ 67

4 **출애굽/** 69
   이스라엘의 자손들/ 69
   불타는 떨기나무/ 71

승계권/ 80
키바의 연인/ 83

5 **성궤/** 89
신명기의 충돌/ 89
성경의 기원/ 93
거처/ 95
전차와 게루빔/ 96
신의 본질/ 104

6 **금의 힘/** 107
풍요/ 107
간략한 금의 역사/ 110
성궤의 날/ 112
황금 양털/ 115
에메랄드 서판/ 117

2부

7 **일렉트리쿠스/** 127
아콘의 심판/ 127
성 엘모의 불/ 131
고대의 배터리/ 133
신들의 금/ 135
성궤-빛의 불꽃/ 139

8 **빛의 궤도/** 143
불-돌의 마스터들/ 143
샤르-온Shar-On의 면/ 148

지니의 영역/ 152

0(Zero)의 저편/ 158

9   **솔로몬왕의 비밀/ 161**
왕족의 세대/ 161
성궤의 정복/ 164
데보라의 노래/ 169
다윗왕의 도시/ 172
볼-돌 프로젝트/ 175

10   **어둠 속으로/ 180**
케브라 나가스트/ 180
시바의 여왕/ 184
운명의 수호자들/ 186
포로 이후/ 194

3부

11   **평행 차원/ 201**
허드슨 파일/ 201
중력에 저항하다/ 205
초전도체/ 208
스텔스 원자와 시공(時空)/ 211
심판의 날/ 215

12   **양자 프로토콜/ 218**
전이 원소들/ 218
공중부양과 순간이동/ 220
신성한 과학/ 223

덴네라로 돌아가다/ 226

통과의례/ 229

13   **사막의 불/** 231

성배의 수수께끼/ 231

하스몬가/ 234

성약의 수호자들/ 238

14   **데포시니/** 243

예수 탄생의 역설/ 243

하나님의 아들 – 사람의 아들/ 249

처녀와 목수/ 252

증거를 불태우다/ 253

막달라의 항해/ 256

고귀한 숙련공/ 259

4부

15   **연금술의 르네상스/** 265

성전의 기사들/ 265

성궤 공의회/ 269

노트르담/ 271

종교재판/ 276

16   **숨겨진 두루마리/** 280

성전기사단의 응징/ 280

제3등급/ 286

결백의 불꽃/ 288

17 불사조의 상승/ 292
성전산 아래/ 292
로열 아치/ 295
새로운 철학/ 298
부인된 비밀들/ 302
헤르메스의 예술/ 304
빛의 하나님/ 306

18 휴식처/ 310
현자들의 묵주/ 310
성궤를 양보하다/ 313
최종 실행/ 316
입구/ 323

각주 및 참고/ 327
계보도 차례/ 363

부록

1 무덤의 수수께끼/ 415
2 출애굽/ 418
3 판매용 금/ 420
4 아메네모페와 잠언/ 424
5 사라지는 포인트를 향해/ 425
6 테세우스와 미노타우로스/ 431

역자후기/ 436
참고문헌/ 447
찾아보기/ 458

감사의 글

이 작품의 편찬에 수많은 도움을 주신 분들께 감사드립니다. 특히 대영도서관, 대영박물관, 프랑스 국립도서관, 보르도 도서관, 루브르 박물관, 동양연구소 박물관, 시카고 대학, 옥스퍼드 애슈몰린 박물관, 런던 바르부르크 연구소, 더블린의 왕립 아일랜드 학술원, 스코틀랜드 국립도서관, 버밍험 중앙도서관, 데본 카운티 도서관의 수많은 기록보관인, 사서 그리고 큐레이터들로부터 도움을 받았습니다.

특정 전문가와 과학 분야인 세계금협회, 플래티넘 금속 위원회, 정신과학재단, 아르곤 국립연구소, 미국 물리학회, 패트릭재단, 이집트 탐사협회의 직간접적인 도움에 감사드립니다. 이와 관련하여 물리학자인 다니엘 스웰 워드 박사가 광범위하게 전문적인 도움을 준 것에 감사를 표합니다.

나의 대리인 앤드류 로니에, 나의 외국 권리 대리인 스칼렛 넌, 편집자 매튜 코리 그리고 이 판본이 출판되는 과정을 지켜본 토르슨스와 하퍼 콜린스의 모든 분들께 감사드립니다. 나는 피터 롭슨 경의 귀중한 예술적 관계 ─ 특히 특별하게 그려진 그림, '황금가의 운명 Destiny of the House of Gold' ─ 와 마찬가지로 미술가 앤드류 존스의 열정적인 협력에 은혜를 입고 있습니다.

마지막으로 수년 동안 내 작품을 지지하고 격려해 준 모든 독자분들 ─ 특히 다양하게 유용한 논평과 기고를 해준 분들 ─ 에게 감사의 말씀을 전합니다.

로렌스 가드너

서론
Introduction

　지난 세기를 통틀어 특히 알베르트 아인슈타인 시절부터 과학자들은 현대 물리학의 성배Holy Grail를 찾아왔고, 그들은 그것을 "모든 것에 대한 통일장이론"으로 분류했다. 이것은 우리에게 친밀한 시공간을 넘어 지금까지 알려지지 않은 존재의 평면들에 대한 인식과 함께 초끈, 쿼크, 초전도성을 포함하는 완전히 새로운 언어의 출현과 몇몇 놀라운 발견으로 이어졌다.

　양자역학 분야에서 과학자들은 최근에 물질이 실제로 동시에 두 장소에 존재할 수 있다는 것을 확인했다. 양자 얽힘을 통하여 수백만 광년 떨어져 있는 입자들이 물리적인 접촉 없이 연결될 수 있다는 것이 이제 확립되었다. 시공간은 이제 조종될 수 있고, 순간이동은 현실이 되고 있으며, 내중력 물질은 항공 운송을 위해 예고되어 있고, 가상과학은 초차원 환경에 대한 더 큰 이해로 이어졌다.

　『성배 왕의 창세기Genesis of the Grail Kings』에서 단원자 금과 플래티넘의 속성을 논할 때 나는 이 귀금속들의 환경친화적인 연료전지 잠재력이 발표될 날이 머지않았다고 언급했다. 이것들은 내가 제안했듯이 운송과 다른 실용적인 목적을 위한 화석 연료를 대체할 것이다. 동시에 나는 의학 분야에서 특히 암 치료 분야에서 그것들의 미래 사용에 대해 언급했다. 더욱이 우리는 이 이국적인 물질들의 중력에 저항하는 특성들과 초전도 및 말 그대로 시공간을 구부릴 수 있는 그들의 능력에 대해 연구했다. 비록 짤막하긴 하지만 이러한 발표들은 결과적으로 내 글의 다른 어떤 주제보다도 더 많은 독자들의 관심과 미디어의 인터뷰로 이어졌다. 결론적으로 그 문제는 이제 그 자체로 책을 쓸 자격을 갖추었다.

고-스핀 금과 백금 계열 금속들의 수수께끼 같은 백색 가루에 관한 정말 놀라운 사실은 그것이 새로운 발견이 아니라는 것이다. 고대 메소포타미아인들은 그것을 쉠-안-나shem-an-na로 불렀고 이집트인들은 mfkzt라고 묘사한 반면, 알렉산드리아인들과 니콜라스 플라멜Nicolas Flamel(1330~1428) 같은 후기 화학자들은 그것을 천국으로부터 온 선물 –'현자의 돌Philosopher's Stone'이라고 부름 – 로 숭배했다. 역사의 모든 단계에서 신성한 "투영의 가루"는 공중부양, 변환, 순간이동의 놀라운 힘을 가진 것으로 여겨졌다. 그것은 밝은 빛과 치명적인 광선을 생산하는 동시에 활동적인 신체 장수의 열쇠가 된다고 한다. 오늘날 첨단과학연구소는 이 물질을 "배타적 물질"로 묘사하고, 이 초전도력은 첨단과학센터에 의해 "우주에서 가장 주목할 만한 물리적 특성"이라고 주장되어 왔다.

그러나 고대의 문서적 증거로부터 사제 공중부양, 신의 의사소통 그리고 전기의 경이로운 힘의 먼 세계에서 이해되지 않더라도 초전도체와 중력 저항의 속성이 알려져 있었다는 것은 분명하다. 그리스 신화에서 이 물질의 비밀에 대한 탐구는 '황금 양털Golden Fleece' 전설의 핵심에 있는 반면, 성경적 용어로 그것은 모세가 시나이에서 가져온 황금상자인 성궤의 신비한 영역이었으며, 나중에 예루살렘 성전에 보관되었다.

백색 가루 현상의 자세한 조사를 위해 그 자체의 모험적인 이야기가 본질적으로 관련되어 있기 때문에 성궤는 그 역사와 관계된 최고의 촉매제를 제공한다. 그러나 『성궤의 잃어버린 비밀』은 성궤를 찾는 것에 국한되지 않는다. 보다 정확하게는 모세 시대부터 성전기사단 시대까지 성궤의 기능과 작동에 관한 것으로, 최근 몇 년 동안 세계 유수의 과학 학회에서 관련 논평과 함께 신성한 과학의 재발견으로 옮겨가고 있다.

로렌스 가드너
엑시터, 2002. 7.

황금가家

신성한 산

우리의 이야기는 1904년 3월 에드워드 7세가 영국을 통치하고 시어도어 루스벨트가 미합중국의 대통령으로 취임하는 지난 세기 초에 시작된다. 1차 세계대전(1914~1918)은 알려지지 않은 미래에 대한 전망이었고 모험과 탐험의 열정적인 시기였다. 로버트 스콧 선장과 디스커버리호 선원들은 남극에서 영국으로 돌아오는 중이었고, 동시에 영국의 고고학자 플린더스 페트리 경Sir W.M. Flinders Petrie(1853~1942)과 그의 팀은 시나이 사막의 바람에 파괴된 바위 고원 위에 서 있었다.

페트리 탐험대는 후에 설립된 이집트 탐험 기금(현재 이집트 탐험 협회)의 후원을 받았다. 이것의 목적은 이집트 동쪽의 홍해 위에 있는 수에즈만과 아카바 사이에 있는 시나이반도의 오래된 구리와 터키석 광산 지역을 조사하는 것이었다. 이곳은 구약성경의 출애굽기(킹 제임스 판본)에서 호렙Horeb산으로 언급되는 모세의 땅이었다.1 BC 3세기경 고대 70인역 성경에서 이 장소는 초렙Choreb산으로 정확하게 표현된다.2 단순한 명목상의 적용과는 거리가 먼 초렙choreb과 호렙horeb 두 단어는 우리가 발견하게 될 모세 시대에 매우 중요한 의미를 지녔다.3

페트리가 호렙산의 정확한 위치를 결정하는 데 어려움이 따른 것은 시나이반도의 산맥이 넓고 (그들이 고대 역사에 주의 깊음에도 불구하고) 지역주민들이 고도가 높은 지역을 잘 알지 못했기 때문이다. 4세기에 기독교

성궤의 잃어버린 비밀   27

수도사들이 시나이반도 남쪽 산 위에 성 카타리나 수도원을 세웠고 그곳을 게벨 무사Gebel Musa(모세의 산)라고 불렀다. 그러나 이는 성경의 지리적 언급과 맞지 않기 때문에 부정확한 결론임이 분명했다. 출애굽기는 BC 1330년경 모세와 이스라엘 백성이 이집트 델타 지역인 고센에서 출발하여 홍해를 넘어 미디안 땅(오늘날 요르단 북쪽)으로 갈 때 행한 길을 설명한다. 슈르Shur와 파란Paran의 황량한 지역을 가로지르는 방향을 따라 파란 평원 위 높은 사암 고원에 793m 솟은 모세의 신성한 산이 보인다. 오늘날 이것은 세라비트 엘 카딤Serabit el Khadim(카딤의 돌출부)으로 알려져 있고, 페트리 탐험대가 등반한 울퉁불퉁한 노출부였다. 그들은 그 장소에 특별한 기대를 하지 않았지만 조사의 일부였기 때문에 놀랍게도 기념비적인 발견을 한 정상까지 갔다.

그들은 거대한 인공 동굴로부터 약 70m의 넓은 장소 위에 지어진 오래된 신전의 폐허를 발견했는데, BC 2600년경 통치한 4왕조 스네푸르 파라오 시대까지 거슬러 올라가는 비문이 있었다.4 그 후, 페트리는 "그곳 전체는 묻혔고 우리가 그곳을 깨끗이 정리할 때까지 아무도 그것에 대해 몰랐다"라고 썼다.5 아마도 그들은 셈족 형태의 제단석이나 다른 의례적인 랜드마크를 발견해도 놀라지 않았을 것이지만 이것은 거대한 이집트 신전이었고 분명히 어떤 중요성이 있었다.

수년 전 이 탐험에 대해 처음으로 논의했을 때6 나는 그것이 새로운 모험가들에게 관심을 불러일으킬지 전혀 몰랐다. 그 이후 많은 독자들이 지긋지긋한 등산을 한 후, 그들의 방문에 대해 회고하고 자신들의 위업을 담은 훌륭한 사진들을 보내왔다. 이 점에서, 비록 아무도 서신에서 그 사실을 언급하지 않았지만, 아마도 나는 사원이 특이한 위치 때문에 여전히 접근 가능하고 인상적이긴 하지만, 페트리의 사진과 글에서 묘사된 것과 같은 많은 특정한 유물들이 더 이상 그곳에 없다는 것을 분명히 했어야 했다.

고고학자들이 다른 사람들의 땅에 있는 고대 유적지를 약탈하고, 그들의 전리품을 서양의 박물관에 가져가는 것은 불행하지만 일반적인 관행이었다. 이것들은 단지 휴대할 수 있는 물품들뿐만 아니라 거대한 석상, 오벨리스크 그리고 이집트, 아시리아, 바빌로니아 같은 곳에서 온 벽 부분까지 포함한다. 영국, 유럽 그리고 미국의 박물관과 금고에는 그러한 물품들이 가득하다. 세라비트Serabit산에서 발견된 페트리의 가장 중요한 몇몇 발견을 설명함에 있어서, 내가 오늘날 그것들을 어디에서 발견할 수 있는지에 대한 세부사항을 설명했어야 하는 것이 논리적으로 보일지도 모른다. 그러나 사실 몇몇 품목들은 공공미술관에 들어갔지만 많은 물품들을 개방하여 조사하지 않고 전략적으로 숨겼기 때문에 세라비트 저장물의 위치를 찾기가 쉽지 않았다. 그럼에도 불구하고 현재 나는 어느 정도 성공을 거뒀으며, 세라비트 품목이 보관된 몇몇 박물관의 목록이 '각주 및 참고'에 제시되어 있다.7 1904년 딤힘 이후 페트리가 기록한 많은 부서진 유물들이 박물관 관계자에 의해 옮겨지지 않았지만 유적지의 세부사항이 알려지자 다른 사람들에 의해 도둑맞았다. 그 결과, 1935년 하버드대학교 탐사 때 그것들은 그곳에 있지 않았다.

수많은 주요 유물들이 비밀스레 보관되어 있는 이유는 당시 페트리의 발견이 매우 불쾌하게 여겨졌기 때문이며 신성한 산에서의 사건들이 출애굽기 묘사와 모순되는 것으로 간주되었기 때문이다. 그곳에서 모세는 불타는 덤불을 보고 여호와와 이야기를 했고 금송아지를 불태우고 증언표를 받았다고 한다. 실제로 페트리 보고서는 어떤 식으로든 성경의 설명을 뒤집지 않았는데 그것이 도전했던 것은 기독교적 해석과 그것을 가르치는 방식이었다. 본질적으로 그의 발견은 이집트

성궤의 잃어버린 비밀　29

탐험 기금 규정을 위반했다. 1891년 기금 설립 '각서 및 정관'에 따르면 그 목적은 "구약성경의 서사를 설명하거나 설명하기 위한 조사와 발굴 촉진"을 포함한다고 명시되어 있다.8 물론 이것은 구약성경이 쓰인 대로가 아니라 전통적으로 해석된 대로라는 것을 의미했다.

1901년 빅토리아 여왕의 죽음 이후 그리고 영국 제국주의가 영광의 절정에 있던 가운데, 페트리가 1904년 발견했을 때 빅토리아 시대의 가치는 여전히 가장 중요했다. 사회에 강요된 가치관은 오늘날 가치 있는 개념이라기보다는 기득권 위협으로 여겨질 수 있으며, 제1차 세계대전(10년 후)의 잔인한 가혹함이 어느 정도 태도의 평준화를 도입하는 데 필요했다. 그러나 페트리는 그 시대의 가장 유명한 고고학자가 되었음에도 불구하고 권위주의적 비난의 무게를 느꼈다. 그가 돌아오면 그의 발견에 대해 출판하기로 결정했기 때문에 지금까지 이집트 탐험 기금에 의한 재단의 무조건적인 지원은 종료되었다. 그는 보고서에 "그러므로 이집트 연구 계정과 이집트의 영국 고고학 학교에서 미래를 신뢰하는 것이 필요하다 … "라고 썼다.

자신이 직접 추린 페트리의 일지는 『시나이에서의 연구Researches in Sinai』라는 매우 훌륭한 책으로 나왔다. 이것은 1906년 런던의 존 머레이John Murray에 의해 출판되었지만 오래가지 못했고 복사본은 현재 찾기가 매우 어렵다. 훨씬 후인 1955년 새롭게 변모하고 더 영감을 얻은 이집트 탐험 협회(옥스퍼드 대학출판사와 협조한)는 시나이반도의 부조와 비문에 관한 자체 판본을 출간했다.9 이 두 권의 연구는 첫 번째 사례에서 페트리의 발견을 다루었지만, 두 번째 부분은 저명한 이집트학 학자 앨런 H. 가디너Alan Gardiner와 T. 에릭 피트Eric Peet의 관련 원고에 초점을 맞추었다. 그들은 상형문자와 새김들을 베끼고 이야기하고 논쟁하며 페트리의 학회를 위한 작업을 진행시켰다. 하지만 세라비트 엘 카딤의 원본 유물들은 어디에 있었을까? 페트리와 다른 사람들이 묘사한 그 유물들은 모두 어디에 있었을까?

1906년 이래로 많은 수의 물품들이 비밀리에 안전하게 보관되어 왔고 극히 몇몇 유물은 일반에 공개되었음이 밝혀진다. 현재 확인 가능한 것 중 커다란 오벨리스크와 비석에서부터 작은 지팡이와 그 릇에 이르기까지 463개의 유물들이 공식적으로 산 위의 신전으로부 터 옮겨졌다. 운 좋게도 모든 새로운 세대의 개개인들은 현재 그 유 물들에 대한 책임이 있고 그것들의 존재(빅토리안 양식의 제약이 더 이상 적용되지 않음)를 기억하며 관리자들은 실제로 이 점에 대해 열정을 보이고 있다.

현재 나는 세라비트산에서 114개의 지정된 유물들의 박물관 자료 목록을 열람할 수 있다. 비록 개별적으로 기록되고 번호가 매겨지고 설명되어 있지만 그 유물들은 수십 년 동안 저장소에 보관되어 왔다. "발견 장소 : 이집트, 시나이, 세라비트 엘 카딤"이라고 분류된 것들 은 제의용 테이블, 조각상, 비석 그리고 유리병, 부적, 장식판, 지팡 이, 연장들과 함께 있는 제단을 포함한다. 파라오의 다양한 카르투슈 (받침대에 올린 기다란 타원형 네모 안에 파라오 이름을 기록한 상형문자)와 비문들은 4왕조 부터 중왕조(특히 12왕조를 중시하여), 신왕국(특히 모세의 18왕조 시기)을 지나 12왕 조와 함께 절정에 이른 람세스 시대까지의 확장된 기간을 나타낸다. 이것은 약 1,500년간 신전이 운영되었다는 것을 의미한다.

하토르 여신에게 봉헌된 세라비트 신전은 이집트가 재정적으로 쇠 퇴하고 외부의 영향력에 빠졌던 BC 11세기 동안 모든 기능을 멈춘 것으로 보이며, 결국 프톨레마이오스 왕조의 그리스 통치를 이끌었 다. 그러나 그것은 기자Giza(카이로 교외에 있는 도시) 피라미드가 세워지기 전 에 작동했고, 투탕카멘과 람세스 대왕 시대 이후에도 로터스 이터Lotus

성궤의 잃어버린 비밀   31

Eater10와 신들의 위대한 시대 내내 계속 사용되었다. 그러나 그렇게 중요한 이집트 신전이 왜 파라오의 중심지에서 수백 킬로미터 떨어진 홍해만을 건너 황량한 산 정상에 있었을까?

축복받은 자의 땅

『성배 왕의 창세기』를 읽은 사람들에게 반복될 위험을 무릅쓰고, 페트리의 발견에 대한 몇 가지 측면을 반복하는 한편, 후에 서양에서 뒤따른 논쟁의 몇몇 추가적인 세부 사항을 추가하는 것은 가치가 있다.

땅 위의 신전 부분은 산에서 채취한 사암으로 건축되었다. 그 구조는 일련의 인접한 홀, 성당, 안뜰, 침실, 방들로 이루어져 있으며 모두 외벽 안에 세워져 있다. 이 중에서 발굴된 주된 특징은 하토르 궁전, 성소, 왕의 성지 그리고 주랑 현관의 안뜰이다. 사방에 여러 시대에 걸쳐 이집트 왕을 나타내는 기둥과 비석이 세워져 있었고, 투트모세 3세 같은 어떤 왕들은 입석이나 벽면 부조에 여러 번 묘사되었다. 페트리는 그곳을 깨끗이 치우고 "보존 상태가 좋지 않아 우리를 더욱 안타깝게 하는 다른 기념물은 없다"11라고 썼다.

하토르 동굴은 자연 바위로 잘려져 있었고, 매끄럽게 다듬어진 평평한 내부 벽이 있었다. 중앙에는 아메넴헤트 3세(BC1841~BC1797)의 크고 곧바르게 선 기둥이 있었다. 또한 그의 시종장 케넴수와 봉함 지참인 아메니센브도 묘사되었다. 페트리는 동굴 안 깊은 곳에서 파라오 람세스 1세의 석회암 석비를 발견했는데, 이 석판 위에는 람세스(전통적으로 이집트학 학자들은 파라오 아케나텐에 대한 일신교의 아톤 신 숭배를 반대한 것으로 간주)가 자신을 "아톤이 아우르는 모든 자들의 지배자"12라고 묘사하였다. 또한 아케나텐의 어머니 티예 여왕의 아마르나 시대(고대 이집트 18왕

꿔의 이멘호테프 3세와 4세 시대로 번영이 최고조에 달하였다. 새로운 도시인 아케트아텐의 현재명에서 따옴)의 조각상 미리가 발견되었는데 그녀의 카르투슈13가 왕관에 새겨져 있다.

바깥 신전의 안뜰과 홀에는 돌로 조각한 수많은 직사각형 물탱크와 원형 대야, 움푹 들어간 정면과 스플릿-레벨(같은 층의 일부의 방이 다른 방보다 마루가 높게 된 건물)의 표면이 있는 이상한 모양의 다양한 벤치 제단이 있었다. 또한 설화 석고 항아리들 그리고 컵들과 함께 둥근 테이블, 쟁반, 접시가 놓여 있고 연꽃 모양의 꽃병과 잔도 놓여 있었다. 더욱이 방에는 광을 낸 장식판, 카르투슈, 풍뎅이 그리고 나선과 대각선-정사각형으로 디자인된 성스러운 장신구들과 바구니 물품의 훌륭한 품목들이 있었다. 그곳에는 정체를 알 수 없는 단단한 재료로 된 지팡이가 있었고, 주랑 현관에는 높이가 각각 약 15cm와 22.5cm인 원추형 돌 2개가 있었다. 탐험가들은 이것들로 인해 완전히 당황했는데 조심스럽게 놓인 판석 아래에 숨겨져 있던 야금술사들의 도가니와 상당량의 순백 가루가 발견되어 더욱 혼란에 빠졌다.

이 사건 이후, 이집트학 학자들은 왜 도가니가 신전에 필요했는지 논쟁을 벌였고, 동시에 세라비트 벽과 비문에 수십 번 언급된 mfkzt (때때로 "무프쿠즈트mufkuzt"라고 발음되었다.)라 불리는 신비한 물질에 대해 토론했다.14 어떤 이는 mfkzt가 구리라고 제기했는데 많은 사람들은 터키석의 개념을 더 선호했다. 왜냐하면 둘 다 산 너머 저지대에서 채굴된 것으로 알려졌기 때문이다. 다른 사람들은 공작석孔雀石(구리 광석이 돌로 산화되어 형성된 보석)일 것이라고 추측했지만 이것들은 모두 입증되지 않은 추측이었고, 현장에는 이런 물질들의 흔적이 전혀 없었다. 만일 터키석 채굴이 수많은 왕조 시대 동안 신전 책임자들의 기본 업무였다면 누군가는 그곳에서 그리고 이집트 무덤 안에서 터키석이 풍부하게 발견되었을 것이라고 기대했을 것이다 - 그러한 경우는 없었다.

논쟁 과정 중 1845년 이집트에서 "mfkzt"라는 단어를 발견한 독일 언어학자 칼 리차드 렙시우스에 의해 mfkzt에 관한 의문이 제기되었음이 확인되었다. 실제로 1822년 로제타석을 해석하는 열쇠를 발견하고 이집트 상형문자를 이해하는 기술을 개척한 프랑스 과학자 장 프랑수아 샹폴리옹에 의해 훨씬 먼저 문제가 제기되었다.15 사실 mfkzt는 페트리 탐험 전에 터키석, 구리, 공작석이 아니라고 결정되었다. 그러나 그 단어는 매우 귀중하고 어떤 식으로든 불안정하다고 여겨지는 "돌"의 어떤 형태를 의미했음이 확인되었다. 이집트인들에 의해 귀중하게 여겨진 수많은 물질 목록에는 mfkzt가 포함되었지만, 그와 같은 목록에 있는 다른 보석들, 광석 그리고 금속들 때문에 그것은 그것들 중 어느 것도 아닌 것으로 알려졌다. 100년 이상의 연구와 조사 후, 1955년에 그 목록들을 연구할 때 이집트학 학자들이 결정할 수 있는 가장 좋은 것은 "mfkzt는 가치 있는 광물 생산품"이었다.16

그럼에도 불구하고 시나이 밖에서 가장 오래된 mfkzt의 역사적 기록은 모든 것 중에서 가장 많은 것을 말해 준다. 그것은 피라미드 문서 - 사카라에 있는 5왕조 우나스왕의 피라미드 무덤을 장식한 것으로 사후세계로의 부활을 기록하고 있는 성스러운 글 - 에서 매우 다르고 훨씬 더 묘사적인 모습으로 나타난다. 여기 죽은 왕이 신들과 함께 영원히 산다고 전해지는 지역이 묘사되어 있는데 그것을 'Mfkzt의 장場Field'이라고 부른다. 피라미드 문서에 명명된 또 다른 천상의 위치는 'Iaru의 장場' - 축복받은 자의 차원 - 이며, 두 곳 사이에는 공통점이 있는 것으로 보인다. 이것으로부터 mfkzt는 단지 지구상의 가치 있는 물질일 뿐 아니라 때때로 "돌"로 분류된다는 것이 확인되었고, 그것은 또한 이해하기 어려운 장場 - 생명의 변화적인 차원의

34   Lost Secrets of the Sacred Ark

상태인 - 으로 가는 열쇠였다. "장場Field"이란 단어는 중력과 자력과 같은 작용력이 활동적인 영역을 설명할 때도 사용되며, 우리는 저절 한 시기에 이 영역으로 돌아가게 될 것이다.

위대한 자

조사 과정에서 과학자들을 놀라게 한 다른 원인에는 세라비트에서 발견된 "빵"이라고 묘사된 수많은 언급들이고 왕궁의 사당에 전시된 "빛"(원 안의 화살표)을 의미하는 전통적인 상형문자가 있었다. 그리고 물론 페트리의 계산에 의하면, 수 톤이나 되는 양의 신비한 하얀 가루가 있었다.

그 가루에 대한 논쟁에서 그것은 구리를 제련한 잔유물이라는 추측이 제기되었지만, 페트리가 지적한 것처럼 제련은 하얀 가루를 생성하지 않으며 밀도가 높은 검은 찌꺼기를 남긴다. 더욱이 신전의 수 킬로미터 내에서는 구리 광석이 공급되지 않았다. 아무튼 제련은 먼 계곡에서 시행된 것으로 파악되었다. 다른 이들은 그 가루가 알칼리를 생산하기 위해 식물을 태운 재일 것이라고 추측했지만 식물의 잔여물은 발견되지 않았다.

다른 설명이 필요했기 때문에 하얀 가루와 원뿔 모양의 돌들은 아마도 희생제의17의 형태와 관련이 있을 것으로 생각되었다. 그러나 이것은 이집트의 신전이었고 동물 제물은 후기 프톨레마이오스 시대까지 이집트의 관습이 아니었다. 더욱이 최근에 드러난 저장실에 놓여 있던 가루 안에는 뼈나 다른 이물질도 남아 있지 않아 깨끗하고 오염도 거의 되지 않았다. 페트리는 보고서에 다음과 같이 진술하였다. "나는 그 재들을 바람에 키질하면서 수십 번 꼼꼼히 살펴보았지

성궤의 잃어버린 비밀　35

만 뼈나 다른 어떤 것의 파편을 결코 발견하지 못했다."18

하얀 가루와 mfkzt 둘 다 동일하게 정의할 수 없지만 외관상으로는 둘 다 매우 중요했기 때문에 아마도 그것들은 하나이거나 같은 것일 것이다. 그러나 어떻게 가루가 "돌"로 묘사되고 어떻게 다른 차원의 분야를 여는 열쇠가 될 수 있을까? 더욱이 그것들이 빵과 빛과 무슨 관련이 있을까?

이 단계에서 세라비트 신전과 관련된 또 다른 귀중한 물질이 등식에 들어왔다 : 금. 하토르 동굴 입구 근처의 바위 평판 중 하나에서 하토르가 있는 곳에 투트모세 4세의 모습이 발견되었다. 그 앞에는 꼭대기에 연꽃을 얹은 2개의 제대가 있었고, 그 뒤에는 "하얀 빵"으로 묘사된 원뿔 모양의 물건을 들고 있는 남자가 있었다. 또 다른 석비는 석공 안킵Ankhib이 2개의 원뿔 모양 빵 케이크를 왕에게 바치는 모습을 묘사하고 있으며, 신전 단지 내 다른 곳에도 비슷한 묘사가 있다. 가장 중요한 묘사 중 하나는 하토르와 아멘호테프 3세의 묘사이다. 암소 뿔과 태양 원반으로 완성된 이 여신은 한 손에 목걸이를 들고 다른 한 손에는 파라오에게 생명과 통치권을 바친다.19 그녀 뒤에는 준비된 원뿔 모양의 "하얀 빵" 덩어리를 들고 있는 회계관 소베코텝이 있다. 중요한 것은 회계관 소베코텝이 신전 비문 다른 곳에서 "귀족의 보석을 폐하에게 가져다준"20 사람으로 묘사되어 있다는 점이다. 더욱이 그는 "진정한 왕실 지인" 그리고 "황금가(家)의 비밀을 둘러싼 위대한 사람"으로 일컬어진다.

이해하기 어렵지만 18왕조의 왕실 회계관('황금가'의 명망 있는 수호자인 반면에)이 "하얀 빵"으로 묘사된 원뿔 모양의 물건을 제공하는 것이 그려져 있었다. 그러나 기록에 의하면 페트리는 호렙산 위의 세라비트 신전에서 아무런 금을 발견하지 못했다. 사실 이집트 탐험 협회 작가들

회계관 소베코텝이 원추형의 쉠-안-나를 갖고 있다.
그와 하토르는 아멘호테프 3세 앞에 있다.

은 그들의 보고서에 시나이에서 금을 채굴했다는 어떠한 증거도 없지만, 그것이 금을 그곳에 가져간 적이 없다는 것을 증명하는 것은 아니라고 구체적인 논지를 밝혔다.

또한 이집트의 수많은 무덤들이 고고학 시대 이전에 파괴되고 약탈된 것처럼, 먼 옛날 신전에 남겨졌을지 모르는 것들은 페트리가 도착하기 수 세기 전에 베두인(아라비아반도 내륙을 중심으로 시리아, 북아프리카 등지의 사막, 반사막에 사는 아랍계 유목민) 침입자들에 의해 약탈되었을 것이다.

이런 점에서 흥미로운 것은 고대 이집트인들이 시나이를 그렇게 부르지 않고 "비아Bia"반도라고 불렀으며 이와 관련하여 퍼즐이 맞춰지기

성궤의 잃어버린 비밀   37

시작했다는 것이다. 신전이 하토르 여신에게 봉헌되고 '황금가'의 회계 담당자가 "위대한 사람"으로 일컬어졌던 것을 기억하면서 우리는 대영 박물관에 있는 중왕조 석비가 부회계관 시-하토르Si-Hathor라고 고려할 수 있다. 이 돌에 새겨진 명문은 시-하토르의 말로 "나는 어릴 때 비아를 방문했다. 나는 위대한 자에게 금을 씻도록 강요했다"[21]라고 쓰여 있다. ("씻으라"는 단어 뒤에 물음표가 있는데 번역자들은 그 상형문자를 완전히 확신하지 않았거나 위대한 자가 금을 갖고 작업한 것이 무엇이었는지 확실히 알지 못했음을 가리킨다.)

최종 목표

금이 시나이의 전통적인 생산물이 아니라는 사실에도 불구하고, 구약성경에는 시나이와 특히 호렙산(카딤의 돌출부)과 관계된 구약성경의 사건들에 관한 중요한 언급이 있다. 더욱이 성경의 언급들 중 하나는 실제로 금을 신비한 가루와 연관 짓고 또한 물을 언급하고 있는데, 이는 금을 씻기 위한 것이 아니라 물에 담그기 위한 것이다.

출애굽기에 보면 모세와 이스라엘 자손이 이집트에서 홍해를 건너 호렙산에 있다. 모세는 바위에 올라 산의 신, 엘 샤다이EI Shaddai(나중에 여호와로 불린다.)와 이야기를 나누는데 엘 샤다이는 자신이 그들의 신이므로 더 이상 금으로 우상과 신의 모습을 한 형상을 만들지 않을 것을 지시한다.[22] 그동안 산기슭에서 이스라엘 자손은 인내심이 없어지고 모세가 오랫동안 떠나 있으므로 사라졌다고 믿고, 그들(분명히 수천 명) 모두 금귀걸이를 꺼내 모세의 형 아론에게 준다. 그다음 그는 반지를 녹여 앞으로의 여정을 위해 받들어 모실 우상으로 황금 송아지를 만든다. 얼마 지나지 않아 산에서 내려온 모세는 그들이 우상 주위에서 춤추는 것을 보고 화가 나서 기이한 변신을 실행한다. 출애굽기 32장

20절은 "그가 그들이 만든 송아지를 가져다가 불에 태워 가루로 만들어 물 위에 짚을 얹어 이스라엘 자손에게 마시게 하셨다"라고 설명한다.

나중에 이야기가 어떻게 전달될지언정 실제로 이것은 처벌이라기보다 의식에 가까운 것으로 들린다. 아론은 앞서 그 형상을 주조하기 위해 불에 금을 녹였지만 금을 불태우면 가루가 아니라 녹은 금이 나오기 때문에 모세가 한 일은 명백히 달랐다. 70인역 성경은 열을 가한다거나 녹이는 것보다 더 단편적인 과정을 적용하며 모세가 "금을 불로 소모했다(consumed)"라고 쓰며 더욱 노골적이다. 옥스퍼드 영어사전은 "소모하다(to consume)"를 "아무것도 없는 것이나 작은 입자로 줄이는 것"으로 정의한다. 그렇다면 불을 사용하여 금을 가루로 줄일수 있는 이 과정은 무엇인가? 그리고 왜 모세는 "그것을 물 위에 흩뿌리고" 추종자들에게 마시게 했을까? 여기서도 70인역 성경은 모세가 가루를 물에 "뿌렸다"는 점에서 다소 차이가 있다. 어느 쪽이든 그것은 모호한 상형문자에 대해 "씻는다"라고 결정한 이해하기 어려운 시-하토르 번역의 표시이다.

금과 관련한 신비스런 과정에는 연금술의 고리가 있기 때문에 17세기 연금술사 에이레네우스 필랄레테스Eirenaeus Philalethes의 책을 살펴보자. 아이작 뉴턴, 로버트 보일, 엘리아스 애쉬몰 그리고 당대의 다른사람들에 의해 추앙된 이 유명한 영국 철학자는 1667년에 『드러난 비밀들Secrets Revealed』이라는 책을 썼다. 이 논문에서 그는 일반적으로 염기를 금으로 바꾸는 것으로 생각되는 '현자의 돌Philosopher's Stone'의 본질에 대해 논했다.23 그 기록을 직설적으로 보면 필랄레테스는 돌 자체가 금으로 만들어졌으며 연금술의 기술이 이 과정을 완벽하게 하고 있다고 주장했다. 그는 이렇게 말했다. "우리의 돌은 최고 수준의

성궤의 잃어버린 비밀 39

순도와 미묘한 고정력으로 소화되는 금에 불과하다 … 우리의 금은 더 이상 세속의 것이 아니며 자연의 궁극적인 목표이다."

"천상의 루비에 대한 짧은 안내서A Brief Guide to the Celestial Ruby"24라는 제목의 또 다른 논문에서 필랄레테스는 더 나아간 이야기를 한다. "그것은 고정된 성질 때문에 돌Stone이라고 불리는데 그것은 어떤 돌처럼 성공적으로 불의 작용에 저항한다. 종種은 금인데 가장 순도가 높은 것보다 더 순도가 높다. 돌처럼 고정되고 불연성이 강하지만 겉모습은 매우 미세한 가루와 같다."

그의 글에서 필랄레테스는 금을 "소화되었다"고 묘사하는데, 이 단어는 "소모하다"(모세 이야기에서처럼)와 밀접한 관련이 있다. 둘 다 어떤 것을 입자로 분해하거나 신체적, 정신적 또는 화학적 동화를 위해 편리하게 축소된 형태로 만드는 것을 의미한다. 이집트 기록에 따르면, mfkzt는 돌로 확인된다. 연금술의 '현자의 돌'처럼 모세는 금송아지를 불로 소모하고 가루로 변형시켰다. 세라비트 엘 카딤에 있는 호렙 신전은 왕들(황금 왕가의 왕조들인)의 '대저택'25을 위해 세워졌지만, 금속 상태의 금은 발견되지 않았고 단지 수수께끼 같은 하얀 가루만 보존되어 있었다.

'피라미드 문서'와 왕의 내세의 차원으로 Mfkzt의 장場을 언급하는 것과 관련하여, 하얀 빵이 - 케이크는 또한 자칼과 연관되어 있다 - 이집트 신 아누비스와 관련되었다는 것을 주목할 필요가 있다. 그는 장례의식을 관장하고 죽은 자를 내세로 인도한다고 전해진다. 그는 '비밀의 수호자'26로 불렸고 아비도스의 19왕조 부조에는 아누비스가 궤에 앉아 있는 모습이 그려져 있으며 파라오는 그에게 원뿔 모양의 진귀한 돌덩어리를 선물한다.

세라비트 유물의 예로는 진귀한 돌(mfkzt)과 관련하여 특히 중요한

파라오가 아누비스에게 원뿔형의 진귀한 돌덩어리를 바치고 있다.
아비도스 신전에 있는 19왕조의 부조

것으로 투트모세 3세와 아멘호테프 3세의 18왕조에 사용된 윗부분이
둥근 두 개의 석비가 있다. 첫 번째는 투트모세가 아문레Amun-re 신에
게 원뿔 모양의 덩어리를 바치는 것을 묘사한 것으로, "그에게 생명
이 주어질지도 모르는 하얀 빵을 바침"이라고 새겨져 있다. 두 번째
는 아멘호테프가 솝두Sopdu 신에게 원뿔 모양의 덩어리를 바치는 것을
보여주고 "그는 보답으로 금을 주셨고 입은 기뻐하셨다"라고 쓰여 있
다. 이들로부터 하얀 가루 빵은 생명을 주는 것으로 인식되었고, 그것
이 실제 금으로 만들어졌다는 것이 명확해졌다.

성궤의 잃어버린 비밀   41

낙원의 돌

생명을 주는 자

이집트 왕조 역사의 초기부터 시나이는 독립된 국가가 아니라 이집트의 필수적인 부분이었다. 비록 군대 수비대나 거주민 통치자는 없었지만 파라오의 직접적인 지배하에 있었다. 모세의 18왕조(아케나텐과 투탕카멘 왕조) 시기 동안 시나이반도는 두 명의 관리(왕의 대신과 외국 땅의 왕의 칙사)가 감독하였다. 아케나텐의 선조인 투트모세 4세와 아멘호테프 3세 시대에 왕실 칙사는 네비라고 불리는 관리였다. 그는 또한 아브라함 때부터 이스라엘 자손(가나안의 히브리인들과 달리 야곱-이스라엘의 자손들)이 대대로 살았던 고센Goshen(또는 70인역 성경에 쓰인 게셈Gesem) 델타 지역 자루Zaru의 시장 및 부대사령관이었다. 전통적으로 왕실의 대신 위치는 파네하스Pa-Nehas1의 힉소스 가문에서 고용되었고, 아케나텐은 시나이 총독에 파나헤시Panahesy(출애굽기에 페이네하스Phinehas)라는 후손을 임명했다. 이 때문에 모세는 자신과 이스라엘 자손들이 이집트 삼각주에서 탈출했을 때 시나이가 안전한 피난처(호렙산에 이집트 신전이 있는)라는 것을 알았다.

1904년 페트리 경이 실제로 발견한 것은 아케나텐과 그 이전의 파라오 세대들의 연금술 작업장이었다. 이곳에서 용광로는 신성한 mfkzt(금의 수수께끼 같은 하얀 가루)를 생산하는데 굉음을 내며 연기를 뿜어냈을 것이다. 섭취를 통해(원뿔 모양의 빵-케이크 또는 물에 담그는 것으로) 이것은 '황금가'의 왕들을 위한 "생명을 주는 사람"(또한 사후세계의 신비한 초차원적 장

場으로 들어갈 수 있게 하는)으로 묘사되었다. 이런 상황에서 세라비트에 있는 야금술사의 노가니는 자연스런 맥락으로 떨어진다. 이제 출애굽기의 말씀이 완전히 새로운 통찰력으로 다시 읽힐 때 "그리고 시내산은 모두 연기에 휩싸였다. 여호와께서 불길을 타고 그 위로 내려오셔서, 그 연기가 용광로(용기를 만드는 곳) 연기가 되어 온 산이 크게 흔들렸다"(출 19:18)는 말이 이해되기 시작한다.

겉보기에 변칙적으로 보이는 신전은 경건한 예배 장소가 아닌 실험실 작업장이어야 했지만, 역사적 용어로 이 변칙은 존재하지 않는다는 것을 알 수 있다. 사실, 여러 시대를 거치면서 잘못 해석된 "예배worship"라는 단어에 대한 우리들의 이해이다. 결론적으로 "예배"로 번역된 원래 셈어족 단어는 꽤 단순한 "일"을 의미하는 아봇avod이었다.2 고대인들은 단지 신전에서 그들의 신을 공경하는 것이 아니라 그들을 위해 일했다. 이와 관련하여 옥스퍼드 단어사전은 (고대 영어 weorc에서) "worship"의 어원을 본질적으로 weorchipe(본질에 있어 "work-ship")이라고 설명한다. 이와 같이 신전이 이런저런 종류의 작업장이었다는 것은 그 시대의 기준이었으며 그 지도자를 "공예가"라고 불렀다. 그들의 기술의 본질은(현대의 프리메이슨 기술에서와 같이) 키닝kynning으로 언급되는 난해한 지식과 널리 관련이 있다. 그 비밀을 지킨 사람들은 "술수가 뛰어나다crafty" 또는 "교활하다cunning"라고 언급되었다. 신약성경에서 예수의 아버지 요셉은 "공예가"(아람어 naggar, 그리스어 ho kekton)로 묘사되었지만 17세기에 옛 방식의 잘못된 이해로 "목수"3로 잘못 번역되었다.

mfkzt가 "생명을 주는 사람"으로 여겨지는 데에는 두 가지 분명한 이유가 있다. 첫째, 섭취된 물질로 그것은 왕의 활동적인 수명에 매우 중요했기 때문이다. 둘째, 죽음 뒤에 사후세계의 장場에서 그들을 보존하는 길이었기 때문이다. 왕들이 전쟁에서뿐만 아니라 자연사했기 때

문에 첫 번째 사례에서 그것은 절대적인 것이 아니었다. 그러나 mfkzt
는 명백히 어떤 방식으로든 그들의 삶을 향상시켰고, 그들의 잠재적인
수명을 표준 이상으로 연장시켰을 가능성이 매우 높다. 이런 점에서
그것은 중세 로맨스의 수수께끼 같은 '젊음의 샘'과 유사했다.

이 개념을 전면에 내세우면서 하토르가 세라비트 신전과 연관되었
다는 논리는 분명해졌는데, 그녀는 생명을 주는 자로 여겨졌기 때문
이다. 이집트인들에게 하토르는 바빌로니아의 여신 이슈타르를 대표
하는 존재였으며 위대한 어머니인 이시스와 비슷한 모성애의 특성을
가지고 있었다. 하토르는 서쪽의 여왕이자 지하세계의 여지배자로 정
의되었는데, 그곳에서 그녀는 올바른 주문을 아는 사람들을 이끄는
것으로 이야기되었다.4 그녀는 여성다움의 존경받는 보호자, 무화과
여인, 터키석의 여인, 사랑의 여신, 무덤과 노래의 여신이었다. 파라
오는 하토르의 젖으로부터 신성을 얻고, 그 자체로 신이 되는 것으로
여겨졌다. 그들은 바빌로니아의 왕들이 이슈타르의 젖을 먹은 것처럼
하토르의 젖을 먹었다고 전해진다. 천연 모유는 텔로머라제telomerase
(최근에 유행한 "불멸의 효소")를 함유하고 있기 때문에 mfkzt(하토르의 상징적인 우유)
는 어떻게든 이 효소의 생성을 증가시킨 것으로 보인다. 실제로 현대
과학자들은 텔로머라제를 "젊음의 샘"으로 묘사한다.5

기업 연구 및 텍사스대학 남서부 의료센터의 보고서와 함께 '사이
언스Science' 지6에 보도된 바와 같이, 텔로머라제가 독특한 노화 방지
특성을 가지고 있는 것으로 밝혀졌다. 건강한 체세포는 일생 동안
여러 번 분열하는 것으로 프로그램화되어 있지만, 분열과 복제 과정
은 유한하기 때문에 궁극적으로 비분열 상태가 이루어진다. 분열의
가능성은 DNA 가닥 끝(오히려 신발 끈의 플라스틱 끝 같은)의 캡에 제어되며,
이 캡이 텔로미어이다. 각 세포가 분열됨에 따라 텔로미어 한 조각

이 소실되고 텔로미어가 최적 조건과 임계 길이로 짧아지면 분열과 정이 중지된다. 그러면 새로운 세포 복제는 없으며 이어지는 것은 악화 - 노화이다.

세포 조직 샘플을 이용한 실험실 실험은 유전자 효소 텔로머라제를 적용하면 세포 분열과 복제 시 텔로미어의 축소를 막을 수 있다는 것을 보여주었다. 따라서 체세포는 자연적으로 제한된 프로그램(이 물질이 풍부하게 함유되어 불멸을 이루는 암세포와 마찬가지로)을 훨씬 넘어 분열을 계속할 수 있다. 텔로머라제는 보통 정상적인 신체 조직에서 발현되지 않지만, 악성 종양에 존재하는 것 외에도 성숙한 남성과 발달하는 여성 생식 세포에도 나타난다.7 그렇다면 우리의 DNA 구조(아마도 일반적으로 언급되는 "폐물 DNA") 내 어딘가에는 이러한 노화 방지 효소를 생산하는 유전적 능력이 있는 것으로 보이지만 그 잠재력은 어떻게든 스위치가 꺼졌다. 런던 브루넬 대학교 생물학과 생화학부의 로버트 F. 뉴볼드 교수는 최근에 "이 유전자의 격리(분자 복제)는 인간의 다양한 악성종양에서 미세한 구조 건전성을 결정할 수 있게 할 것이며 따라서 인간 암 발생에 있어 불활성화를 위한 중요한 목표물로서의 역할이 확립될 것"이라고 언급했다.8

만약 텔로머라제가 악성 종양에 대한 불멸의 여력이 있다면, 정상적인 사람 세포에 그것의 유입은 수명을 연장하는 효과를 낼 수 있다고 이미 과학자들이 제안하였다. 수많은 유전학 연구자들은 "세포 수명을 연장하는 능력이(젊은 정상 세포의 전형적인 이배체 상태, 성장 특성, 유전자 발현 패턴을 유하면서)9 생물학적 연구, 제약 산업 및 의약에 중요한 영향을 미친다"는 데 동의했다.10

만약 mfkzt가 (이집트의 기록에서 결정된) 이 모든 것의 기대에 부응한다면 그때 그것이 a)항암 특성 및 기형 DNA 가닥을 복구하여 세포 변형을 방지하는 능력 b)내분비계의 특정 호르몬 기능을 자극하는 가능성 그리고 c)우리가 익숙한 차원을 넘어서는 물리적 존재의 장을 활성화할 수 있는 성질들을 가질 수 있는 능력이 있어야 한다고 정당하게 가정할 수 있다. 우리가 보게 될 것처럼 하얀 가루 mfkzt는 확실히 이러한 특성을 가지고 있다.

매일의 양식

나중에 우리는 현대 실험실 환경에서 mfkzt를 살펴볼 것이다. 그것이 무엇인지, 어떻게 만들어졌는지 그리고 어떻게 그것이 작용하는지. 한편 우리는 mfkzt가 모세, 이스라엘 사람들 그리고 궁극적으로 유다 왕들에게 어떤 의미를 지니는지 발견하기 위해 그것의 성경적 표현을 고려할 필요가 있다. 그들은(바빌로니아와 이집트 왕조의 분파로서) 계속되는 황금가를 계승했다.

현재 마법 같은 물질(① 금으로 시작 ② 불로 하얀 가루로의 변화 ③ 빵으로 만들 수 있는 ④ 돌이라고 불린다)의 추적에 착수하며 우리는 오랜 세월 동안 이 물질에 대한 언급이 매우 많다는 것을 알게 되었다. 성경적 용어에서 그것은 창세기 14장 18절에 모세 시대보다 약 600년 전에 최초로 나타난다. 여기서 우리는 살렘의 왕이자 가장 높은 하나님의 제사장인 멜기세덱이 아브라함에게 빵과 포도주를 제공했는데 이것은 후에 성찬식 의식에 포함되게 된 의식 행위에 대한 최초의 성경 언급이다.

그 무렵, 아브라함은 가나안에서 군사 작전을 막 끝냈는데 몇몇 문제가 있는 왕들의 군대에 맞서 성공적으로 군대를 이끌었다. 고대 문헌에서 하나님은 산의 지배자 엘 샤다이11로 구체적으로 명명되었는데, 이는 시나이 호렙산에서 모세와 대화한 하나님이 다시 언급했던 같은 칭호이다. 그것은 야훼Yahweh 형태가 히브리어 어가 YHWH에서 온 "나는 스스로 있는 자이다"(출 3:14)에서 온 것이나. 이것은 모세가 하나님의 신분을 확인해 달라고 부탁했을 때 실제로 이름을 알려주는 것을 거부하는 것에 가까웠지만 분명히 한 대답이었다. "나는 스스로 있는 자이다" 오히려 "내 이름은 상관없다"와 비슷하다. 그러나 더 중요한 것은 하나님이 모세에게 하신 말씀(출 6:3)이 아브라함의 하나님이라는 것이다. 초기 문서에는 아브라함의 하나님을 엘 샤다이(창 17:1)라고 불렀지만 현대 성경에서는 이를 전능하신 하나님으로 잘못 번역해 왔다. 히브리 문서에 사용되고 라틴 불가타 성경(4세기의 라틴어 역 성서)12에 유지된 엘 샤다이는 셈족 용어로 메소포타미아 신 엔닐Enlil과 동의어로 Ilu Kur-gal('위대한 산의 신')이었다.(한참 후인 1518년, 야훼는 현대의 혼성어인 여호와 Jehovah로 변화되었다.)13

그러므로 멜기세덱은 산신의 제사장이었으며 이 일을 하면서 아브라함에게 빵과 포도주를 주었다. 그러나 프랑스의 샤르트르 대성당 북문에 있는 멜기세덱 동상을 보면 빵-돌과 포도주가 함께 묘사되도록 성배 안에 돌을 들고 있는 그를 볼 수 있다. 그 성당은 성전기사단에 의해 설계되었고 1194년 솔로몬의 자손들이라 불리는 석공 조합에 의해 시작되었다.14 그들은 1127년 예루살렘의 솔로몬 성전 유적에서 발굴한 보물들과 문서들을 가지고 유럽으로 돌아온 이후 고대 관습에 대한 독특한 해부학적 지식을 얻었다.

멜기세덱이라는 이름은 히브리어 melek(왕)과 tsedeq(정의) 두 단어에서 유래했다. 그러므로 그는 '정의의 왕' 또는 창세기에 묘사된 대로 '평화의 왕'(Salem - shalom, 예루살렘에 관해서는 : 평화의 도시)이었다. 사해문서에서 발견된 '멜기세덱 왕자 문서'의 파편들은 멜기세덱과 대천사 미카엘이 같은 존재였음을 나타낸다. 그 문서(1947년 여리고 근처의 사해에서 유대

성궤의 잃어버린 비밀   47

광야의 쿰란, 무라바트, 미르드에서 발견되었다.)는 현재 복음 전시대의 유대 문화를 이해하는 데 매우 귀중하다. 이 고대의 양피지에서 멜기세덱(Michael-Zadok)은 '천상의 사람' 또는 '빛의 왕자'15로 불리며 앞서 빵과 포도주를 제공하는 성찬식을 부추긴 것으로 보인다.

유대-기독교의 출현 내내 빵은 멜기세덱의 이야기부터 친숙한 주기도문과 "오늘날 우리에게 일용할 양식을 주옵시고"라는 구절까지 특별한 위치를 유지했다. 심지어 다윗왕과 예수의 출생지는 베들레헴(Beth-le-hem, '빵의 집')이라고 일컬어졌다.16 주기도문에 관한 적절한 사실은 비록 신약성경(마 6:9~13, 눅 11:2-4, 그것은 실제로 다른 판본들이다.)에 정의되어 있지만, 원래 이집트의 기도로부터 "천국에 계신 아멘, 아멘"으로 시작된 국가-신에게로 옮겨졌다는 것이다. 전통적으로 기독교 해석은 아멘의 이름을 기도의 맨 끝에 두는데, 이것은 다른 기도나 찬가에도 채택된 관습이다.

모세와 그 산으로 다시 되돌아가서 주기도문과 베들-레-헴이 둘 다 언급한 실제 빵을 발견한다. 그것은 출애굽기 25장 30절에 보이는데 "쉐브레드Shewbread(고대 유대교의 제대에 올리는 빵)"로 불린다.17 접두사 "shew"는 "show"의 단지 퇴화한 철자이고, 빵의 원래 묘사는 16세기 영국 성경 번역가 윌리엄 틴데일이 번역한 것에서 얻었다. 그는 "이 빵은 하나님의 존재와 시야 안에 있기 때문에 쉐-브레드shew-bread이다"라고 썼다. 좀 더 나은 번역은 70인역 성경(왕상/삼상 21:6)에 정확하게 명시되어 있는 것처럼 "존재의 빵" 또는 "존재의 빵 덩어리"일 것이다.18

출애굽기 25장 29절~31절은 쉐브레드를 호렙산에서 우리 벤 홀Uri Ben Hur의 아들 브살렐Bezaleel이 만들었다고 기술한다. 그는 지혜와 이해력 그리고 지식이 풍부한 사람으로 이야기된다. 우리는 또한 브살렐이 모든 "정교한"(출 39:37) 작업에 숙련된 금세공인이자 장인이었음을 알

48 Lost Secrets of the Sacred Ark

고 있는데 그는 성궤(모세의 십계명을 새긴 2개의 석판을 넣어둔 상자)와 성막(고대 유대인의 이동식 예배소)을 씻는 책임이 있었다. 브실렐이 이렇게 순금으로 된 다양한 왕관, 반지, 그릇, 촛대를 만들었는지 상세하게 설명하면서 문서는 쉐브레드를 귀중품 목록에 추가하고 더 이상의 설명 없이 그 과정이 완성되었음을 보여준다(출 39:37). 이 순서는 나중에 신약성경 히브리서(9:1~2)에서 다시 상기되는데, 시나이 언약에는 성막의 신성한 구역 안에 촛대와 쉐브레드가 놓여 있는 탁자가 있었다고 이야기한다.

레위기(24:5~7)는 브살렐과 쉐브레드의 주제로 돌아가면서 빵 덩어리에 유향(이스라엘 민족이 제식 때 쓰던 고급향료)이 배어들었다고 말한다. 그러나 1950년대 러시아 유대인 정신과 의사 임마누엘 벨리코프스키 박사는 날카로운 통찰력으로 "쉐브레드는 밀가루가 아니라 분명히 은이나 금이다"라고 지적하였다.19 그는 카르나크(이집트 상부 나일강 동쪽 강가에 있는 유적지) 신전에 있는 부조에 재현된 파라오 투트모세 3세의 이집트 보물들에 특히 주목하였다. 금속 부분("정교한 작업"으로 묘사된)에는 수많은 원뿔 모양의 물거들이 있다. 그것들은 은으로 된 원뿔 하나와 금으로 된 원뿔 30개로 만들어졌으며, "하얀 빵"이라고 묘사되어 있다.

신성한 만나

우리는 모세와 이스라엘인들과 함께 호렙산에서 신비한 하얀 물질에 관한 더 많은 성경의 언급들을 발견한다. 출애굽기 16장 15절은 "이스라엘 자손들은 그것을 보고 서로 만나라고 말하고 모세는 그들에게 이것은 하나님께서 먹으라고 너희에게 주신 빵이다"라고 말한다. 그 후 만나는 하얗고 씨앗을 닮았으며 꿀같이 달콤한 맛이 나는 것으로 묘사된다(출 16:31).

성궤의 잃어버린 비밀　49

AD 1세기의 유대인 역사가 플라비우스 요세푸스가 쓴 『유대 고대사Antiquities of the Jews』를 보면, 요세푸스는 만나가 땅 위에 놓였을 때 처음 확인되었고 "사람들은 그것이 무엇인지 몰랐고 눈이 온 줄로 생각했다"고 설명한다. 그는 "이것은 아주 신성하고 훌륭한 음식이구나 … 지금 히브리인들은 이 음식을 만나(manna)라고 부른다. 왜냐하면 우리 언어20로 불변화사不變化詞(관사, 전치사, 접속사 따위 어형 변화가 없는 것) man은 질문이기 때문이다. 이것은 무엇인가?"21라는 가장 중요한 성경적 또는 비성경적 기록들 중 몇몇이 플라비우스 요세푸스의 작품에 보존되어 있는데, 『유대 고대사』와 『유대 전쟁사』는 개인적인 관점에서 쓰였다. 그는 AD 60년대 로마제국 점령군에 대항한 유대인 반란 당시 갈릴리(팔레스타인 북부의 옛 로마의 주) 방어 군대 사령관이었다.

그러므로 아침에 산 주변에 나타나 모세가 "빵"으로 언급한 달콤한 맛의 하얀 물질의 기원을 알 수 없어22 만나manna(이것은 무엇인가?)라고 불렀다. 같은 질문은 세계에서 가장 오래된 완벽한 책인 이집트의 『사자의 서Book of the Dead』에도 나타난다. '아니Ani(왕실 서기)의 파피루스'로 알려진 테베의 18번째 왕조 문서(1888년 대영박물관이 가져감)에는 길이 약 23m 이상에 이르는 광범위한 삽화가 그려져 있다.23 이 고대 의식 작품에서 "존재의 빵"을 "스케파 음식"이라고 하는데, 사후세계의 마지막 깨달음을 찾는 파라오는 각 여행 단계마다 "이것은 무엇인가?"라는 반복적인 질문을 한다.

다른 '사자의 서'(비록 조각나고 불완전하지만)들은 BC 3000년경으로 거슬러 올라가고, 세라비트의 부조로부터 이집트 왕들이 BC 2180년경부터 금의 하얀 만나를 섭취하고 있었다는 것이 명백하다. 그러나 단지 비의秘儀 학교의 야금 달인들(정교한 장인들)만이 그 제조 비밀을 알고 있었다. 이 달인들은 활동하는 사제였고 멤피스의 대사제는 위대한 숙련

공이라는 직함을 가지고 있었다.24

죽음과 마찬가지로 삶에서도 최종적인 깨달음은 의문의 끊임없는 근원이었다. 육체의 경우 양육과 사랑을 위해 마찬가지로 먹어야 할 "빛의 몸"을 가진 것으로 간주되었다. 가능했다. 그것은 카ka라고 불렸고, 비록 본질적으로 삶의 무형의 특징이지만 사후세계에서도 활동적이었다고 한다. 카의 음식은 빛이었다. 그것은 그리스인들이 그노시스gnosis (세라비트 엘 카딤에 있는 '왕들의 사원'에서 발견된 바로 그 상형문자의 상징)라고 부른 것처럼 깨달음을 주었다. 프리메이슨(18세기 초 영국에서 시작된 비밀 단체, 기원은 솔로몬 시대로 거슬러 올라간다)의 1급 의식에서 후드를 쓴 견습생 입회자는 그가 가장 원하는 것이 무엇인지 질문을 받는다. 그것에 대한 의례적인 대답은 "빛"이다. 고대 시로-페니키아(로마제국 지배하의 페니키아, BC194~AD630?)에서 이 진보된 깨달음의 영역은 '샤르-온의 면Plane of Shar-On (빛의 궤도 차원)'으로 불렸는데 후에 이 용어는 전와轉訛되었고 이스라엘의 하이파와 텔아비브-야포 사이에 뻗어 있는 해안가의 '샤론Sharon의 평원'으로 잘못 적용되었다. 고대 이집트 비의학교의 연금술 설화에서 깨달음의 자각을 이루는 과정은 매우 중요했다. 이 과정을 돕기 위해 신전의 철학자들은 인간의 기본 무지를 영적인 금괴로 바꿀 수 있는 기적의 "투영의 가루"를 준비했다.25 이 "투영의 가루"가 mfkzt, 만나, 금의 하얀 가루 또는 연금술적 용어가 된 '현자의 돌'이다.

에이레네우스 필랄레테스의 말을 반복하면 "우리의 돌은 최고 수준의 순도와 미묘한 고정력으로 소화되는 금에 불과하다 … 종種은 금인데 가장 순도가 높은 것보다 더 순도가 높다. 그것은 돌처럼 고정되고 불연성이지만 겉모습은 매우 미세한 가루와 같다."26

신약성서(고전 10:3)에서 만나는 영적인 음식으로 언급되고 또한 성찬의 진정한 빵으로 확고히 자리 잡는다(요 6:31~41). 그러므로 성찬식 포도

성궤의 잃어버린 비밀   51

주와 함께 나오는 성체용 빵은 크레티앵 드 트루아Chretien de Troyes의 12세기 로맨스 『르 콩트 델 그랄-퍼시벌』에서 바치는 미사의 제병祭餠(살짝 구운 과자의 일종)과 같은 것이다. 이 설화는 샤르트르 대성당의 건축이 시작되기 직전인 1180년경 등장했으며 성전기사단 환경에서 직접 생겨났다. 알자스, 샹파뉴, 레옹의 백작들(그들은 크레티앵 드 트루아와 밀접한 관련이 있다.)은 모두 예루살렘 기사단과 관련이 있었다. 샤르트르에 있는 멜기세덱 동상은 잔에 빵-돌이 있는데 성배들이 신성한 만나를 섬기는 것을 전적으로 나타낸다.

신약성서에서 사도 바울은 예수님 스스로가 멜기세덱의 사제 직분에 따라 대사제로 승진했다(히 5:6, 6:20)고 설명한다. 이것은 그가 최후의 만찬에서 빵과 포도주 성찬을 바칠 권리를 얻은 방법이다. 바울은 이것이 특권이었기 때문에 이 점에서 예수를 수용하기 위해 율법이 공식적으로 바뀌게 되었다고 설명한다(히 7:11~17). 그는 왕위에 대한 권리는 가졌지만 제사장 직위는 갖지 않는 유다의 다윗 가문에서 태어났기 때문이다.

신약성경의 요한계시록(2:17)은 "이기는 그에게는 내가 감추었던 만나를 주고 또 흰 돌을 줄 터인데 그 돌 위에 새 이름을 기록한 것이 있나니 받는 자밖에는 그 이름을 알 사람이 없느니라"라고 쓰여 있다. 그러고 나서 성경의 시작부터 끝부분까지 나아가며 성스런 만나는 하얀 돌과 직접적으로 관련되며 그 중요성을 지속한다.

매우 유사한 묘사가 한참 후인 중세 성배 전승에 나타난다. 바이에른의 기사 볼프람 폰 에센바흐가 쓴 『파르지팔』 로맨스에는 "돌 끝 주변에는 처녀든 소년이든 성배를 찾는 여행을 하기 위해 불려온 이들의 이름과 혈통을 문자로 알 수 있다. 아무도 이 새김을 읽을 필요가 없는데 왜냐하면 이것은 읽자마자 사라지기 때문이다"27라고 서술하고 있다. 여기에서 논의되고 있는 돌은 놀라운 치유와 노화 방지 특성을 가진 "지상 낙원의 완벽한 것"으로 일컬어졌다. 그것은 라피스 엘리시스Lapis Elixis, 라피스 엘리시르의 변형, 연금술사 돌이라고 불렸다. 문서는 이어진다. "그 돌의 힘으로 불사조는 잿더미로 변하지만 그 재들은 재빠르게 불사조를 다시 되살린다. 그러므로 불사조는 허물을 벗고 깃털을 바꾸면 예전처럼 밝고 빛난다."

『파르지팔』 우화의 핵심은 고대 불사조 신화에 있다. 이집트에서는 헬리오폴리스 신전에서 불에 타 재가 된 "베누 새"로 비유되었지만, 그 재는 위대한 깨달음을 가져왔다. 헬리오폴리스(원래 태양신의 빛과 관련하여 온On이라고 불린다.)는 투트모세 3세(BC1450년경)의 마스터 장인들인 위대한 하얀 형제애의 중심지였다. 카르나크의 고위 심의회28에는 39명의 회원이 있었는데, 형제단의 이름은 신비의 하얀 가루에 집착한 데서 유래했다.

또 다른 돌이 알렉산더 대왕의 낙원(고대 아베스타어29로 페르시아 빛의 신 아후라 마즈다의 왕국이었던 파이리 다이즈 왕국)으로의 여정에 관한 수수께끼 우화인 이테르 알렉산드리 애드 파라디시움Iter Alexandri ad Paradisium에 나타난다. 이 이야기는 마술에 걸린 '낙원의 돌'을 특징으로 하는데 이 돌은 노인에게 젊음을 주었고30 깃털 하나로도 저울의 지침을 움직일 수 있지만, 그 자체의 금의 양보다 더 많다고 한다!

앞으로 우리는 '낙원의 돌'(금보다 무겁지만 깃털 하나보다 가볍다.)이 먼 옛날의 신화가 아니라는 것을 보게 될 것이다. 그것은 현대 물리학의 세계에서 주요한 위치를 차지하는데 그것의 당혹스런 무게 비율은 과학적 사실로 완전하게 설명된다. 마찬가지로 불사조는 현재 기술에서 빛의 부활의 비밀이 중요한 역할을 하는 실험실 환경에서도 출현한다. 사실 불사조는 가루(재)로 변환할 때 둘 다 모세의 만나와 세라비트 신전 장인들(황금가의 위대한 자들)의 mfkzt인 낙원의 돌, 즉 현자들의 돌이다.

성궤의 잃어버린 비밀　53

3

빛과 완벽

보석의 신비

구약과 신약의 연금술적 낙원의 돌과 더불어 다른 돌들은 출애굽기에서 비슷하게 중요하다. 가장 분명한 것은 증언과 십계명을 새긴 명판들이다. 그것은 종종 한 쌍의 무거운 석판으로 생각되는데 보통 예술가들은 그것을 산에서 가지고 내려온 모세가 거의 휴대할 수 없는 것으로 묘사한다. 출애굽기는 이 돌들의 모양이나 크기에 대해서는 아무런 암시가 없는 반면, 카발라(유대교의 밀교)의 엄격한 유대 전통에는 '증언의 서판'이 모세가 자기 손에 들고 있던 스헤티야Schethiya1라 불리는 신성한 사파이어라고 이야기한다.

빛과 지식의 카발라 전통은 "잃어버린 문명의 증언"을 받았다고 전해지는 아브라함 시대로부터(모세 이전 약 600년경) 퍼졌다. 창세기2에 그의 출생지는 칼데아의 우르(메소포타미아의 고대 수메르 도시)로 전해지지만 카발라주의자들은 추가적으로 그의 문화적 유산을 '마법사의 빛'3을 의미하는 아우르 카스데임스Aur Kasdeems의 것으로 인용한다. 아브라함의 서판은 "사람이 알고 있던 모든 것"과 "사람이 알아야 할 모든 것"을 담고 있다고 알려졌다. 고대 수메르인들에게 이 작품은 '운명의 서판'으로 알려졌다. 그것은 엔릴 신과 엔키(하늘의 신 아누의 아들들)4에 의해 전해졌다고 이야기되며, 바빌로니아의 신 마르두크와 관련된 성경 이전의 기록에 그는 가슴에 그것을 착용한 것으로 묘사된다.5

카발라주의자들의 교리는 '운명의 서판'이 사파이어였고, 나중에 모세가 물려받아 유다 왕 솔로몬의 후견인에게 넘어갔다고 주장한다. 그러므로 근대 예술가들이 해석한 묘사를 무시할 때 출애굽기의 증언판은 일반적인 석판이 아니라 좀 더 귀중한 것으로 보인다.6 카발라의 영어 번역에도 불구하고 원래 옛 문헌에 사용된 용어는 사피르(sappir)였는데 성경에서는 일반적으로 "사파이어(sapphire)"와 관련된 레셈(leshem)이었다.7

카발라의 주요 저작은 세페르 하 조하르Sefer ha Zohar(광명서)8로 고대 유대 전통에 기초한 백만 단어에 가까운 응용 성경 철학에 가까우며 대부분 아람어 형태로 쓰였다.9 이것은 BC 13세기 메소포타미아에 정착하여 시리아와 팔레스타인으로 전파된 아람인들의 언어였다. BC 500년경부터 아람어는 페르시아 제국의 공식 언어였고 약 1,000년 동안 유대인들의 언어로 히브리어를 무색하게 만들었다. 조하르의 내용은 2세기 팔레스타인의 랍비 시므온 벤 요하이10의 것이고 1286년 스페인 카스티야에서 모세 벤 셈 토브 데 레옹Moses ben Shem Tov de Leon (1240?~1305)이 수집하였다. 본질적으로 그것은 유대 율법을 구성하는 모세의 다섯 권의 책(모세오경이라고도 불린다.)인 토라에 관한 연구적인 해설이다. 탈무드와 함께 아시아, 아프리카 그리고 디아스포라11의 유럽 나라들에서 여전히 존경받는 작품이다.

솔로몬왕의 스헤티야 돌은 카발라주의 전통뿐만 아니라 로열 아치 프리메이슨의 교리에도 보인다. 유대인의 탈무드(히브리인들의 철학적 문서에 관한 해설)12는 스헤티야가 "초석"으로 불렸다고 언급하고 있다. 그것은 표면적으로는 예루살렘 성전 지성소에서 공중부양 장치로 기능하여 성궤가 땅과 접촉하지 않고 지상에서 세 손가락의 거리를 떠 있을 수 있게 했다.13 성궤가 완벽하게 평행한 자세를 유지했기 때문에 "완벽

성궤의 잃어버린 비밀   55

의 돌"로 불렸다.

솔로몬과 관련된 또 다른 돌은 샤미르라고 불렸는데 "번개 돌"로 알려져 있다. 탈무드는 왕이 어떻게 이것을 이용해 성전의 정확한 돌을 만들었는지에 대해 이야기한다.14 샤미르는 그 자체의 장엄한 빛의 창으로부터 조용하고 정교하게 바위를 갈랐다고 한다. 스헤티야와 마찬가지로 모세는 솔로몬이 그의 반지에 넣었다고 전해지는 놀랍고 빛에 반사되는 샤미르를 가지고 있었던 것으로 여겨진다.15

완벽의 돌과 번개 돌의 난해한 속성을 확립한 우리는 이제 성경으로 돌아가 그것들이 여러 차례 언급되는 것을 발견할 수 있다. 그것들이 처음 나타난 것은 출애굽기에 나오는 호렙산에서 모세와 함께이다. 이 줄거리는 모세의 형 아론이 첫 번째 대제사장으로서 성궤를 보호할 수 있도록 금으로 된 가슴판을 만드는 과정을 묘사한다. 출애굽기 28장 30절은 "너는 우림과 둠밈을 판결 흉패 안에 넣어 아론이 여호와 앞에 들어갈 때에 그의 가슴에 붙이게 하라"라고 말한다. 우림과 둠밈이란 단어는 빛과 완벽을 의미한다.16 그러므로 탈무드의 샤미르(번개 돌)와 스헤티야(완벽의 돌)는 출애굽기의 우림과 둠밈과 동의어이다.

구약성경에는 우림과 둠밈의 본질에 대한 의문이 전혀 없다. 그것들의 모양, 크기, 색깔 또는 무게 어느 것도 논의되지 않았다. 그것들은 단순히 모세가 익숙했던 것으로 받아들여졌다. 그럼에도 불구하고 여기 있는 것은 2개의 마법의 돌이다. 하나는 빛나는 보석인데 돌을 절단하는 번개를 방사하며 다른 하나는 공중부양의 힘을 가지고 있다.

이 보석들은 아론으로부터 사제를 계승한 그의 아들 엘르아살에게 계승되었다(민 20:28). 그것들은 매우 에너지가 넘쳐서 프리메이슨의 '펠로우크래프트'(제2등급) 의식에서 "위대한 권위자"라고 언급되는 신의 존재를 상징한다고 여겨졌다. 구약성경의 에스라 2장 63절과 느헤미야 7장 65절은 이 돌들이 레위 대제사장들의 특권으로 남아 있음을 확인하며, 시나이의 상막이 있는 곳으로부터 예루살렘 성전에 있는 영원한 안식처까지 그 돌과 성궤를 지킨 것은 그들이었다.

에센(흉패) 외에도 대제사장이 입었던 또 다른 의복은 민소매와 턱받이 그리고 테가 있는 튜닉인 에봇이 있었다.17 펄럭이는 작은 앞치마를 형성하는 거들 위로 접혀진 턱받이가 있는 이 의상은 나중에 성궤의 레위인 수호자의 상징이 되었다.18 그다음 하얀 아마포로 만들어진 그것은 오늘날 프리메이슨 표상의 작은 앞치마로 대표된다. 사무엘하 6장 13절~15절에서 다윗왕은 성궤 앞에서 춤을 출 때 "아마포 에봇으로 허리띠를 졸라매었다."

기이한 나선

민수기 27장 21절은 대제사장이 하나님과 상의를 구할 때 우림을 사용했고 이 신의 지혜는 성궤를 둘러싸고 있는 황금 그룹 사이에서 얻었다고 이야기한다(출 25:22). 그리고 나서 사사기 20장 27절~28절은 성궤 앞에 서 있는 것이 정말로 하나님 앞에 서 있는 것으로 여겨졌다고 설명한다. 하나님의 말씀을 전하기 위해 우림과 둠밈이 성궤에 제공되어야 했기 때문에 어떤 이들은 그것들이 주사위나 신탁의 제비뽑기 돌이라고 제안했다. 그러나 성경은 성궤가 있을 때 우림의 주된 속성은 빛을 발하는 것이었으며 "하나님은 빛이다"라고 말한다.19 그러므로 이 개념에 따라 우림의 성궤-빛은 하나님의 계시였다.

그렇다면 성궤의 힘을 불러오는데 중요한 우림-샤미르는 무엇이었는가? 지금까지 우리는 그것이 귀중한 돌 - 어떤 특정한 조건에서

지혜와 치유의 뱀

돌을 정교하게 자를 수 있는 빛의 창을 내뿜을 수 있는 능력을 갖춘 수정 보석 – 이라는 것을 알아냈다. 이것은 고대 이집트 제국의 비기술적인 시대에는 믿기 어려울 것 같다. 그러나 mfkzt의 낙원의 돌과 관련하여 볼 수 있듯이, 최근의 과학은 50년 전만 해도 연구자들이 정말로 이해할 수 없었을 많은 것을 증명했다.

우림–샤미르 또는 신의 심판의 다른 원천들과 관련이 있든 없든 지혜에 대한 그림 상징은 메소포타미아(현재 이라크)의 초기 때부터 일정하게 유지되었다. 그것은 '신성한 눈의 지배자'인 수메르의 신, 엔키 – 중앙 막대기나 줄기 주위를 나선형으로 도는 뱀 – 의 상징이었다.[20] 이집트에서 카르나크의 하얀 형제단은 테라페우타테의 사제 장인이었고 그들의 mfkzt에 대한 작업도 치유와 관련이 있어서 지혜와 치유

58   Lost Secrets of the Sacred Ark

는 동의어가 되었고 똑같은 뱀의 상징이 적용되었다.

고대 그리스 전통에서 영향력 있는 의학의 아버지는 로마인들이 아이스쿨라피우스라고 불렀던 테살리아의 아스클레피오스(BC1200년경)였다. 로마 카포디몬테 박물관에 있는 그의 조각상21 또한 지팡이와 감겨진 뱀을 보여준다. 아스클레피오스에 이어 그리스의 의사 히포크라테스(BC460년 출생)가 나타났는데, 그의 히포크라테스 선서는 오늘날까지 의사들이 맹세하고 있다. 아직도 휘감는 뱀은 세계의학협회 연합과 함께 영국, 미국 그리고 호주 의학협회의 상징으로 남아 있다. 왜일까? 신성한 돌에서 채취한 약과 지혜가 휘감는 뱀과 무슨 관련이 있을까? 강조되어야 할 또 다른 불변은 지혜가 오랫동안 빛과 관련되어 있어서 지식의 습득은 깨달음 또는 계몽으로 정의되었다는 사실이다.

시나이 이야기에서도 이 문양은 이스라엘인들을 치유하는 것과 직접적으로 관련이 있는데, 그때 하나님이 모세에게 "이것으로 뱀을 만들고 지팡이에 오르게 하라"(영문 성경에는 일반적으로 "놋뱀"과 "장대"라는 표현이 사용되지만, 그리스 원본 70인역 성경에는 "뱀"과 "지팡이"로 묘사된다.)고 하셨다. 여기에서 흥미로운 이례는 성궤 위에 있는 황금 그룹에 대한 것과 같은 불규칙함이다. 뱀과 그룹 둘 다 만들라는 지시는 하나님이 지시하신 것이라고 주장했지만, 하나님께서는 "너를 위하여 새긴 우상을 만들지 말고 또 위로 하늘에 있는 것이나 아래로 땅에 있는 것이나 땅 아래 물 속에 있는 것의 아무 형상도 만들지 말며"(출 20:4)라는 명령을 내리셨다. 모세는 아론과 이스라엘 자손들이 금송아지를 만든 것과 다음에 뱀과 그룹을 만드는 데 바쁜 것을 보고 훈계하였다. 그런 위반할 수 없는 규정에 따라 모세가 신에게 비유적인 생명체를 만들 것을 요구한다는 것은 실현 가능하지 않다. 그러므로 그 뱀은 그런 뱀이 아니었을 것이며 그룹은 천사가 아니었을 것이다.22

성궤의 잃어버린 비밀　59

1세기에 쿰란의 에세네파를 논할 때 요세푸스는 이집트 치료법으로 흰옷을 입은 후계자들이 고대인들에게서 약용 돌들에 관한 지식을 얻었다고 설명했다.23 우리는 mfkzt가 실제로 약용이었다는 것을 발견할 것이다. 하지만 현재 우리는 우림-샤미르의 돌을 깎는 것, 즉 "번개 돌"에 관심이 있다.

출애굽기 28장 17절~20절에 대제사장의 가슴판(우림과 둠밈이 의식용으로 놓여 있던 주머니)이 12개의 진귀한 돌들로 장식된 것으로 기술되어 있다. 그것들은 홍보석, 황옥, 녹주옥, 석류석, 남보석, 홍마노, 호박, 백마노, 자수정, 녹보석, 호마노, 벽옥이다. 이 목록에 루비가 빠져 있는 것이 눈에 띄는데 욥기 28장 18절과 잠언 8장 11절에서는 지혜를 루비와 비교한다.

놀라운 루비

불과 몇 십 년 전인 1960년 캘리포니아로 여행을 간다. 물리학자 시어도어 마이만Theodore Maiman은 말리부의 휴즈 항공연구소에서 일하고 있었는데 미국 물리학회지 〈피지컬 리뷰〉24에서 흥미로운 기사를 읽었다. 컬럼비아 대학의 교수와 연구원들이 벨 연구소에서 빛 증폭을 공동으로 조사하고 있다는 것이다. 그들은 다양한 분자의 수수께끼 같은 특성을 다루는 마이크로파 분광학 분야의 전문가인 찰스 타운스와 아서 쇼로였다. 그들은 마이크로파 방사의 파장이 짧아질수록 분자와의 상호 작용이 강해져 빛 굴절의 성분 정도를 조사하는 강력한 분광 도구가 된다는 것을 알았다. 그들이 이루려고 했던 것은 마이크로파보다 짧은 파장의 제어, 즉 적외선과 광학 빛의 파장을 제어하는 것이었다. 그들은 거울로 빛을 앞뒤로 반사하기 시작

60   Lost Secrets of the Sacred Ark

했고, 그 후 가시광선 스펙트럼에서 증폭된 단일 주파수를 어떻게 완벽하게 만들었는지 설명하는 논문을 〈피지컬 리뷰〉에 발표했다. 하지만 그들은 그 발견을 위한 신청서가 없었고 그것은 "직장을 찾는 발명품"으로 예약되었다.

이에 매료된 시어도어 마이만은 타운스와 쇼로로부터 독립적으로 작업하며 색의 파장과 그것들의 상대적인 에너지 수준을 조사했다. 그는 녹색과 파란색을 흡수하여 관통할 수 있게 매우 강력한 적색만을 방출하는 크롬 원자를 발견했다. 크롬 원자에 의해 만들어진 붉은색을 가진 펄싱 크리스털이 루비이고, 마이만은 이 원자들의 전자들이 강렬한 흰색 빛으로 더 높은 에너지 수준으로 들뜨게 할 수 있다는 것을 발견했다. 막대 모양의 루비를 가지고, 그는 평행한 끝부분에 증발된 은을 코팅했다.(한쪽이 다른 쪽보다 약간 덜 반사적이다.) 그러고 나서 석영 플래시 튜브 코일을 돌에 감았다. 빠른 빛의 섬광으로 루비 막대는 강력한 붉은 빛을 내뿜었고, 1960년 8월 마이만은 〈네이처〉지에 그의 실험을 발표했다.25 이후 벨 연구소는 플래시를 아크 램프로 교체하여 태양보다 100만 배 이상 밝은 고에너지 광선을 지속적으로 만들어냈다.

이 빔은 매우 좁아서 완벽해지면 마치 버터를 자르는 칼처럼 강철을 통과해 정확하게 자를 수 있었다. 이 과정은 방사의 유도 방출에 의한 빛의 증폭Light Amplification by Stimulated Emission of Radiation'이라고 불렸으며 곧 "레이저Laser"라는 약어가 되었다.26

그렇다면 약 40년 전 세계 최초로 선보인 루비 레이저는 어떻게 생겼을까? 그것은 마치 엔키와 아스클레피오스의 상징에서처럼 뱀이 중앙 줄기를 휘감고 있는 것처럼 보였다. 놀랄 것 없이 레이저는 곧 의료계에서 사용하도록 개조되었고, 미세 수술 분야에서 메스를 대체

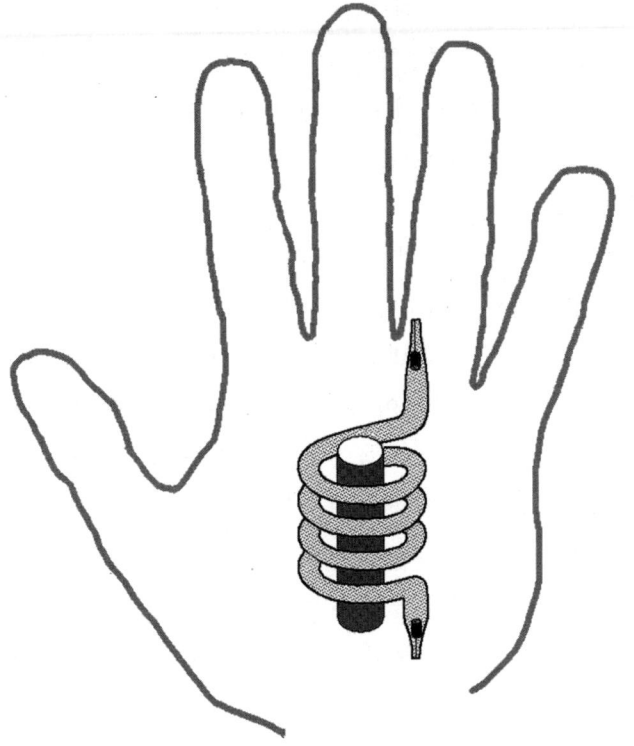

마이만의 최초 루비 레이저(축척)

했다. 만일 우림-샤미르가 손에 적절한 나선체의 크리스탈 슬리브가 있는 실제 원통형 루비라면, 작동하기 위해 필요한 것은 연결할 전원 공급 장치였을 것이다.

증언의 반지

과거의 예술가들은 모세를 단지 십계명을 담고 있는 각각 92cm의 묘비석 같은 서판을 들고 있는 모습으로 묘사했다. 이와는 대조적으로 발굴된 고대 메소포타미아의 서판들은 점토 몇 센티미터 안에 비례해서 많은 양이 새겨진 징보를 담고 있다.

본래의 수메르 '운명의 서판'의 근원은 단정하기 어렵지만 그 역사는 어떠한 성경적 언급보다 훨씬 오래되었다. 그것은 에누마 엘리쉬 Enuma elish('높이 있을 때'를 의미)의 7개 서판에 처음 언급되었다. 에누마 엘리쉬는 약 3,500년 전에 구성된 창세기 이전의 서사시이다.27 BC 1960년경 아브라함에게 상속되었을 때 이 서판은 "사람이 알고 있던 모든 것"과 "사람이 알아야 할 모든 것"을 포함하고 있었다고 한다.(어떤 글도 언급되지 않았으며 단지 그 서판은 이 정보를 "포함"했을 뿐이다.) 카발라에 설명된 것처럼 만일 모세가 똑같은 물건을 물려받았다면 출애굽기 필자들이 증언이라고 부른 것은 아마도 이 돌이었을 것이다. 그러나 구약성경의 서술이 완벽하게 명확하기 때문에 십계명과는 확실히 구분된다.

출애굽기(20~23장)에서 십계명은 하나님께서 모세와 호렙산에 있는 백성에게 전하셨으며, 십계명에는 일련의 구두口頭 법령이 수반되었다고 설명된다. 모세는 이 모든 것(출 24:4)을 적어서 이스라엘 자손에게 새 언약서(24:7)로 다시 읽어주었다. 우리는 모세가 이 법령을 무엇으로 또 무엇에 관해 기록했는지 듣지 못했으며 단지 그것이 "책"(서판이 아니라)의 형태였을 것이라고만 했다. 그 책을 읽은 후 여호와께서 모세에게 "너는 산에 올라 내게로 와서 거기 있으라. 네가 그들을 가르치도록 내가 율법과 계명을 친히 기록한 돌판을 네게 주리라"(24:12)라고 말씀하셨다.

훗날 그것은 여호와께서 "내가 네게 줄 증거판을 궤 속에 둘지며"(25:16)라고 말씀하신 것과 관련이 있다. 이어 "증거판 둘을 모세에게 주시니 이는 돌판이요 하나님이 친히 쓰신 것이더라"(31:18)라고 이어진다. 그러나 산에서 서판을 가지고 내려오던 모세는 이스라엘 백

성궤의 잃어버린 비밀   63

성들이 춤추는 것을 보고 즉시 "손에서 그 판들을 산 아래로 던져 깨뜨렸다…."(32:19) 이것을 통해 이 서판들은 깨질 수 있는 것으로 그것들은 분명히 마법의 사파이어가 아니었다는 것을 알 수 있다.

그리고 나서 이야기는 보통 성경의 가르침에서 전해지는 것과는 다른 후속 서판의 그림을 묘사하는 것으로 바뀐다. 여호와께서 모세에게 "너는 돌판 둘을 처음 것과 같이 다듬어 만들라. 네가 깨뜨린 처음 판에 있던 말을 내가 그 판에 쓰리니"(34:1)라고 말했다. 그러나 이것에 관해서 더 이상의 언급은 없다. 여호와께서 여러 가지 민간의 규율을 구두로 반복하신 다음 모세에게 다음과 같은 지시를 한다. "이 말씀을 기록하라." 그래서 모세는 언약의 말씀, 곧 십계를 "기록하였더라…"(34:27~28). 그리고 직접 기록한 서판을 산 아래로 가지고 내려왔다.(34:29)

사람들이 구약성경 줄거리를 어떻게 읽든(그리스의 70인역 성경, 히브리의 마소라 본문, 킹 제임스 판본이든) 흔히 모세가 묘사되는 것처럼 결국 하나님이 쓰신 어떤 것도 가지고 오지 않았다는 사실에는 변함이 없다. 그는 단지 언약의 책(자신이 쓴) 그리고 십계명(자신이 비슷하게 쓴)만 가지고 있는 것으로 묘사된다. 그러면 성궤에 놓이기로 되어 있던 하나님 손에서 나온 증언은 어떻게 되었는가?

이와 관련해서 출애굽기 40장 20절은 나중에 모세가 "증언을 궤 안에 넣었다"라고 언급하고 있는데, 이것은 십계명이 적힌 서판을 나타내는 것으로 여겨진다. 그러나 이것들에 대해서는 특별한 것이 아무것도 없었다. 그것들은 모세가 직접 적은 간단한 규약에 지나지 않았다. 그것들은 분명히 화려하게 장식된 약 1.22m의 금상자 제작을 보장하지는 않았다. 심지어 그것들은 비밀도 아니었고 당시 살았던 모든 사람들이 알고 있었으며 오늘날 많은 사람들에게도 알려졌다.

모세가 성궤에 넣은 것은 언약서 또한 아니었는데, 이것은 단순히 일련의 사법적 결정과 명령의 연속일 뿐이며 민법을 집행하는 사람들을 위한 참고서이기 때문이다.28 그 목적은 접근하기 쉬운 상태를 유지하는 것이지 숨겨지는 것이 아니었다. 그러나 어떤 이유에서든 성궤는 레위족 제사장들의 엄중한 보호를 받았고, 예루살렘으로 옮겨진 후에는 고독하고 성스러운 환경에 보관되었다.

현대 교회 환경에서 성궤의 내용물에 대한 인식의 중요성을 더하는 것으로, 성궤는 십계명과 함께 만나 항아리와 아론의 싹이 트기 시작하는 아몬드 지팡이를 담고 있다고 알려져 있다. 그러나 구약성경에는 이와 관련된 언급이 없다. 성궤와의 관계는 사도 바울의 히브리서 9장 4절에 처음으로 나타나는 훨씬 후대의 기독교적 신약 개념이다.29 그렇다면 모세가 성궤에 넣은 소위 "증언"은 무엇이었는가?

그 답은 유다 왕 요아스(BC839년경)의 제사장 취임을 다룬 열왕기하 11장 12절에서 찾을 수 있다. "여호야다가 왕자를 인도하여 내어 왕관을 씌우며 율법책을 주고 기름을 부어 왕으로 삼으매." 이 "율법책"은 그 시대의 중요한 왕가의 휘장(증언과 증인의 고리인 귀중한 왕권 부적)이었다.30

출애굽기 35장 22절은 이스라엘 자손이 성막 장식용 금을 제공하기 위해 모세에게 가져온 보석 품목이 나열되어 있다. 그 구절(1611년 킹 제임스 공인 성경에서)은 "곧 남녀가 와서 가슴 핀과 귀걸이와 가락지와 서판들과 모든 금으로 된 보석을 가지고 와서"라고 말한다. 1885년 개정된 구약성경은 이러한 "서판"을 "팔찌"로 더 직접적으로 표현하지만, 마소라 성경은 그것들을 "징표"라고 표현한다. 그러나 원래 셈어족 단어는 tabba'at였는데 70인역 성경에서 정확하게 확인되었듯이 "손가락의 반지들"을 의미한다. 따라서 요아스왕의 부적의 반지는 그 자체

성궤의 잃어버린 비밀   65

가 이전에 사파이어로 확인되었던 "증언의 서판(tabba'st)"이었다.

일찍이 솔로몬왕이 성전에 바칠 돌을 자르려고 그의 반지에 "번개 돌"(샤미르)을 넣은 것을 보았는데, 그 반지는 그의 혈통인 왕들이 그의 7대째 계승자인 요아스왕에게 물려준 증거의 위패 반지였다. 그러나 솔로몬의 반지는 진귀한 금속(시나이에서 금반지들이었던 것처럼)이었다고 전해지는 반면, 사피르 서판은 돌로 확인되었다! 우리가 확인한 바로는, mfkzt는 금이었지만 연금술적으로는 돌이라고 불렸다. 같은 방법으로, 장인이 이리듐(지각에 가장 희귀하게 존재하는 원소 중 하나. 강한 감마선을 내놓는다.)으로 만든 거대한 나선형의 결정인 스헤티야도 그렇게 만들어졌다. 이 놀랄 만한 유리 같은 물질은 메소포타미아의 고대 신전 대장장이들에게 알려졌고, 그들은 그것을 안-나an-na(불-돌)라고 불렀으며 mfkzt 가루는 쉠-안-나(높은 불-돌)라고 불렀다.

우림(남성 돌)이 신적인 현상으로 인식된 반면, 여성 둠밈은 가나안 사람들이 아낫이라고 불렀던 천상의 여왕을 나타냈다. 페니키아에서 그녀는 바랏 안-나Barat An-na(왕가의 안나)라고 알려졌고, 그녀의 문화는 결국 브리튼족으로 들어갔다. 그곳에서 그녀는 브리타니아로 알려졌다.31

모세가 산에서 내려와 궤에 넣은 "증언"(출 40:20)은 훌륭한 크리스털 코일과 매우 흡사했는데 그 안에 우림-샤미르(솔로몬이 신성한 거처로 예루살렘 성전을 지었던 바로 그 보석)가 끼워져 있었다. 모세는 그것을 엘 샤다이(산의 지배자)로부터 얻었고, 그런 점에서 그 서판은 모세가 손바닥 안에 잡고 있었다는 사파이어라는 카발라주의 교리가 훨씬 더 이치에 맞다. 그가 가졌던 것은 광창Light-spear 등식의 다른 부분인 소용돌이치는 스헤티야 또는 대제사장 아론과 엘르아살에게 알려진 둠밈이었다. 출애굽기를 통해서 성궤가 "증언의 성궤"로 언급된다는 것에 유의해야 한다. 단지 민수기 10장 33절(이스라엘 민족이 시나이에서 여행을 시작할 때)에서 그것은 성스러운 충성의 표시로 '언약의 궤'가 되도록 다시 만들어졌다.

우림과 둠밈(성경에서 각각 확인된 것처럼)은 상호 보완적인 기기였기 때문에 모르몬 전통이 종종 그것들을 하나의 대상인 우림-둠밈으로 묘사하는 것은 완전히 잘못 응용된 것이 아니다.32 그것들은 남성과 여성으로 구성되었고 성궤에 함께 가져갈 때 그것들은 실제로 빛과 완벽을 보여주었다. 그러나 둠밈-스헤티야는 카발라주의 교리에 묘사된 것과 같이 공중부양 특성을 가진 독특한 힘을 가진 물질이었다.

새로운 왕조

지금까지의 시나리오는 BC 2600년경과 이집트 제4왕조 스네프루로부터이고, 시나이 호렙산에서 세라비트 엘 카딤 신전이 운영되었다는 것이다. 기자에 세워진 3개의 피라미드는 각각 쿠푸(케옵스), 카프레(케프렌) 그리고 멘카우라 왕조였다. 여기 세라비트에서는 위대한 것 mfkzt이라고 불리는 신비한 하얀 "투영의 가루"를 제조했는데, 이스라엘 사람들은 그것을 만나(이것은 무엇인가?)라고 의심했다. mfkzt는 원뿔 모양의 케이크("하얀 빵"으로 언급된다.)로 만들어졌고 왕족의 황금가의 왕들에게 먹였다. 그것은 그들의 왕권 특성을 강화시켰고 또한 죽은 왕들이 옮겨진 사후세계의 수수께끼 같은 "장" – Mfkzt의 장場과 연결되기도 한다.

세라비트 신전은 람세스 시대(BC330년경)에 연금술의 중심지로서의 기능을 멈추었는데, 그때 산의 지배자가 황금가의 비밀을 아론파 사제들의 새로운 집단에게 넘겼기 때문이다. 이집트에서 합법적인 왕조의 시대는 끝났고 외부로부터 새로운 영향이 밀려왔다. 람세스 1세

성궤의 잃어버린 비밀　67

(BC1335년경 이후)는 왕가의 후손이 아니었고, 그의 아내 시트레Sitre는 파라오의 사촌 혈통이었지만 그녀를 세습 상속녀로 고려하기에는 너무 멀리 떨어져 있었다. 소년 왕 투탕카멘의 이른 죽음과 18왕조의 단계적 축소에 따라 이때는 왕의 혈통이 이동하는 시기였다. 투탕카멘의 누이는 이스라엘 가문과 결혼했다. 이집트 왕위는 모계 유산과 엄격히 관련되어 있었기 때문에 그녀는 옛 왕조의 진정한 상속녀였고, 그녀의 남편과 모세와 함께 시나이에 있었다.

황금가의 보물들(우림-샤미르와 둠밈-스헤티야)은 약속의 땅에 왕조를 세우기 위해 시나이에 파견된 모세와 새로운 이스라엘 자손의 제사장들에게 맡겨졌다. 이 왕들(이집트 제18왕조의 후손으로)은 다윗과 솔로몬 그리고 결국 예수의 혈통인 유다 왕가가 되었다. 그러나 먼저 가나안 땅(나중의 팔레스타인)은 새로운 군주제가 예루살렘에 세워지기 전에 들어가고, 건너가고, 정복되어야 했다.

출애굽

이스라엘의 자손들

모세 시대에 이스라엘 자손과 히브리인들 사이에는 뚜렷한 차이가 있었는데 성경에서는 명확하게 드러나지 않는다. "히브리"라는 명칭은 아브라함의 여섯 세대 이전 메소포타미아의 족장 에벨Eber(Heber/Abhar, BC2480년경)에서 유래했다.1 "이스라엘"이라는 용어는 아브라함의 손자 야곱의 이름(창 35:10~12)에서 유래하였다. 그의 후손들은 BC 1790년경부터 이집트에 머무는 동안 이스라엘 민족 또는 이스라엘의 자손들로 알려지게 되었다. 다양한 번역을 통하여 Is-ra-el은 "엘티의 군인"을 의미하는데 어떤 사람들은 Ysra-el이 "엘티이 지배한다"를 의미한다고 말하고, 또 어떤 이들은 "엘티이 노력한다"를 의미한다고 한다. 야곱이 새로운 이름을 받은 루스Luz라는 장소 자체가 "엘의 집"이라는 뜻의 벧엘Beth-el(창 28:19)로 이름이 바뀌었다.

고대 가나안의 용어 엘티은 모세가 시나이에서 서판을 받은 산의 지배자 엘 샤다이에서처럼 위대한 주님 또는 고상한 분을 지칭하는 데 사용되었다. 출애굽기 6장 3절의 옛 히브리 문서는 엘 샤다이가 아브라함 시대에도 사용되었던 용어라고 설명한다. AD 385년경부터 불가타 성경에2 "엘 샤다이"라는 묘사는 정전正典(외전外典에 대한)에서 48번 발견되는데 1611년 이래 공인된 영문 성경에는 모두 "전능한"으로 표현되었다. 초기 메소포타미아 전승에서는 "위대한 산의 지배자"3를

성궤의 잃어버린 비밀   69

뜻하는 일루 쿠르갈Ilu Kur-gal이 이에 해당되었고, 수메르어로는 엘티이 "빛나는 자"와 더 구체적으로 연관되었다.4

"유대인Jew"이라는 용어는 "Judaean"이라는 양식에서 유래하였다. 그들은 궁극적으로 가나안 남부에 있던 유대의 이스라엘 민족과 히브리인들이다. 그것은 결과적으로 이스라엘인-히브리인 국가(유대Judaea는 로마자로 표기된 유다Judah의 형태였다.)를 위한 모두를 아우르는 형태가 되었다. 유대 북쪽에는 사마리아가 있었고, 그 위에는 갈릴리가 있었다.

모세의 출애굽에 앞서 이스라엘 자손의 세대가 이집트에 있었을 때, 그들은 가나안에 있던 조상 히브리인의 친척인 이집트인들이 하비루라고 불렀던 부족과는 거의 관련이 없었다. 그러나 BC 1330년경 이스라엘인들은 시나이에 있었고 히브리인들과 조우하기 위해 이동 중이었는데 마침내 수 세기 후에 서로 연결되었다. 엘 샤다이가 이스라엘 민족의 새로운 환경의 법, 관습 그리고 의무를 내세운 것도 이런 이유에서였다. 사실상 그들은 호렙산에서 천명(법령)을 통하여 히브리 문화를 배웠다. 언약의 책이라 불리는 헌법 문서에 대한 충성을 맹세한 것이다.

십계명은 또 다른 문제였다. 그것들은 이스라엘 민족의 이집트 전통에 대한 가치 있는 가르침을 일깨워주었다. 출애굽기 20장에서 주어진 이 기록들은 새롭게 고안된 행동 규범이 아니라 이집트 '사자의 서'에 있는 주문번호 125의 고대 파라오 고백서들에 새롭게 기록된 버전들이다. 예를 들면 "나는 죽이지 않았다"라는 고백은 "너는 살인하지 마라"라는 명령으로 번역되었고 "나는 도둑질하지 않았다"는 "너는 도둑질하지 마라"가 되었으며 "나는 거짓말을 안 했다"는 "너는 거짓 증언을 하지 마라"가 되었다. 기타 등등.5

그렇다면 모세는? 그는 일반적으로 유대인이 없던 시기에 유대인으로 인식된다. 그는 종종 히브리인으로 묘사되는데, 그때 그는 이스라엘인들과 함께 이집트에서 나왔다. 몇몇 사람들은 그를 이스라엘 고위인사로 간주한다. 그러나 이런 일반적인 생각에도 불구하고 구약성경은 모세가 히브리인도, 이스라엘인도 아니었음을 분명히 하고 있다. 출애굽기 2장 19절은 특히 모세를 "이집트인"으로 언급한다. 출애굽기 4장 10절에는 모세가 이스라엘 말에 정통하지 않아 "말솜씨가 없고", "말이 느리고 어눌한" 자라는 것을 알리며 이집트에서 이스라엘인들에게 연설할 수 있는 능력에 관해서 걱정한다. (출애굽기 3장 12절에서 그가 이전에 요구했던 대로)

불타는 떨기나무

마네토Manetho(BC300년경 프톨레마이오스 1세의 조언자)의 『이집트의 역사』에 모세는 헬리오폴리스의 이집트 사제였다고 기록되어 있다.6 1세기 후반의 유대인 역사가 요세푸스는 마네토의 이집트 사제직 주장에 대해 이의를 제기했다.7 그러나 그는 『유대 고대사』에서 모세가 에티오피아와의 전쟁에서 이집트 군대의 지휘관이었다고 주장했다.8

모세의 정체를 알아내는 길은 그의 이름에 있는데 비록 히브리어로 모세Mosheh로 변하긴 했지만 이스라엘이나 히브리인 출신이 아니다. 이것은 출애굽기 11장 3절에서 "모세는 이집트 땅에서 아주 위대했다"라는 사실을 알려주는 것과 부합하고 모세라는 이름에 이집트인의 뿌리가 있다는 인식으로 이어진다. 지그문트 프로이드, 제임스 헨리 브레스테드, 아흐메드 오스만 그리고 어원학을 연구한 다른 이들에 의해 인용된 것처럼 모세라는 이름은 실제로 이집트어 모스(그리스어 : mosis)에서 유래한 것으로, 이는 투트모세Tuthmose(Tuthmosis)에서처럼 "토스Thoth

성궤의 잃어버린 비밀　71

로부터 태어남" 그리고 아멘모세Amenmose(Amenmosis)에서처럼 "아멘Amen으로부터 태어남"과 같이 "후예" 또는 "세습"9과 관계된다.

히브리어 이름 모쉐Mosheh는 " 꺼내진 사람"10 또는 "꺼내는 사람"을 의미하는 단어 mosche에서 유래하였다고 한다. 이것은 아기 모세가 있던 갈대 바구니를 강 밖으로 꺼낸 파라오의 딸에 의해 이름 붙여진 것에서 유래하는 것으로 제기된다.11 그러나 이집트인 공주가 히브리어의 어원을 알고 있었을 것 같지 않으며, 특히 히브리어는 400년 이상 삼각주 지역에 정착한 이집트계 이스라엘 민족의 언어가 아니었을 것이기 때문이다. 그녀는 자신이 입양한 아기를 위해 평범하게 이집트식 이름을 사용했을 것이다. 두 번째, 모세는 "꺼내는mosche" 자가 아니라 히브리어로 moshiu였기 때문에 "꺼내진" 사람이었다.12

바구니 또는 골풀 안의 아기에 대한 근원 이야기는 추적하기 어렵지 않다. 바빌론(BC586~BC536)에서 네브카드네자르의 포로가 된 후대 이스라엘 민족은 의심의 여지없이 조상의 관심사를 숙독했을 것이다. 메소포타미아의 도서관에는 대홍수를 묘사한 길가메시 서사시와 최초의 왕족인 아다마13를 묘사한 아다파 서판과 함께 원래의 창조 이야기인 에누마 엘리쉬가 있었을 것이다. 그러한 점토판 문서들(BC6세기경) 안에 아카드 왕 사르곤 대왕(BC2371~BC2316)이 되는 샤루 킨 전설에 나오는 원형原形의 골풀 방주가 있었다. 아시리아 문서는 사르곤에 대해 다음과 같이 말하고 있다. "나의 변화무쌍한 어머니는 나를 잉태하셨고, 비밀리에 나를 낳으셨다. 그녀는 나를 골풀로 만든 바구니에 넣고 뚜껑을 봉인했다. 그녀는 나를 강에 던졌고, 강물은 나를 덮치지 않았다. 강은 나를 밀쳐냈고 물에서 끌어낸 자인 아키에게 데려다주었다."14

그렇다면 호렙산에서 그의 유명한 임무를 이행하고 궁극적인 유대 율법 제사장으로서 그의 운명을 찾은 전선의 인물인 무세라고 불린 이집트 아기(궁극적으로 남자)는 누구였을까? 이 책을 순비하며 나는 『성배의 혈통』과 『성배 왕 창세기』 모두에서 모세의 유산을 논한 적이 있다. 이제 우리는 시나이에서 성궤를 들고 출발할 준비를 하면서 이제 핵심 조각들을 한데 모아야 할 때가 왔다. 이 여행은 우리를 1,300년 이상을 통과하는 복음의 시대와 그 너머 세기로 데려갈 것이다. 여기서는 익숙한 배경의 몇몇 요소를 다루지만, 이것은 특히 이 시리즈에서 다른 작품을 읽지 않은 사람들을 위해 나타나는 장면을 설정하기 위해서는 필요하다.

옥스퍼드 대학의 한 신학자는 BBC라디오 토론에서 아브라함, 모세, 다윗 또는 솔로몬과 같은 인물들이 실제 존재했다는 역사적 증거가 없다는 말로 나를 주목시켰다. 그는 그들이 단지 외국 히브리어 문헌에서만 나타난다고 말했다. 그러므로 모든 정당한 정의에 의해 "중요하거나 공적인 사건, 과거의 사건 그리고 사건에 대한 연대기적 기록"인 "역사"의 본질을 명확히 하자. 역사는 사건의 기록이지 사건 자체는 아니다. 그 교수가 암시했듯이 영국이나 다른 기독교 국가의 기록만 역사로 간주할 수 있다는 규정은 어디에도 없다. 이런 점에서 중동의 환경에서 나온 고대 히브리 문학은 역사적으로 다른 어떤 곳에서 온 다른 인종들의 기록만큼이나 유효하다. 모든 것이 더 큰 그림을 표시하기 위해 고려되어야 한다. 물론 이러한 유대 기록에서 먼 인물들은 (중동 연대기에는 오직 영국의 부디카(켈트족의 여왕)와 카락타쿠스(50년경 활약한 브리튼인의 족장)만 등장한다.) 그들 자신의 환경 밖의 국가 역사에도 나타나지 않을 뿐 아니라 성경에도 독자적으로 나오지 않는다.

20세기 이전만 해도 고대 가나안 전통은 거의 알려지지 않았지만 1929년부터 시리아 북서쪽 라스 샴라(우가리트의 옛 도시)에서 BC 1400년경에 만들어진 많은 문헌들이 발견되었다.15 또한 1975년까지도 근처의 텔 마르디크(에블라의 옛 도시)에서 더 많은 서판이 발견되었다. 지금까지 성경 속 인물로 여겨졌던 에사움, 아브라함, 이스라엘 그리고 에벨 등이 이제 고고학적으로 살아나고 있다. 메소포타미아, 이집트 그리고 다른 곳에서의 비슷한 발견과 함께 이러한 발견은 우리가 역사를 기록 보관소에서 이용할 수 있는 자료에만 한정할 수 없다는 것을 의심할 여지없이 증명한다. 바다와 바람에 날리는 모래 아래 잠든 역사는 지금까지 발견된 것보다 더 많다.

출애굽기는 아기 모세의 생명이 위협받았음을 언급하고 있는데 파라오가 갓 태어난 모든 이스라엘 사내아이를 죽이라고 명령했기 때문이다. 이 문구에서 추측되는 이유는 이스라엘 백성이 "번식하고 창성하고 심히 강대하여 온 땅에 가득하게 되었더라"(출 1:7)였다. "태어난 모든 아들들은 강으로 던져질 것이다"라고 선언되자 레위족 집안의 한 여자는 3개월 된 자신의 아들을 역청과 나무 진을 칠한 바구니에 담아 강가 갈대 사이에 내려놓았다.

그 후 이야기는 신빙성이 떨어지는데, 아버지의 명령에 전혀 신경 쓰지 않는 것처럼 보이는 파라오의 딸이 나타났기 때문이다. 그녀는 그 아기를 발견했고 마침 근처에 있던 그의 누이와 대화를 시작했다. 그러고 나서 아기는 그를 돌보기 위해 공주가 대가를 지불한 그의 엄마에게 다시 돌려보내졌다. 얼마 지나지 않아 아기는 그가 출발했던 곳으로 돌아왔고 파라오의 박해에 대한 모든 두려움은 잊힌 것으로 보인다! 결국 공주는 아기를 자신의 아이로 입양하고 모세라 불렀다. 아무도 그의 친부모에 관해 물어볼 생각을 하지 않았다. 모세의 어린 시절 성경 이야기는 그 정도이며, 바로 다음 구절(출 2:11)에서 그는 성인으로 묘사된다.

카이로 태생의 역사 언어하자 아흐메드 오스만온 모세의 정체성과 그 시내의 관습에 대해 깊은 연구를 진행했다. 샤루 킨 전설의 분명한 접목과는 별개로, 오스만은 일반적인 관습하에서는 결혼하지 않은 이집트 공주가 아이를 입양한다는 것은 불가능했을 것이라고 지적한다.16 이집트 기록에서 그는 좀 더 이해하기 쉬운 배역과 줄거리를 가진 골풀 상자 이야기에 대한 사실적인 근거가 있었다고 설명한다.

유수프 유야(요셉)라는 영향력 있는 이스라엘인은 파라오 투트모세 4세와 그의 아들 아멘호테프 3세의 재상(대신)이 되었다. 투트모세가 죽자 아멘호테프는 그의 어린 여동생 시타문과 결혼했는데(왕가의 전통) 그럼으로써 그는 모계계승의 왕관을 이어받을 수 있었다.17 얼마 지나지 않아 성인 아내를 갖기 위해 아멘호테프는 유수프 유야의 딸 티예와 결혼했다. 그러나 티예에게서 태어난 아들은 왕위를 물려받을 수 없다는 훈령이 있었으며, 그녀 아버지의 통치 기간 동안 그의 이스라엘 자손의 친척들이 이집트에서 너무 많은 권력을 얻고 있다는 두려움이 있었다. 더욱이 티예가 합법적인 상속녀가 아니었기 때문에 그녀는 국가의 신 아멘(아문)을 대표할 수 없었다.18 그래서 티예가 임신했을 때 궁정의 어느 관리들은 그녀의 아이가 아들일 경우 출생 시 죽여야 한다고 생각했다.19 이것에 비추어 나일 삼각주 고센에 살았던 그녀의 이스라엘 친척들과 조정이 이루어졌다. 티예는 근처 자루 Zaru20에 여름 궁전을 가지고 있었는데 그곳에서 아들을 낳았다. 산파들은 그 아이를 티예의 시누이인 레위족의 테이가 돌보도록 했다.

소년 아멘호테프(BC1394년경 출생)는 후에 라Ra의 이집트 사제로부터 헬리오폴리스에서 교육받았고(마네토가 모세에 관하여 설명한 것처럼), 10대 때 테베로 가서 살았다. 그 무렵 그의 어머니는 네페르티티21라는 딸을 낳아 파라오의 아들과 후계자를 낳은 적이 없는 시타문 여왕보다 더

성궤의 잃어버린 비밀   75

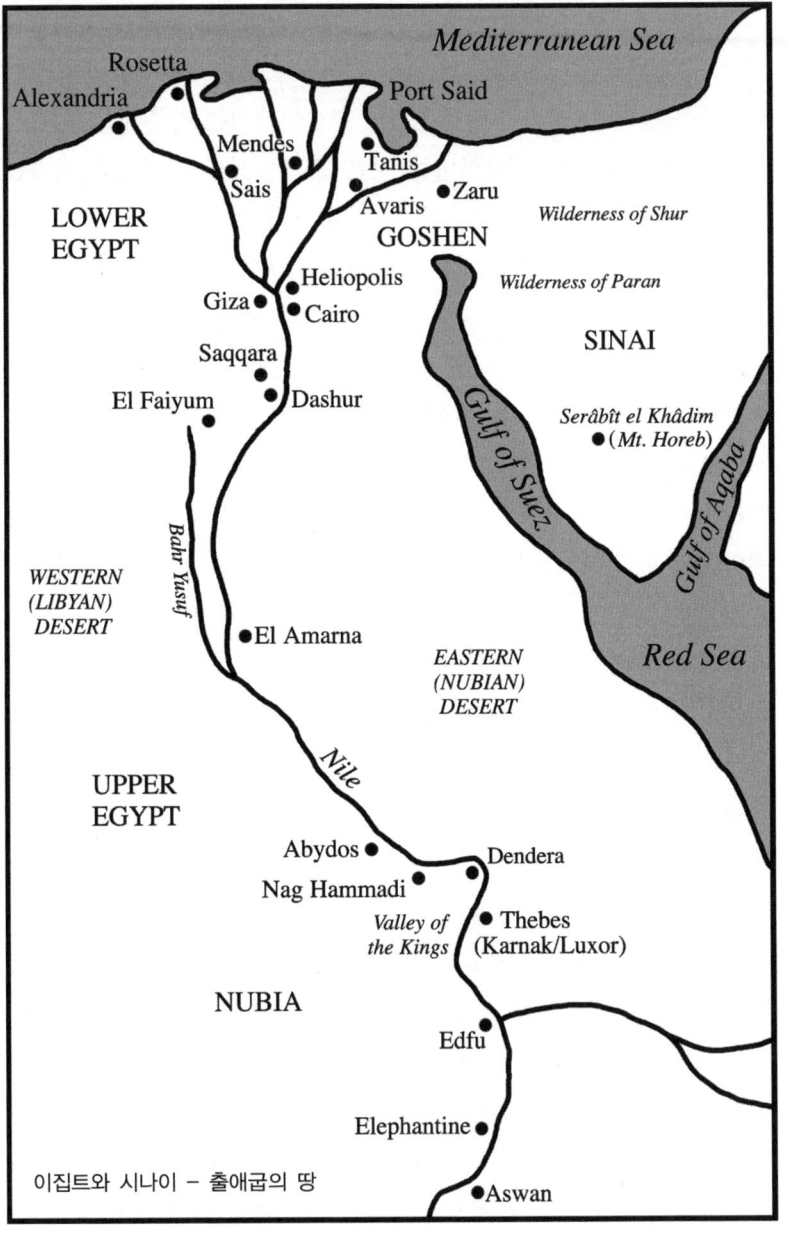

이집트와 시나이 – 출애굽의 땅

영향력이 있었다.

그 후 파라오 아멘호테프 3세는 병약함으로 고통받았고, 왕가에 직접적인 남자 후계자가 없었기 때문에 어린 아멘호테프를 전면에 내세웠다. 그는 이 어려운 시기에 공동 통치하기 위해 이복 여동생 네페르티티와 결혼했고, 그들의 아버지가 죽었을 때 그는 아멘호테프 4세 자리를 계승했다.

고대 이집트에서는 파라오가 여성 계급을 통해 왕위를 발전시키기 위해 그들의 누이들과 결혼하는 것이 흔한 관습이었다. 이 부인들은 종종 파라오의 이복누이로, 다른 아버지들에 의해 어머니에게서 태어났다.22 이집트는 여러 왕조를 계승했지만 파라오가 남자 후계자 없이 사망했을 때만 이 가계들의 이름이 바뀌고 번호가 다시 매겨졌다는 것을 그 시대의 계보도를 통해 알 수 있다. 중요한 것은 그의 여왕에게 여자 후계자가 있었고, 그 딸이 다른 남자 혈통과 결혼하면서 새로운 왕조가 시작되었다.

또한 많은 파라오들이 전략적으로 선택한 많은 아내들을 가졌고, 초기 파라오 왕조가 그들의 후손이었던 메소포타미아 본래 왕족의 다양한 혈통과 결혼했다는 것은 분명하다. 그러한 경우에 황태자들은 아버지의 두 번째 또는 그보다 어린 왕비의 딸들과 결혼하여 겉보기에는 부계 혈통을 이어받지만, 사실은 후손들에게서 여성 혈통을 강화하였다.

아멘호테프 4세(때로 아메노피스 4세로 불린다.)23는 일정 부분 이스라엘에서 양육되었기 때문에 이집트 신들과 그들의 무수한 우상들을 받아들일 수 없었다. 그러므로 그는 형상이 없는 전능한 신 아텐Aten이라는 개념을 발전시켰는데 그는 (이집트 태양신 라Ra와 구별되는)24 아래로 향하는 빛을 가진 태양 원반으로 표현되었다. 아텐이란 이름은 히브리어 아돈

성궤의 잃어버린 비밀　77

Adon(페니키아에서 차용하여 "주님"을 뜻하는 칭호)과 똑같이 친숙한 아도나이Adonai "나의 주님"을 뜻한다.25 동시에 아멘호테프(아멘이 기뻐하는)는 자신의 이름을 아케나텐Akhenaten(아텐의 영광스러운 영혼)26으로 바꾸었다. 그는 이집트 신들의 모든 신전들을 폐쇄했고, 특히 라의 사제들과 이전의 국가신, 아멘의 사제들에게 인기가 없었다.

아케나톤은 아내 네페르티티와의 사이에서 6명의 딸을 낳았고 특별히 잘 교육받은 가정을 이뤘다. 그러나 그가 전통적인 신들을 얼굴 없는 아텐과 함께 숭배하는 것을 허락하지 않는다면 그의 생명이 위험한 음모와 무장 봉기가 일어날 위험이 있었다. 그는 거절했고 결국 투탕카텐Tutankhaten(그의 여왕대리 키야Kiya가 낳은 아케나톤의 아들)이 뒤를 이었던 사촌 스멘크카레Smenkhkare에게 짧은 기간 동안 양위할 수밖에 없었다.

11살에 왕좌에 오른 투탕카텐은 이름을 투탕카문Tutankhamun으로 바꾸지 않으면 안 되었고 아텐이 아닌 아멘Amen에게 새로운 충성을 표시했지만, 그는 9년에서 10년 정도만 살 수 있었다.27 한편 아케나톤은 BC 1361년경에 이집트에서 사라졌지만28 그의 지지자들은 여전히 그를 합법적인 군주로 여겼다. 그들에게 그는 그의 아버지의 살아 있는 왕위 후계자였으며 그들은 그를 여전히 왕가의 모세Mose(그리스어 : Mosis)로 여겼다.29

아케나톤(그러므로 모세와 동일해짐)은 추방의 순간부터 출애굽기가 설명하는 것처럼 시나이로 두 번의 여행을 떠났고, 그 사이에 이집트로 잠시 돌아왔다. BC 1330년경, 그가 이끌었던 이스라엘인의 일반적인 출애굽은 두 번째 사건에서 일어났다. 아텐 숭배는 투탕카멘이 죽은 후에도 한동안 계속되었고, 그때 왕관은 아케나톤과 그의 이복 여동생 네페르티티를 키웠던 테이Tey의 남편인 그의 큰삼촌 아이Aye에게 넘어갔다. 테이는 성경 속 인물로 요게벳Jochebed이라고 부르는 요카바르

Yokabar인 '영광스러운 사람'이었다. 아이의 뒤를 이어 사위인 호렘헤브 징군이 계승했는데 호렘헤브는 아텐을 버리고 아케나톤의 이름을 언급하는 것을 금지하고 공식 왕 명단인 아마르나에서 삭제했다. 그는 또한 그 시대의 수많은 기념물들을 파괴했는데30 1922년 11월 투탕카멘 무덤의 발견은 그에 대해 알려진 것이 거의 없었기 때문에 반가운 놀라움으로 다가왔다.31

출애굽기 2장 15절~3장 1절에 설명된 것처럼 모세는 처음에 시나이반도 동쪽 미디안 땅으로 도망쳤다. 그의 왕비 네페르티티는 이때보다 조금 전에 사망한 것으로 보이며, 비록 그녀의 유해가 발견되지 않았지만 1930년대에 아마르나의 왕가 무덤에서 그녀의 이름이 새겨진 카르투슈가 발견되었다.32

모세는 미디안에서 족장 이드로의 딸 십보라를 또 다른 아내로 맞이하여 게르솜과 엘리에셀이라는 두 아들을 낳았다(출 2:22, 18:4). 그리고 이야기는 시나이 호렙산의 "불타는 떨기나무" 장면으로 이동한다. 그 수풀은 불타는 빛에 휩싸였지만 그것은 전소되지 않았고(출 3:2~4) 그 가운데서 천사가 나타났다. 그러자 여호와 엘 샤다이가 직접 나타나 모세에게 "나는 스스로 있는 자이다"(출 3:14)라고 부르라고 알렸다 (YHWH : 야훼Yahweh 또는 여호와Jehovah). 이후 이집트로 돌아온 모세는 새로운 모진 권력에 묶여 있는 이스라엘 백성을 되찾을 준비를 하였다.

그 무렵, 호렘헤브의 통치는 끝났고 이집트에 완전히 새로운 정권이 시작되었는데 파라오를 세운 19번째 왕조는 람세스 1세였다. 수년 동안 이집트를 떠나 있던 모세는 이스라엘 자손에게 어떻게 자신의 신분을 증명할 수 있느냐고 물었고 이에 세 가지 방법이 주어졌다. 비록 성경이 모든 형태의 마법에 반대하지만 모세는 세 가지 마법의 위업을 시행하라는 권고를 받았기 때문에 오랫동안 신학자들을 어리둥절하게

성궤의 잃어버린 비밀   79

했다. 일반적으로 그러한 행위가 논의될 때, 그것들은 "기적"이라고 일컬어지기 때문에 그 사람의 업적은 언제나 전능한 하나님의 최고 능력으로 대체된다. 그러나 이 경우에 모세는 이집트의 이스라엘 자손에게 자신이 정말로 폐위된 왕이라는 것을 확신시킬 수 있는 신성한 힘을 부여받은 것으로 보인다(출 4:1~9).

그는 첫 번째로 그의 지팡이를 땅에 던지라는 권고를 받았는데, 그것은 뱀이 되었지만 다시 들어 올리면 지팡이로 다시 돌아올 수 있었다. 두 번째로 그의 손을 가슴에 품었는데 거기에서 문둥병이 출현하여 하얗게 되었지만 그 행동을 반복하자 정상으로 되돌아갔다. 그러고 나서 그는 강물을 땅 위에 부어야 했고 강물은 피로 변했다.

승계권

이 시점까지는 이름이 알려지지 않은 모세의 누이(강가에서 파라오의 딸과 이야기를 나눈 누이)가 소개되었는데 이제 아론이라는 형이 출현해(출 4:14) 다소 당황스런 여파가 몰아친다. 모세와 아론은 이집트로 되돌아가 그들 자신을 이스라엘 자손에게 알렸지만 지팡이와 뱀의 마법이 실행된 것은 이스라엘 자손이 아니라 파라오 앞이었다. 더욱이 모세가 계획한 대로 행한 것이 아니라 아론에 의해서였다.(출 7:10~12)

이 사건은 모세와 함께한 아론이 자신이 파라오 지위를 지녔다는 것을 나타내는 역할을 하기 때문에 특히 중요하다. 뱀-지팡이와 생기를 잃은 손의 의식들(성경에서 마법으로 묘사되긴 했지만)은 이집트 왕들의 회춘 축제(그들의 신성한 힘이 고조된 의식)의 양상이었다. 파라오는 각각의 경우에 사용하는 여러 개의 홀(지팡이들)을 갖고 있었고, 회춘의 홀은 꼭대기에 청동 뱀이 달린 지팡이였다. 왕은 또한 오른팔을 가슴에 유연하게 교차하여 왼손으로 받치는 풍습이 있었다.33 티예 왕비의 급사 중 한 명인 케로 프Kherof의 무덤에서 이 의식을 준비하는 모습이 그림으로 보이고, 그 장면은 그녀의 남편(모세의 아버지) 아멘호테프 3세를 묘사한다.

그렇다면 모세(아케나텐)에게 파라오인 형제(운명이 알려지지 않고 죽기보다는 사라진 것으로 비슷하게 기록되는)가 있었을까? 실제로, 적어도 그에게는 젖먹이 형제 가 있었는데 그의 엄마는 요카바르 테이였다(아케나텐과 네페르티티의 이스라엘인 유모). 파라오로서 이 남자는 아케나텐의 폐위 이후 불과 얼마 동안 계 승했는데 그의 이름은 스멘크카레Smenkhkare였다. 그는 총리 유수프 유 야의 손자였고 아이(아케나톤의 생모 티예의 오빠)의 아들이었다. 정확하게 말하 면 이 파라오의 이름은 스멘크-카-라Smenkh-ka-ra(라의 영혼은 강력하다.)였 다.34 또는 라가 온On35이라고 불리는 헬리오폴리스 '빛의 집'의 태양 신이었기 때문에 파라오 스멘크-카-라는 또한 스멘크-카-라-온 Smenkh-ka-ra-on이었고 그 음운 끝은 아론Aron이라는 이름에서 유래했 다.36 동시에 그 이름은 셈어로 아론이었던 "아크ark"로부터 파생한 다.(스멘크카레에 대한 자세한 내용은 부록1 : '무덤의 수수께끼'를 참고)

BC 1361년경 추방된 후 시나이와 미디안에 있던 모세는 아론과 함 께 이집트로 돌아와 많은 가정을 노예로 붙잡고 있던 후임 파라오 람 세스 1세에 대항한 이스라엘인들을 지지하였다. 그들의 18왕조가 법 적인 후계자가 없는 파라오 호렘헤브로 끝났다는 것을 고려하면, 새 왕조는 호렘헤브의 옛날 고관 람세스 - 세티라고 불리는 군대 지휘관 의 아들 - 의 지배 아래에서 시작되었다(BC1335년경).37 아론은 뱀-지 팡이와 생기를 잃은 손의 비밀 의식을 실행하며 분명히 람세스 계승 권에 도전하고 있었다. 그렇지만 람세스는 이집트 군대를 통제했고 이것은 권력 투쟁에서 결정적인 요소로 증명되었다.38 아마르나 사촌 들은 왕가의 권위를 회복하려고 하지 않았지만 그들은 고센의 이스라

성궤의 잃어버린 비밀　81

엘인들이 나라를 떠나는 것을 허락하도록 람세스를 설득하는 데 성공
하였다.

람세스 1세는 그의 재위 2년차에 살아남지 못했는데 이것은 성경이
이스라엘인들을 추적한 파라오의 죽음을 암시하는 (출 15:19) 것과 같을
수 있다. 그러나 그 사건(람세스를 미라화하기 이전)39 이후 그의 아들 세티
1세는 시나이와 시리아로 원정을 개시하여 군대를 이끌고 가나안으
로 신속하게 이동하였다.40 이스라엘 백성이 이 원정에 대한 기록에
서 이름이 언급되었다는 사실은 당시 이스라엘인들이 가나안에 살았
다는 것을 증명한다. 왜냐하면 이스라엘인들(이스라엘의 자손들)은 구체적
으로 야곱-이스라엘의 이집트 태생의 후손들이었기 때문이다. 이집
트 밖에는 출애굽 이전까지 많은 히브리인들이 있었지만 이스라엘인
들은 (설혹 있다손 치더라도) 적었고 이스라엘 땅이 없었다.41

1896년 페트리 경이 발견한 커다란 화강암 석비에 세티의 원정에
관한 정보가 실려 있다. 그것은 파라오 메르넵타(BC1236~BC1202년경)의 테
베의 장례 신전에서 발견되었으며, 새겨진 기록은 모세의 아버지 아멘
호테프 3세 집권기에 시작되었다. 메르넵타(세티1세의 손자)는 석비 뒷면에
역사 기록을 계속했고, 재위 5년에 가나안의 이스라엘 거주민들에 대
한 이야기를 했다. 이스라엘인들은 시나이 광야에서 그들의 기간을 완
료했을 뿐 아니라 가나안 땅에 오랜 기간 머물러 파라오에게 큰 위협
이 되었다. '이스라엘 석비'라고 불리는 그것은 현재 카이로 박물관에
소장되어 있으며, 메르넵타 기록에는 반反이스라엘 원정 내용이 세세
하게 담겨 있다. 이집트학 학자들은 이때를 그의 선조인 람세스 2세와
세티 1세의 통치 기간으로 추정한다.42 석비는 "이스라엘은 황량해지
고"라고 자세히 이야기한다. "그 종자는 없어졌다 ; 팔레스타인은 이
집트의 미망인이 되었다."43 그러므로 이스라엘인들이 이집트에서 탈

출한 것은 람세스 1세(BC1335년경) 통치 초기에 일어났다고 추론할 수 있
다.44 (이 날짜에 관한 추가 참고사항은 부록 2 : 출애굽을 참고)

키바의 연인

모세와 아론의 신원이 밝혀졌음에도 불구하고 우리는 또 다른 직계
가족인 그들의 누이 미리암을 발견해야 한다. 손위 누이는 골풀궤 이
야기에 처음으로 나타나지만(출 2:7) 그때 그녀의 이름은 없다. 한참 후
(출 15:20) 우리는 미리암이라는 여인을 만나게 되는데, 미리암은 아론
의 누이로 묘사된다. 그러다 마침내(민 26:59) 그녀가 모세와 아론 둘
다의 누이였다고 이야기된다.

히브리어로 미리암이라는 이름은 그리스어로 마리아Maria, 마리Mary
와 동의어이며, 이집트어로 "연인"을 뜻하는 이집트 이름 메리Mery에
서 유래했다.45 아케나톤의 가족 기록에서 메리타텐Merytaten(아텐의 연인)
이라 불린 두 공주 – 한 명은 그의 딸이고 다른 한 명은 그의 손녀
– 를 발견하는 것은 놀랍지 않다. 메리라는 별칭은 네페르티티 여왕
에게도 적용되었다. 그녀 역시 스멘크카레(아론)의 젖먹이 누이였는데
그녀의 유모가 레위 가문의 아론의 엄마 테이였기 때문이다. 아마르
나 무덤에 있는 테이의 비문에는 그녀를 "여왕의 유모이며 가정교사"
로 묘사한다. 비슷하게 (모세에 관하여) 테이는 "위대한 유모, 신의 자양분
을 주는 여자, 왕을 꾸미는 자"로 묘사된다.46 이 점에서 네페르티티
는 수년 전 모세가 아기였을 때 물가에 나타났을 가능성이 있는 누이
로 확인되었다.47 이론적으로는 그러한 추론이 논리적으로 보일 수
있지만 골풀궤 이야기는 부분적으로 허구에 기초하고 있기 때문에 이
에피소드에서 묘사된 누이의 정체는 거의 관련이 없다.

더 중요한 것은 시나이에서 모세 그리고 아론과 함께 처음으로 나타난 나중의 미리암이다. 이런 점에서 우리는 메리라는 통칭이 아케나톤의 이복 누이와 부인에게 적용된 것을 발견한다. 이 어린 여왕은 "왕실이 가장 좋아하는 총아 ; 살아 있는 아텐의 아이"라고 불렸다.48 그녀는 네페르티티 왕비의 대리인이었는데 여러 면에서 그녀를 능가했다. 오늘날 키야Kiya 왕비로 더 잘 알려진 이 왕가 사람은 아멘호테프 3세와 그의 세 번째 부인 길루키파의 딸로 매우 사랑받은 메리-키바Mery-khiba였다.49 키야의 명성에 대한 이유 중 하나는 (신임 왕비 네페르티티와는 달리) 그녀가 아케나톤의 아들 - 미래의 파라오인 투탕카멘 - 을 낳은 것이다.

키야가 높은 지위를 갖게 된 또 다른 이유는 그녀의 어머니가 메소포타미아 공주였고, 아버지는 미타니의 슈타르나왕이었다. 키야라는 이름은 미타니의 여신 키바Khiba(kiya로 발음)에서 파생되었다. 사실 가나안 지역 총독 압다-키바Abda- Khiba(Khiba의 하인)는 히브리의 침공에 맞서 아케나톤에게 지원을 호소했다. 그때 미타니 왕조들은 가나안 전역에서 강력했고, 그들의 메소포타미아 유산(이집트 제2왕조와 같은 뿌리의 혈통으로부터)은 최고의 존경을 받았다.

기록에 따르면, 아케나톤의 집권 말기에 메리-키바(키바의 연인)는 메리-아몬Mery-amon(아몬의 연인)으로서 지배적인 여왕이 되어 메소포타미아 왕들과 이집트 왕들로부터 이중의 왕족 유산을 물려받았다. 폐위된 모세와 함께 탈출한 그녀는 이스라엘 자손에게 미리암(Mery-amon)으로 알려지게 되었고, 그녀의 모계 혈통은 그녀의 딸(투탕카멘의 누이)을 통해 유다 왕가의 계승권을 굳건히 한 것이다. 파라오 호렘헤브가 아마르나 기록을 전략적으로 파괴하는 동안, 그녀의 딸의 이름은 이집트 어느 곳에서나 삭제되었다.50 이렇게 해서 딸은 이제 작은 키야Kiya junior(Khiba-tasherit)로만 확인된다.

미리임의 통지 유산에도 불구하고 구약성경은 그녀에게 아주 일부분만 할애한다. 출애굽기 15장 20절에 그녀는 탬버린으로 시나이에서 이스라엘 여인들을 이끌었다고 한다. 그녀와 아론은 모세가 에티오피아 여인과 결혼했기 때문에 그를 훈계하는 것으로 보이는데(민 12:1) 이것은 에티오피아의 타르비스 공주와 관련이 있는 것으로 보인다. 그녀는 ('유대 고대사'에 기록된 바와 같이) 모세의 초기 이집트 군사 원정 기간에 결혼했고51 시나이에서 그녀의 존재를 다시 알렸다. 그 후 미리암이 카데시에서 죽었다고 하는데(민 12:10, 20:1) 성경에서 그녀에 대한 묘사는 그 정도이다. 그러나 공인된 성경 밖에서는 그녀의 이야기가 구약성경에 포함되지 않은 작품인 『야살의 책』에 어느 정도 이야기되고 있다.

예수의 시대가 지난 뒤에야 분리된 구약성경을 한 권으로 엮게 되었고, 구성 전략과 모순된다는 이유로 특정 서적이 제외되었다. 그중의 하나가 『야살의 책』 - 정통 성경에서 두 번 언급할 만큼 이전에는 중요하게 여겨졌던 작품 - 이었다.52 이 언급들이 여호수아 10장 13절과 사무엘하 1장 18절에서 발견된다는 사실은 야살이 이 책들이 쓰이기 전에 있었음을 가리키고, 그것들은 각각 이 책이 필수적인 지식의 보고였다는 것을 주장한다. 비록 주류 기득권층에서는 홍보하지 않지만 『야살의 책』은 상상만큼의 역사적 비밀은 아니었다. 약 3m가량의 히브리 두루마리는 샤를마뉴 황제(AD800~814)의 프랑크 궁정 전리품이었는데 후에 파리 대학을 설립한 알쿠인 수도사가 페르시아에서 발견했다.53 그의 발견에 대한 보상으로 알쿠인은 3개의 수도원을 받았으며 또한 영국의 캔터베리 대주교가 되었다.54

야살은 갈렙(이스라엘의 유다 지파에 속한 여분네의 아들. 모세가 가나안 땅에 보낸 정탐꾼

성궤의 잃어버린 비밀   85

중 한 사람)의 이집트 태생 아들이었다. 그는 이스라엘 최초의 재판관 웃니엘(삿 1:18)의 매형으로 모세의 왕실 참모로 임명되었다. 따라서 『야살의 책』은 모세의 미디안인 장인 르우엘을 최초로 부르는 성경적 오류를 하지 않고 (출 2:18~21에 있는 것처럼, 출 3:1에서 수정됨) 처음부터 그를 이드로라고 부른다.55 점점 더 명백해지는 또 다른 차이는 모세와 아론의 영원한 조언자 미리암의 궁극적 중요성이고, 이스라엘 자손에게 문화적 지도자로 위대하게 숭배되는 것이다. 여기에서 우리는 『야살의 책』이 성경에서 제외된 또 다른 이유를 발견하는데, 그것은 일반적으로 그녀의 조언을 듣는 모든 사람들이 따르는 지시를 내리는 여성의 묘사에서 익숙한 성경과 상당히 다르기 때문이다. 사실 독자들은 미리암의 최고의 왕족 유산에 약간의 의심이 있을 것이다.

야살과 성경의 설명 사이의 주요한 대조는 하나님이 호렙산에서 모세에게 율법과 법령을 내리실 때 시작된다. 이것들은 십계명에 수반되는 흔히 알려진 지시사항들이며, 야살에서는 전혀 언급되지 않는다. 출애굽기 21장 1절~36절은 하나님이 모세에게 주인과 종, 탐욕, 이웃의 행동, 범죄, 결혼, 도덕 그리고 안식일의 가장 중요한 규칙들을 포함한 많은 문제들에 대해 지시하셨다고 설명한다. 그러나 『야살의 책』에서는 이 율법과 법령을 하나님이 모세에게 전하지 않고, 호렙산 기슭에서 미디안의 족장인 이드로가 직접 전한다.56 시나이의 수석 제사장으로서 그는 자신이 산의 지배자, 엘 샤다이라고 모세에게 이야기했다. 그러므로 이드로는 호렙 신전에서 가장 위대한 자였으며, 황금가의 감독관이었다.

이야기의 그 지점에서 야살은 미리암이 도전을 시작했다고 설명한다. 그녀는 왜 이스라엘 자손이 외국의 율법을 위해 모든 관습을 버려야 하느냐며 "야곱의 자손들은 이해력이 없는가?"라며 물었다. 그러나 연이어 일어나는 논쟁에서는 오직 지배자 이드로 말고는 하나님에 대한 이야기가 전혀 없다. 출애굽기에서 모세에 대한 이스라엘 백성의 충성을 묘사한 것과는 달리 야살은 "유대 민족의 목소리가 미리암 편이었다"라고 말한다. 모세는 매우 화가 나서 미리암을 가두었다. "이스라엘 백성이 모세에게 모여들어서 조언자 미리암을 우리에게 데려오라"라고 하였다.57 그래서 모세는 7일 후 그녀를 석방하였다.

미리암이 그녀의 이복동생보다 더 인기가 있었던 것은 분명하며 『야살의 책』에 따르면 그녀가 카데시에서 죽었을 때 그녀의 지위를 중요하게 여기며, 이스라엘 자손들이 크게 슬퍼하였다. "이스라엘 자손들은 40일간 미리암을 애도하였으며 아무도 그의 주거지를 나가지 않았다. 그 탄식이 심하였으니 이는 미리암이 일어난 후에 자기와 같은 사람이 없었음이니라. 그 불꽃이 온 가나안 땅으로 옮겨 붙어서 온 민족이 두려워하였다."58

학자 토비아스Tobias는 『야살의 책』에 첨부된 증언에서 미리암이 "이집트에서 곡식을 가져와서 밭에 뿌렸다"고 썼지만, 이것은 오직 남성 지배적인 계승권을 구축하려는 시도에서 히브리 족장들의 유산만을 홍보한 성경 편집자들에 의해 완전히 무시되었다. 성경적 설명이 진행됨에 따라 우리는 이스라엘의 양치기 소년이 돌로 블레셋 거인을 죽였기 때문에 다윗과 솔로몬 왕가가 그 지위를 얻었다고 믿게 되었다. 성경은 다윗이 미리암과 메소포타미아, 이집트의 강력한 왕조로부터 주권적 혈통을 이어받은 것에 대해 아무런 말을 하지 않는다.

옛 문헌의 모든 필기 조작에도 불구하고 미리암(Mery-amon)과 그녀의 딸 키야-타셰릿Kiya-tasherit(유다의 라마에게 시집갔다.)이 황금가의 성배 혈통의 주요 인물로 나타난다는 것은 의심의 여지가 없다. 그러나 그들은 가부장제 기관으로 설립된 종교 단체들에 의해 무시되고 잊혔다. 결론

성궤의 잃어버린 비밀   87

적으로 모세(메리-아몬의 왕족 남편)는 다윗 조상의 시조로서 완전히 소외되었다. 대신 그는 이스라엘 자손의 구원자이자 율법의 수호자로 기억되지만, 당대에 왜 그렇게 유명하고 존경받는 인물이었는지에 대해서는 생각하지 않는다. 한편 아브라함에서 다윗에 이르는 공인된 구절은 이집트와의 연관성을 인용하지 않기 위해, 창세기와 출애굽기의 이스라엘 서기관들에 대한 증오를 피하기 위해 많은 세대가 완전히 배제된(모두 400년이 빠져 있다.) 채 성경에 들어갔다.59

'아론 - 모세의 동맹자 훌Hur(출 24:14에 보이는 자)로 생각된다 - 의 책'의 미리암에 따르면 "이로부터 미리암은 히브리인들의 존경을 받게 되었고, 모든 언어는 그녀를 찬양하는 노래를 불렀다. 그녀는 이스라엘인을 가르쳤다. 그녀는 야곱의 아이들을 지도했고 사람들은 그녀를 선생으로 불렀다. 그녀는 국가의 이익을 연구했고, 아론과 사람들은 그녀에게 귀를 기울였다. 사람들은 그녀에게 절을 했고 고통받는 사람들이 그녀에게 왔다." 훌은 유리 벤 훌Uri Ben Hur의 아버지였는데 그의 아들이 성궤를 지었으니 (출 35:30~31) 이제 우리는 이 주제로 방향을 돌린다.

성궤

신명기의 충돌

성배와 황금 양털(그리스 신화에 등장하는 콜키스 왕국의 보물. 훗날 영웅 이아손이 이끄는 아르고 호의 원정대가 훔쳐간다.)같이 성궤는 신성한 탐구의 주요 유물이다. 그러나 다른 무형의 특징과 달리, 성궤는 성경에 관련된 물질적 구조와 함께 물체적인 지위를 유지하고 있다. 그럼에도 불구하고 성궤는 성배나 양털만큼이나 수수께끼 같은 존재이다. 저장소로서의 목적은 설명되지만, 왜 그렇게 화려하게 장식되었는지에 대한 이유는 제시되지 않는다. 그것은 놀랍고 치명적인 힘을 가진 것으로 묘사되지만 만족스러울 정도로 상세하지 않다. 하지만 이스라엘 민족의 가장 귀중한 소유물이었다는 것에 의심의 여지가 없다. 그리고 약 4세기 이상의 모험적인 역사 이후에 그것은 성경 기록에서 설명 없이 떠돌고 있다.

옥스퍼드 단어 사전에 정의된 대로 "궤ark"는 현대 단어 "arc"의 구식 형태이고, 라틴어의 arca(상자, 박스 또는 궤)와 상응한다. 심오한 미스터리가 연금술이나 타로(22매 한 벌의 트럼프)에서 arcanum(arcana의 복수형)인 반면에 그러한 상자 안에 숨겨지거나 은닉된 것을 'arcane'이라고 부른다. 문서들을 보관하기 위한 저장고는 "기록 보관소archive"이고, 고대의 위대한 물품은 "고대archaic" 또는 "archaean"이었다. 그러므로 발굴과 분석을 통한 물품 연구는 "고고학archaeology"이 되었다.

궤는 노아의 방주와 모세의 골풀궤와 같은 봉해진 배에서도 확인된다. "궤ark"라는 단어는 성경에 전해지고 그리스의 옛 70인역 성경에 표현된 것처럼 aron(창세기 50장 26절에서 관과 열왕기하 12장 10절에서 궤를 묘사하는데 사용되는 상자 또는 용기)에서 히브리어와 아주 유사하다.1

출애굽기 이후 구약성경의 많은 부분에서 성궤는 이스라엘 민족이 가나안을 정복할 때 중요한 역할을 한다.2 그것의 역사 속에서 성궤는 다루는 과정을 지키지 않으면3 경고 없이 죽었으며 분출된 힘의 격렬함이 전염병 같은 수준의 종양을 일으켰다.4 십계명을 보관하는 것에 관해서는 원래의 묘사와 다른 것이 없다. 지금까지 본 바와 같이 출애굽기 40장 20절에는 모세가 증거판을 궤에 넣었다고 돼 있지만 계명과 관련된 언급은 후대의 신명기 회고에서 나온다. 여기서 이스라엘 자손이 성궤를 들고 요르단으로 들어가기 전에 모세는 그들에게 성궤의 엄청난 힘과 호렙산에서 일어났던 초기 사건들을 상기시켜 준다. 그는 하나님의 손가락으로 쓴 돌판이 그가 땅바닥에 던지고 그들의 눈앞에서 깨진 것들이었다고 이야기한다.5 그리고 나서 그는 어떻게 2개의 서판을 더 만들도록 지시받았으며, 앞의 서판에는 무엇이 쓰여 있는지 그리고 이것들이 그가 성궤에 넣은 "계명"이었다고 말한다.

원래의 서판들이(신의 손가락으로 쓰였다고 이야기되는) 성궤에 놓였을 법한 일과는 아무런 관련이 없다는 사실은 수 세기에 걸쳐 많은 당혹감을 야기했다. 종교적인 용어로 성궤의 모든 전설은 이 관념에 기반을 두지만 유대 학자들에 의해 역사적 오류라고 알려져 있다. 이 문제를 조정하고 성직자의 가르침을 달래는 시도에서 절충 개념이 중세 시대에 탄생했는데, 그때 신학자들에 의해 2개의 성궤가 있었을 것이라고 결정되었다. 브살렐이 지은 것은 출애굽기 40장 20절에 설명된 대로 증거석이 보관되어 있고, 다른 하나(복제품)에는 모세가 깨뜨린 서판들이 들어 있었다!6 그러나 그것은 솔로몬왕의 성전에 최종적으로 거처를 찾은 진짜 브살렐 성궤라는 것이 강조되었다. 계명과 중복되는 것으로 추정되는 것의 운명과 행운에 대해서는 적어도 유대 역사가들에 의해 논의된 적이 없다. "두 번째" 성궤라는 개념은 에티오피아의 기독교 단체에 의해 열광적으로 이해되었다. 만일 유대인들이 그 우화를 이용할 마음이 없다면 기독교인들은 확실히 우화를 중심으로 새로운 전통을 세울 수 있을 것이다. 그래서 1300년대에 『케브라 나가스트Kebra Nagast(왕들의 영광)』라는 제목의 에티오피아 책이 익명으로 나왔다.7 유럽인들이 아프리카 국가로 침투한 이 시기에 이 책의 목적은 옛 아비시니아(에티오피아의 옛 이름)의 오랜 유대-기독교 문화의 주장을 확립하는 것이었다. 유다 왕 솔로몬과 시바 여왕의 아들 메넬리크에게서 그 나라의 왕들이 내려왔다고 주장하였다. 그뿐만 아니라 메넬리크는 계명과 함께 성궤를 에티오피아에 가져왔다. 놀랍게도 이 전설은 에티오피아 정교회와 악숨Axum(에티오피아 북부에 있는 오래된 도시) 관광산업에 고무되어 오늘날까지 전해지고 있다. 그 유물은 1960년대 투박하게 세워진 예배당에 보관되어 있다고 하는데, 이 예배당에는 당연히 출입이 금지되어 있다. 성궤에 대해 논하는 것을 거절하는 문지기 말에 따르면 아무도 (족장조차도) 성궤를 본 적이 없다고 한다!8

신명기 구절과 더 오래된 출애굽기 구절 사이의 불일치는 상당하며, 심지어 신명기 10장 5절에는 모세가 자신이 직접 성궤를 만들었다고 언급할 정도이다. 이것은 브살렐 장인이 성궤를 어떻게 만들었는지에 대한 상세한 설명과는 완전히 대조적이다. 그 설명은 다음과 같이 절정을 이룬다. "브살렐이 조각목으로 궤를 만들었으니 길이가 두 규빗 반, 너비가 한 규빗 반, 높이가 한 규빗 반이다.9 순금으로 안팎을 싸고…"(출 37:1~2) 그것에 앞서 브살렐(아홀리압의 도움을 받아)이 주님의 사역으로 특별히 선택받았다는 설명이 있었다.10 그렇다면 왜 출

성궤의 잃어버린 비밀   91

애굽기 설명과 신명기 후기 회고 분석 사이에 충돌이 있는가?

현재 학자들은 구약성경의 아주 초기부터 모세오경(창세기, 출애굽기, 레위기, 민수기, 신명기)에는 한 명 이상의 작가가 있었다는 것을 일반적으로 받아들인다. 이 책들과 구약성경을 전반적으로 집필하는 손이 달랐을뿐 아니라 각각의 책들은 각기 다른 필사 시간대에서 나온다. 간단히말해서 구약성경은 처음부터 그들의 경쟁적 존재감을 느끼게 하는, 서로 다른 이야기들을 엮어놓은 잡동사니이다. 창세기 1장 27절은 하나님이 아담을 창조하신 것과 관련이 있다. 그러고 나서 창세기 2장7절에서 아담은 또다시 창조되는 것으로 보여 똑같은 이야기가 두 명의 다른 작가에 의해 이야기되고 있다고 판단된다. 사실 창세기에는상당히 다른 두 가지의 창조 이야기가 있다.11 첫 번째(창 1:1~2:4)는 BC6세기의 제사장 작가의 작품으로 고려되는데 (학문적으로 "P"라고 언급한다.)목적은 혼돈의 어둠에서 이 땅을 구해 냄으로써 하나님을 찬양하는것이었다. 두 번째 창조 이야기(창 2:5~25)는 좀 더 오래된 전승을 갖고있으며 작가가 여호와Jehovah(Yahweh)라는 경건한 이름을 소개했기 때문에 종종 야휘스트Jahvist로 불렸다("J"로 알려진). 다른 모세오경 작가들중에는 엘로히스트Elohist("E") (신을 엘로힘Elohim이라 부르는 사람들)와 신명기 작가Deuteronomist("D")로 분류되는 경우도 있다.

구약성경의 책은 BC 6세기와 BC 2세기 사이에 편찬되었다. 바빌로니아가 이스라엘에 포로로 잡혀 있을 때 시작되었고, 그 후 세대에 의해유대 지역에서 마무리되었다. 그러므로 그것은 응집력 있는 구성이 아니라 메소포타미아 자료와 유대교 자료로부터 분리된 일련의 설명이었다. 따라서 어떤 영역들에서는 대량의 복제가 있었는데 예를 들면 열왕기와 역대기이다. 구약성경의 몇몇은 예언적이고 몇몇은 역사적이며몇몇은 직설적인 종교 경전이다. 신명기에서는 매우 유대적인 종교적

92　Lost Secrets of the Sacred Ark

기초를 갖고 있는데 그 작가들은 엄격한 고난과 억압의 시간에 사람들을 공통된 믿음의 구조로 통합하는 데 깊이 헌신하고 있나.

신명기는 모세 시대 이후 약 800년이 지나 모세의 입에서 직접 나온 것처럼 목적을 가지고 구성되었다. 그것은 조상의 기록이라기보다 (출애굽기 경우처럼) 율법이 될 전설의 기본 틀을 만드는 것에 관한 것이었다. 이스라엘이 가나안을 폭력적으로 침략한 것을 하나님의 뜻이라고 홍보함으로써 정당화하는 것이 주요 요건이라는 점에서 역사를 사용하는 것은 전적으로 기만적이었다. 이와 관련해 모세가 하나님께서 "이 민족들을 네 앞에서 멸하시고 너로 그 땅을 얻게 하실 것이며"(신 31:3)라고 말씀하시는 것을 알고 있다. 비슷한 선언은 "족속을 네가 진멸하되"(20:17)와 "그들과 어떤 언약도 말 것이요 그들을 불쌍히 여기지도 말 것이며"(7:2)이다. 물론 모세가 그러한 말을 했다는 기록은 없지만 (출애굽기에서) 그가 "살인하지 말라"는 아주 대조적인 계명을 전하도록 하고 있다.

신명기의 역사적으로 조정된 이러한 측면들은 연극 대본으로 쓰일 수 있는 것으로 제시되며, 우리는 이 틀 안에서 계명과 성궤에 대한 거짓된 언급을 발견한다. 실제로 신명기는 전적으로 반성하는 설명이다. 이스라엘 민족이 침략자였던 모세 시대로 거슬러 올라가지만 한참 뒤에 그들 자신이 느부갓네살이 이끄는 바빌로니아 군대에 의해 침략받았을 때 적용할 수 있는 우려를 표현한다.

성경의 기원

1세기 복음 시대까지 유대인들이 전체적으로 이용할 수 있는 합성본이 단 한 권도 없었다는 사실을 기억할 필요가 있다. 1947년과 1951

년 사이 유대 쿰란에서 발견된 구약성경 19권의 38개 두루마리에서도 알 수 있듯이 다양한 책들이 각각의 문서들로 존재했다. 이것들은 모든 사해 두루마리 중 가장 긴 약 7m 길이의 이사야서의 히브리어 두루마리를 포함한다.12 BC 100년경으로 추정되며, 현재까지 발견된 가장 오래된 성경 문서이다. 그러한 두루마리들은 유대교 회당에서 사용하기 위해 보관되었지만 일반적으로 일반인들에게는 제공되지 않았다. 히브리어 성경으로 승인된 최초의 통합 서적은 예루살렘이 함락된 후 AD 70년 로마 장군 티투스에게 나타났다. 그것은 사회적 혼란 시기에 유대교에 대한 믿음을 회복하기 위한 노력으로 편찬되었다. (성경Bible이란 단어는 "책들이 쌓인 것"을 의미하는 그리스어 복수명사 biblia에서 유래하였다.)

구약성경은 1세기 합성어 형태로 자음으로만 구성된 히브리어로 쓰였다. 이와 더불어 그리스어를 사용하는 유대인의 수가 증가함으로써 그리스어 번역본이 나타났다. 72명의 학자들이 이 번역에 고용되었기 때문에 그 후 70인역 성경Septuagint(라틴어 septuaginta : 70으로부터)으로 알려지게 되었다. 이후 AD 4세기에 성 제롬이 기독교인의 사용을 위해 히브리어에서 라틴어로 번역했고 이것은 "vulgar"(대중의) 용법 때문에 불가타Vulgate로 불렸다.

AD 900년경에 새로운 형태로 나타난 옛 히브리어 문서는 마소라Masoretes로 알려진 유대인 학자들 - 그들이 마소라Masorah(전통적 언급의 본체)를 문서에 첨가했기 때문에 - 에 의해 만들어졌다. 페트로폴리타누스 사본Codex Petropolitanus으로 알려진, 현존하는 가장 오래된 사본은 1,100년 전인 AD 916년에 나왔다.

오늘날 우리는 마소라 문서로부터, 라틴어 불가타 성경으로부터 또는 영어 그리고 다른 언어 번역으로부터 작업을 한다. 그러나 여하튼 이 책들은 모두 우리 시대로부터 나왔고 각각 번역과 해석의 수정

을 거쳤다는 사실이 남아 있다. 그리스어 70인역 성경은 (BC 3세기의 무허
을 기초하여) 좀 더 믿을 만하지만 1세기 이후의 번역의 번형과 함께 수정
은 이마저도 진정한 원본과 분리되었다.

거처

성막은 전통적으로 시나이에서 성궤를 안치하기 위해 세운 정교한
성소로 여겨진다. 그러나 이 호화로운 건축물은 모세오경의 제사장
("P") 측면에만 국한되어 있고, 문서의 다른 부분에서 묘사된 훨씬 단순
한 회막과는 일치하지 않는다.13 이에 대해 엘로히스트Elohist("E")에서
는 "모세가 항상 장막을 취하여 진 밖에 쳐서 진과 멀리 떠나게 하
고"(출 33:7~11) 같은 문구를 만든다. 그다음으로는 가장 흥미로운 항목
이 있는데, 창세기 3장 8절~9절에서 하나님이 에덴동산을 걸었을 때
아담을 시야에서 잃어버린 항목과 매우 흡사하다. 출애굽기에서 우리
는 성궤의 광채에서 뿜어져 나오는 신비한 하나님과 매우 현실적인
방법으로 행동하는 것으로 묘사되는 산의 지배자 엘 샤다이 사이의
분명한 차이를 느닷없이 떠올리게 된다. 출애굽기 33장 11절은 회막
입구에서 "사람이 그 친구와 이야기함 같이 여호와께서는 모세와 대
면하여 말씀하시며"라고 쓰고 있다. 이와 비슷한 언급이 민수기 11장
16절~30절과 12장 4절~9절에서 발견된다.

야영지 바깥에 세워진 엘로히스트의 똑바른 천막과 야영지 중심에
있는 수행하는 군대와 레위족 수호자들이 함께 있는 제사장의 장엄한
장막 사이에는 뚜렷한 유사성이 없다. 그러나 커다란 놋쇠 제단이 있
는 엄청나게 짐이 되는 이 무거운 장막은 솔로몬이 비례적으로 건축
한 예루살렘 성전을 궁극적으로 복제한 원형으로 잘 기억된다.

풍부하게 묘사된 마감, 커튼, 고리 그리고 장식품들을 제외하고14 장막의 벽들은 약 4m 높이에 69cm 너비의 똑바로 선 판들로 지어졌다. 13.7m×4.6m와 높이 4.6m의 총 3:1 지상비 안에 추가 귀퉁이 조각들이 있는 넓은 판자 40여 개 이상이 있었다.15 이 모든 것은 무거운 아마포와 염소 가죽으로 덮여 있었고, 내부에는 4.6m 입방 공간으로 꾸며진 성궤의 지성소가 있었다. "판"의 정의가 아마도 "틀"을 잘못 번역한 것일 수도 있지만 옛날의 기술 용어는 모호하기 때문에 어느 것이 더 정확하다고 말하기 어렵다.16 어느 쪽이든, 우리는 휴대하기 어려웠던 것을 가지고 있다. 원래 그랬어야 했던 것처럼. 이 건물(천막이라기보다 지붕을 씌운 목재 건물)은 45.6m×22.8m(대략 올림픽 수영장 크기 정도) 울타리 안에 설치되었다; 거처. 이것은 청동 밑둥을 가진 60개의 나무 장대를 박은 경계가 있었는데 높이가 약 2.28m인 무거운 커튼이 약 137m 쳐져 있었다. 묘사된 것이 사실이라면 움직이기에 이 모든 것의 크기와 부피 그리고 무게가 엄청났을 것이다. 성막(히브리어 : Mishkan, 거처)이 이스라엘 민족이 시나이로부터 전진한 직후 곧바로 설명적 추정이 줄어드는 것은 놀라운 일이 아니다. 여호수아 18장 1절에는 여리고 전투 후 실로에 세워진 것으로 언급되고, 열왕기상 8장 64절에 따르면 솔로몬이 성전을 봉헌했을 때 결국 예루살렘에 있었다고 한다. 역대기상 15장 1절 중간에 다윗이 성궤를 위해 새로운 천막을 세웠다고 설명한다.

전차와 게루빔

성궤는 출애굽기 25장 10절~22절에서 처음으로 언급되는데, 하나님이 제작 명세표를 작성하신 것이다. 46cm를 큐빗 표준(1큐빗은 약

46cm)으로 사용하는 주된 상자의 측정값은 길이 약 113cm, 너비 68cm, 높이 68cm로 확인된다. 큐빗은 종종 56cm로 일징치 않은 측정이었기 때문에17 그것은 길이 약 140cm, 높이와 너비가 84cm였거나 또는 그 사이였을 것이다. 어떤 경우라도 정확한 너비/높이 대 길이 비율은 1: 1.666으로 주어진다.

상자 구조는 안쪽과 바깥쪽에 순금으로 칠해진 "싯딤나무"(일반적으로 아카시아로 생각되지만 70인역 성경의 옛 그리스어로부터 "부패하지 않는 나무"로 직역되었다.)18로 만들어졌다. 위쪽 돌출부 주변에 사각형의 왕관이 장식되어 있다. 긴 면의 양쪽 끝에는 영구히 고정된 금고리(모두 4개)가 달려 있었는데, 역시 싯딤나무로 만들어졌고 금으로 덧씌워진 2개의 운반용 장대를 보관하고 있었다.

설명의 이 단계에서 "속죄소贖罪所, mercy seat"(성궤의 황금 뚜껑)라 불리는 장치가 열린 상자의 바깥쪽 테두리와 정확하게 똑같은 크기인 2.5×1.5큐빗(1:1.666)의 성궤 꼭대기에 놓였다고 한다. 그것은 사실상 상자에 씌워진 바깥쪽 테두리에 의해 미끄러지는 것을 막는 뚜껑이었다. 그러나 뚜껑에는 나무가 없었다. 그것은 휘어짐을 피하기 위해 꽤 두꺼운 순금 판이었을 것이다. 히브리어로 "속죄소"(kapporeth)를 뜻하는 단어는 "뚜껑cover"으로 더 잘 해석되는 반면, 70인역 성경은 그것을 "속죄소propitiatory" – 달래기 위한 장소 – 로 정의한다. 그 뚜껑의 양쪽 끝에는 순금의 게룹(cherub, 지품천사智品天使)이 있고 그들은 서로 마주 보고 있었고, 그 날개는 안쪽으로 뻗어서 속죄소 위쪽에 있었다. 마지막으로 하나님은 게루빔(게룹의 복수형) 사이의 뚜껑 위 공간에서 모세와 대화하셨다는 것과 관련이 있다.(이러한 묘사들은 모두 출애굽기 37장 1절~9절에서 반복되는데, 내용은 브살렐이 이 명세표에 따라 성궤를 만들었다는 이야기이다.)

성궤를 상상하는 데 주된 어려움은 게루빔들의 본질이다. 왜냐하

성궤의 잃어버린 비밀 97

성궤

면 하나님이 사전에 다음과 같은 지시를 했기 때문이다. "너를 위하여 새긴 우상을 만들지 말고 또 위로 하늘에 있는 것이나 아래로 땅에 있는 것이나 땅 아래 물속에 있는 것"(출 20:4). 만일 게루빔들이 일반적인 예술적 묘사처럼 천사적 표현이라면 신의 섭리는 처음부터 깨졌을 것이다. 이 제작 계획이 있기 얼마 전 모세는 (지시를 떠받치며) 금송아지를 만든데 대해 아론을 꾸짖었다.(출 32:21~22) 그러므로 그가 그때 브살렐에게 한 쌍의 금으로 된 천사를 만들라고 요청했을 것은 생각조차 할 수 없다.

이에 대해서 우리는 게루빔들이 (새, 박쥐, 벌레처럼) 날개가 있다고 해서 생명체의 표현이라는 감각으로 자동적으로 속아 넘어가서는 안 된다. 병원에는 날개가 있고 항공기에는 날개가 있고 셔츠 깃에는 날개가 있고 쟁기에는 날개가 있다. "날개"는 물체의 주 몸통으로부터 뻗어 나온 측면 모습이다. 또한 우리는 메소포타미아와 이집트 예술작품에서 발견되는 날개 달린 생물들에 의해 옆길로 빠져서는 안 된다. 그것은 BC 6세기 출애굽기의 편집자들이 그 무렵 (솔로몬 성전에 설치된 지 약 400년 후) 잃어버렸던 것으로 보이는 성궤를 묘사할 때 그러한 형상에 흔들

98   Lost Secrets of the Sacred Ark

리지 않았다는 것은 아니다. 만일 BC 586년으로부터 70년 동안 바빌로니아에 포로로 잡혀 있었고 ㄴ부갓네살이 침입히기 직전까지 성전에 있었다면, 마지막으로 성궤를 본 이스라엘의 제사장이 그사이에 죽었을지도 모르기 때문에 게루빔들은 해석의 여지를 남겨두었다. 그 가능성을 배제하더라도 사실은 (그것의 성전 거처의 어떤 단계에서) 오직 대제사장만이 성궤를 보았을 것이다. 출애굽기 편찬자는 개인적인 통찰력이 없었을 것이고 오직 전승과 소문에 근거했을 것이다.

게루빔cherubim이란 단어의 대중적인 천사와 같은 사용은 게룹cherub의 복수 형태로 유대-기독교도의 설립에 의해 발전되었다. 이것은 "게루빔들cherubims"이 (구약성경 번역에 따르면) 이중 복수를 구성한다는 것을 의미하는데 이것은 불가능하다. 출애굽기 25장 18절~19절에서처럼 각 끝부분에 "한 게룹"을 가진 "두 게루빔들"을 언급하는 오류가 부분적으로 수정되었다. 출애굽기 37장 8절에도 똑같은 말씀이 있다. 그러나 70인역 성경과 다른 옛 문서들은 일반적으로 게루빔들이라기보다 게룹들이라고 언급하며 오류를 범하지 않는다.

게루빔의 본성에 대한 가장 좋은 단서를 위해서는 그 단어의 초기 사용을 고려해야 한다. 우리는 창세기 3장 24절에서 (천사보다는 무장한 전차처럼 보이는) 게루빔들과 모든 방향으로 도는 불타는 검이 생명의 나무를 지키는 데 사용되었을 때 그것을 처음 만난다. 성경과 전혀 관련이 없는 것은 3세기 알렉산드리아에서 온 '기원The Origin'이라는 제목의 글이다. 그것은 지혜의 여신인 불멸의 소피아Sophia와 "네 면의 게루빔 전차를 타고 위대한 왕좌를 만든" 통치자 사보아스Saboath에 대해 이야기한다.[19]

"게룹"이란 용어는 "타다to ride"라는 뜻의 고대 셈어 케룹kerub으로부터 진화했다.[20] 그러므로 "게룹"은 동사로부터 제공된 명사이며 "케룹qerub"으로 정확하게 발음된다. 따라서 게룹 또는 게루빔에 대한

성궤의 잃어버린 비밀　99

식별 형태가 어디(성경이나 다른 곳)에서 나타나든, 그것들이 천상의 것으로 간주되고 비행과 관련된 움직이는 왕좌의 유형으로 묘사되는 것은 어느 경우든 어느 정도 의의가 있다. 그것들은 분명히 당연한 생명체로 묘사되지 않는다. 구약성경에서는 이런 특정 동일시 현상이 여러 번 발생한다. 구원 사명을 띠고 있는 하나님에 대한 이야기에서 사무엘하 22장 11절과 시편 18장 10절은 "그룹을 타고 날으심이며 바람 날개 위에 나타나셨도다"라고 쓴다. 또한 에스겔서 9장 3절은 게룹 위의 신을 언급하며 "그룹에 머물러 있던 하나님의 영광이 올라 성전 문지방에 이르더니"라고 쓴다. 마찬가지로 역대기상 28장 18절은 솔로몬의 성전에 있는 성궤의 게룹 수호자들을 "전차들"과 직접적으로 연관시킨다.21 요세푸스는 이 게룹들이 널리 알려진 천사와 같은 종류가 아닌 것을 앎으로써 "아무도 이 게루빔들의 모양이 무엇인지 말할 수 없고 심지어 추측도 할 수 없다"22고 『유대 고대사』에서 주장했다. 거의 동시에 유대 철학자 필로(BC30~AD45)는 성궤의 게루빔이 어떻게 생겼는지 몰라도, 그는 오히려 그것들이 어떤 식으로든 지식의 상징이었음을 느꼈다고 썼다.23

옥스퍼드 단어 사전24은 "게룹cherub"의 근본적 뿌리가 모호하다고 명시하고 있다. 그럼에도 불구하고 그것은 운송의 개념에 뿌리를 두고 있었으며, 케르브kerub(타다to ride)의 고대 대안은 에르브erub였다. 이 점에서 모세의 신성한 산이라고 불렸던 것처럼 우리는 변형된 형태인 초레브Choreb와 호렙Horeb과 직접적인 연관성을 가지고 있다.25 그러므로 그것은 게룹Cherub의 산, 즉 게룹산이었다.

게룹들과 왕좌의 연관성에 대해서 성경은 확실히 하나님이 성궤의 속죄소에 앉으셨다고 이야기한다. "그는 게루빔들 사이에 앉는다."26 또한 하나님은 이 왕좌에서 모세와 이야기했다. "그는 속죄소로부터 그에게 이야기하는 자의 목소리를 들었다."27 이런 점에서 본문에서 우리가 엘 샤다이의 물리적인 세계에 있다는 것은 아무런 의심의 여지가 없다. 그러나 또한 성궤-빛(전능하신 하나님의 존재)의 추상적인 측면도 존재했는데, 이 빛은 게루빔 사이에28 영구적으로 살았고 레위족에게는 "위험한 신뢰"로 분류되었다.29 철학적인 유대교는 오랫동안 성궤가 천상의 왕좌를 나타내는 것으로 인식해 왔지만, 그 경외심을 아래에 있는 상자가 무엇을 담고 있었는가가 아니라 "불의 관"과 "게루빔으로부터 나오는 섬광들"에 집중시켰다.30 그러나 탈무드에서는 모세가 2개의 사파이어(사피르 돌 sappir stones)를 성궤 속에 넣었다고 언급하고 있다.31 이것들은 모세의 지팡이를 만들었던 것과 같은 스헤티야 수정이었다.(1906년 페트리 보고서에 호렙산의 세라비트 신전에서 발견된 물건들은 옅은 청록색의 미확인 단단한 물질의 지팡이였다.)32

전차나 이동용 왕좌로서의 게루빔과 관련된 모든 성경 이야기 중 가장 뚜렷한 것은 구약성경의 가장 감동적인 일화 중 하나인 예언자 에스겔의 책에서 찾을 수 있다. 이동용 왕좌와 바람에 실린 게룹kerubs의 비행에 관해 우리가 알아낸 모든 것들에도 불구하고 에스겔은 흥미를 자아내는 다른 차원을 첨가하는데 그의 게룹들cherubs은 바퀴를 갖고 있었다.

에스겔은 BC 598년에 유다의 요아힘왕(왕상 24:12~16)과 함께 바빌로니아로 추방된 예루살렘 사제들 중 한 명이었다. 그는 다른 추방자들과 함께 텔-아비브(이라크)에 정착하여 그곳에서 여생을 보낸 것으로 보인다. 에스겔의 자세한 설명이 사실인지 아닌지 또는 어떤 경우든 (모든 사건에서 그는 그것들을 환영vision이라고 부른다.) 논쟁하는 것은 중요하지 않다. 중요한 것은 그들이 다른 어떤 성경 이야기보다 더 잘, 그 시대에 그것들이 인식되었던 것처럼, 천사의 푸토(르네상스기의 큐피드 등 발가벗은 어린이

성궤의 잃어버린 비밀   101

의 장식적인 조각상)가 아니라 기계적인 방법에 의해 공중으로 날아오르는 강력한 기물로써 게루빔의 본성을 확인하는 데 기여한다는 것이다.

에스겔은 설명한다. "그리고 내가 보았을 때, 게루빔 옆에 4개의 바퀴를 보라… 그리고 바퀴 모양은 녹주석(에메랄드 따위)의 색이다. 그들의 외모는 넷이 꼭 같은데 마치 바퀴가 바퀴 가운데 있는 것 같았다. 그들이 나아갈 때 그들은 사방으로 나아갔다. 그들은 가는 대로 돌아가지 않고, 머리가 있는 곳까지 따라갔다… 그리고 게루빔들이 갈 때 바퀴가 그들 곁을 지나가고, 게루빔들이 땅에서 올라오려고 날개를 치켜들었을 때, 같은 바퀴도 그들 옆에서 돌아가지 않았다."[33]

또 다른 경우에 에스겔은 빛과 시끄러운 회전 고리에 관한 중요한 정보를 더한다. 그는 북쪽에서 거대한 회오리바람이 불길을 뿜어냈다고 말한다. 밝음 속에서 처음에 각각 4개의 날개와 곧은 발을 가진 4개의 생명체로 보이는 것이 광택 나는 놋쇠처럼 빛났다. 그들의 날개는 하나로 결합되었고, 그들은 사람, 수소, 사자 그리고 독수리의 얼굴을 양옆으로 보여주었다. 그들은 모두 등불처럼 빛을 내고 번개처럼 번쩍이며 앞으로 날아갔다. (이 흥미롭고 신비로운 장면은 피터 롭슨 경이 그린 '에스겔의 환상'에 놀라울 정도로 묘사되었다 : 사진 3을 보라.)

그들 위에 무시무시한 고리들이 있고 물이 세차게 흐르는 것처럼 시끄러웠다. 날아다니는 현상은 녹주석처럼 푸르렀고 눈에 가득 찬 것처럼 보였다. 그들은 또한 날 때는 접히는 바퀴를 가지고 있었고, 각각의 바퀴는 위에 수정 창공을 갖고 있었다. 그러나 그들이 정지하고 날개를 내려놓자, 불이 켜진 창공 안에는 사람의 모습이 있는 왕좌가 있었다.[34]

다니엘서 7장 9절에 바퀴들이 있는 강력한 광경이 또다시 나타난다. "그 보좌는 불꽃이요 그 바퀴는 타오르는 불이며." 열왕기하 2장

11절에도 비슷한 탈 것의 언급이 있는데 어떻게 불의 전차가 회오리 바람으로 엘리야를 하늘로 올려 보냈는지를 이야기한다. 그리고 이사야서(6:1~2)에는 하늘에서 내려오는 게룹에 대한 추가적인 설명이 있는데, 이것은 또 다른 움찔하게 하는 구약성경 현상을 소개하고 있다. 이사야는 치솟는 왕좌를 묘사하며 "그 위에 세라핌들seraphims이 서 있었다. 각각의 것들은 6개의 날개를 가지고 있었다"라고 말한다.

고대 문서에는 불타는 세라핌이 아주 규칙적으로 나타난다. 그것들이 불같다는 것은 "불꽃flame"을 의미하는 옛 히브리 어간과 관계된 세랍seraph 단어의 어원과 일치한다. 때때로 민수기 21장 16절에서처럼 하나님이 불타는 뱀들(세라핌)을 보내셔서 이스라엘 사람 대부분이 죽었을 때처럼 그것들은 놀라운 파괴력을 지닐 때도 있다. 그러한 이야기는 근동 나라들에 한정되지 않는다. 같은 시기로부터 비슷한 기록들이 티베트, 인도, 스칸디나비아 그리고 다른 곳에서 나온다. 기록들은 모두 불과 수은을 내뿜는 천상의 병거와 번쩍이는 날개를 가진 천둥새(thunderbirds)에 대해 이야기한다.35

많은 추측을 하지 않고 시끄러운 회전 날개, 접이식 바퀴, 불이 비치는 유리 부분, 내부에 사람이 있는 것처럼 보이는 자동화된 장치의 정확한 이유와 목적을 조사하는 것은 불가능하다. 그것들은 고대 문헌에 묘사되어 있는 것들만 표현할 수 있다. 확실한 것은 세라핌(불타는, 용 모양의 보조물들)을 수반한 날아다니는 전차들(게루빔)이 성경과 다른 곳에서 그들의 지위가 전혀 다른 천사로 분류되지 않았다는 것이다.36

흥미롭고 어쩌면 관련이 있을 수 있는 사실은 비행 장치의 개념이 고대 신화와 함께 사라지지 않았다는 것이다. 유럽의 르네상스 초기부터 그 이후까지, 그림 예술의 세계는 UFO가 지상의 중요한 종교적 사건과 어떻게든 관련이 있는 빛의 창을 내보내는 다양한 이미지를 제공

성궤의 잃어버린 비밀 103

한다. 17세기 네덜란드 화가 아르트 데 헬데르의 예로, '예수의 세례The Baptism of Jesus'가 캠브리지의 피츠윌리엄 박물관에서 발견되었다.

신의 본질

이 모든 것에도 불구하고 성궤의 가장 높은 게루빔은 신들의 이동용 왕좌가 아니었다는 결론이 내려져야 한다. 그것들은 황금 뚜껑의 기능적 확장으로 나타나고 있으며, 어디에도 성궤가 날 수 있는 능력 — 단지 공중에 뜨고 자발적으로 움직이는 — 에 대해서는 언급이 없다.37 이 게룹들은 그리 클 리는 없지만 그 모양과 크기가 어떻든, 그 중요성은 커다란 금판 위에 있는 그들 사이에 있다고 이야기되는 치명적인 힘과 관련이 있었던 것으로 보인다. 그럼에도 불구하고 그들은 게룹들kerubs로 불렸으므로 에스겔, 이사야, 엘리야 그리고 다니엘의 현상과 어느 정도 연관이 있었을 것이다. 그런 점에서 성궤와 치솟는 왕좌는 화려한 동력 장치 — 평범한 불꽃이 아닌 화염과 어떤 종류의 빛을 일으키는 — 였다. 그것들은 파괴력도 똑같이 뛰어났는데, 그 시대 동안에도 역시 보통이 아니었다. 게룹kerub 단어가 추진력을 의미한다면 오늘날 비교되는 단어는 "엔진engine"(ingeny로부터 : 교묘한 장치)38일 수 있으며, 정지된 기계나 비행기의 동력 공급에도 똑같이 적용된다.

성경은 성궤 앞에서 활동하게 된 우림과 둠밈에 더하여 성궤의 힘이 치명적이었다고 설명한다. 아론의 두 아들 나답과 아비후는 성궤로부터 튀어 오른 불 — 탈무드에서 "실처럼 가는" 번개로 말하는 — 에 의해 죽었다.(레 10:1~2)39 그리고 성궤가 흔들리자 운반인 웃사가 성궤를 붙드는 순간 급사했다.(대상 13:11) 성궤가 수레에 실리지 않을 때는 고정된 고리를 통해 미끄러져 들어간 독립적인 장대로 운반해야 했으며, 매우 특별한 형태의 옷을 입은 레위족 대사제들(아론, 엘르아살 그리고 다른 후세사들)만 접근할 수 있었다. 그들은 특별하게 제작된 의복 – 흉패, 금으로 된 고리, 사슬 그리고 그들 몸 주변에 다양한 다른 비품들이 붙어 있는 – 안에 많은 양의 금을 갖고 있었다.(출 28:4~38) 그리고 그들은 성궤에 접근할 때 신발을 벗고 "죽지 않기 위해" 발을 씻으라고 지시를 받았다.(출 30:21) 마찬가지로 장대 위에 성궤를 날랐던 사람들은 맨발로 걷도록 지시를 받았다.40 특별한 의복과 성궤에 접근하기 위한 절차는 문서에서는 매우 정확해 보이지만 실제로는 모호하고 혼란스럽다. 후대의 구약성경 편찬자들이 실제적인 지식 없이 작업했기 때문에 이것은 별로 놀랍지 않다. 그들은 전통에 기반 하여 접근한 반면, 동시에 시나이 경험 전체를 그사이에 발전한 종교와 완전히 혼동했다(작업상태worship에 대해서 숭배worship). 그러나 모든 것을 고려해 볼 때, 지상에서나 공중에서나 게룹들kerubs의 비범한 불가사의한 힘이 고압전기였다는 것을 결정하기에 충분한 정보가 있다.

우리는 이제 이 장을 시작한 성궤의arkite 어원으로 돌아갈 수 있는데, 그리스 단어 ark에서 계속되며 라틴어 arca(상자 또는 궤)와 동등하다.

고대 프랑스에서는 arca가 arch가 되었으며 중세 시대 초기에는 영어로 사용되었다. 윌리엄 캑스턴William Caxton(영국 최초의 인쇄업자)이 1483년에 출판한 『황금 전설The Golden Legend』은 야코부스 드 보라진Jacobus de Voragine(1270년경 제노바의 주교)에 의해 성궤를 "Arche of the Testaments"라고 한다. 그 후 arche 단어는 arch가 되었고 그리고 나서 arc가 되는데 이것은 오늘날 적절한 영어 형태인 ark가 되었다.41 한편 고딕 시대에는 arch를 "건축architecture", "아케이드arcade" 그리고 "평방architrave, 平枋"으로 직접적인 연관성이 만들어졌다. "to arch"가 '너무 뻗다' 또는 '손가락(뼘)으로 재다'를 의미한다고 생각하면 그 후 그 단어는 "대공

성궤의 잃어버린 비밀　105

archduke", "대천사archangel" 그리고 "대주교arch-bishop"에서처럼 "위above"
나 "장chief, 長"과 관련하여 사용되었다.

이 형태론의 양상을 통합한 것은 1783년경 영국의 고대 그랜드 로
지Ancient Grand Lodge의 서기 로렌스 더모트Laurence Dermott가 고안한 로열
아치 프리메이슨Royal Arch Freemasonry의 상징적인 묘사이다. 그의 그림
은 성궤를 안치하고 있는 건축적인 아치를 보여준다 - 아치arch 안에
있는 아크arc. 이에 대해서 ark와 arc(또는 arche와 arch)가 상호 의존적이
라는 것이 핵심이다. 왜냐하면 그것들이 각각 보호하는 울enclosure(라틴어
archeo)의 상태와 관계하기 때문이다. 만일 오늘날 구약성경이 처음부터
쓰인다면 '성궤Ark of the Covenant'는 'Arc of Testimony'로 정확하게 주어
질 것이다.

보호하는 울로써 'Arc of Testimony'는 빛과 에너지의 본질 - 그것
은 신의 최고 권력의 표시였다 - 을 구체화하는 것으로 고려되었다.
그러나 그것은 제조된 장치였는데 이 전기적 본질은 어디에서 유래한
것일까? 실마리는 히브리어 단어 aron - 우리가(arca같이) 본 바와 같이
상자로 정의 내린 - 의 원래 사용에서 직접적으로 발견된다. 그러나
그것은 구체적으로는 '모으는 상자collecting - box'였고 aron을 의미하는
더 오래된 뿌리는 동사 "모으는 to gather" 또는 "gathering"이었
다.42 힘은 상자 자체에 의해 모아지고 저장되며 가장 두려운 방출(우
림과 둠밈이 있을 때)은 궁극적인 심판으로 간주되었다. 그것은 빛과 완벽
- 위대한 아콘Archon(고대 그리스로 "활" 또는 "arc"를 의미)의 신성한 또는 신탁의
영감 - 으로 인식되었다.43 그들의 강력한 심판을 전하는 아콘들은
완전한 지배자로 불렸고, 『아콘의 본질The Hypostasis of the Archons』44이란
제목의 고대 그리스 문서는 혼돈의 힘 위로 솟아오른 '기초의 전차(게루
빔이라고 불리는 전차)'와 관련이 있다.

금의 힘

풍요

성궤의 속죄소는 주변 왕관 안에서 구석구석까지 전체 상자를 덮는 자리로 주어진다. 큐빗 변환의 가장 낮은 추정치에서 그것은 길이 약 113cm와 너비 68cm였다.1 게루빔 아래로 처지는 것을 피하기 위해서는 상대적으로 두꺼워야 하며, 100% 금(24캐럿)이었다고 한다.2 유대인의 전통에 따르면 속죄소는 손바닥 너비의 깊이로 약 8.25cm로 기록되었다.3 이것은 단단한 상자 틀의 빈 공간 위 석판을 받쳐주는 것이 옳을 것처럼 보이지만, 이 부피의 금을 물리적 관점에서 볼 가치가 있다.

금의 무게는 트로이 온스troy ounce(금 따위의 귀금속 무게를 재는 단위)로 표시되는데, 1트로이 온스는 1.097상형常衡(일반 거래용의 영국 도량형법) 온스(약 31.10g)에 해당한다. 아르곤 국립연구소(미국 에너지부)에 따르면, 금 원자는 납 원자보다 이웃 원자와 더 긴밀한 결합을 형성하므로 금은 납보다 밀도가 높고 상대적으로 무겁다고 한다. 가장자리가 11.7mm인 금 한 정육면체는 무게가 1트로이 온스이고 성궤의 뚜껑은 약 39,581개의 정육면체를 포함한다. 그것의 총 중량은 약 2,714파운드(1,231㎏)였다. 이것은 놀라운 양의 금으로, 현재 시장 가치는 약 1,050만 달러이다. 세계금위원회4는 24캐럿 금의 특정 밀도를 19.32gm/㎤라고 권고한다. 그러므로 좀 더 정확한 계산을 위해 이 수치를 적용하면 약

성궤의 잃어버린 비밀　107

1,224kg보다 근소하게 낮은 무게가 확인된다. 그러므로 성궤의 뚜껑은 무게가 1톤이 넘었다.5 성궤는 네 명(또는 심지어 여덟 명)이 나무 축으로 들어 올려 운반한다고 전해졌기 때문에 공중부양력Levitational powers이 사용되지 않았다면 이보다 훨씬 가벼웠을 것이다. 그러나 뚜껑의 두께가 4분의 1이라 해도 그것은 여전히 엄청난 양을 구성하고 있다.

우리는 적절한 시기에 공중부양 문제를 조사할 것이지만 현재로서는 처음의 고려 사항인 몇몇 작은 주제를 다룰 가치가 있다. 공중부양은 중력을 무시하고 물질을 들어 올리고 매달아 올리는 것을 말한다. levitate라는 단어는 라틴어 levis("가벼운light")로부터 - gravis("무거운 heavy")에 반대하여 - 직접적으로 파생한다. 그러나 levis라는 용어는 성궤를 수호하도록 선정된 레위Levi족 제사장들(the Levites)과 더 오래된 연관성을 가지고 있다. 자연적인 공중부양의 위업은 이해하기 어려운데, 왜냐하면 물질적인 물체는 중력의 아래쪽으로의 추진력을 받기 때문이다. 그럼에도 불구하고 이 추진력은 비교적 중요하지 않은 것으로 보이는 반대되는 힘에 의해 저항될 수 있다. 가장 작은 자석은 지구의 전체 중력 추진력보다 더 큰 힘으로 핀과 종이 클립을 들어 올릴 수 있다. 그럼에도 불구하고 자석을 놓으면 자석 자체가 바닥에 떨어질 것이다. 그러므로 그것은 자체가 공중부양에 결정적인 물체보다는 한 물체에 가해지는 운동 에너지이다.

성궤와 장막의 전체 금의 양을 볼 때 출애굽기 목록(성궤의 이중 덮개, 고리들 그리고 게루빔과 함께)에는 왕관을 씌운 탁자, 향로, 커다란 판, 일곱 갈래 촛대, 방울, 사슬과 부속품이 있는 흉패, 장막 널(판판하고 넓게 켠 나뭇조각)을 위한 도금, 테피스트리(색색의 실로 수놓은 직물이나 또는 그것을 제작하는 기술) 장대들, 고리들 그리고 장신구들, 접시들, 수저들, 집게들, 촛불 끄는 기구들, 그릇들, 커튼 고정 장치 그리고 다양한 부수적인 품목들을 포함한다. 필요한 금의 총합은 어마어마하며 읽으면 다음과 같은 질문을 딘진다. 이 모든 게 어디서 왔는가?

앞서 우리는 이스라엘 자손이 금을 제공하기 위해 그들의 귀걸이와 작은 물건 - 그것으로 아론은 송아지를 만들었다 - 을 내놓는 것을 보았다.(출 32:2~3, 24장) 그러나 모세는 이후에 이것을 가루로 만들어서 이스라엘 자손에게 먹였다. 나중에 그들이 성궤와 장막 프로젝트를 돕기 위해 팔찌, 반지, 팔걸이, 기타 개인적인 용품을 공급했다고 전해지지만(출 35:22) 이 장신구들은 전체 필요량의 일부만을 구성했을 것이다. 그렇다면 그들은 어떻게 시나이 고원 한복판에서 그러한 양을 얻을 수 있었을까? 그 지역에는 구리와 터키석만 있을 뿐 금광은 없었다. 정답은 호렙산 신전에서 나왔을 것임에 틀림없는데, 그곳은 이미 이집트의 금으로 하얀 가루mfkzt가 만들어지고 있었다.

당시 이집트는 금을 독점하고 있었는데, 나일강과 홍해 사이의 동부 사막에 가장 중요한 광산이 있었다. 또한 와디 할파 동쪽의 누비아 사막과 남쪽으로 세 번째 폭포에 광범위한 광산이 채굴되었다. 와디 함마마트에 있는 고대 금광의 20왕조 파피루스 지도(약 BC1200)는 현재 토리노 이지치오 이집트 박물관에 보관되어 있다. 금광 관리와 전반적인 통제는 고위 관리들의 손에 있었고, 왕은 그 땅의 완전한 소유자가 되어 모든 수입을 받았다. 이 광대한 금 자원은 시리아와 바빌로니아 같은 곳에서의 수입과 공물 지불로 더욱 증가하였다.

그 금은 신전과 다른 파라오들의 봉헌을 장식하는 데 사용되었다. 또한 왕들의 장례 도구와 사후세계에 대한 재물을 마련하기 위한 용도로도 제공되었을 뿐 아니라 문, 현관 계단, 바닥 그리고 부조 등 다른 장식 용도로 사용되었다. 내부가 금으로 된 투탕카멘의 석관은 그것만 무게가 약 330kg이다. 제사장, 장군 그리고 궁정 관리들은 왕

성궤의 잃어버린 비밀　109

이 선물한 금 사슬을 받았고 금은 조각상, 가면, 거울, 하프, 그릇 그리고 모든 종류의 화려한 장식품에 사용되었다.

간략한 금의 역사

역사를 통틀어 금은 부드러운 노란 광택과 편안하게 하는 매력 때문에 금속들 가운데 항상 특별한 위치를 차지해 왔다. 희귀한 금속들이상으로 그것은 부와 패권의 상징이었다. 그러나 세계금위원회에 따르면, 지금까지 채굴된 모든 금의 10%만이 1848년 이전에 추출되었다고 한다. 역사 기록이 시작된 이래 채굴된 모든 금의 약 90%가 지난 154년 동안 세상에 나왔다!

고대 제국(수메르, 바빌로니아, 이집트, 페르시아, 마케도니아, 로마) 시대에 금은 지배문화의 전통에 중요한 역할을 했다. 5세기 로마 제국이 멸망한 이후, 서유럽의 금에 대한 관심은 감소했고 16세기 스페인 정복자들이 페루에 도착할 때까지 회복되지 않았다. 금세공인의 예술은 수 세기 동안그곳에서 번성했고 매우 정교해졌다. 고대 차빈(페루 안데스 산맥 고원에 생긴 최초의 문명. BC1000~BC800년 사이) 장인들과 BC 6세기의 나스카(AD400~1000년, 페루 이카강과 나스카강 연안을 중심으로 번영) 사회로부터 금이 가공되고 주조되었다. 이후 치무 제국은 1150년경부터 그 공예를 발전시켰고, 잉카에의해 그들의 지식이 계승, 유지되었다. 그들은 로스트 왁스, 금(은)줄세공, 가는 금실 작업에 관해 알고 있었고 도금 및 금박의 장인들이었다. 가장 놀라운 것은 잉카의 태양 신전으로, 거의 모든 벽이 금으로덮여 있었고, 수도의 정원은 장식 동물, 식물, 새 그리고 나무들이모두 금으로 만들어졌다.6

에르난 코르테스는 1519년 멕시코에 들어갔는데 그는 아즈텍에서

110 Lost Secrets of the Sacred Ark

비슷한 문화를 발견했다. 몬테수마 황제는 그에게 값을 매길 수 없는 신물들을 제공했지만 이에 만족하지 않고 스페인인들은 그들의 엄청난 황금 보물을 무자비하게 강탈했다. 프란시스코 피사로는 페루에서 똑같이 약탈했는데 눈에 보이는 모든 금을 녹여 잉카의 유산을 파괴했으며, 대부분은 배에 실어 유럽 궁전으로 보냈다.

멕시코와 페루에서 적어도 3,000년의 문화적 업적이 훼손된 후, 문제는 스페인인들이나 서유럽의 어느 누구도 금 채굴에 관한 첫 번째 사실을 모른다는 것이었다. 그때까지 브라질에서도 금이 발견되었지만 그 광산들은 표면적인 채취를 넘어서는 작업은 되지 않았다. 금에 대한 관심을 되찾은 서유럽인들은 오랫동안 골드코스트(현재의 가나)로 알려진 광산이 운영되어 온 아프리카로 관심을 돌렸다. 또한 스코틀랜드에서 국내 시장을 위한 금이 채굴되고 있는 동안, 트란실바니아(루마니아 북서부 지방을 총칭하는 역사적 지명) 금은 중부 유럽 국가에 중요해졌다. 그 후 러시아도 금을 발견했는데 표트르 대제(1672~1725)는 고대 이집트에서 사용한 것처럼 건축물 디자인과 설비로 금의 용도를 옮겼다.

표트르가 죽은 지 100여 년이 지난 지금, 시장을 강타하는 위대한 발견들이 미국과 남아프리카에서 발생했다. 결정적인 전환점은 캘리포니아 골드러시가 시작된 1848년 1월 아메리칸강(미국 캘리포니아에 있는 강)의 서터스밀(미국 캘리포니아주 중부 세크라멘토 동북쪽 지역)에서의 발견이다. 3년 뒤 똑같은 일이 오스트레일리아에서도 일어났다. 1886년 비트바테르스란트(남아프리카 공화국의 요하네스버그 부근에 있는 고원지대)에서 궁극적인 발견이 이루어졌고, 남아프리카는 세계 최대 생산자로서 아메리카를 추월했다. 또 다른 골드러시가 1893년 서부 오스트레일리아의 칼굴리에서 일어났고, 1896년 캐나다의 유콘 지역에서 매장물이 발견되어 클론다이

성궤의 잃어버린 비밀　111

크 러시를 촉발시켰다. 그러나 이 모든 것을 통하여 남아프리카는 세계 금의 약 40%를 공급하며 여전히 주요 공급원으로 남아 있으며, 생산량이 가장 높았던 때는 1970년이다. 금 열풍은 브라질, 베네수엘라 그리고 필리핀으로 관심이 확대된 1980년대에 절정에 달했다. 새로운 기술의 적용은 최근의 금 경기에 상당한 도움이 되었고, 특히 서부 오스트레일리아와 네바다(미국 생산량의 60% 이상을 점하며)에서 새로운 기술이 개발되었다.

성궤의 날

이 모든 것들로부터 드러나는 놀라운 사실은 잠시 로마제국과 러시아에서 재현되었듯이 모세와 고대 이집트 시대에 금이 분명히 큰 규모로 사용되었다는 것이다. 그러나 오늘날 상대적으로 금이 넘쳐나고 있지만 그것은 거의 눈에 띄지 않는다. 모두 어디에 있는가? 부와 성공의 상징으로 그것은 주로 보석, 기념주화, 시계, 자질구레한 장신구 – 여기 몇 그램, 저기 몇 그램 – 에 한정되어 있다. 그러나 성궤의 뚜껑을 만들기 위해서는 아마도 영국의 모든 황금 보석들을 다 모아야 할 것이다!

무슨 일이 일어났는가 하면 우리는 금의 심미적인 사용자라기보다 금을 쌓아두는 자가 되었고 금의 숭배자들이 되었다는 것이다. 오늘날 통화 당국은 약 255톤의 금(속죄소의 1.14톤에 대해 이것은 어떻게 보면 비교적 적게 보인다.)을 국가 통화로 보유하고 있다. 왜일까? 금은 몇몇 진귀한 금속이나 보석과 비교했을 때 특별히 희귀하지 않기 때문이다. 그것은 납처럼 매우 무겁고 많은 저장 공간을 요구한다. 물론 그러한 목적에 더 적절한 물질이 분명히 있을 것이다.

사실 금은 다른 물질과 달리 완전히 다른 독특한 매력을 갖고 있다는 것이다. 금은 귀하거나 기능적인 금속일 뿐 아니라 다른 것들과는 달리 따뜻하고 매혹적이라는 것이 우리 정신에 깊이 뿌리박혀 있다. 우리는 언제나 금이 특히 중요하다는 것을 알고 있다. 모세, 솔로몬왕 그리고 먼 과거의 많은 사람들이 그랬던 것처럼 메소포타미아의 벌칸 the vulcan도 알고 카르나크의 장인들도 알고 호렙산의 영주들도 알고 모세와 솔로몬왕도 알고 있었다. 차이점은 그들은 금이 "왜" 중요한지 알고 있었지만, (고대의 수많은 지혜처럼) 수 세기 동안 금의 본질은 사라지고 잊혔다. 우리는 금을 열망했고 그것을 위해 살인을 했으며 그것을 위해 땅을 파고 그것을 위해 죽었지만, 모든 것을 고려해 볼 때 우리는 세상에서 가장 매혹적인 물질 수천 톤을 가져다 괴로 만들어 방어벽을 친 저장실에 숨겼다. 마치 지구 밖으로 꺼낸 적이 없었던 것처럼!

지나간 시절에 금(은 그리고 양은(금과 은의 합금)과 함께)은 기능적인 동전으로 만들어졌거나 무역 교환의 수단으로 무게에 의해 직접 양도되었다. 그리스 역사가 헤로도토스7는 가장 오래된 동전은 BC 6세기 리디아(서부 터키)의 크로이소스왕의 사르디스(고대 리디아 왕국의 수도) 정련소에서 발행되었다고 이야기한다.8 현대 경제가 발전하면서 금은 중앙은행에 의해 금괴로 보관되기 위해 우리들 주머니에서 옮겨졌다. 그것은 산업혁명 시대에 액면가보다 훨씬 낮은 내재가치를 가진 명목상의 지폐와 동전으로 대체되었다. 처음에 약속의 성격을 띤 품목은 19세기 금본위제의 발전하에 금으로 상환할 수 있었지만, 금은 금융무역시장에서 자체적인 상품 수단이 되면서 그 관행이 중단되었다. 물론 금은 부피가 크고 구매자와 판매자 간에 운송하기에는 비경제적이었기 때문에, 거래자들에게 더 많은 보증서가 발행되었다. 그래서 서류로 금덩어리를 가진 자들이 있지만 금 덩어리를 본 적이 없고 확실히 만져본 적도 없는 사람들이 있다.

성궤의 잃어버린 비밀   113

오늘날 대부분의 나라들은 단기 재정증권(미국 재무성이 발행하는 만기 1년 미만의 국채) 같은 단기 유가증권과 함께 그들의 보유량 일부를 금의 형태로 보유하고 있다. 국고의 약 70%가 국제통화기금(IMF)에 보유를 보고하고 있다. 금은 최후의 수단이라고 말한다. 다른 모든 것이 실패하더라도 금은 여전히 존재하며 시장성이 있다. 비록 이것이 우리가 매일 금의 마법을 경험할 권리(터무니없는 가격에 보석을 사지 않는다면 : 금의 가치보다 높은 예술품과 제품에 대해 지불하는)를 빼앗겼다는 것을 의미하지만 우리는 적어도 우리의 국가 재산이 안전하다는 것을 알고 있다. 그러나 이 보호적인 국면은 현재 변화하고 있으며 IMF의 승인과 참여로 서방국 재무부는 우리의 금을 변덕스러운 통화로 교환하는 한편, 경제 안보를 위협하는 막대한 보상 손실을 입힐 것으로 보인다. 왜 이러는 걸까? 그리고 그 불가사의한 구매자들 - 그들의 정체가 매각인, 정부에 의해 아주 잘 보호되는 - 은 누구인가?

이러한 공매의 세부사항은 '부록 3 : 판매용 금'에 제시되어 있지만 현재로서는 수천 년 전에 알려진 것처럼 금이 "왜" 중요한지 최근에 재발견되었기 때문에 이러한 재무부 거래소가 발생했음을 충분히 시사한다. 매수하는 사람들은 새로운 기술 시대에 필요한 기본 물질을 획득하는 반면, 판매자들은 새로운 체제가 가능하도록 손실을 감수하는 것에 만족하고 있다. 구매자들은 기술시대를 위해 필요한 기본 물질을 획득한다. 동시에 다른 산업들이 전면에 나옴으로써 그 균형은 세계 주요 산업의 경제적 붕괴에 무게를 두고 있다. 간단히 말해서 과학적인 성궤의 날이 우리 앞에 가까이 있고 우리는 다른 손으로 받기 위해 한 손으로 주어야 하는 것처럼 보인다.

황금 양털

금에 대한 우리의 매력은 성궤에 대한 매력과 같은 것이며, 성궤가 신성한 탐구의 유물이 된 이유이기도 하다. 우리는 항상 성궤가 중요하다는 것을 알고 있었다. – 그것이 십계명을 포함하고 있어서가 아니라(그것은 포함하지 않았다.) 금이 궁극적인 기폭제가 되는 비밀의 열쇠였기 때문이다. 이 비밀은 그리스 전설에서 이아손과 아르고호의 일행들이 찾았던 수수께끼의 '황금 양털' – 구약성경의 최종 편찬 이전의 서사시 – 에 의해 상징되었다.9 18세기 영국의 저명한 신화학자 제이콥 브라이언트는 '그의 고대 신화 분석의 새로운 체계'에서 성궤Ark의 정의와 이아손의 배 아르고Argo 사이의 명목상의 유사성에 주목했다. 그 배는 건조자 아르고스Argus의 이름을 따서 불린 것으로 이야기되는데 그의 이름은 그리스에서 감시자 또는 수호자를 의미하는 데 사용되었다. 그들의 위업 동안에 아르고호 선원들은 제우스에 의해 엘렉트리스Electris섬으로 갔다. 이곳은 발티키해에서 호박琥珀amber을 얻은 섬이며, 호박의 그리스 단어는 electron이었다. 호박은 부드러운 천으로 문지르면 보이지 않는 전하charge, 電荷를 통해 종잇조각과 입자를 끌어당기는 것으로 알려졌다. 이 마찰력을 묘사하기 위해 사용된 용어는 일렉트리쿠스electrikus였는데, 이 용어에서 현대 단어인 "전기electricity"가 파생되었다.

1598년, 『황금 양털Aureum Vellus』이란 제목의 문서가 철학자 살로몬 트리스모시안Salomon Trismosian(르네상스 시기의 전설적인 연금술사. 15세기 후반과 16세기 초반에 활동)에 의해 독일에서 출판되었다.10 그는 알려진 신화의 털북숭이 숫양의 가죽에 대한 낭만적인 개념과 달리, 역사적 양털은 사실 모조 피지vellum라는 의미의 가죽이었다고 인용했다. 사실 영어 단어 "양털fleece"은 단순히 양의 가죽과 관련이 있는 중세(11~15세기경) 고지

성궤의 잃어버린 비밀   115

독일어 vlus에서 유래한 것으로 이를 뒷받침한다. 트리스모시안이 말한 황금 양털은 "이집트, 아랍, 칼데아, 아시리아인의 왕과 현자들"의 금과 현자의 돌을 보관한 양피지였다. 이와 같은 점에서 많은 다른 정통한 자들은 헤르메스 주의(헬레니즘 시대와 AD 1~3세기에 주로 성립된 외경적인 저작들에 기초하는 일군의 철학적, 종교적 믿음들)의 연금술의 비밀이 이아손 전설의 본문 안에 포함되어 있다고 확신했다. 약 1세기 전 프랑스 철학자 풀카넬리는 "황금 양털 우화는 현자의 돌을 생산하는 전체 헤르메스적 작품의 수수께끼 같은 이야기이다"11라고 썼고, 최근에는 스위스 분석 정신의학자 칼 구스타프 융도 그의 저서 『심리학과 연금술』에서 비슷한 연관성을 지었다.12

훨씬 전인 2세기에 페르가모스(그리스 신화에 나오는 도시)의 카락스는 금으로 된 양피지에 글을 쓰는 숭고한 예술인 크리소그라피아chrysographia라고 불리는 고대 과학에 대해 썼다.13 이것은 그리스 신화의 네펠레(아타마스왕의 아내. BC1200년경)에서 명백하게 나타나는데 그녀는 자기 자식 프릭소스와 헬레에게 양가죽 위에 금으로 쓴 '증언의 황금 두루마리'를 주었다. 연금술 문서에서는 황금 두루마리와 황금 양털이 하나이며 같은 것이라는 일반적인 합의가 있지만, 18세기 헤르메스주의자인 낙사고라스Naxagoras는 한 발 더 나아가 그것들이 각각 헤르메스의 '에메랄드 서판'과 동의어라고 주장한다.14

이 모든 것과 함께 모세는 이집트에서 나온 헤르메스 지혜의 최고 수호자(argus)로 여겨졌다. 그는 『철학자의 법(현자들의 모임)』 - 초기 히브리어와 아랍어 문헌에서 번역된 12세기 라틴어 작품인 - 에서 헤르메스의 한 학생으로 기록되었다. 금의 변형은 모세-헤르메스 예술이라고 불렸다. 이러한 자료들15은 3세기 '모세의 가정화학The Domestic Chemistry of Moses'이라는 논문으로 거슬러 올라가며 이븐 알 나

뒤Ibn al-Nadim의 유명한 10세기 아랍의 『Kitab al-fihrist(색인索引 책)』로 발전한다. 뒤이어 스페인세 유대인 아브라함 이븐 에스라Abraham Ibn Esra의 12세기 '미르크라오 고돌로Mirqraot G'dolot' 성경주석과 17세기 왕실 연구소의 독일 철학자 요한 쿤켈Johann Kunckel의 '연금술Alchymica'이 뒤따른다.

모세는 유대교인, 이슬람교인, 기독교인 또는 다른 종교인들로부터 헤르메스 철학의 주요 주창자로 존경받았다. 그가 금송아지를 불태워 가루로 만든 것과 관련해서 같은 논점이 오래된 문서들(38쪽 "최종 목표"를 보라.)에서 일관되게 제시된다. 가열된 금은 녹은 금을 생산하지만 계속 태우면 단순히 검게 되거나 정제할 수 없다는 것이다. 그러므로 출애굽기 32장 20절에 대한 일반적인 해석은 전기(전기의 아크·빛 불)에 의해 달성될 수 있는 단원자(단일 원자) 금가루의 물리학을 이해하기 전까지는 오해의 소지가 있다. 카발라 교리에 따르면, 게루빔의 모든 미스터리는 욥기 28장 5절~6절의 헤르메스적 문서에 묘사된 연금술 원리의 이해에 의거한다. 이것은 우리가 논의한 모든 것(불, 빵, 돌, 사파이어와 금)을 하나의 방정식으로 모은다. "대지에서는 빵이 나오고 그 아래서는 불이 난 것처럼 보였다. 그 돌에는 사파이어가 있고 금가루가 있다."16

에메랄드 서판

지금까지 우리는 고대 수메르인의 '운명의 서판Table of Destiny', 모세의 증언 '사피르Sappir' 그리고 각각 과거의 신성한 비밀이 담겨 있다고 전해지는 '황금 양털'과 '황금 두루마리' 양피지 등을 접했다. '운명의 서판'과 '사피르'가 어떤 식의 문서였는지는 알려져 있지 않지만 그것

성궤의 잃어버린 비밀   117

은 거의 그럴 것 같지 않다. 그것들은 단순히 위대한 지혜를 "담고" 있다고 했다. 그러나 황금 양털은 연금술의 필사본으로 알려져 있다.

구약성경 안에 또 다른 오래된 지혜의 본문인 잠언이 있다. 이것은 솔로몬왕에게 기인하는 일련의 명언들로 구성되어 있는데, 아마도 솔로몬왕에 의해 잘 사용되었을 것이다. 그러나 그것은 첫째로 이집트인의 것이었다. 사실 그것들은 아메네모페Amenemope17라 불리는 이집트 현자의 글에서 거의 히브리어로 번역되어 현재 대영박물관에 보관되어 있다. 잠언서 한 구절 한 구절은 이 이집트 원본에 기인한다고 할 수 있다. 더욱이 아메네모페 문장은 솔로몬왕 시대보다 2,000년 이상 전에 나타난 『프타호텝의 지혜The Wisdom of Ptah-hotep』18라 불리는 훨씬 오래된 작품에서 발췌되었다는 것이 확실해졌다.(아메네모페 비교는 부록 4 참조)

고대 프리메이슨의 연대기에는 1450년경의 문서가 포함되어 있는데, 현재 대영박물관에 소장되어 있는 이 문서는 장인의 옛 책무의 일부를 명시하고 있다.19 1861년 런던의 리차드 스펜서에 의해 출판되었으며, 당시 편집자를 가리켜 현재 '매튜 쿡 필사본Matthew Cooke Manuscript'으로 알려져 있다. 15세기 원문에는 성경 시대로 거슬러 올라가는 이야기를 담은 고대 영어 판본이 있다. 이 책은 창세기 4장 19절~22절에 상세히 기술한 것처럼 프리메이슨의 기초를 이루는 과학이 라멕의 아들과 딸 즉 야발, 유발, 두발가인 그리고 나아마로부터 어떻게 시작되었는지를 보여준다. 라멕은 카인의 아들인 에녹으로부터 네 번째 자손이었다.(창 4:17~18) 기하학이나 야금학과 관련된 이 원고는 다음과 같이 설명한다. "돌에는 두 가지 특징이 있는데 하나는 marbyll이라 불리는 절대 타지 않는 돌과 latres라고 불리는 물에 가라앉지 않는 돌이다. 그래서 그들은 이 두 돌에서 발견한 모든 과학을 기록할 방법을 궁리했다."

ㄱ 문서의 일부에서 ㄱ 돌들은 "pylers"로 언급되고, 또한 요세푸스의 1세기 작품의 영어 번역인 19세기 같은 이야기의 한 판본에서도 알 수 있듯이[20] 이것은 일반적으로 "기둥pillars"과 관련이 있는 것으로 추정된다. 그러나 요세푸스의 번역은 많은 부정확성 때문에 학자들에게 비판을 받았는데, 그중에는 marbyll과 latres에 해당하는 히브리 단어들에 대한 "벽돌brick"과 "돌stone"의 표현도 포함되어 있다. 마찬가지로 "pillar" 단어는 완전히 오해를 불러일으키고 지리적으로 위치가 없는 것으로 보이는 2개의 거대한 기둥을 착각하게 만들었다. 라멕과 그의 아들들이 성경의 대홍수 이전에 살았다는 점을 고려하면, 그 돌들은 전설적으로 '홍수 이전의 기둥들Antediluvian Pillars'로 알려지게 되었다.

여기서의 실수는 고대 히브리어에서 사용된 2개의 분명한 단어가 있다는 것인데 각각의 단어는 영어 구약성경에서 "pillar"로 번역되었다. 그들은 '앰무드ammud와 마제바mazzebah"이다.[21] 첫 번째 것은 건축에서 기둥이나 굴뚝으로서의 기둥을 의미하지만, 두 번째 것은 보다 다른 의미를 내포하고 있다. 그것은 석비나 제단석을 언급하는 것 같지만 야곱이 베개로 사용하고 베델에서 마제바mazzebah(신성한 유대인의 기둥)를 세우기 위해 세운 돌에 똑같이 적용되었다.(창 28:18) 그러므로 마제바로서, 쿡 필사본의 홍수 이전의 돌들은 번역 오류 이전에 marbyll과 latres의 "돌들"로 정확하게 명시되었다. marbyll은 아마도 대리석marble이나 어떤 결정성 암석이었을 것으로 추정되며, latres는 몇몇 명시에서 laterus로 훼손되어 벽돌과 도로 표면에 사용되는 붉은색 철을 기반으로 한 점토인 라테라이트laterite(홍토紅土)로 간주되었다. 사실 latres의 성질은 사피르의 성질만큼 모호하다.[22] 초기 프리메이슨 전통은 그것이 금속의 한 종류였을 것으로 추정하였지만 홍수 이후 이 돌들의 내용물은 헤르메스 트리스메기스투스Hermes Trismegistus(세배 위대한 헤르메스)의 에메랄드 서판 위에 기록되었다고 전해진다. 이것은 그리스의 신플라톤주의자들이 연금술과 기하학의 창시자로 존경받는 이집트의 서기書記신 토트에게 붙인 이름이다. 플라톤(BC429~BC347)의 가르침에 따라, 신플라톤주의자들23은 인간의 지성은 물질 세계와 관련이 없으며, 개개인의 영성靈性은 지상의 가치에 대한 경멸과 관련하여 증가할 것이라고 주장했다. 헤르메스의 관련성은 그의 특별한 지식이 홍수 이전의 돌들에 보존된 것처럼 라멕의 '잃어버린 지혜'를 나타내기 위한 것이었다. 전통에 따르면, 시간이 흐르면서 헤르메스의 '에메랄드 서판'은 그리스 철학자 피타고라스(BC570~BC500)가 이어받았다고 한다.

토트는 이집트에서 그 자체로 신으로 숭배되었지만 그는 오히려 더 높은 신들의 서기와 전령이었다.24 그러므로 그리스인들은 그를 아스클레피오스(그리스 신화의 의술의 신)의 카두세우스(헤르메스의 지팡이)와 뱀 기구를 지니고 있는 자신들의 전령신 헤르메스(로마인들에게 머큐리로 알려졌다.)와 관련지었다. 이러한 서로 다른 문화 참조로 인해 다양한 이름의 인물을 묘사하는 데 있어 몇 가지 중요한 차이가 있지만 그는 모든 경우에 지혜, 연금술 그리고 지적인 일들과 관련이 있다. 이집트의 체노보스키온에서 발견되고 헤르메스 트리스메기스투스의 논문으로 알려진 그노시스교(2세기 무렵 그리스, 로마 등지에서 기독교를 극복하려던 지적, 신비주의적 사상의 경향이 발생시킨 주의) 문서는 "그 달인들은 불멸의 길로 들어갈 것이고 에네아드 Ennead(고대 이집트의 아홉 신으로 오시리스, 라, 슈, 누트, 세트, 게브, 바스테트, 아누비스, 이시스, 테프누트 그룹)를 번갈아 드러내는 오그도아드Ogdoad(BC2686~2136년에 해당하는 고왕국 시대에 헤르모폴리스에서 숭배되던 고대 이집트 종교의 여덟 신)의 개념에 도달할 것이다"라고 언급하고 있다.25 오그도아드(8배)는 별들의 하늘을 의미하고, 에네아드(9배의)는 우주의 위대한 바깥 하늘을 의미한다. 지구의 분리된 하늘은 헵도마드Hebdomad (7배)라고 불린다. 이집트의 토트 종교 중심지는 케메누Khemenu(현재 엘 에슈무네인el-Eshmunein(고대 헤르모폴리스로 상이집트의 북서쪽 나일강 서안에 위치, '8개의 마을'이라는 뜻))에 있었다. 이것은 여덟 신들(남녀 각네 쌍)이 인격화된 오그도아드의 마을이었다. 그들은 눈Nun과 누에트Nunet, 헤Heh, 헤헤트Hehet, 케크kek와 케케트keket 그리고 아문Amun과 아무네트Amunet였다.

토트는 세상의 모든 지혜가 담긴 책 42권을 저술한 것으로 추정되며, 그중 다수가 위대한 마법 서적들이었는데, 헤르메스 트리스메기스투스도 그와 같은 공로를 인정받았다. 그의 존경받는 에메랄드 서판은 모든 연금술 중 최고로 오래된 공식을 포함하고 있었는데, 이것은 초기 미스터리 학파들에게 매우 중요한 것이었다. 이 책은 금속의 연금술과 인간 재생의 신의 연금술, 과학의 문제들과 함께 천문학 그리고 수비학數秘學과 관련이 있다. 장미십자단 달인들에게 타불라 스마라그디나 헤르메티스Tabula Smaragdina Hermetis로 알려진 에메랄드 서판은 "'현자의 돌'과 관계된 갈대아인들의 가장 오래된 기념비이다"라고 기록되었다. 이것은 살로몬 트리스모시안이 황금 양털에 대해 언급한 것과 매우 유사하다.

연금술이 헤르메스 트리스메기스투스 때문에 "헤르메스적" 예술로 일컬어지는 것이고, 오늘날 우리가 "헤르메스적으로 봉해진hermetic sealed" 유리라는 용어를 도출하는 것은 이집트 초기 유리의 헤르메스적 융합에서 비롯된다.26 "연금술alchemy"이라는 용어는 아랍어 al-khame(검음blackness)에서 유래했으며 검음을 극복하는 과학 또는 직관적 인식을 통해 깨달음을 얻는 과학으로 정의된다. 또한 연금술은 신

성궤의 잃어버린 비밀   121

니콜라스 플라멜의 십자가형에 처해진 뱀

비한 '멘데스Mendez의 켐Khem'과 관련이 있는데 이것은 종종 염소로 묘사되고 '염소자리 아자젤Azazel of Capricorn'(아자젤은 하늘에서 내려와 인간 여자와 관계를 맺은 추락천사로 지옥 악마 수령 중 하나이며 아담에게 복종하라는 신의 명령을 어겨 천계에서 추방당했다. 그는 인류에게 금지된 지식을 알려주었다는 책임과 관계된다.)이라는 천사와 동일시된다. 에녹서(BC 2세기에 쓰였지만 구약성경에서는 제외됨)는 아자젤을 감시자Watcher로 정의하는데 또한 고대 그리스어에서는 이아손의 배인 아르고Argo에 적용되는 아르고스Argus이다. 에녹서에서는 아자젤이 인간에게 "모든 금속과 그것을 작업하는 기술"을 알려주었다고 전해진다.27

현존하는 에메랄드 서판의 번역본은 700년대까지 거슬러 올라가며, 이슬람 철학자 자비르 이븐 하이얀Jabir Ibn Haivan(최초의 암모니아 실험 기록을 남긴 사람)이 『피타고라스의 연금술 학교(Ta'ifat Fthaghurus)』를 저술한 것으로 시작한다. 티아나Tyana의 아폴로니우스(발리누스Balinus라고도 알려졌다.)28 (15~100년경, 신피타고라스주의의 철학자)는 에게해의 아스클레피오스 신전에서 1세기에 피타고라스의 유물을 발견한 것으로 보이며 그때부터 많은 유명한 철학자들이 이 유물을 연구하고 사용했다. 1703년부터 런던 왕립과학협회 회장이었던 아이작 뉴턴 경이 그들 중 한 명이다.

하지만 재생과 장수의 비밀을 설명한 유명한 '토트의 책'(그러나 타로 카드에 적용되는 명칭)은 영원히 사라진다. 역사, 과학 그리고 철학에 대한 50만 건 이상의 헤르메스적 문서들과 함께 그것은 391년 흥분한 기독교도 군중들에 의해 파괴되었다.

로마가 임명한 주교 테오필누스가 이끈 그들은 알렉산드리아 대도서관에 수집품들이 있던 세라피움(고대 알렉산드리아의 그리스-이집트 신. 세라피스를 봉헌하는 대신전)으로 행진하여 교회가 승인한 문헌의 교리를 정리하기 위해 이 도서관을 완전히 파괴했다. 그런 점에서 로마는 예수(그 지혜의 전달자)가 같은 기득권에 의해 십자가형에 처해진 것처럼 지혜의 뱀을 십자가형에 처했다고 한다. 이 행위에 대한 다양한 우화적인 표현들이 있는데, 가장 잘 알려진 것은 14세기 헤르메스주의 철학자 니콜라스 플라멜의 『상형문자 그림책Livre des figures hyéroglyphiques』이다.

2부

일렉트리쿠스

아콘의 심판

구름과 흑암이 그를 둘러싸고
의와 공평이 그의 보좌의 기초로다
불이 그 앞에서 나와
사방의 대적들을 불사르시는도다
그의 번개가 세계를 비추니
땅이 보고 떨었도다
산들이 여호와의 앞 곧 온 땅의 주 앞에서 밀납같이 녹았도다

(시편 97장 2~5절)

4세기 히포(북아프리카 지중해 해안의 도시)의 성 아우구스티누스 시대로부터 심판의 아콘(그노시스파에서 세계를 지배하는 많은 힘들 중 임의의 힘)에 대한 성경의 시편에 대해 많은 해석들이 있어 왔다. 그것은 불같은 파멸과 복수심에 불타는 분노의 신에게 확실히 적절한 비난을 제공했다. 그럼에도 불구하고 이 말씀은 성궤와 관련이 있으며, 호렙산에서 이스라엘 자손이 본 장면을 연상시킨다. "뭇 백성이 우레와 번개와 나팔소리와 산의 연기를 본지라. 그들이 볼 때에 떨며 멀리 서서 모세에게 이르되 당신이 우리에게 말씀하소서. 우리가 들으리이다. 하나님이 우리에

성궤의 잃어버린 비밀   127

게 말씀하시지 말게 하소서. 우리가 죽을까 하나이다."(출 20:18~19)

1977년 작가 제리 지글러가 지적했듯이 YHWH의 경이로운 본질을 연구할 때 "문맥이 없는 문서는 단순히 핑계일 뿐이다."[1] 그러므로 이 것과 같은 성경 구절의 맥락을 찾는 것이 필요한데, 왜냐하면 그들은 하늘의 아버지를 보살피는 신의 교회 개념과 상당히 동떨어져 있기 때문이다. 사실 "하나님이 우리에게 말씀하시지 말게 하소서. 우리가 죽을까 하나이다." 같은 문구들은 신을 신성한 성품이라기보다는 강력한 에너지로 보는 현대 과학적 관점과 훨씬 일치한다.

구약성경의 다양한 단계에서 (호렙산과 성궤와 직접 연관되는 순간부터) 하나님은 번개의 화살을 보내는 것으로 묘사된다.[2] 그는 게루빔 사이에 존재하고 우림-샤미르의 꿰뚫는 번개가 있을 때 가장 맹렬하게 심판했다고 한다. 신비주의와 프리메이슨의 전승에서 신은 아콘Archon, 건축가Architect 그리고 원형原型, Archetype으로 불렸고 아케이온Archeion이라 불리는 심판의 집에 살았다. 속죄소 위의 성궤-빛은 신의 '존재'로 위엄이 있었고, 금을 신성한 "존재의 빵"(mfkzt)으로 변환시키는 역할을 했다. 이것은 성궤와 관련된 흥미로운 가설 - 아마도 게루빔의 신비를 해결할 - 을 이끈다.

출애굽기에서 아무런 설명도 없이 마치 모세가 그들과 이전에 친숙했던 것처럼 우림과 둠밈이 호렙산에 나타났다. 우리는 성경을 통해 모세가 이집트인이고(출 2:19) 마네토의 『이집트의 역사』(약 BC300)를 통해 그가 헬리오폴리스(카이로의 북동쪽 교외에 있는 고대 이집트의 종교 도시)에서 신전 제사장으로 훈련받았다는 것을 알고 있다. 더욱이 "영원한 제사장"으로 확정된 레위 사람 비느하스Phinheas(엘르아살의 아들)[3]는(민 25:11~13) 아케나텐의 아마르나 신전에서 아텐의 최고 종복從僕이었던 시나이의 이집트 총독 파나헤시Panahesy와 같은 이름을 지녔다.[4] 비록 시내산이 성경에서는 호렙산(게롭Chcrub산)으로 불리지만 후에 세리비트 엘 가딤으로 알려지게 되었다. 그 완전한 번역은 "종복(從僕)의 명성"이다.

아마르나강 건너편에는 문자 그대로 '레위인의 도시'를 의미하는 말라위Mal-lawi(Malleui)가 있고 아케나톤의 아마르나 신전의 제사장은 메리어Meryre였다.5 그의 이름은 히브리어 므라리Merari – 레위의 아들 중 한 명 – 와 동일하며(창 46:11) 모세가 이스라엘 자손을 시내로 인도하기 오래전부터 이집트에서 파라오 연합을 맺었음이 명백하다. 모세는 헤르메스의 전통에서 연금술사 선생으로 정의되었고 출애굽기에 따르면 그는 실제로 불을 이용하여 금을 투영(投影)의 신비한 가루로 변형시킨 가장 놀라운 일을 해냈다. 그러나 이것은 평범한 불이 아니었다. 이것은 성궤-빛의 불이었는데 요란한 소리를 내고 불꽃이 튀며 죽음 같은 번개의 빛살과 전광을 발하는 신의 "출현"이었다. 흥미로운 점은 이 번개가 사피르와 다른 모든 관련된 것들과 함께 호렙산 – 브살렐이 성궤를 만들었다고 전해지기 전에 (그가 만든 결과로서가 아닌) – 과 관계가 있었다는 것이다.

이스라엘 백성이 처음 산에 도착했을 때 하나님은 노(爐)의 불 속에 강림하셨다고 하는데, 산이 크게 흔들렸다.(출 19:18) 그 전에도 모세는 신비한 불타는 떨기나무를 보았고 신발을 벗으라는 충고를 받았다.(출 3:1~5) 만일 황금 성궤가 이러한 현상과 직접적으로 관계가 있다면, 성궤는 이스라엘 백성이 도착하기 전에 이미 그 산의 신전에 있었다는 것이 분명해진다. 실제로 우리가 발견할 것처럼 성궤는 금의 mfkzt 가루를 생산하는 데 필요했고, 이를 위한 작업장은 모세 시대보다 1,300년 이상 앞선 파라오 스네프루 통치 때부터 호렙산에서 운용되어 왔다.

우리가 이 모든 신성한 번개와 불가사의한 불꽃 활동을 찾고 있다는 것을 인식할 수 있는 맥락은 의심의 여지없이 일렉트리쿠스의 힘

성궤의 잃어버린 비밀　　129

인 전기이다. 유사한 가설은 브살렐이 결국 성궤를 만들지 않았다는 것이다. 아마도 그는 성막의 제단과 다른 부속품을 만들었을지 모르지만 성궤(그 사건 이후 수 세기 동안 편찬자들이 쓴 그의 이야기)는 내내 호렙에 잘 있었을 것이다. 만약 그렇다면 게루빔의 본성은 완전히 새로운 시각으로 다시 고려될 수 있다.

출애굽기에 묘사된 성궤의 문양과 형태들은 이스라엘인이나 히브리인들이 아닌 이집트인의 것이었으며, 1922년 하워드 카터가 투탕카멘의 무덤 입구에서 발견한 아누비스(자칼의 머리에 인간의 몸을 가진, 고대 이집트의 죽은 자들의 신) 궤가 좋은 예이다. 아케나텐의 아들 투탕카멘의 황금 사당에 있는 게루빔은 성궤의 일반적인 형상과 다르지 않다. 그의 석관 위에 있는 것들과 그의 직계 후계자인 파라오 아이Aye의 석관 위의 것들도 다르지 않다. 비록 이스라엘 예술은 부인하지만 (생명 형태의 우상에 대한 법률에 의해) 그러한 날개 달린 모습은 실제로 고대 아시아와 중동에서 흔했다. 그러므로 투탕카멘의 궤가 아누비스에 의해 지켜진 것처럼, 모세 이전의 이집트 성궤가 천사의 게룹들로 장식되었을 것이라는 것은 꽤 실현 가능한 일이다. 이런 점에서 우리의 초기 시나이 안내자 페트리 경은 똑같은 결론에 이른다. "모든 것 중 가장 신성한 것, 히브리인의 야훼의 성궤에는 게룹들이 있었는데 그 그룹들은 속죄소 양쪽 끝에 하나씩 있었고, 속죄소를 덮고 있는 날개가 있었다. 이것은 이집트 신들의 궤에 날개가 궤를 덮고 있는 마아트Ma'at 여신의 형상을 묘사한 것과 일치한다."6

진실과 법의 여신 마아트는 라Ra의 딸로 알려져 있으며, 라 역시 궤의 "출현"에 따라 그녀는 비록 덜 격동적이지만 심판과 관계되었다. "균형 속의 진실"에 대한 그녀의 무게는 깃털로 이루어졌고,7 진실은 가장 고귀한 금속인 금으로 확인되었다. 초기 파라오의 영혼이 내세로

들어갈 때 그들은 장례의 신 아누비스에게 마아트의 사법적 깃털(사후세계에서 죽은 자의 심장의 무게를 잴 때 마아트의 깃털이 사용된다고 한다.)로 시험을 받는다.

성 엘모의 불

"산 위의 여호와의 영광이 이스라엘 자손의 눈에 맹렬한 불같이 보였고"(출 24:17) 산을 개별적인 맥락에 두고 보면, 처음에는 우레와 같은 산봉우리에 불이 났던 것은 반드시 성궤 때문만은 아니라고 말할 수 있다. 시나이 고원은 전통적으로 폭풍우가 몰아치는 – 하늘이 전기를 띠는 성 엘모의 불St. Elmo's Fire(대기의 강한 전기장에서 뾰족한 물체 끝 부분에 대기 전기가 방전되면서 발광하는 플라즈마 불꽃이 생성되는 현상. 뇌우에 의해 또는 화산 분화에 의해 생성된다.)로 알려진 현상을 일으키는 – 지역이다. 이것은 "글로glow 방전"(기체 방전의 한 종류. '글로'는 가스 방전 따위에 의한 비교적 약한 빛)이라고 불리는 지속적인 전기 스파크의 한 종류이다. 고압 전기가 기체에 영향을 줄 때 발생하며 폭풍 아래의 공기와 땅이 전기적으로 충전될 때 나타난다. 이 전압은 공기 분자를 분해하고 기체는 평방 센티미터당 약 3만 볼트의 에너지를 필요로 하는 불꽃을 낸다. 그러나 돛대나 안테나 같은 날카로운 접지점은 1,000볼트까지 낮은 레벨에서 작동시킬 수 있다.

본질적으로 '성 엘모의 불'은 불이 비춘 플라즈마다. 플라즈마는 전류를 전달할 수 있고 자기를 생성할 수 있으며, 우주 물질의 가장 일반적인 형태이다.8 기체(대기가스인 공기를 포함하는)는 분자로 구성되어 있다. 이들은 전자와 양성자 입자 군집으로 구성된 원자들로 구성되어 있다. 기체에 고압 전기가 가해지면 전자와 양성자가 서로 당겨지게 되고, 기체는 분리된 양성자 군집과 전자의 빛나는 혼합물로 변한다. 결과로써 생기는 플라즈마 불의 정확한 색깔은 관련된 기체의 종류에

성궤의 잃어버린 비밀　131

따라 다르지만, 일반적으로 지구 대기의 푸른 보랏빛이다.

주위를 떠다닐 수 있는 구전(球電)ball lightening(구상번개)과 달리 성 엘모의 불은 끌어당기는 물체와 결합하며, 비록 열이 없고 소모적이지 않지만 불처럼 탁탁 소리를 낸다. 이 물체들은 모세와 불타는 떨기나무의 이야기처럼 높은 봉우리의 산으로부터 낮은 지대의 관목까지 무엇이든 될 수 있다. "그가 보니 떨기나무에 불이 붙었으나 사라지지 아니하는지라."(출 3:2) 배의 돛대와 교회 첨탑과 같은 뾰족한 물체들은 특히 이 현상에 민감하다. 많은 뱃사람들이 모세만큼 놀랐는데, 그들이 불길을 본 돛대가 그 사건 후에 손상되지 않고 온전하게 남아 있다는 것을 알게 되었다. 의문의 불길이 그 이름을 유래한 것은 바로 여기서였다. 성 엘모(AD300년경 폭풍우 때 설교한 사람)9가 뱃사람들의 수호성인이었기 때문이다.

대기와 비교하여 지구는 산꼭대기에서 화려하게 전기를 방출할 수 있는 좋은 전도체이다. 그러므로 옛 신들이 종종 산과 관계가 있었다는 것은 놀라운 일이 아니다. 실제로 성경은 "산당(山堂)high place"에서의 초기 숭배를 많이 인용한다.10 또한 그렇게 전기가 흐르는 환경에서 모세가 신발을 벗도록 충고를 받은 것은 놀라운 일이 아니다. 만일 사람의 몸이 땅에 직접 접지되어 있지 않으면 대기의 전위에 따라서 머리에 전하를 획득할 것이다. 마른 가죽 밑창은 저항으로 작용하여 몸에서 전하의 흐름을 억제할 수 있다. 이것은 그 자체는 문제가 되지 않겠지만 만일 그 사람이 전기적으로 접지된 것을 만진다면 쇼크가 일어날 것이다.11 금속 캐비닛 등을 만질 때 때때로 사소한 방식으로 비슷한 정전하靜電荷를 경험할 수 있다.

고대의 배터리

자연석인 형태의 전기는 고대인들이 그것을 무엇으로 불렀던 간에 그들에게 분명히 잘 알려져 있었다. 사실 YHWH(뒤에 첨가된 모음 없이 호흡되는)는 다른 청각적 묘사처럼 설명적이었을 것이고 사제들은 "숨을 죽인 상태에서" 말하지 못할 이름만 소리 낼 수 있었다고 한다. 유대-이집트 파피루스에 따르면, '제우스 번개', '아도나이 왕', '지배자 이아우우에'란 제목의 YHWH의 비발성 호흡 발음은 오히려 속삭이는 "he-ewe"와 같은 '이아우우에iauooe'였다.12 그러나 더 관련이 있는 것은 그들이 어떻게 해서든지 yhwh의 힘과 영광을 포착하고 그것을 강화하며 놀라운 효과로 사용하는 방법을 배웠다는 것이다.

어떤 식으로든 전기는 제우스든 야훼든 아니면 다른 어떤 신이든 신과 관계된 신의 현시로 인식되었다. 언어학자이자 지리학자인 크리스천 오브라이언은 그의 학문적 작품 '빛나는 자들'에서 고대 단어 엘티(엘 엘리온과 엘 샤다이에서처럼)의 어원과 파생에 대해 엘은 신이나 고귀한 것을 정의하지만 모든 변형에서 밝고 빛나는 존재를 의미했다고 설명한다.13 그러므로 전기, 전자 그리고 일렉트리쿠스의 용어들은 모두 "신의 밝은 물질"과 관련된 원래의 기반으로부터 파생한다.14

1938년, 독일의 고고학자 빌헬름 쾨니히는 이라크 국립박물관에 소장되어 있는 (많은 수의 점토 항아리 중 하나) 특이한 점토 항아리를 처음으로 철저히 조사했다. 옅은 노란색에 높이 약 15cm, 위쪽 끝에서 너비 7cm인 둥글납작한 항아리는 약 2,240년 된 것으로 추정되며 파르티아(고대 이란의 왕국)인들에 기인한다. 프톨레마이오스 3세가 이집트의 파라오였을 때, 그들은 당시 중동의 대부분을 지배했다. 항아리 윗부분에는 9cm 높이의 구리봉이 아스팔트 마개로 제자리에 고정되었고, 봉의 중앙을 통해 흘러내리는 쇠막대가 납으로 덮인 마개 위로 돌출

성궤의 잃어버린 비밀   133

되어 있었다. 쇠막대는 아스팔트를 입힌 물결무늬를 넣은 구리 원반으로 밀봉된 구리 튜브의 바닥 끝에 미치지 못했다.

그 항아리는 단지 그것을 활성화시키기 위해 식초 같은 산성 액체만을 필요로 하는 배터리에 불과하다는 것이 명백해졌다. 그 물건은 배터리로 확인되었고 '바그다드 배터리'로 알려지게 되었다. 그리고 2차 세계대전 이후, 매사추세츠주 피츠필드에 있는 제너럴 일렉트릭 연구소의 윌라드 M. 그레이는 이 장치의 정확한 복제품을 만들었다. 구연산을 첨가하자 2볼트의 전기가 생성되었다. - 19세기 초까지 이 방법(대충 생각은 했지만)으로 성취되지 못한 기술이다. 결과적으로 〈사이언스 다이제스트〉의 1957년 4월호에서 확인되었듯이[15] 알레산드로 볼타 백작은 1800년에 '볼타의 더미voltic-pile' 배터리를 발명하지 않았다. 그는 그것을 재발명했다.[16]

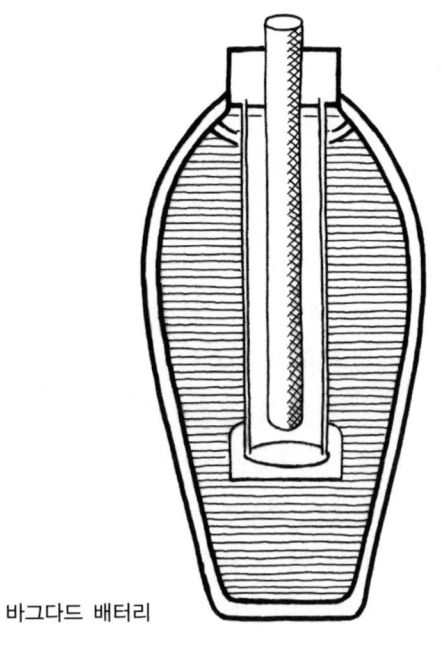

바그다드 배터리

이라크 박물관에서 쾨니히 박사가 발견한 것은 은으로 도금된 고대 수메르 시대의 구리 도구들이었다. 그는 이 도금된 유물들이 비록 그가 조사했던 배터리보다 수 세기 더 오래된 것이기는 하지만 이 도금 된 유물이 실제적으로 사용되는 배터리를 나타내는 것이라고 추측했다. 박물관에는 총 5개의 배터리 단지가 있었으며 돌출된 막대기의 윗부분을 서로 연결하면 상당히 증가된 전압을 얻을 수 있다는 점이 지적되었다. 그 후 독일 과학자 아르네 에게브레히트 박사는 복제 과정을 정확하게 수행하고 금으로 전기 도금을 성공적으로 시행했다.

신들의 금

이제 하토르(세라비트 엘 카딤의 수호여신)와 룩소르에서 조금 북쪽의 덴데라에 있는 그녀의 다른 신전으로 돌아갈 시간이다. 이곳은 이집트에서 가장 오래되 신성한 지역들 중 하나이며 많은 사람들이 오시리스(이집트 신화에서 죽은 자의 신으로 숭배된 남신)의 매장지로 주장해 왔다.[17] 여기서 우리는 하토르를 황금 왕가와 더욱 단단히 결속시키는 상형문자의 명문을 발견한다. 1980년 이집트 학자 실비 코빌Sylvie Cauville이 프랑스 동양고고학 연구소를 위해 번역한 전설은 다음과 같다. "라Ra가 연꽃이 태초의 혼돈에서 벗어날 때 눈을 뜨고 눈물을 흘리기 시작하자, 작은 물방울들이 땅에 떨어졌다. 그들은 '신들의 금'[18], '위대한 하토르', '덴데라의 여주인'이라 이름 지어진 아름다운 여인으로 변모했다." 하토르는 이집트에서 발견된 가장 최초의 역사적 기록인 유명한 녹색 점판암 나르메르 팔레트Narmer Palette(BC3000년 이전)[19]에 나타나며 그녀는 완전한 얼굴을 보여준 유일한 여신이다.

성궤의 잃어버린 비밀　135

덴데라의 하토르 신전에 있는 미스터리 부조

덴데라의 첫 번째 신전은 대피라미드를 세운 파라오 쿠푸의 고왕국 시대에 지어졌다. 그는 스네프루의 아들로, 덴데라(원래는 Tentirys) 연대는 약 4,500년 전 세라비트 신전과 같은 시기이며 mfkzt 제작 초기이다. 현재 덴데라 자리에 있는 지상 신전은 BC 1세기 프톨레마이오스 시대에 지어진 것이다. 하토르와 클레오파트라 7세 여왕과 함께 그 건물의 주요 특징 중 하나는 인상적으로 디자인된 하늘의 천장 지도였다. '덴데라 황도'로 알려졌는데 원본은 현재 파리의 루브르 박물관에 전시되고 있고 단지 석고 복사본만 남아 있다. 그러나 덴데라의 가장 큰 미스터리는 '금의 집'과 가까운 오래된 지하 동굴 깊숙한 곳에 있다. 이곳 남쪽 지하묘지 벽에는 커다란 그림 조각들이 장식되어 있는데 이상한 묘사 때문에 이집트학 학자들을 당황케 했다. 그림에는 뱀이 그려진 풍신처럼 생긴 긴 물건을 들고 있는 사제들이 있으며 다른 인물들은 보조 역할을 하고 있다. (사진 5를 보라.) 표면상으로 가볍거나 무게가 없는 관은 연꽃 줄기로 무한한 공간의 신, 헤Heh가 앉아 있는 상자에 연결되어 있는데, 그 크기가 매우 중요한 상징이거나 실체를 나타낸다.

1961년 스웨덴의 공학자 헨리 켈슨은 그의 책 『Forvunen Teknik』에서 뱀에 관한 상형문자가 "작열glow" 또는 "불꽃flame"과 관련된 seref로 번역된다고 생각했으며, 아마도 전기 중심 타블로(한 무리의 사람, 동물 등을 특히 일련의 조각상으로 묘사한 예술 작품)일 것으로 추측했다. 그 후, 스코틀랜드의 과학자 이반 샌더슨과 다른 조사 기술자들은 비슷한 결론을 내렸고[20] 둥글납작한 물체가 '음극선 기술'에서와 같이 전자 튜브와 비교가 된다고 했다.[21] (마이클 패러데이가 부분적으로 진공된 유리관 내 전극에 고압이 가해졌을 때 발생하는 화려한 "작열glow"의 특성을 처음으로 설명한 것은 1938년으로 거슬러 올라간다.)[22]

스톡홀름의 기술자 이반 트랭그는 그의 『Kulturer Fore Istien』에서 덴데라의 암석조각彫刻들이 제드djed 기둥들의 본성 안에서 고압 설연체를 가진 전기 기구를 나타낸다고 확신했다. 제드라는 단어는 "지지" 또는 "내구력"과 관련이 있으며, 이러한 기둥들은 앙크ankh('영원한 생명'으로 번역되는 이집트 상형문자)와 함께 이집트의 예술 작품에 광범위하게 나타난다. 때론 부적(마력이 있는 부적)으로 착용한다. 스파크 플러그나 절연 전극처럼 생긴 이 기둥은 신화에서 오시리스의 등뼈를 상징한다고 하는데, 이것은 BC 1370년경 대영박물관의 후네페르 파피루스Papyrus of Hunefer에 제드로 묘사되었다. 박물관에서 볼 수 있듯 제드 부적은 일반적으로 매우 작으며, 아마도 길이가 몇 센티미터에 불과하지만 그것들은 여전히 "기둥pillars" 또는 "지주columns"라고 불린다. 홍수 이

성궤의 잃어버린 비밀   137

전의 기둥들에 대하여 우리가 이전에 언급했던 것과 함께(117쪽 "에메랄드 서판"을 보라.) "기둥"은 크기가 아닌 모양이나 지지하는 기능과 관련이 있다는 것을 알 수 있다.

19세기 말에 덴데라 무덤에서 모래가 비워지자, 이 조각품들은 프랑스의 이집트 학자 에밀 샤시나트(1868~1948)의 사진으로 대중에게 알려졌다. 1934년 그는 프랑스 동양 고고학 연구소를 위해 『덴데라 신전La Temple de Dendera』이라는 제목의 책 네 권을 썼다.23 실비 코빌은 같은 연구소에서 그녀의 덴데라 상형문자 번역 시리즈를 출판하기 시작했다.24 덴데라의 작품을 처음 보았을 때, 나는 바로 1960년대로 돌아갔는데 그때 나는 런던 국립미술관의 과학부 기술자들과 미술 보존 분야에서 일하고 있었다. 특히 나는 메릴랜드 의과대학에서 뢴트겐선(x-rays)을 그림 조사와 안료 분석에 도입했던 칼 댐 클라크 박사의 연구를 공부하고 있었다. 이것은 당시 영국에서 큰 변화를 겪고 있던 예술 보존 과학에 중요한 도움이 되었다. 1929년부터 베를린 국립미술관의 수석 복원가였던 헬무트 루헤만은 국립미술관의 관리자 케네스 클라크 경과 함께 작업하기 위해 런던에 왔다. 그리고 루헤만은 코톨드Courtauld 연구소의 기술부와 함께 미술관의 과학부를 설립했다.

덴데라 암석화로 내가 인상 깊었던 것은 사제의 케이블이 연결된 앰플(작은 주사액 병)이 뢴트겐 박사의 19세기 엑스레이 튜브와 매우 흡사해 보여, "엑스선이 공기를 통과할 때 공기는 전도체가 된다"라는 1896년 그의 발견을 떠올렸다. 만약 많은 사람들이 추측한 것처럼 덴데라 지하실이 전기적 성질의 표식을 보여준다면, 앰플은 뷔르츠부르크 대학 물리연구소의 뢴트겐이 사용한 원래의 크룩스관(진공 방전관)25과 확실히 유사하다.

덴데라 논의를 계속하는 과정에 과학자들은 고대 음극관 유산에 찬

138   Lost Secrets of the Sacred Ark

성한다고 주장하며, 일부 연구자들은 전구의 형태를 제안했다. 한편, 신회학지들은 미발달한 뱀 숭배의 개념을 선호하고, 신학자들은 이교도 분만 의식으로 여기고, 비전秘傳가들은 덴데라가 지하 창조 서사시를 묘사한다고 제안했다. 하지만 이집트 학자들은 어떨까? 일선에 있는 고전 고고학자들은 이 주제에 대해 뭐라고 말할까? 대답은 "별것 아니다"이다. 영국 제일의 일류 박물관 중 한 곳의 대표자에게 직접 문의하자 그는 "이 장면들에서 특이한 것은 거의 없지만 그것들의 정확한 의미는 요약하여 말하기 어렵다"라고 말했다. 평범하다! 그는 그것들이 독특해서 그것들을 요약하기 어렵다고 생각했다. 좀 더 솔직한 대답은 "우리는 실마리를 가지고 있지 않다"였어야 했다.

의심할 여지없이 우리가 알게 된 것은 암석화가 어떤 식으로든 하토르 여신과 연관되어 있다는 것이다. 그리고 우리는 덴데라의 여주인이자 세라비트 엘 카딤의 주인인 하토르가 "신들의 황금"으로 불렸다는 것을 바로 그 지하실에 있는 비문을 통해 알고 있다. 궁극적으로 이것은 신비한 모양에 관한 흥미로운 시나리오로 이어지는데, 내가 핵물리학자에게 그것을 무엇이라고 생각하는지 물었을 때, 그의 대답은 즉각적이고 직관적으로 적절했다. 우리는 나중에 증거가 전개되는 대로 우리의 이야기에서 이러한 묘사들에 대해 다시 언급할 것이다.

성궤-빛의 불꽃

arkite 어원을 다시 한 번 살펴보면, 고대 프랑스에서는 라틴어 arca(상자 또는 궤)가 arch가 되었고, 그 후 오늘날의 적절한 영어 형태인 ark가 되었다. 또한 중세 시대에는 "건축architecture", "아케이드arcade" 그리고 "틀architrave"에서와 같이 arch로 만들어졌다는 것을 알 수 있

성궤의 잃어버린 비밀   139

다. 아치의 곡선 형태는 활(라틴어로 arcus)이며 여기서 "궁도archery"가 파생되었다. 전기 용어로 arc는 두 전극 사이의 발광 방전(전극을 접촉시켜서 강한 전류를 흐르게 하면 전극의 선단은 접촉저항에 과열되고 전극이 증발하여 금속의 증기를 발생하여 방전한다. 이 상태를 아크방전이라 한다.)이다.

그러므로 arcs와 arches 사이에는 직접적인 언어적, 역사적인 관계가 있으며 두 개의 정의 모두 원래의 그리스 ark와 라틴 arca에서 파생하였다. 따라서 Ark-light와 arc-light는 동의어로 1822년 영국의 화학자 험프리 다비 경은 2개의 탄소 막대를 짧은 거리에 두고 전기 공급 장치에 연결하여 마치 성경의 게루빔 사이에 묘사된 것과 같은 번쩍번쩍 빛나는 arc를 생성했다. 그 후, 그는 젊은 제본업자 마이클 패러데이를 그의 연구실 조수로 임명했다. 패러데이의 arc-light 연구는 그를 기체관 분야로 이끌었고, 전류를 생성하려면 자기장의 변화가 필요하다는 것을 확인했다.

오래지 않아 arc-lamps(아크 등)는 공공건물, 전시관, 철도 마당 그리고 그와 비슷한 곳에 일상적인 특징이 되었다. 1910년까지 영국 도시들에 약 2만 개의 arc가 설치되었다고 발표되었다. 그래서 모세 시대 이후 3250년 후에 빛을 내는 기구들이 또다시 "아크arcs"로 불리게 되었다.

19세기 말, 공공서비스 개발 초기 기간에는 전기의 지속적인 흐름을 생산하는 국가 계통망이 없었다. 배터리와 발전기는 제한된 규모로 사용해야 했고, 전하(물체가 띠고 있는 정전기의 양)를 축적하고 분배하는 목적으로 축전기(콘덴서)는 진화되었다. 19세기 모델이 바탕이 된 축전기는 100년 전 네덜란드 라이덴대학의 물리학 교수 피터 반 무센브로크에 의해 발명되었다. 그의 1745년 장치는 코르크 마개를 통해 튀어나온 놋쇠 철사가 있고 물이 부분적으로 채워진 유리 항아리였다. 정

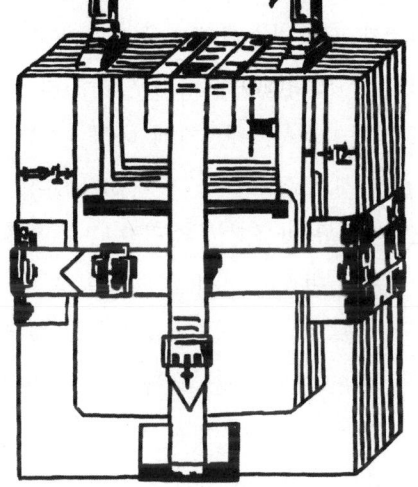

19세기 아크Ark 축전기

전기는 마찰에 의해 생산되어 선을 통해 항아리에 저장되었다. 실행의 중요한 부분은 한 학생이 그 장치로부터 놀라운 충격을 받았을 때 발생했다. 그리고 나서 지원자들이 항아리에서 손을 맞잡고 다시 물러섰고, 전류가 그들을 통과하면서 각각 충격을 받았다. 이를 통해 한 물체에 전기가 공급되고 다른 물체에 여분의 용량이 있을 때 다른 물체에 전기가 전달될 수 있다는 것을 증명했다. 그 후 항아리의 외면을 금속 박箔(foil)으로 코팅하여 유리가 그것과 전도성 물 사이의 절연체가 되게 함으로써 원리가 개선되었다. 항아리 안에 박을 추가로 코팅한 후 물이 전혀 필요 없게 되었다.

1800년대 후반의 초기 산업용 축전기는 오늘날 몇몇 고압 모델과 크게 다르지 않았다. 그들의 원리는 "절연체"라고 불렸고 그들의 구조는 매우 간단했다. 그들은 비전도성의 물질인 "절연체의 매체"라고

성궤의 잃어버린 비밀   141

불리는 애자碍子에 의해 분리된 전도성 금속의 평행 판 층으로 구성되었다. 각 전도성의 판들(플러스와 마이너스로 유효한)은 해당 전극에 연결된다.26 작동은 가스탱크와 비슷했으며 축전기의 전기 용량 (정전 용량)은 가스탱크에 가해지는 압력(전압)에 따라 달라진다.

구약성경으로 되돌아가서, 축전기에 대한 이 묘사는 성궤의 묘사와 정확하게 똑같은 것으로 보인다. 출애굽기 37장 1절~2절에서 "브살렐이 조각목으로 궤를 만들고… 순금으로 안팎을 싸고"라며 설명한다. 그렇다면 여기에 필요한 구성 요소가 있다 : 2개의 금판 레이어(뛰어난 전기 전도체)는 아카시아 나무로 된 비전도성 절연체를 샌드위치처럼 만든다. 출애굽기 37장 7절에서는 "금으로 그룹 둘을 만들었으되"라며 속죄소(궤의 꼭대기) 양 끝에 한 개씩 놓았다. 이것들은 각각의 금판 층과 연결되기 위해서만 필요한 가장 위쪽의 외부 전극이었다. 낮은 전위에서도 이러한 장치는 일정 기간 동안 충전되며, 게루빔으로부터 즉시 방출되는 아크를 동반한다.

앞서 보았듯이 성궤Ark를 가리키는 셈어 뿌리는 aron이었는데 특히 "모으다gathering"(충전되는) 행위에 적용되었다. 적절한 다량의 대기 전기가 주어지면 성궤 크기의 축전기는 수천 볼트까지 충전할 수 있었고, 그 결과 발생하는 아크는 웃사와 아론의 아들들 경우처럼 분명히 사람을 죽일 수 있을 정도로 상당했을 것이다. 하지만 더 중요한 것은 직류의 아크 발생은 오늘날 과학 실험실에서 단원자 고-스핀high-spin (소립자의 기본 성질의 하나. 고유하게 가지고 있는 운동량으로 모형적으로는 입자의 자전으로 본다.) 금(한때 mfkzt 또는 shem-an-na (높은 불-돌의 신비의 하얀 가루)라고 불림)을 생산하기 위해 사용되는 과정이다.

빛의 궤도

불-돌의 마스터들

앞서 우림과 둠밈을 논의할 때(62쪽 "증언의 반지"를 보라.) 우리는 이리듐 결정을 주제로 다루었다. 불-돌의 본질로 발전하기 전에 이리듐과 다른 플래티넘 그룹 금속들(PGMs)을 좀 더 주의 깊게 볼 필요가 있다. 왜냐하면 그것들은 mfkzt를 이해하는 중심이기 때문이다. 플래티넘(백금)과 함께 다른 다섯 가지 PGM은 이리듐, 팔라듐, 로듐, 오스뮴 그리고 루테늄이다. 이 금속들의 궁극적인 강도로 그것들은 현재 수술, 광학그리고 치과 기기, 도가니와 열전지, 기계 베어링, 전기 스위치 접촉기 그리고 바늘 끝과 펜촉까지 모든 정밀한 기구들에 사용된다.

PGM들이 19세기 후반부터 우리의 관심을 끌었다는 것은 일반적으로 백과사전과 관련서적들에서 인용되는데 아마도 가장 잘 알려진 것은 팔라듐일 것이다. 보석 세공인들이 광범위하게 사용하는 팔라듐은 흔히 "백금white gold"으로 알려진 금속을 생산하기 위해 종종 금과 합금된다. 팔라듐은 1803년 브라질, 캘리포니아 그리고 우랄산맥에서 최초로 발견되었고 그 해 소행성 팔라스의 이름을 따 붙여졌다. 이리듐, 오스뮴 그리고 로듐 또한 같은 날에 인정되었고 1843년에 루테늄이 발견되었다.

그러나 고대인들이 이러한 플래티넘 그룹 금속들의 개별적인 특성을 완전히 알고 있었다는 것은 먼 기원전과 관련된 발견으로 명백해

성궤의 잃어버린 비밀   143

졌다. 이리듐 결정(비록 플래티넘 그룹 금속으로부터 변형되었지만)은 다른 진귀한 원석처럼 투명한 색으로 빛난다. "이리듐iridium"이라는 이름은 1803년에 iridescence(라틴어 iris : 무지개로부터)라는 단어에 의해 적용되었다. 운석에 의해 지구에 온 이리듐은 고유의 희귀한 유리 같은 암석을 형성할 수 있는 외계 금속으로 고대인들은 사피르sappir라고 불렀다. 이것은 스케티야Schethiya("하늘의 돌")인데 로열 아치 프리메이슨의 옛 교의에서 확인되는 것처럼 예루살렘 성전 아래에 있었던 것으로 전해진다. 출애굽기 24장 10절에 자세히 묘사된 것처럼 그것은 또한 호렙산에 있었던 것으로 보인다. "그 발 아래에는 청옥을 편 듯하고 하늘같이 청명하더라."

1968년, 코넬대학과 하버드대학교의 합동 탐사대는 BC 6세기 중반 리디아(터키 서부)를 통치했던 전설적인 크로이소스왕의 금 정련소를 발굴했다. 그 후 탐사대의 부대장 앤드류 라미지는 대영박물관의 금속 부문 책임자인 폴 크래독과 함께 사르디스Sardis(리디아 왕국의 수도)에서의 발견에 관한 보고서를 『크로이소스왕의 금King Croesus' Gold』이라는 제목으로 최근에 출판했다.1 그 폭로가 너무나 놀라워서 만약 가설로 제기되었다면 조롱 받았을 것이고, 만약 그것들이 비학문적인 출처에서 나왔다면 의심의 여지없이 퇴출되었을 새로운 사실을 증명했다. 현 상황에서는 공개를 무시할 수 없을 정도로 학계에 무게가 실리고 있다. 지금까지의 모든 교재와 과학적 이해에 반하여 사르디스 정련소는 PGM들이 먼 옛날부터 알려지고 이해되었다는 명백한 증거를 제공했다.

비록 "집단group"으로 분류되지만 각각의 플래티넘 금속은 다른 성질을 가지고 있다. 특히 플래티넘, 팔라듐 그리고 로듐은 녹은 금에 용해되지만 이리듐, 오스뮴 그리고 루테늄은 용해되지 않는다. 그러므로 현대의 백금 제조는 복잡한 과정이 아니지만 이리듐(비중 있게)은

144   Lost Secrets of the Sacred Ark

자연적으로 녹은 금의 바닥으로 가라앉는다. 이러한 금속의 미량 원소는 종종 금 침진물에서 은색 힘유물로 존재하기 때문에 금의 순도를 유지하기 위해 그것들을 추출하는 것이 현재 일반적인 관례이며, 높은 비중으로 추출하는 것이 필수적이다. 그렇지 않으면 제조과정을 손상시킬 것이다. 이 추출은 "전기분해"(전류에 의한 물질의 분해)라고 불리는 절차에 의해 실행된다.2

전기분해는 두 전극(음극과 양극) 사이의 전기 회로를 완성하기 위해 전해액(이온화된 용액이나 용해된 금속염)을 필요로 한다. 이 전극이 직류원과 연결되면 양극은 양전하를 띠게 되는 반면, 음극은 음전하를 띠게 된다. 전기 도금할 때 도금 금속은 일반적으로 양극이고 도금할 물체는 음극이다. 우리가 본 바와 같이 (133쪽 '고대의 배터리'를 보라.) 다량의 바그다드 배터리는 제한된 규모로 전기 도금이 가능했지만 사르디스 정련소에서 훨씬 더 정교한 것이 나타났다. 이곳에는 대규모 전기 도금 시설뿐 아니라 플래티넘 금속 원소와 불순물을 금에서 분리하는 고도의 기술적 능력이 있었다는 증거도 있었다. 크래독은 고대 기록에 대해 토론하며 "19세기에 금에서 그것들을 제거하는데 마주친 큰 어려움들에도 불구하고 고대인들이 함유물을 제거하는 방법을 알고 있었다고 제기하는 것은 믿을 수 없을 정도는 아니다"라고 말했다.3

더 놀라운 것은 크로이소스왕이나 그 시대의 사람들이 자연적으로 채굴된 금에 약간의 구리, 은 또는 PGM이 함유되어 있다는 이유만으로 어떤 식으로든 불순물이 섞여 있거나 오염된 것으로 간주할 이유가 없다는 사실이다.4 리디아인들은 어떻게 알 수 있었을까? 왜 그들은 신경을 썼을까?

정확하게 정의한 원소로써 "순금"의 현대적 인식은 '일정 성분비 법칙'(화합물을 구성하는 각 성분 원소의 질량비는 항상 일정하다.)에 적용된 것처럼 상대적으로 새로운 것이다. 그러므로 과거의 어느 누구도 완전히 순수한 원소 물질의 구성에 대해 몰랐을 것이라는 결론이 났다. 결국 '원소 주기율표'는 러시아의 화학자 드미트리 멘델레예프가 1869년 '화학 원리'에서 원자 질량을 기초한 63개의 원소를 처음으로 출판하기 전까지 만들어지지 않았다. 그럼에도 불구하고 사실 고대인들은 실제로 원소 불순물을 알고 있었고, 심지어 구약성경에는 금에 적용되는 7개의 명사가 있다 : zahav, paz, ketem, harus, s'gor, ophir, baser. 예를 들어, zahav tahor는 성궤의 뚜껑에 명시된 "순금"5을 언급한다.

전기 분해의 사용을 떠나서 몇몇 동전 제작자들이 금에서 고유의 염기 금속을 추출하기 위해 사용했던 "회취법灰吹法(금, 은, 납의 합금을 용해한 뒤 납을 산화 제거해 금, 은을 회수하는 방법)"이라 불리는 과정을 통해 금에서 부패 원소를 제거할 수 있다. 불순물 금속은 납과 함께 녹고 염기 금속과 함께 금을 따로 남기며 그 납을 산화시키기 위해 약 1,100℃의 송풍送風을 받는다. 금에서 은을 제거해야 한다면 염화나트륨, 초석硝石, 자연 유황 그리고 황화안티몬과 같은 산성염을 포함하는 "파팅(분금分金)parting"이라 불리는 방법을 사용하였다. 그러나 이것은 중세 연금술사들의 물질이었고 사르디스 작가들이 지적했듯이 진보된 19세기 회취법조차 플래티넘 금속 원소에 어떠한 영향도 미치지 않았다. 그것들은 파팅에 사용된 것처럼 산 분해에 또한 영향을 받지 않았다. 최근에 금으로부터 플래티넘 그룹 원소를 만족스럽게 제거하기 위해 전기 분해를 과학적으로 도입했지만 리디안인들은 2,500년 전에 그렇게 하고 있었다!

금의 분석과 정련을 언급하는 더 오랜 고대의 메소포타미아와 이집트의 수많은 문서들이 있는데 그것들은 기술의 묘사보다는 무게, 수

치 그리고 양에 대한 기록이다. 이와 관련하여 유일한 구체적인 언급
은 그섯이 불과 함께 행해졌다는 것이지만 이것은 잘못된 언급이라고
쉽게 무시되어 왔다. 금박의 발명은 금의 불순물을 1마이크로미터 두
께로 두들겨 패는 방법이 완성되기 전에는 불가능했다.6 그러나 순도
높은 금박이 BC 3,000년부터 메소포타미아에서 발견되었다. 그 초기
단계에서도 은, 구리 그리고 PGM을 사금으로부터 제거하는 기술이
존재했다.7 또한 같은 시대의 금으로 만든 끌(우르의 수메르 왕릉에서 레너드
울리 경과 대영박물관과 펜실베이니아대학교의 합동 팀에 의해 1923년 발굴되었다.)은 순도가
낮은 합금 위에 금으로 도금된 것으로 확인된다.

PGM이 이 모든 것으로부터 19세기에 발견된 것이 아니라 재발견
되어 새롭게 명명된 것임을 알 수 있다. 더욱이 플라톤과 플리니우스
(23~79. 『박물지』를 씀)와 같은 고전작가들이 금에 있는 플래티넘 금속 원소
를 아다마admas라고 부르며 썼다는 것이 확인되었다.8 크로이소스 정
련소가 발견되기 전에는 이 언급들이 이해되지 않았는데, 왜냐하면
고대 학자들이 우리 현대의 발견을 언급하고 있었을 것이라는 생각은
전혀 들지 않았기 때문이다.

고대 수메르에서는 PGM(adamas)을 안-나an-na(불-돌)로 분류했다. 오
래된 기록들에 묘사된 밝은 은색 때문에 신비하게 명명된 빛나는 금
속은 중세 시대의 잘못 이해한 야금술의 달인들에 의해 오랫동안 주
석朱石으로 추정되었다. 반면, 회취법과 파팅의 무언가를 알았던 다른
사람들은 염塩, 유황 그리고 신비한 해결책으로 진지하게 고민하며 납
으로부터 금을 추정하려고 노력했다. 이것은 비록 PGM이 고대 기술
의 일부였지만, 그것들은 (전기와 똑같이) 고고학적 지리학적 연구가 그것
들을 다시 따라잡을 때까지 수 세기 동안 우리에게 손실되었다는 것
을 의심의 여지가 없게 한다.

성궤의 잃어버린 비밀   147

이리듐은 지구상에서 매우 드문 원소이지만 지질학자들은 먼 과거에 이 물질을 함유한 유성들이 떨어진 지각층에서 그것의 30배에 이르는 양의 존재를 발견했다.9 수메르인들과 고대 이집트인들은 금의 특성과 그것을 가지고 다른 귀한 금속들과 합금하는 방법에 대해 분명히 알고 있었다. 장인들은 PGM의 작업에 있어서도 능숙했는데, 이것은 금처럼 쉠-안-나(높은 불-돌) 또는 mfkzt의 색다른 "높은" 상태로 가져갈 수 있었다. 이것은 그들이 이 금속들을 알고 작업했을 뿐 아니라 원자와 핵 과학을 개척했다는 것을 의미한다. 왜냐하면 "높은" 상태의 하얀 가루(금이나 PGM)는 고-스핀의 야금술 경험을 통해서만 달성할 수 있기 때문이다.

현재 플래티넘 그룹의 금속들 명칭이 우리에게 비교적 새롭긴 하지만 그 금속들 자체는 새로운 것과는 거리가 멀다. 그러나 특히 이리듐의 외계적 성질을 고려할 때, 우리 몸 안에 바로 이 금속이 있다는 것을 발견하는 것은 흥미롭다. 최근의 실험들은 건식 중량(건조 물질 또는 건조 중량은 완전히 건조되었을 때의 질량)에 의해 뇌 조직의 5% 이상이 고-스핀 상태에서 이리듐과 로듐으로 구성되어 있다는 것을 보여주었다.10

샤르-온Shar-On의 면

그렇다면 금과 다른 귀금속을 '낙원의 돌'의 미세한 하얀 mfkzt 가루로 변환시키는 "높은" 상태는 정확히 무엇인가? 그리고 고대 메소포타미아, 이집트 그리고 나중에는 유대 왕국의 고대 왕들에 의해 섭취되었을 때 그것의 이점은 정확히 무엇이었는가?

현대 과학 용어에서 "높은highward"은 "고-스핀"으로 확인된다. 그것은 고-스핀 상태의 원소를 말한다. 정상 원자는 주변에 선별 잠재력, 즉 핵에 의해 생성된 플러스 선별을 가지고 있다. 핵을 도는 대다수의 진자는 이 신별 짐재력 인에 있는데 최 외곽에 있는 진자들은 예외이다. 핵은 플러스 선별 잠재력이 그 핵의 제어 아래 있는 모든 전자들을 가져오려고 팽창할 때 높은 또는 고-스핀 상태로 간다.

이 전자들은 보통 앞쪽으로 자전하는 전자와 뒤쪽으로 자전하는 전자로 쌍으로 핵 주위를 돈다. 그러나 이것들이 고-스핀 핵의 영향 아래 놓이면 모든 전자는 같은 방향으로 자전하기 시작한다. 완벽하게 상관될 때, 전자는 순백의 빛으로 변하고 고-스핀 물질에 있는 개별 원자들은 서로 붙는 것이 불가능해진다. 그런 이유로 그것들은 금속 상태를 유지할 수 없고 물질이 떨어져 나가 흰색 단원자 가루가 된다.11

간단히 말해서 그 하얀 가루는 엄격히 통제된 조건하에서 미리 정해진 시간 동안 DC 전기 아크 – 두 전극 사이의 단일 방향 전류 – 로부터 지정된 고온과 함께 금속 표본을 타격함으로써 생성된다. 그러나 그 가루의 정말 특이한 점은 지속적인 가열과 냉각 과정을 통해 가루의 무게가 최적 무게보다 수백 퍼센트 이상 오르락내리락할 것이며, 전혀 없는 것으로 내려갈 것이라는 것이다. 더욱이 그것의 최적 중량은 실제로 그것이 변환된 금속 중량의 56%이다. 그렇다면 나머지 44%는 어디로 갈까? 그것은 단지 순백의 빛이 되고 물리적인 평면을 벗어난 차원 – 고대인들이 샤르-온의 면Plane of Shar-On 또는 Mfkzt의 장Field of Mfkzt이라 부른 빛의 궤도의 차원 – 으로 해석된다. 무게가 0(zero)인 단계에서 물질은 보이지 않게 되고 무게는 0보다 작아질 뿐 아니라 그것이 놓여 있는 접시 또한 그것의 시작 무게보다 적게 등록된다. 이것은 알렉산드리아 문서(49쪽 "신성한 만나"를 보라.)와 정확하게 일치하는데 저울에 달았을 때 '낙원의 돌'은 금의 양을 초과할 수 있지만, 먼지로 바뀌면 깃털 하나라도 저울을 움직일 것이다.

성궤의 잃어버린 비밀   149

1970년대 말 미국에서 진행된 실험은 야외 조건에서 진공과 불활성 기체의 제어 없이 신비로운 백색광의 효과를 입증했다. 이 실험에서 단원자 물질은 수천 개의 전구에 맞먹는 거대한 불꽃 속에서 완전히 사라졌다. 그것은 사실상 폭발이었지만 폭발은 전혀 없었으며, 받쳐지지 않은 연필 (그것은 폭발 안에서 평평한 면으로 서 있었다.)이 그 후에도 똑바로 서 있었다.12 이것은 모세가 호렙산에서 본 불타는 떨기나무 – 활활 타오르는 것처럼 보였지만 불에 타지 않는(출 3:4) – 의 전체적인 회고이다.

1995년 5월 〈사이언티픽 아메리칸〉지의 기사에서 플래티넘 그룹 금속 루테늄의 효과가 인간의 DNA와 관련되어 논의되었다. DNA의 짧은 가닥 양 끝에 루테늄 원자가 하나씩 놓이면 전도성이 1만 배 이상 높아진다는 지적이 나왔다. 사실상 이것은 초전도체가 된다. 한동안 화학자들은 이중나선이 분자의 축을 따라 전도성이 높은 경로를 만들지도 모른다고 의심해 왔고, 여기에 그 사실이 확인됐다.13 비슷하게 〈플래티넘 금속 리뷰〉14지는 암 치료에 플래티넘, 이리듐 그리고 루테늄의 사용에 관한 정기적인 기사를 특색으로 다루었는데, 이것은 비정상적이고 통제되지 않은 신체 세포의 분열을 통해 야기된다.15 암의 경우처럼 DNA 상태가 바뀌면 플래티넘 성분의 적용은 기형의 세포와 함께 DNA가 이완되고 수정된다. 이러한 치료는 수술을 필요로 하지 않으며 화학요법과 같이 주변 조직을 방사선으로 파괴하거나 면역체계를 죽이지 않는다.

의학계는 생물의학 연구기관, 브리스톨–마이어스 스퀴브Bristol-Myers Squib16가 루테늄 원자가 DNA와 상호작용해 암세포의 기형을 바로잡는다고 발표했을 때 고–스핀 영역에 진입했다. (단원자 금과 PGM은 사실상 "스텔스(유령) 원자"이고 체세포가 광파계를 통해 '스텔스 원자'를 통해 서로 통신하는 것으로 확인되었다.) 새로운 과학이 결정한 것은 단원자 루테늄이 DNA와 공명하여 짧은 길이의 나선을 분해하고 다시 정확하게 재건하는 것이었다. 사람이 노후된 건물을 부수고 재건시킬 수 있는 것처럼 말이다. 이리듐과 로듐은 노화 방지 특성을 가지고 있는 것으로 알려져 있으며, 루테늄과 플래티넘 화합물은 DNA 그리고 세포체와 상호작용한다. 또한 금과 플래티넘 금속은 단원자(단일 원자) 고-스핀 상태에서 의식과 적성을 비상한 수준으로 높이는 방식으로 내분비선계(동물 체내에 호르몬을 분비하는 조직 또는 기관)를 활성화할 수 있다고 알려져 있다. 이런 점에서 금의 고-스핀 가루는 뇌의 송과선松果腺(척추동물의 간뇌 등면에 돌출해 있는 내분비선)에 멜라토닌(송과선에서 분비되는 호르몬) 생성을 증가시키며 뚜렷한 효과를 가지고 있다고 평가받는다. 이와 같이 이리듐의 단원자 가루는 뇌하수체의 세로토닌 생성에 비슷한 영향을 미치며, 뇌의 미사용 부분과 함께 신체의 "정크junk(잡동사니) DNA"를 다시 활성화하기 위해 나타날 것이다.

최근에 의학자들이 송과선의 호르몬 분비를 밝혀냈다. 그것은 1968년에 분리되었으며, "밤의 작업자night-worker" - 그리스어 melos(검은) 그리고 tosos(노동)로부터 - 라는 의미의 멜라토닌으로 알려지게 되었는데 왜냐하면 멜라토닌 생성이 높은 사람들은 태양빛에 강하게 반응하여 그들의 정신 능력에 영향을 미치기 때문이다. 이 때문에 그것들은 밤의 작업자들이고 멜리토닌은 밤이나 어둠 속에서만 생성되는 "어둠의 호르몬"이라고 불린다.17 (눈먼 사람들은 평균 이상의 멜라토닌을 생성하는데, 이는 시각 외 감각을 증진시킨다.) 과도한 자연광에 노출되면 송과선이 작아지고 정신적 각성이 줄어드는 반면, 어둠과 높은 내분비 활동이 스트레스 요인을 감소시키며 미묘한 정신에 대한 예리한 직관적 지식을 강화한다.

멜라토닌은 세로토닌이라 불리는 활성화된 화학적 전달자를 통하여 송과선에 의해 만들어진다. 이것은 염색체가 한순간에 반으로 나누어질 때, (감수분열(동물의 난자, 정자 등 생식세포를 형성하기 위한 세포 분열)로 알려진) 염색체 쌍에 걸쳐 신경 자극을 전달하여 수정 시 다른 반집합과 결합한다.[18] 멜라토닌은 또한 인체의 면역체계를 향상시키고 증진시켜 송과 松果 분비가 많은 사람들은 암 질환에 걸릴 확률이 낮다. 멜라토닌의 높은 생성은 에너지, 스태미나 그리고 육체적 내성 수준을 높이고 수면 방식과 직결되어 심혈관을 통해 작동하는 특성으로 체온을 조절한다. 그것은 신체에서 가장 강력하고 효과적인 산화 방지제이며, 긍정적인 정신과 육체적 노화 방지 특성을 갖고 있다.[19]

오늘날 이러한 분야에 대한 비용이 많이 들고 광범위한 연구와 상관없이, 높은 불–돌의 비밀이 수천 년 전에 우리 조상들에게 알려졌다는 것은 특별한 의미가 있다. 그들은 인간의 신체에 초전도체가 있다는 것을 알고 있었다. 그것들은 그들이 "빛의 육체light body"(카Ka(고대 이집트인이 생각한 사람의 혼))라고 부르는 개인의식의 요소였다.[20] 그들은 물리적인 몸과 빛의 육체가 호르몬 생성[21]을 증가하기 위해 먹어야 한다는 것을 알고 있었는데, 후자를 위한 궁극적인 음식을 '쉠–안–나'라고 불렀다. 이것은 왕을 신격화하기 위해 신전의 장인들(황금가' 수호자들)에 의해 제작되었다.

지니의 영역

송과선은 솔방울처럼 생겼고 옥수수 낟알 크기로, 비록 뇌실腦室 밖에서는 뇌의 일부를 형성하지 않지만 뇌의 중심에 위치하고 있다. 프랑스 철학자이자 광학 과학자 데카르트(1596~1650)는 이곳을 정신과 육체가 결합하는 지점인 "영혼의 자리"[22]라고 생각했다. 고대 그리스인들도 마찬가지로 고려했고, BC 4세기에 헤로필로스(BC335~BC280. 인간의 신체를 해부한 최초의 의사)는 송과선을 생각의 흐름을 조절하는 기관으로 묘사했다.

그리스 신비주의자들은 솔방울이 꼭대기에 있는 상징석인 지팡이를 들고 다녔고, 고대 메소포타미아의 부조에서는 종종 사제들이 최고의 지성을 식별하기 위해 솔방울을 들고 있는 것을 종종 볼 수 있다.[23] 일반적으로 (그리고 특히 아시리아 부조에서는) 그들의 원뿔은 전략적으로 왕들의 머리를 향하고 있다. (사진 9를 보라.) 때때로 독수리, 그리핀(독수리 머리, 날개에 사자의 몸을 한 괴수) 또는 물고기 머리 장식으로 묘사된 이 현자들은 압칼루 현자(수메르어 압갈에서 온 아카드어로 "위대한 감독"을 의미)라고 불렸으며[24] 그들의 초월적인 능력은 4개의 날개로 묘사함으로써 전달되었다.[25]

솔방울(송과체pineal body를 나타내는 pinus brutia)[26]에 더하여 압칼루는 또한 작은 시툴라(banduddu로 불리는 물통 모양의 용기)를 가지고 있고, 왕들을 수반하지 않을 때는 '탄생 식물'(Kiskanu 나무)에 영양분을 주는 것으로 묘사되었다. 이 신성한 식물은 그들이 맡은 왕권의 불멸을 상징한다. 바빌로니아에서는 압칼루 수호자를 알라드Alad[27]로 불렀고, 아랍 세계에서는 지니djinni(또는 "천재"를 뜻하는 iinni)였던 반면 djinni에서 친숙한 프랑스 단어 지니genie(아라비안 나이트에 나오는 마귀)가 파생되었다. 이러한 보호 단어인 alad와 djinn(djinni의 복수형)은 '아라비안 나이트' 이야기에서 알라딘Aladdin이라는 이름의 뿌리를 형성한다.

최고의 압칼루 부조들 중 많은 것이 (현재 전 세계 박물관에 전시되어 있다.) BC 883~BC 859년[28] 아시리아를 통치한 아슈르나시르팔 2세의 님루드 궁전과 사르곤 대왕(BC720~BC705)의 코르사바드 궁전에서 1800년대 중반에 발견되었다. 전통적인 관습에 따르면, 이 시대의 압칼루(Ab-gal)는 파라오의 빛의 육체를 유지하는 데 책임이 있는 이집트 신전의 초기 '위대한 자들'과 유사했다.

고고학자들과 박물관 관계자들은 이 지니들이 시툴라 용기에 무엇

성궤의 잃어버린 비밀   153

을 담았는지 계속 결정을 내리지 못하고 있다. 가장 공통된 이론은 아마도 '탄생의 식물'에서 채취한 꽃가루였을 것이고, 원뿔을 통해 왕들에게 다산의 의식으로 상징적으로 전달되었을 것이라는 것이다. 그러나 압칼루가 어느 모로 보나 다산과 관계가 있었다는 기록은 없으며, 그들의 임무는 주권의 수호자로서 왕에게 봉사하는 것이었다. 더욱이 '탄생의 식물'은 수메르 왕명록(약 BC2000)29에 따르면 왕들이 먹었다고 전해지는 (생명의 나무처럼) 순수한 상징적인 나무였다. 그 표현은 메소포타미아의 그라-알Gra-al과 직접적으로 관련이 있다.30 신들의 금이라 불리는 "최고 우수한 넥타르"는 이집트 하토르 여신의 칭호로 이것 때문에 그리고 왕들이 쉠-안-나의 높은 불-돌을 먹었다는 것을 가정하면 지니들이 운반한 물질은 꽃가루가 아니라 금의 mfkzt 가루였다는 것은 의심의 여지가 없다.

15세기 초 프랑스 연금술사 니콜라 플라멜의 글에는 '현자의 돌'로 가는 길을 설명하면서 "식물"과 "금의 가루"는 뱀에 관한 관례적인 언급과 함께 결합되었다. (38쪽 "최종 목표"를 보라.) 1416년 11월 22일, 비전秘傳으로 모호한 모든 연금술의 문서들은 '현자의 돌'이 수수께끼 같은 금가루였다는 것을 그들 중 가장 유명했던 헤르메스주의자(헤르메스주의는 혼합주의가 널리 행했던 헬레니즘 이집트 시대와 AD 1~3세기에 성립된 외경적인 저작들에 기초하는 철학적, 종교적 믿음들 또는 지식(그노시스)들이다.)로부터 확인한다. 니콜라 플라멜의 그 날짜에 대한 마지막 증언에서 추출한 내용은 다음과 같다. "태양과 달과 결합하는 이 argent vive가 처음에는 그들과 함께 식물로 변했다… 그리고 그 후 뱀으로 부패하여… 완전하게 마르고 소화되어 미세한 금가루를 만들었는데 그것이 바로 돌이다."

그들의 기획에서 실패한 중세 시대의 수많은 연금술 달인들과 달리 플라멜의 이야기는 현저하게 다르다. 비천한 부모에게서 태어난 그는 공증 사무원(서류 필경사)으로서의 삶을 시작했고, 이 과정에서 아브라함이라 불린 유대인 철학자의 득이하고 오래된 동편으로 묶인 직품을 만났다. 그것을 2플로린(1252년 플로렌스에서 발행한 금화)에 구입한 그는 20년 넘게 그 책을 연구했고, 그 결과 그의 가난한 삶은 상당한 성공으로 바뀌었다. 그는 인생의 후반부에 파리와 불로뉴에 수많은 병원과 교회를 지었는데 그곳에서 그의 극도의 자비에 관한 놀라운 이야기들이 많이 나왔다.

왕권의 전통적인 상징인 금과 함께 초기 시대로부터 송진은 송과松果 분비물(멜라토닌)과 직접적으로 동일시되었다. 그것은 종종 보스웰리아(유향나무) 수액과 함께 유향乳香(사제직의 향)을 만드는 데 사용되었다. 그래서 금과 유향은 죽음의 상징인 몰약(의료 진정제로 사용되는 고무수액)과 함께 성배 혈통의 사제-왕의 전통적인 물질이었다. 고대 세계에서 높은 지식은 daath(유래 : 죽음death)로 확인되었고, "무덤tomb"과 "자궁womb"이라는 용어는 더 높은 지식을 향한 통로로 상호 교환이 가능하고 상호 지지하는 것으로 간주되었다.31 신약성경에서는 금, 유향 그리고 몰약의 세 물질이 어떻게 금욕적인 마기Magi(마 2:11)에 의해 예수에게 전해졌는지를 묘사하고 있으며, 그렇게 해서 예수님을 황금가의 제사장이자 왕으로 긍정한다.

송과선은 영원한 관념으로 가득 차 있고, 우리에게 우리 자신의 개념을 공식화할 수 있는 가능성을 준다. 그것은 내적 인식을 획득하는 것에 의한 생각의 기관이고 그렇게 함으로써 영원한 생각을 지구의 개념으로 바꿀 수 있다. 요기Yogi(요가 수행자) 마스터들은 송과선을 아즈나 차크라Ajna Chakra(산스크리트어 : ajna 명령, chakra 바퀴)와 연관 짓는다. 차크라는 내분비계의 각각의 선腺들과 통하는 에너지 중심이고 요기들은 송과선이 생각과 심령 현상을 전달하는 미묘한 진동의 수신체와 발신체라고 믿는다. (그리스어 동사 "발생하는 to arouse" 것으로부터 명명된 내분비선들은 혈류로 직접 분비되는 수송관이 없는 선이다.) 송과선은 지혜의 눈, 마음의 차크라라고도 하며 자각의 고조, 직관적인 지식으로 사물을 명확하게 볼 수 있는 능력을 나타내는 내적 비전(환상)32으로 알려졌다. 사춘기의 시작은 송과선에 의해 직접적으로 조정되며 멜라토닌 분비는 어린 시절과 10대 시기에 그 절정에 달한다. 어린 시절의 평균 이상의 멜라토닌 생성은 젊은 지능의 수준을 높이지만, 성장기에는 두 가지 측면이 물질적 충돌 속에 있기 때문에 초기 성적 발달의 억제재가 될 수 있는33 것으로 보인다.

'송과안'(제3의 눈, 송과선의 눈)은 은유적인 눈이지만 많은 도마뱀의 뇌와 두개강(머리뼈 속의 공간) 사이에 있는 실체로 발견된다. 힌두교는 모든 사람이 '제3의 눈' - 이마 뒤 중앙에 위치하여 신성한 힘의 모든 것을 보는 통로 - 을 가지고 있다고 말한다. 사실 '제3의 눈'은 송과선처럼 해부학적인 실체이다. 요가의 가르침은 '송과안'이 인식되는 과정에서 중요하다. 왜냐하면 이것이 어둠으로부터 빛을 얻는 궁극적인 근원이기 때문이다.34 영적인 사람은 육체적인 존재만 확인하는 속세의 눈에 속지 않고 통찰력의 미묘한 눈인 '제3의 눈'으로 자동적으로 지각하게 된다. 그러한 존재들은 그가/그녀가 시공간이 거의 중요하지 않은 차원에 살고 있기 때문에 임의의 시간 안에 그들의 위치에 의해 정의된다.

우리는 모두 생각의 장에 둘러싸여 몰아세워지고 있으며, 우리가 자신의 것이라고 주장하는 그 생각들은 지속적인 보편적 방송과 같다. 어떤 생각은 우주적인 기원이 있는 반면, 어떤 생각은 지역 방송국의 방송과 같다. 뇌하수체는 모든 주파수 대역과 주파수를 연결하는 주요 무선 수신기이다.35 선택된 주파수(분비를 통해서)를 송과선으로 직접 전송하며36 송과선은 특정 방송을 증폭시켜 전신으로 전송한다. 송과선

헤르메스의 두 마리 뱀이 감긴 날개 달린 지팡이

은 멜라토닌 호르몬의 생산과 방출을 통해 무엇을 전달하고 무엇을 전달하지 않을지에 대해 완전히 통제한다. 따라서 높은 멜라토닌 생성은 그렇게 함으로써 고주파의 우주적 그리고 지역적 방송들을 수신하고 송신하는 기능을 증가시키고 우주적 자각의 위대한 상태("알고 있는" 상태)를 이끈다. 그런 점에서 '송과안'이 무선수신기의 크리스털(검파용 광석)처럼 매우 미세한 입자를 포함하고 있는 것으로 밝혀져 흥미롭다.37

우리는 어떻게 소용돌이치는 지혜의 뱀이 미국, 호주 그리고 영국의 의학 협의회 휘장에 표현되었는지를 보았다. (57쪽 "기이한 나선"을 보라.) 그러나 세계의 다른 의료구호기관들은 두 마리의 감겨진 뱀을 사용하는데, 이는 전령의 신 머큐리(헤르메스)의 날개 달린 카두세우스 주변을 나선형으로 움직인다. 이 경우, 중앙의 지팡이와 뱀은 척수와 감각

신경계를 나타내며, 가장 위쪽의 두 날개는 뇌의 측면 심실 구조를 나타낸다. 이 날개들 사이의 척추 기둥 위에는 송과선의 작은 중심 결절이 보인다.38 중앙의 송과선과 그것의 측면 날개의 조합은 몇몇 요가 수행자의 집단들 안에서 백조로 불리며, 이것은 완전히 깨달은 존재의 상징이다. 그것은 중세 백조 기사단이 달성한 성배 의식의 최고 영역이며 퍼시벌(아더왕 이야기에 등장하는 궁정기사)과 로엔그린(퍼시벌의 아들로 성배를 수호하는 신비의 기사)과 같은 기사도적인 인물들이 대표적이다.39

고대 이집트 비의秘儀 학교의 전승에 따르면, 이 계몽된 의식을 달성하기 위한 과정은 송과체를 자극하는 뇌하수체에 도달할 때까지 척추40의 33추골을 통하여 차츰차츰 발생하는 영적 갱생과 함께 매우 중요했다. 이 갱생의 과학은 잃어버린 지혜의 열쇠 중 하나이며, 그것은 실제 고대 프리메이슨이 33단계 위에 설립된 이유이다.41

O(Zero)의 저편

높은 불-돌 가루는 인간의 의식을 높이는 능력뿐 아니라 중력에 저항하는 초전도체이기도 하다. 1960년대 중력에 관한 위대한 연구자 중 한 명은 러시아 물리학자 안드레이 사하로프였는데, 그의 이론에 대한 수학(0점으로써 중력에 기반 한)들이 첨단과학연구소42의 할 푸소프 Hal Puthoff(1936~. 미국 전기공학 박사, 이론 및 실험 물리학자)에 의해 〈물리학 리뷰 Physical Review〉에 실렸다. 푸소프는 중력이 시공간을 결정짓기 때문에 단원자의 하얀 가루는 시공간을 휠 수 있다는 점을 주장했다.43 그는 이 물질이 0(영)보다 작은 중력을 가진 "외래의 물질"이라고 설명했다. 물질이 무(無)보다 가볍고 알려지지 않은 차원으로 사라지게 되는 것 외에도, 물질이 놓인 저울의 접시의 무게는 무(無)보다 작을 수 있다.

그러므로 정확한 환경 아래에서 그 가루는 그 자체의 무중력을 접시가 되거나 거대한 돌덩어리가 될 수 있는 주체로 바꿀 수 있다.

아마도 여기에 어떻게 이집트인들이 피라미드를 건설하고 다른 거대한 기념비들을 세웠는지에 대한 실마리가 있을 것이다.44 일반적인 추측처럼, 어떻게 한 개의 무게가 수 톤이나 되는 거대한 돌덩어리를 수십만 명의 노예들이 밧줄과 경사로만 사용하면서 각각 그 엄청난 높이까지 정교하게 쌓아 올렸을까? 그 과정을 재현하려는 시도가 실패로 돌아갔지만, 그들은 그렇지 않았다. 경사도가 1:10인 대피라미드 꼭대기까지 경사면을 건설하기 위해서는 피라미드 자체의 크기보다 3배나 큰 크기로 길이가 약 1,460m인 경사로를 필요로 했을 것이다.45 실제 건축 과정은 훨씬 더 간단하고 현재 많은 것은 그러한 건축이 초전도체 불—돌의 기술에 의해 도움을 받았을 가능성을 지적한다. 이것은 분명히 하토르의 세라비트산 신전에서 제조된 그것의 많은 생산량을 설명할 것이다. 사실 "피라미드pyramid"라는 단어는 "불fire"을 뜻하는 그리스어 단어 pyr에서 파생하였는데 (근원은 nyre와 nyrn) 피라미드가 어떻게든 "불붙는 것"을 의미한다.46

기자(카이로 교외에 있는 도시)의 세 피라미드는 쿠푸, 카프레 그리고 멘카우레의 파라오 무덤으로 지정되었지만 내부와 지하 방과 통로를 조사한 결과, 이 기념물들에서 아무런 유해도 발견되지 않았다. 또한 이 고왕국 파라오의 시신은 다른 어느 곳에서도 발견되지 않았다. 오랜 전승은 대피라미드 안에 있는 '왕의 방'의 비밀 공간에 건설자들이 "쇠로 만든 기구들과 녹슬지 않는 무기들 그리고 구부려지나 아직 깨지지 않은 유리 그리고 이상한 주문呪文들"을 넣었다고 전한다.47 그러나 9세기 칼리프 알—마문Al-Ma'mun의 첫 탐험가들은 봉인된 방에 굴을 파고 들어가 무엇을 발견하였는가? 오늘날처럼 유일한 가구는 뚜

성궤의 잃어버린 비밀   159

껑이 없는 텅 빈 화강암 관48이었는데 시체는 없고 신비한 가루 물질의 층이 있었다. 이것은 둘 다 알루미늄 규산염 그룹의 광물인 미량의 장석長石과 운모49라고 피상적으로 결정되었다.

최근 하얀 가루 연구 과정에서 알루미늄과 규토珪土는 100% 플래티넘 그룹 성분으로 알려진 과립 샘플 분석을 통해 밝혀진 2개의 구성 원소였다. 표준 실험실 테스트는 태양 표면 온도에서 15초간 DC 아크로 샘플을 타격하는 방식으로 수행하였다. 그러나 일반적인 테스트 절차를 훨씬 뛰어넘는 연소 시간의 지속은 그 물질이 실제로 구성되어 있는 진귀한 금속을 밝혀냈다. 동물 뇌조직의 건조 중량의 5%가 탄소라고 하는 것은 - 보다 엄격한 분석 결과 고-스핀 상태의 플래티넘 금속 이리듐과 로듐으로 밝혀지는 반면에 - 기존 실험 과정에 놓인 한계 때문이다. 이 점에서 비추어볼 때 한때 봉해졌던 '왕의 방'은 파라오의 극자성 영기aura, 靈氣를 통하여 또 다른 시공간의 차원으로 파라오를 이동시킬 수 있는 초전도체로 꾸며진 것으로 추측된다. 파라오의 사후세계로의 통과의례가 '사자의 서Book of the Dead'에 따라 지배되었다는 것이 여기에 있다. (49쪽 "신성한 만나"를 보라.) - "그것은 무엇인가?"(만나Manna?)라는 반복되는 질문에 의해 유도되는 문구.

솔로몬왕의 비밀

왕족의 세대

이제 모세 시대로 돌아가 성궤의 이야기를 계속하려면 우선 애매한 성경 연대기를 살펴보아야 한다. 구약성경의 보다 반복적인 특징들 중 하나는 "40년"이라는 시간 범위에 대한 빈번한 서술이다. 특히 이스라엘인들이 호렙산에 머문 후 마침내 가나안으로 들어가기 전까지 시나이 광야에서 지냈다고 이야기되는 기간이다.1 이 40년간의 사막에서 유랑 기간은 민수기와 신명기 그리고 후에 시편과 예언서에서 확인될 정도로 충분히 중요하다.

이 기간의 중요한 측면은 이스라엘인들이 그들의 많은 시간을 "투덜거리며!" 보내는 것으로 보였다는 것이다.2 그들은 모세에게 불평했고 아론에게 불평했으며, 그들의 새로운 지배자와 모두에게 불평했다. 그들은 모세의 여정에 전혀 감흥을 받지 않았다. 그들은 환경, 음식, 물 부족, 뱀 그리고 적대적인 원주민들과 직면한 것에 불평했다. 결국 하나님은 그들의 끊임없는 불평에 매우 화가 나, 그들을 40년간 블레셋인들의 손에 넘겨주었다!3

이 모든 것의 관련을 이해할 때 두 가지 중요한 사실을 인식하는 것이 중요하다. 첫째, 모세오경4이 쓰였을 때 히브리어는 오늘날 우리가 하는 것처럼 과거 시제를 구분하지 않았다. 과거 시제는 오로지 하나뿐이었고 동일한 의미를 가지고, "일어났다", "일어났었다" 그리고 "일어났었었다"라는 사건을 의미했다. 언어학적으로 1,000년 전에 발생한 것과 어제 일어난 일 사이에는 차이가 없었다. 더욱이 "날day"과 "연year"이란 용어는 구속이 없는 유연성으로 사용되었고, 이것은 궁극적으로 시간에 대한 보다 구체적인 생각을 가진 언어로 번역하는 것을 매우 어렵게 만들었다.5

이렇게 말하니, 사해 두루마리에서는 "40년"이라는 용어가 왕족 세대 시대의 정의였기 때문에 그것은 특별한 의미가 있었음이 분명하다. 오늘날의 세대 표준(자손이 부모를 대신하는 평균 기간)은 대략 30년으로 계산하지만 성경 시대에 왕조 표준(성년 아버지와 성년 후계자 사이)은 40년으로 결정되었다.6

성경은 창세기 17장 19절에서 아브라함의 아내 사라로부터 왕위 계승에 대한 첫 언급을 한다. 그녀의 아들 이삭을 가리켜 하나님은 "나는 그와 영원한 언약을 세우리니 그의 후손에게 영원한 언약이 되리라"7고 말씀하신 것과 관련이 있다. 그 후 왕족 계보의 남성 세대 선례는 다음과 같이 굳어진다. "이삭은 사십 세에 리브가를 취하여 아내를 삼았으니…"8 그들의 아들 에서에 관해 창세기는 쓴다. "에서가 사십 세에 유딧을 아내로 취하였더니."9

에서의 쌍둥이 동생인 야곱(둘째로 태어난)은 나중에 이스라엘 민족의 조상으로 언급되는데, 베델에서 이름을 이스라엘로 바꾼 뒤 가계가 발전된 이집트로 이주하였다.10 그러나 이것은 그 가족이 예루살렘에서 왕가의 위치를 차지하기 수 세기 전이었고, 그 계보의 중요한 연결은 야곱이 아니라 모세인 아케나텐의 아버지인 파라오 아멘호테프 3세의 어린 아내인 티예 왕비의 후손인 에서였다.11 (365쪽 표: "이집트 관련"을 보라.) 왕통이 출애굽과 더불어 이집트에서 나와 유다의 다윗 왕가로 내려온 것은 아케나텐의 두 번째 아내 메리-키바(또한 메리-아몬/

미리암이라고도 한다.)의 딸로부터였다. 그녀는 아버지와 메소포타미아 공주 길루키파에게시 태어났다.

그래서 이삭과 에서의 이 왕족이 마침내 예루살렘의 왕좌에 세워지는 것을 보면, "40년"의 기준이 문학극으로 곧바로 되돌아오는 것이다. 열왕기상 2장 11절은 "다윗이 이스라엘왕이 된 지 사십 년이라"라고 말씀한다. 이어 아들 솔로몬왕에 관하여 열왕기상 11장 42절은 "솔로몬이 예루살렘에서 온 이스라엘을 다스린 날 수가 사십 년이라"고 말씀한다. 솔로몬의 자손 요아스왕으로 이동하면 "요아스가 왕이 되어 예루살렘에서 사십 년간 통치하니라"라는 열왕기하 12장 1절 말씀이 계속된다. 그들의 치세의 진정한 시기는 구약성경 필자들과 관련이 없는 것으로 보인다. 그들이 그들 시대의 일반적인 관습으로부터 알고 있는 것은 40년이 한 왕조의 완성과 다음 왕조 사이에 받아들여진 세대의 기준이라는 것이고, 그들은 이 용어를 특별히 중요한 왕의 통치 덕분으로 돌렸다는 것이다.

신약성경 복음서 작가 마태도 정확히 같은 일을 했다. 다윗왕으로부터 예수에 이르는 남성 혈통 가계(솔로몬과 요셉 사이 - 약 1,000년간)를 상세히 다루며 그는 각각 40년의 25세대를 목록화했다.12 그러나 복음서 편집자 누가는 규칙보다 사실을 선호했고 좀 더 논리적인 기록에 따라 각각 25년씩 40세대의 더 완벽한 목록을 만들었다.13

이 모든 것이 의미하는 것은 이스라엘인들이 40년 동안 시나이 광야에 있었다고 할 때 사실은 그들이 왕족 혈통의 다음 아들이 태어날 때까지 그곳에 있었다는 것이다. 문제의 부모는 키바-타쉐리트Khiba -tasherit(모세와 미리암의 딸)와 유다 가문의 그녀의 남편 라마Rama였다. (83쪽 "키바의 연인"을 보라, 또한 367쪽 표: '이집트 밖으로'를 보라.)

성궤의 잃어버린 비밀   163

성궤의 정복

아브라함이 수 세기 전 엘 샤다이에게 희생제물로 아들 이삭을 바쳤던 모리아산 터에 예루살렘이 세워질 때 그 가문이 왕위를 계승할 수 있다는 것이 결정되었다.14 하나님은 이삭의 세대들과 계약을 맺으시고 그의 어머니, 사라를 존중하시어 "그로 열국의 어미가 되게 하리니 민족의 열왕이 그에게서 나리라"라고 포고하셨다.15 시나이에서 이삭의 아들들인 에서와 야곱(이스라엘)이 유다 지파에 모여 있었다. 그러므로 모세의 임무는 유다 왕가가 왕좌에 앉게 될 모리아산에 이르는 것이었다.

물론 가는 도중에 마주쳐야 할 원주민 부족들이 있었다. 가나안인, 아말렉인, 에돔인 등과 같은 사람들. 그러므로 이것은 분명히 우호적인 이주 여행이 아니었다. 모든 기준으로 볼 때 그것은 침략이었고 궁극의 목표는 정복이었다. 이것은 민수기 31장 8절~10절에서 분명히 알 수 있는데, 이는 미디안을 상대로 한 미디안 전쟁에 관한 내용이다. "이스라엘 자손은 미디안의 모든 왕들을 죽이고, 미디안의 모든 여자들과 어린 여자들을 사로잡고, 가축과 양 떼와 그들의 모든 재산을 빼앗았다. 그들이 살던 성읍과 촌락을 다 불에 태웠다." 그 뒤로는 미디안인들보다 더 무시무시한 적들이 많았지만 이스라엘인들이 갖고 있었던 것은 다른 적들은 갖고 있지 않는 가장 강력한 무기인 성궤였다.

그들이 여행하고 있을 때, 모세가 울면서 성궤를 그들 앞에 보냈다.16 "원수를 흩어지게 하시고, 주님을 미워하는 자들은 주 앞에서 도망치게 하소서." 그러나 그들의 경험은 몇몇 자초한 부상이 있었고, 한 번은 사고로 성궤가 그들 가운데에서 불을 뿜어 이스라엘인 몇 명이 죽었다.17 이어 그것을 본부에 놓았을 때 이스라엘 군대가 아말렉 병사들에게 패배한 것을 보면 전장에서 성궤의 중요성은 분명해

진다.18

계획은 시나이에서 북동쪽으로 이동하여 사해 서쪽의 가나안 땅과 요르단강(오늘날 이스라엘)으로 침입하는 것이었다. 그러나 모리아로 가는 남쪽 길목에는 5개의 큰 요새가 있었는데, 모세는 요르단을 건너 북쪽에서 가나안 땅으로 들어가도록 사해 동쪽을 행진하기로 결정했다. 이것은 그들이 에돔인, 아모리인, 모압인 그리고 암몬인들의 경계를 넘나드는 것을 의미했는데 그들이 그렇게 한 것은 큰 문제가 없는 것으로 보인다. 이스라엘인들은 곧 트랜스요르단(요르단의 옛 이름)의 주인이 되어, 여리고(요르단강 서안에 있는 도시. BC7000년경에 이미 이곳에 성읍이 세워졌다고 한다.)에 있는 사해 위쪽의 강을 건너 북쪽으로 돌아갔다.19

이 과정에서 모세는 느보산으로부터 강을 건너 가나안을 조사하다가 죽었고20 부족의 지도자로 최고 대신의 아들 여호수아가 계승했다. 구약성경 역사에서 가장 잘 알려진 사건 중 하나인 여리고 포위를 시작하여 가나안으로의 마지막 공격을 이끈 사람은 바로 그였다. 여호수아는 성궤를 군대 선두에 앞세우고21 레위족 운송인들을 제외한 모두에게 약 1,000m 뒤에 있으라고 충고했다.22 그리고 성경에서 홍해가 갈라지는 이야기의 반복과 함께 (훌륭한 지도자로 여호수아의 성서적 위치를 확립하기 위해) 그들이 건널 수 있게 성궤가 요르단강을 갈랐다고 한다.(수 3:13~4:24) 실제로 그 강은 그 지점에서 꽤 좁았으며 언제나 걸어서 건널 수 있었다. 상류에서 물이 완전히 범람할 때조차 잔해들이 댐을 만들 것이고, 지난 6세기 동안의 연대기에 따르면 여리고는 한 번에 24시간 동안 말라 있었다고 기록한다.23

물을 건너며 무장한 부대(양각 나팔을 부는 7명의 제사장들과 함께)가 성궤 운송인들에 앞서 6일 동안 하루에 한 번씩 여리고 주위를 돌았다. 이레째 되는 날 그들은 일곱 바퀴를 돌고 마지막 나팔을 불었고 이스라엘인들의

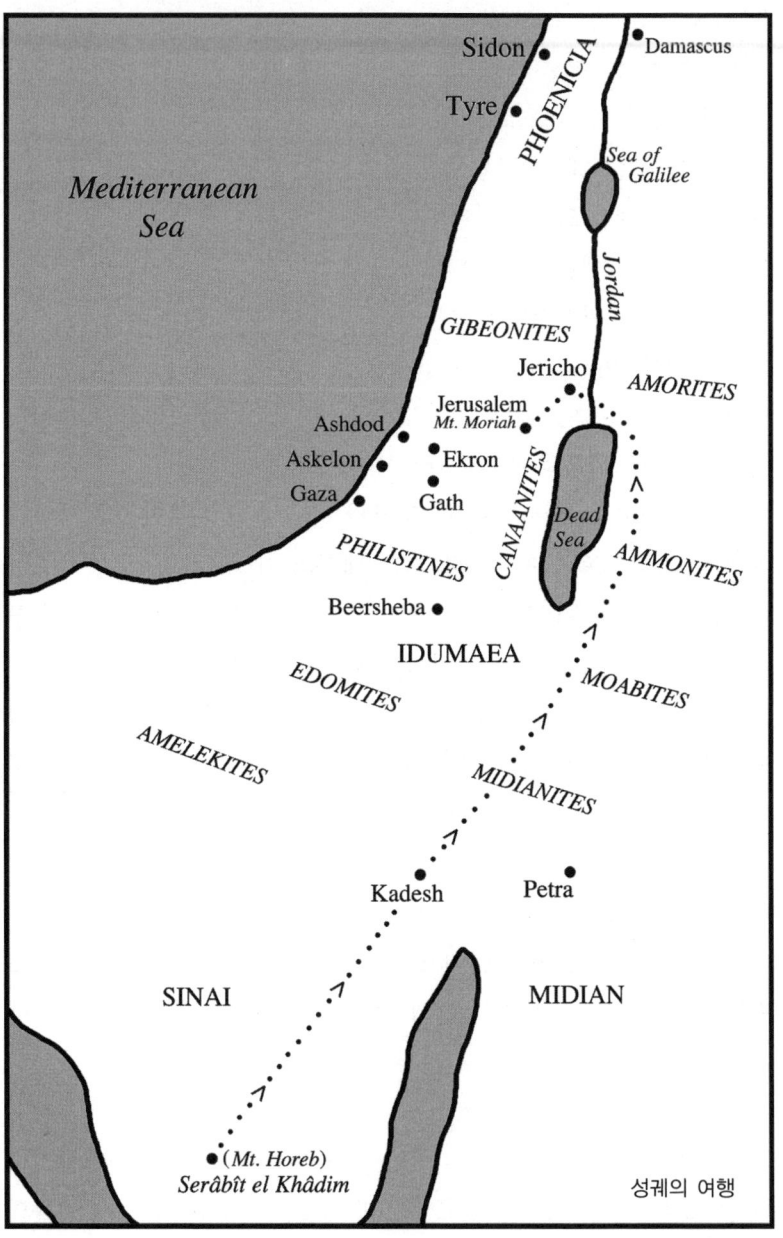

166   Lost Secrets of the Sacred Ark

함성이 성벽을 흔들어 무너뜨렸다.(수 6:12~20) 외관상으로는 폭풍으로 쉽게 여리고를 점령하고 정찰대를 도와준 장녀 라합의 가족을 제외한 모든 남녀와 아이들을 죽였다.24 그런 후 이스라엘인들은 가나안 땅에 확고히 자리 잡았으며, 그 땅을 그들의 "약속의 땅"으로 여겼다.

고고학적으로 여리고성의 파괴는 BC 1400년에서 BC 1250년 사이로25 이것은 BC 1330년경 이집트인들의 출애굽 시기와 일치를 보인다.(71쪽 "불타는 떨기나무"를 보라.) 보다 정확한 수치는 1997년 여리고 멸망 바로 전 지층에서 나온 곡식들이 BC 1315년으로 탄소 측정되었을 때 확립되었다.26 이것은 여호수아의 이스라엘 군대 4만 명이 그때 또는 그 후 곧바로 도착했다는 것을 의미한다.

솔직히 아무리 함성을 지르거나 나팔을 불어도 여리고에서처럼 실제로 견고한 성벽을 무너뜨릴 수 없었을 것이다. 1900년대의 발굴을 통해 약 8m 높이의 2개의 나란한 구조물이 발견되었는데, 주벽의 두께는 약 4m였다.27

거대한 진흙 벽돌 요새의 피해 정도에 따라 지진이 원인이었다고 제기되었지만, 지진은 내부의 거주민들뿐 아니라 외부의 이스라엘인들에게도 영향을 미쳤을 것이다. 성궤가 파괴를 일으켰을 가능성이 훨씬 크고, 그렇다면 그 힘은 기존의 축전기보다 훨씬 강력하다는 것을 의미한다.28 그러한 파괴를 이루기 위해서는 거대한 폭발력이 필요했을 것이고, 우리가 mfkzt 불-돌과 관련된 그것의 건설 과학을 평가할 때 알 수 있듯이, 그것은 분명히 그러한 잠재력을 갖고 있었을 것이다.

여호수아는 요르단의 서쪽에 거점을 마련하여, 그 지역에 억압된 기브온족과 동맹을 맺고 가나안인들의 정착지인 베델 근처의 아이Ai에 시야를 돌렸다. 여리고처럼 아이도 강력하게 요새화되었지만29 이 전투는 최초 공격 후, 거짓 후퇴를 도모하며 승리했다. 이것은 아이성

성궤의 잃어버린 비밀   167

유다와 이스라엘 왕국

의 경비대가 그들을 쫓아 전략적으로 매복한 곳(수 8:15~20)으로 진군하게 했고, 동시에 다른 이스라엘인들은 산에서 내려와 성을 불태웠다. 결론적으로 더 많은 정착지들을 빼앗고 이 과정에서 이스라엘인들은 후대의 기독교인들이 유럽의 옛 드루이드교도(켈트의 땅(현재의 영국과 프랑스)에서 신의 의사를 전하는 존재로 정치와 입법, 종교, 의술, 점, 시가, 마술을 행한 자들) 지역에서

168   Lost Secrets of the Sacred Ark

그랬던 것처럼 헤브론, 세겜 그리고 브엘세바 같은 전통적인 가나안 인들의 숭배 상소를 합병했다.30

데보라의 노래

아직 새로운 왕국을 세울 준비가 되지 않았지만 이스라엘인들은 서로 다른 부족들이 독립적으로 활동하기 시작함에 따라 어느 정도 전반적인 관리가 필요했다. 그들은 임명된 사사土師(군대의 힘이 실린 행정 장관)들의 개념을 정했고, 군주제가 설립될 때까지 약 250년간 그들을 지켜보았다. 그러나 이 기간 동안 그들은 종교 문제에서 결코 단결하지 않았다는 것이 분명하다. 세겜에서 여호수아는 그들을 모아 여호와 Jehovah31에게 충성을 바쳤으나, 그들의 지도자가 죽자 그들은 가나안 신 바알Baal과 아스다롯Ashtoreth을 숭배하기 시작했다.32

그 시기의 이스라엘인들은 그들의 선조들이 이집트에 있었을 때처럼 다신교였을 뿐 아니라 사회적 행동에서도 꽤 무례하고 폭력적이었다. 실로Shiloh(예루살렘 북쪽에 위치한 성읍)에서 처녀들 강간은 좋은 예이며33 또한 길르앗(갈릴리 저지대로부터 사해 북단에 이르며 요단강에서 동편으로 사막에 이르는 이스라엘의 땅)34에서 암몬을 물리친 것에 감사의 표시로 입다Jepthah(이스라엘의 사사)의 딸을 제물로 바쳤다. 사사기 17장 6절에 쓰인 것처럼 "사람마다 자기 소견에 옳은 대로 행하였더라." 그러나 이것은 결속력 있는 동맹 사회를 건설하기 위한 길은 아니었다.

식민지 시기의 주된 사사들은 옷니엘, 에훗, 데보라, 기드온, 입다, 삼손 그리고 사무엘이었다. 여성 예언가 데보라(미리암 이래 최초의 여성 지도자이고 진정한 잔다르크 인물)는 이들 중 두드러졌으며, 그녀의 최고사령관 바락과 함께 여호수아 시절 이래 가장 큰 공격을 선동했다. 그리하여 하메깃도Har Megiddo(아마겟돈)35에서 시스라왕의 무시무시한 기마병을 물리치고, 이스라엘인들을 위하여 갈릴리 산지에 있는 고원뿐 아니라 이스르엘Jezreel 계곡을 차지하게 되었다. 고고학적 발견에 따르면 이것은 BC 1125년경36에 발생했으며, 이 이야기는 '데보라의 노래'에 보존되어 있는데 그녀는 전투 후 모인 군중에게 노래했다고 한다.(사사기 5장)37

이스라엘의 다음 주요 승리는 기드온의 지휘 아래 낙타에 올라탄 미디안 무리에게 도전장을 받았을 때였다.38 길들여진 낙타는 고대 문화에서 아주 새로운 것이었고, 그 이전 이집트, 시리아 또는 메소포타미아 기록에서 어떤 언급도 없었기 때문에 이것은 틀림없이 놀라움으로 다가왔을 것이다.39 (창세기 24장 10절에서 레베카가 아버지의 낙타들에게 물을 준 것과 같은 언급은 오역이며, 사실 당나귀를 의미해야 한다.)40 이 환영 받지 못한 습격자들 앞에서 기드온은 한 번 더 나팔을 사용했는데, 이번에는 300개의 나팔을 밤에 일제히 불었고, 항아리들이 깨졌고 잠들어 있는 적의 진영을 둘러싸고 등불이 불탔다.41 기드온은 그 놀라운 전쟁을 사람이 아닌 낙타와 벌였고, 동물들은 공포에 질려 도망갔고 기수들이 그 뒤를 쫓아 달아났다.

삼손(사사기의 가공할 거인)의 이야기는 잘 알려져 있지만 그에 관한 전설에서 중요한 측면은 이스라엘의 모든 적들 중 가장 위협적인 블레셋Philistine에 대한 우리의 첫 소개라는 것이다. 중무장한 그들은 BC 1188년 크레타, 키프로스, 소아시아 그리고 페니키아에 죽음과 파멸의 흔적을 남기고 약탈하는 바이킹처럼 바다를 통해 도착했다. 그들은 히타이트 제국을 완전히 말살했고, 이집트인들은 그들을 히브리어로 펠레스티Peleshti인 펠레스티아Pelestia라고 불렀다.42 그들이 지중해를 황폐화시켰지만, 육지와 바다 모두에서 그들을 물리친 것은 파라오 람세스 3세뿐이었다.43 가나안 남부 해안의 확장을 주장하면서 이 해상

170   Lost Secrets of the Sacred Ark

전사들은 아스켈론, 아스돗, 에크론, 가자, 가스 5개의 도시 왕국을 세웠으며 이 왕국은 함께 필레스타인으로 일러지게 되있다. 동시에 이스라엘인 침략자들은 가나안 북쪽을 장악했으며 그들은 저마다 전체를 장악하는 데 목표를 두고 있었다.44

오늘날 같은 땅을 두고 이스라엘과 팔레스타인 사이에 계속되는 싸움에도 불구하고, 사실 그 시대에는 둘 다 환영받지 못하는 가나안 침략자들이었다. 이스라엘인들은 이집트에서 약 4세기 동안 진전해 왔으며, 그 이전에 그들의 족장 아브라함과 그의 선조들은 메소포타미아 칼데아의 우르(현재 이라크)45 출신이었다. 반면 히브리인들 Hebrews("다른 쪽"을 의미하는 eber로부터)은 여호수아 24장 3절에 설명된 것처럼 "강의 다른 쪽"(유프라테스강)인 eber han-nahor에서 온 사람들이었다.46 이들은 아브라함의 6대째 에버Ever(Heber)의 무역 후손들로 이집트인들은 그들을 아피루Apiru 또는 하비루Habiru라고 불렀다.47 창세기 11장 28절~32절에 묘사된 것처럼 "강의 다른 쪽"은 메소포타미아 마리 왕국의 하란 땅이었다.

새롭게 명명된 팔레스타인(블레셋)은 수도가 타르수스인 아나톨리아 (현재 터키) 남부 해안 지역인 캅토르Caphtor48(람세스 명문에는 Kafto라고 불림)49에서 왔다. 이곳은 BC 2000년경 메소포타미아로부터 아카드어와 문자를 들여온 루위안인Luwians50들 땅이었다. 더 먼 시대에는 이스라엘과 블레셋이 메소포타미아에서 기원했을 가능성이 있다.

당나귀 턱뼈를 무기로 휘두르고51 맨손으로 사자를 죽이는52 것으로 유명한 삼손의 엄청난 힘은 그의 긴 머리카락에서 뿜어져 나왔다고 한다. 이 비밀을 알게 된 그의 불충한 아내 델릴라는 그가 잠든 사이 그의 머리카락을 자르고, 그의 위치를 블레셋인들에게 알려주었는데 그들이 그를 붙잡아 눈을 멀게 하였다. 그러나 불굴의 삼손은

성궤의 잃어버린 비밀   171

기적적으로 기력을 되찾아 사로잡은 자들의 캅토르 신전 지지 기둥을 끌어내리고, 자신도 죽고 그 안의 모든 사람을 죽였다.

이스라엘인들의 민족 영웅들에 대한 이야기를 통해 성경 편찬자들은 (그 시대의 유명한 전설에 관해서는 의심의 여지없이) 그러고 나서 마지막이자 가장 위대한 사사 사무엘과 함께 다시 제자리로 돌아간다. 동시에 이 이야기들은 성궤가 여전히 그 이야기와 아주 관련이 있다는 것을 상기시킨다.(삿 20:27) 그런 다음 전통의 개별적 승자들의 이야기를 듣고 나면 다시 운영의 전면에 서게 된다.

다윗왕의 도시

사실대로 말하면 블레셋은 이스라엘보다 훨씬 더 잘 무장되어 있었고, 더 발전된 땅에서 경험한 최신 군사 기술과 무기를 가지고 있었다. 그들은 또한 히타이트로부터 기술을 배운 뒤, 가나안에 철과 철제 련법을 도입하여 그들의 무기와 갑옷이 훨씬 더 효과적이었다.[53] 그러나 그들이 갖고 있지 않은 것은 성궤였으며, 그들의 모든 잠재적인 승리에도 불구하고 그들의 적 이스라엘인들을 물리치려면 성궤를 노획해야 한다는 것을 알고 있었다.

사무엘의 이야기는 실로에 있는 가나안인의 옛 지성소와 연결되어 있는데, 이 성궤는 전투에 이동되지 않을 때는 의례적으로 안치되었다. 문제는 블레셋 군대가 다섯 군데 주요 중심지에서 진군하는 가운데, 이스라엘 군대는 경계를 방어하기 위해 어쩔 수 없이 개별 부대로 나뉘었고, 동시에 모든 곳에 성궤가 있을 수 없다는 것이었다. 결과적으로 부족의 파벌들은 자치적이고 분열되었으며 그 과정에서 블레셋인들은 해당 부대를 따돌리고 성궤를 강탈하였다.[54] 그들은 그것을 아스돗에 있는 그들의 성채에 가져갔지만 주민들은 그것의 방사放射에 강타당했고 희생자들을 무서운 결과에 빠뜨렸다. 그래서 성궤는 가드로 옮겨졌고, 그다음에는 에크론으로 옮겨졌지만 결과는 똑같았고 도시에는 "죽음의 파멸"이 있을 뿐이었다. 그 광선에 죽지 않은 사람들은 끔찍한 고통을 받았다. 그래서 블레셋인들은 그것을 벳세메스55(예루살렘 서쪽에 위치한 유다 지파의 성읍으로 훗날 레위 지파에 할당된다.)에 있는 레위족에게 돌려주기로 결정했다.

사무엘은 전사가 아니라 제사장으로 예언자였기 때문에 블레셋인들에 대한 보복은 이스라엘 자손 중 가장 크고 용감한 베냐민 사람 사울이 맡았다. 그는 사무엘의 조언과 달리 전장에서 왕위에 올랐다. 기브아(예루살렘 북쪽 6km 지점의 전략 요충지)에 궁전을 세운 사울은 당분간 적에 대항하는 부족의 파벌들을 통일하기 위해 움직였지만 그는 외교가가 아니었고 곧 자신의 사제들을 소외시켰으며, 그중 수십 명을 자신의 지위에 충성을 보이지 않았다는 이유로 베어 죽였다.56 사울은 아들 요나단이 계승할 왕이라고 생각했지만, 대다수의 사람들은 그의 지위를 단순히 군사적이고 임시적인 것으로 보았다. 그들이 아는 한, 선정된 진정한 왕은 유다 가문의 다윗이었다. 그는 우연히 사울의 사위가 된다.(그의 딸 미갈과 결혼했다.) 사울의 입장을 더욱 불편하게 한 것은 그의 아들 요나단이 가드57의 블레셋 거인 장수 골리앗을 전장에서 죽여 크게 찬양받았던 다윗의 절친한 친구였다는 것이다.

요나단은 사울이 다윗의 목숨을 빼앗으려 한다는 것을 알고, 친구에게 경고했고 다윗은 왕의 공격을 기다리기 위해 지체 없이 그의 군대를 엔게디(사해 서안, 곧 유다 광야의 동쪽 끝 오아시스 지대에 위치한 성읍) 언덕으로 보냈다. 결국 사울이 3,000명을 거느리고 왔지만 다윗은 그를 용서하고 풀어주었다. 얼마 지나지 않아 사무엘이 죽자 사울은 자신의 운명을 알고 싶어 엔돌(나사렛 남동쪽의 한 성읍)의 지혜로운 마녀와 상의했다. 그러나 마녀는 사무엘의 유령 영혼을 불러내 그와 그의 아들들이 곧 블레셋과 전투를 벌일 것이라고 충고해 주었다. 그래서 요나단이 길보아산 들판에서 죽임을 당했을 때 하나님의 성궤를 거절했던 사울은 그의 굴욕의 시간이 왔음을 알았다. 그는 적의 손에 죽기보다는 자신의 칼에 쓰러지기로 선택했고, 마침내 '다윗 왕가'가 선포되었다.58

성궤가 다시 전투에 돌아오자 다윗은 일련의 전투에서 블레셋 군대를 여러 번 격퇴하고, 3만 명의 병력으로 모리아산을 향하여 남쪽으로 이동하였다. 성궤는 특별히 제작된 수레에 실려 운송되었고 이 여정 동안 성궤가 흔들렸을 때 운송인 웃사가 성궤를 붙들다 그 자리에서 죽었다.59 다윗은 특별한 옷에 훈련을 받은 레위족만이 이 신성한 유물을 다룰 수 있도록 - 그가 (그들의 왕으로서도) 할 수 없었을 때 - 고려했다. 그는 제사장의 에봇ephod을 입고 성궤 앞에서 춤을 추었지만 그 모든 것에도 불구하고 생명의 위험 때문에 그것을 결코 만질 수 없다는 것을 알았다. 마침내 그와 이스라엘인들은 모리아산에 도착했고 대사제 사독은 성궤를 다윗의 궁전이 설립되고 왕이 왕좌에 앉았던 에부스인의 옛 도시에 끌어다 놓았다. 다윗의 지도력으로 말미암아 가나안 남부에서 블레셋의 지배는 끝이 났으며, 그 땅은 유다로 개명되었고 수도는 '평화의 도시', 유루살렘Yuru-salem으로 불렸다.

다윗은 에돔, 암몬 그리고 모압 지역과 다마스쿠스와 므깃도와 벳산의 콘클라베와 같은 아람의 중심지를 정복하여 왕이 아니라 황제가 되었다. 그는 하마스, 티레, 시돈의 페니키아인들과 무역관계를 맺고, 그의 조상들의 전통적인 이집트식 모델의 궁전을 지었다. 그것은 마치 파라오에 의해 유지된 것처럼 임명된 관리들 - 군대 사령관, 대신, 연대기 편자,60 2명의 대사제(사독과 아비아달) 그리고 고관 - 에 의해서 관리되었다. 또한 그는 동쪽의 군주국들의 스타일로 자신만의 하렘을 가지고 있있다.

다윗의 통치 기간에 혼란이 없었던 것은 아니었지만 어느 순간 그의 장남 압살롬이 아버지에게 반란을 일으켜 그 과정에서 죽임을 당했다. – 그는 "오 압살롬, 나의 아들아"[61]라는 유명한 애가를 낳았다. 유다 파벌이 다윗의 차남 아도니야를 지지하고, 예루살렘 파벌이 더 어린 솔로몬(다윗과 히타이트의 밧세바 아들)을 지지하며 왕위 계승을 위한 투쟁이 벌어졌다. 이윽고 다윗이 죽었을 때 솔로몬의 지지자들은 제사장 사독, 선지자 나단 그리고 브나야라는 궁전경호대장을 거느리고 있었다. 그들은 아도니야를 처형했고[62] 그의 지지자들을 추방하여 솔로몬은 예루살렘의 새로운 왕이 되었다.

불-돌 프로젝트

마침내 BC 968년경, 호렘사에서 오랜 전쟁과 여정의 역사가 있은 후 성궤는 오랫동안 찾았던 거처를 솔로몬왕의 예루살렘에 만들었다. 솔로몬은 일반적으로 그의 익숙한 공칭 스타일 ("평온한"을 의미하는)로 묘사되지만, 그의 정식 이름은 여디디야Jedidiah였다.[63] 그의 아버지의 진짜 이름은 불확실한데 다윗이라는 유명무실한 형태가 지배했기 (그 시대 이전에 개인 이름으로 기록되지 않았지만) 때문이다. 그러나 마리Mari궁전에서 나온 메소포타미아 문서에는 Davidum을 "카이사르"(황제)로 언급하고, 이 직책은 오늘날까지 그의 이름으로 남아 있다.[64] 실제 솔로몬과 그의 계승자들은 모두 다윗들Davids(Davidums)이었다.

아주 갑자기 솔로몬의 즉위와 함께 초기의 왕족 전통이 다시 출현한 것으로 보인다. 그중에서도 가장 중요한 것은 금 문화가 부활하였

성궤의 잃어버린 비밀   175

다는 것이다. "일 년 만에 솔로몬에게 온 금의 무게는 육백육십육 금 달란트요"65 "솔로몬왕이 마시는 그릇은 다 금이요…솔로몬의 시대에 은을 귀히 여기지 아니함은66…솔로몬왕은 금을 두들겨서 큰 방패 이백을 만들었으니 매 방패에 든 금이 육백 세겔이며67…또 쳐서 늘인 금으로 작은 방패 삼백을 만들었으니 매 방패에 든 금이 삼 마네라 68…또 상아로 큰 왕좌를 만들고 그 위에 최고의 금을 입혔으니."69 금으로 된 물건들의 목록은 끝이 없어 보였고, 이 모든 것은 그의 유명한 성전 건축과 장식에 광범위하게 금을 사용한 것에 추가되었다.

그의 아버지 군벌과 달리 솔로몬은 평화의 왕자로 평판이 나 있었다. 그는 비록 전차와 기병, 특히 하자르, 므깃도 그리고 게제르에 방어용 주둔지를 구축했지만 영토 확장의 원정을 착수하지 않았다. 그는 또한 저장고를 세우고 그의 행정구역을 위한 12명의 지역관리를 임명했다. 해상 경험이 없는 이스라엘인들을 염두에 두고 솔로몬은 페니키아 상인들과 좋은 관계를 맺었고, 티레의 히람왕은 홍해에서 활동할 선단을 건조하는 것을 도왔다. 에시온 게벨에 기지를 둔 선단은 솔로몬이 수익성 좋은 말 무역을 할 수 있도록 도와주었고, 그 결과로 솔로몬은 에시온 게벨에 그의 전차를 위한 4만 개의 말 마구간과 12,000명의 기수를 보유하게 되었다.70 예루살렘에 있는 마구간도 넓었는데 약 2,000년 후 성전기사단이 발굴했을 때 그것은 "2,000마리 이상의 말을 수용할 수 있는 엄청난 용량과 범위의 마구간"이었다고 보고되었다.71

지혜와 철학적인 저술로 유명한 솔로몬의 명성의 절정은 성궤를 보관하기 위해 다윗의 궁전 근처에 지은 성전이었다. 이 건축을 위해 티레의 히람왕은 다시 와서 설계사, 장인 그리고 자재들을 지원해 주었다. 작업의 감독자는 또 다른 히람인데, 물론 티레에서 온 금속 작업자로 숙련공이었다.72 프리메이슨의 전승에 따르면, 이 히람의 이름은 아비프Abif였지만 성경에는 그렇게 이름 지어지지 않았다.73 성전은 전체적으로 야훼주위자의 숭배 장소와 달리 중동 전통을 모델로 삼았다. 입구(페니키아 신전 전통에 맞추어)에는 2개의 독립된 기둥 야긴Jachin ("설립"을 의미)과 보아스Boaz("강함"을 의미. 다윗의 증조부 이름)가 있었다. 프리메이슨의 의식에 따르면, 이 청동 기둥들은 단체의 법전 두루마리를 담고 있는 속이 빈 건축물이었다고 한다. 성전 벽과 천장은 레바논 삼목으로 정렬되었고 게루빔, 야자, 석류 그리고 백합으로 장식되었다. 문과 바닥은 올리브와 소나무로 만들어졌고, 모든 것들이 바닥에서 천장까지 금으로 씌워졌다.74 전체적인 테마의 중심에는 지성소Holy of Holies로 지정된 Sanctum Sanctorum이 있으며, 2개의 거대한 게루빔(성궤 자체에 추가된)이 보호하고 있는 성궤가 안치되어 있다.75 그러나 그 기능이 설명되지 않았기 때문에 매우 황당함을 보이는 또 다른 지배적인 특성이 있었다.

열왕기상 7장 23절~26절은 히람이 성전의 안뜰에 만든 거대한 용기를 이야기한다. 그러나 그리스 문서의 맥락과는 약간 어긋나는 묘사가 있기에 보다 확실한 설명을 위해서는 70인역 성경의 열왕기에 대한 집중이 필요하다. 이것은 지름 약 3.8m, 높이 약 1.9m인 원형 청동 용기로 금속 두께는 손바닥 너비(약 7.5cm)였다. 그것의 테두리는 활짝 핀 연꽃처럼 만들어졌고, 12마리의 거대한 청동 황소의 조각상 위에 얹혀졌다. 거기에 딸린 마차가 있었고 이런 것들이 10개 있었다. 그것들 역시 청동으로 만들어졌는데 꼭대기가 열려 있고 사자와 게룹들로 화려하게 장식되었으며 약 68.5cm의 전차 바퀴가 장착되었다. 게다가 히람이 가마솥과 삽을 만들었다는 설도 있다.

자연스럽게 떠오르는 질문은 다음과 같다. 도대체 그렇게 큰 용기가 성전에서 무엇을 했는가? 그 안에는 무엇이 들어 있었나? 왜 마차와 삽이 있는가? 자연스럽게 이어지는 또 다른 질문은 성전 계획 자체에 사용된 모든 금에도 불구하고 솔로몬은 매해 그렇게 많은 양의 공급으로 무엇을 할 수 있었을까?

이 거대한 그릇은 사제들이 몸을 씻을 수 있는 놋대야(유대의 사제가 손, 발을 씻는데 사용한)라는 설이 있지만, 그 꼭대기가 황소의 지지대를 포함해서 땅에서부터 약 3.5m 높이에 있기 때문에 그럴 가능성은 거의 없다. 사실 사제들의 키가 약 2.2m가 되지 않는다면 그들은 씻기보다 수영을 해야 했을 것이다! 그것을 떠나서 성전의 놋대야들은 열왕기상 7장 38절에 별도로 언급되어 있다. 히브리어 학자이자 사해두루마리 번역자인 이가엘 야딘Yigael Yadin(1717~1984)은 오래된 문서들(예들 들면 '성전 두루마리Temple Scroll')에서 때때로 "laver"로 번역된 히브리어 자음들이 "플랫폼", "기둥" 또는 다른 건축물로 똑같이 번역될 수 있는 같은 자음 순서를 구성한다고 주장했다.76

그렇다면 놋쇠 용기에는 무엇을 넣을 수 있었을까? 이에 답하기 위해 우리는 페트리 경과 함께 시나이산 세라비트 엘 카딤 신전으로 돌아가 우리의 이야기가 시작된 곳으로 되돌아갈 수 있다. 그가 그 신전의 방들에서 신비의 하얀 가루를 발견한 것에 대한 보고서를 쓸 때 (그는 시험하기 전에 처음에 그것이 미세한 재라고 생각하며) 그곳에 50톤가량의 물질이 저장되어 있었다고 기술했다. 모든 것은 성궤가 견고하게 설치되고 운영되면서 솔로몬왕이 마침내 예루살렘에서 시나이 제조 공장을 부활시켰고 그의 선단, 군사 보호, 말, 전차 그리고 그의 통치 기간 동안 바쳐진 다른 값비싼 봉사를 위하여 - 그의 성전과 궁전을 위한 모든 건축자재는 말할 것도 없고 - mfkzt 불-돌을 이집트, 페니키아 그리고 다른 나라들과 무역했다는 사실을 가리킨다. 70인역 열왕기3

178 Lost Secrets of the Sacred Ark

5장 7절과 10장 11절은 티레의 히람왕이 시바[77] 근처 오빌 광산에서 금 원석을 공급하면서 솔로몬이 요구한 모든 호의에 대한 답례로, 솔로몬은 "내 가정에 빵[78]을 주어야" 한다는 것이었다.

어둠 속으로

케브라 나가스트

우리는 어떻게 14세기 에티오피아 정교회의 기독교인들이 케브라 나가스트Kebra Nagast('왕들의 영광Glory of Kings')에서 아비시니아(에티오피아의 아랍어) 황제들의 유물로 성궤를 상징적으로 약탈했는지를 보아왔다.(89쪽 "신명기의 충돌"을 보라.) 이 책은 바인-레켐Bayna-lekhem(메넬리크Menyelek)이라 불리는 비밀의 아들이 솔로몬왕과 시바의 여왕 사이에서 태어났으며, 예루살렘 성전에서 성궤를 몰래 빼내 아라비아를 거쳐 홍해를 건너 에티오피아까지 운반했음을 암시한다. 어떻게 무게가 약 1톤 반 정도 나가는 물건을 아무에게도 들키지 않고 "몰래 옮길 수" 있었는지 상상하기 어렵지만, 그것이 성궤에 대한 성경 자체의 설명에 어떻게 반하는지 좀 더 자세하게 이 전설을 바라볼 필요가 있다. 에티오피아 문서에 근거가 있다면 솔로몬왕 시대 이후 히브리어 문서에는 성궤가 나타나서는 안 된다. 그러나 사실 그것은 구약성경에 솔로몬의 수많은 계승자들을 통해 예루살렘에 있었다고 기록되어 있다. 왜 작자 불명의 에티오피아 편찬자가 곧바로 증명할 수 없는 이야기를 꾸며내기 위해 그렇게까지 했던 것일까?

AD 330년, 황제 콘스탄티누스 대제는 공식적으로 그의 로마제국을 2개로 나누었고 서쪽은 로마가 동쪽은 비잔틴(터키 북서쪽 안에)이 다스렸으며 그는 이름을 콘스탄티노플로 바꿨다. 그러나 오래지 않아 서

로마 제국은 서고트족과 반달족에 파괴되었다. 마지막 로마 황제, 로물루스 아우구스툴루스는 476년 이탈리아의 왕이 된 게르만 추상 오도아케르에 의해 폐위되었다. 황제가 없는 사이 대주교 레오 1세는 폰티펙스 막시무스Pontifex Maximus(최고 사제 또는 다리 놓는 사람)라는 직함을 얻었고 나중에 교황Pope(Papa : Father)으로 알려졌다. 동쪽에서는 이야기가 다른데 비잔틴 제국은 또 다른 천 년을 번성할 운명이었다.1

5세기 이후 로마 교회는 서쪽에서 계속되었고, 반면에 비잔틴 교회는 콘스탄티노플, 알레산드리아, 안티오크 그리고 예루살렘 중심지에서 출현하였다. 각각의 교회는 서로에 대한 우위를 찾았는데 논쟁의 주요 쟁점은 예수가 신의 아들인지 또는 사람의 모습을 한 신인지에 대한 것이었다. 이와 함께 성령Holy Spirit(또는 Holy Ghost)의 근원에 관한 열띤 토론이 문제가 되었고, 모든 일이 '삼위일체 논쟁'으로 알려지게 되었다. 이것은 867년 콘스탄티노플 총대주교 포티오스(약 820~891)가 로마 교황 니콜라스 1세를 열등한 신앙을 내세웠다는 이유로 제명하면서 열풍이 불기 시작했다.

서방 기독교국의 가톨릭교도들은 필리오케 조항Filioque Article이라 불리는 것을 비준하기로 결정했다. 598년 톨레도 위원회에서 이 조항이 소개되었고 성령이 "아버지와 아들로부터"(라틴어 filioque) 나아갔다고 선언하였다. 반면에 동방 정교회 주교들은 성령이 "아버지로부터 아들을 통해"(그리스어 dia tou huiou) 나아갔다면서 다르게 주장하였다. 그것은 다소 무형의 비범한 신학적 논쟁점이었지만 공식적인 기독교를 둘로 갈라놓기에 충분했다. 실제로 그것은 교회를 정치적으로 로마에서 운영해야 할지 콘스탄티노플에서 운영해야 할지에 대한 논쟁을 지속시키기 위한 사소한 구실에 불과했다. 그 결과 같은 근원으로부터 상당히 다른 2개의 교회가 구성되었고, 해결되지 않은 대화는 각 파벌

성궤의 잃어버린 비밀　181

들 사이를 강하게 갈라놓았다.2

이 과정에서 동방의 신자들은 그들이 진정한 믿음이라고 여기는 것을 위해 별도의 종교적 유산을 만들기 시작했다. 이를 위해 그들은 가톨릭에서 사용한 1세기 베드로와 바울의 가르침보다는 구약성경을 자세히 살펴보았다. 그들의 목적은 정통 교회가 모세의 율법 개념으로부터 더 직접적으로 발전했고 진정한 고대의 전통을 가지고 있다는 것을 증명하는 것이었다. 문제는 구약성경이 기독교 신앙과는 구별되는 유대교의 종교적 뼈대를 구성한다는 것을 모두 알고 있다는 것이었다. 그러므로 그것은 예수가 운동의 "구성원"으로서 개인적으로 관여하는 것과 상관없이 히브리인들이 있기 전에 기독교도들이 실제로 존재했다는 개념을 확고히 하기로 결정했다. 이를 위한 해결책은 이집트, 시리아 그리고 에티오피아 같은 나라의 기독교인들에게 새로운 비잔틴 메시지를 주기 위해 구약성경 이야기를 다시 쓰는 것에서 발견되었다.

새롭게 구성된 우화들 중에는 6세기 또는 그 후에 만들어진 '아담과 이브와 사탄의 갈등The Conflict of Adam and Eve with Satan'이라는 부제가 붙은 『아담과 이브의 책The Book of Adam and Eve』이라고 불린 에티오피아 작품이 있었다.3 이 장황한 책에는 사탄이 중심인물로 나타나며, 심지어 예수의 십자가가 아담이 묻힌 바로 그 지점에 세워졌다고까지 말한다. 이와 비슷한 작품인 『보물 동굴의 책The Book of the Cave of Treasures(마라스의 응시M'arath gaze)』은 세계 창조부터 예수가 십자가에 못 박힐 때까지의 지상사에 관한 6세기 시리아어 개요서이다.4 다시 한 번 사탄이 변함없는 악의 주인공으로 나타난다. 한 예로, 아담과 이브는 그들을 유혹하기 위해 사탄이 14번이나 왔을 때 동굴에 살고 있는 것으로 보이지만 그때마다 하느님의 천사가 이 악마를 패주시켰다. 이 책은 또한 정통 기독교가 아담과 이브 시대 이전부터 있었다고 주장하기까지 한다! 비슷한 내용의 또 다른 책은 이라크 바스라의 셀레몬 수교가 1222년경에 편찬한 옛 시리아어 문서 『꿀벌의 책The Book of the Bee』5이다. 제목은 "이것은 두 성경의 꽃들과 신성한 책의 꽃들로부터 천상의 이슬을 모았다"는 점에서 설명되며, 그러므로 이를 전략적으로 재해석한 전통적인 유대교 경전에 기독교 교리를 적용했다.

만약 이 책들이 그들에게 유리한 점이 있다고 말할 수 있다면, 그것은 그들의 구약성경 가계가 '환희서歡喜書Book of Jubilees'(이 책은 시나이산에서 하나님이 모세에게 세계사를 50년 환희년으로 나눈 구분법을 전해 준 것이라고 한다.) 같은 고대 유대인들의 작품들과 매우 일치한다는 것이다. 그것과는 별개로, 그것들은 역사적 기록을 훼손하기 위해 계획된 허구적인 우화에 지나지 않으며 모든 수메르, 가나안 그리고 히브리의 작품들과 상반된다. 케브라 나가스트가 탄생한 것은 이 전통에서였다. 이것의 유일한 목적은 에티오피아 왕들을 솔로몬왕의 후손이자 성궤의 상속자로 묘사함으로써 유대인의 유산을 에티오피아 왕들에게 부여하는 것이었다. 이 책은 솔로몬 세대의 자세한 설명은 하지 않고, 1968년부터 에티오피아의 소위 솔로몬 왕조를 시작한 예쿠노 암락Yekuno Amlak 황제에게 유다의 유산을 적용했을 뿐이다.6

1533년 포르투갈의 특사 프란시스코 알바레스가 에티오피아를 방문하고 돌아왔을 때, 케브라 나가스트 용어는 유럽인들의 의식 속으로 침투했다. 그 직전 스페인의 화학자 엔리케 코르넬리오 아그리파는 그 에티오피아 작품을 1528년 그의 『에티오피아 물건의 역사Historia de las cosas de Etiopia』에 번역했다. 또 다른 번역은 에티오피아에서 선교사였던 예수회 사제 마뉴엘 알메이다에 의해 1600년대 초에 만들어졌다. 그러나 스코틀랜드의 탐험가 제임스 브루스가 『나일강의 근원을 찾는 여행Travels in Search of the Sources of the Nile』을 출판한 18세기 말에 이르러서

성궤의 잃어버린 비밀   183

야 케브라 나카스트의 우화적인 내용이 서양에 널리 알려지게 되었다.

에티오피아 성궤는 현재 악숨Axum(Aksum)에 있는 시온의 성모 마리아교회의 후원하에 보관되어 있다고 한다. 비록 아무도 그것을 보지 못했지만 현재는 Enda Tsallat(서판의 예배실)이라고 불리는 조잡한 1960년대 건물 안에 보관되어 있는 것으로 추정된다. 사실, 그것의 유일하게 알려진 묘사는 아부 살리라고 알려진 아르메니아인의 13세기 글에서 나온 것뿐이지만, 그가 묘사한 것은 성경의 성궤와 거의 닮지 않았다. 살리는 그것이 무릎 높이 정도이고 뚜껑 위에 황금 십자가와 보석들이 있으며 일반적으로 제단 위에 놓여 있었다고 썼다.7 이 유물은 그것이 무엇이었든 간에 모양과 크기에서 추정되는 성궤 – 오늘날 행렬로 운반되지만 어떤 것도 볼 수 없게 언제나 베일을 두른 휘장 아래 있는 – 와 닮았다. 만바라 타봇manbara tabot이라고 불린 그것은 사실 타봇tabot이라 알려진, 받들어 공경하는 제단 판을 포함하는 작은 상자이다. 비록 악숨 궤가 아마도 이 지역에서 어떤 특별한 문화적 중요성을 가지고 있을지라도 에티오피아 전역의 교회에는 만바라 타보타트manbara tabotat(tabot의 복수형)가 있다는 것이 현실이다. 그 안에 들어 있는 타보타트tabotat는 나무나 돌로 만든 직사각형의 제단 판이다. 분명히 악숨의 소중한 만바라 타봇은 상당히 신성한 관심사이며, 언어적 정의에 따르면 그것은 실제로 궤이다. 하지만 그것은 성경의 성궤도 아니고 그것과 조금도 비슷하지 않다.

시바의 여왕

솔로몬왕의 연대기적 토론에서 시바 전설을 건너뛰었으니, 지금은 남쪽의 화려하고 신비로운 여왕을 고려하기에 더 적절한 단계이다.

케브라 나가스트는 그녀를 에티오피아의 마케다makeda(시바 여왕의 에티오피아 이름)라고 부르지만 공식적인 또는 역사적으로 인성된 어떠한 문서에도 그녀의 개인적인 이름은 확인되지 않는다. 그럼에도 불구하고 시바(때로 사바Saba)의 땅을 확인하기 어렵다는 수많은 문헌적 주장과 달리 그것은 티글라트-필레세르 3세(BC745~BC727)와 사르곤 2세(BC720~BC705)의 아시리아 비문에 실제로 명시화되어 있다. 시바가 사바에안 Sabaean(Saba'aa)인들의 땅이라는 것을 명확히 한 후자의 비문(BC707년경)은 시바의 왕 이타마라와 함께 아리부Aribu의 삼세Samse여왕을 연관 짓는다. 그 영역은 팔레스타인과 아라비아반도의 요르단 남쪽 끝에 있었으며, 현재 예멘이 포함되어 있다. 아덴만 위쪽 홍해의 동쪽 측면과 국경을 이루며, 셈어로 사바Saba라는 이름은 시바Sheba였다.8

시바의 여왕은 성경에 잠시 나오는데 열왕기상 10장 1절~13절(대하 9:1~12에 반복)에 "그녀는 어려운 질문들로 솔로몬을 증명하기 위해 왔다"라고 다소 애매하게 명시되어 있다. 기록에 의하면, 그녀는 널리 알려진 그의 명성을 듣고 유대의 왕에게 줄 향신료, 금 그리고 보석들과 함께 엄청난 대상隊商을 데리고 도착하는 것을 이야기한다. 이것 외에는 더 이상 이야기가 없다. 여왕은 솔로몬의 현명한 대답에 만족했고 그의 궁전에 깊은 인상을 받았다. 그러고 나서 엄청난 선물을 서로 교환한 후 그녀는 떠났다. 그러나 아마도 그녀의 방문은 그녀의 집안을 위한 신성한 불-돌과 관련한 협상 때문이었을 것이며, 열왕기상 10장 10절은 그녀가 솔로몬에게 금 120달란트(약 5.5톤)를 가져갔다고 구체적으로 명시했다.9

언어학 용어로 시바Sheba라는 단어는 "서약oath"을 정의하고10 그것은 사용에 있어 특별한 것이 아니었다. 그래서 시바의 여왕은 "서약의 여왕Queen of the Oath"이라고도 불렸으며, 솔로몬의 어머니 밧세바는 "서

성궤의 잃어버린 비밀   185

약의 딸Daughter of an Oath"이었다. 구약성경에서는 쿠시Cush(아프리카의 고대 왕국. 지금의 누비아 지방 일부)의 아들 세바Seba11, 욕단(셈의 자손 에벨의 둘째 아들. 그로부터 아라비아 13족속이 유래되었다.)의 아들 시바Sheba12, 비크리Bichri(다윗에게 반기를 들었다.)의 아들, 시바Sheba13 그리고 장소 이름인 브엘-세바Beer-sheba14(이스라엘 남부, 네게브사막 입구에 있는 도시)와 함께 여러 번 이름이 변형되어 나온다.

솔로몬왕 이야기에서 시바 여왕의 소개는 문학상의 비사건으로, 단지 십여 개의 짧은 구절로 이루어져 있고 뚜렷한 결과는 없다. 그러나 그것은 솔로몬 자신의 명성을 나타내기 위한 한 장면을 만들었고, 아마도 그것이 그 이야기에 포함된 이유일 것이다. 역사적으로 위대한 무역국가의 여왕이 "당신의 지혜와 복이 내가 들은 소문보다 더하도다"(왕상 10:7)라고 털어놓는 것보다 위대한 왕의 지혜와 부를 어떻게 더 잘 입증할 수 있겠는가.

시바의 땅은 향료와 금으로 유명한 것으로 분명히 묘사되었지만 여왕에 관해서는 나이, 생김새 등 어느 것도 언급이 없다. 그럼에도 예술가와 작가들이 수 세기에 걸쳐 그녀의 신화를 발전시키도록 이끈 재물 실은 낙타 대열과 함께한 여인의 신비함에 흥미를 돋우는 강렬한 로맨스가 있다. 시바의 여왕은 전략적으로 망상이 강하지만 그럼에도 불구하고 모험적인 케브라 나가스트의 완벽한 후보였다. 성경에 그녀에 관한 언급이 너무 적어서 여왕의 수수께끼는 이해할 수 있는 줄거리를 만족하기 위해 어떻게든 그녀의 초상화를 완성할 수 있는 꾸밈으로 무르익었다.

운명의 수호자들

이제 성경의 성궤로 되돌아가며 우리는 케브라 나가스트와는 완전히 대조적으로 구약성경에 실제로 성궤가 솔로몬 시대(BC986년경) 이후 오랫동안 예루살렘에 있었다는 것을 확인할 수 있다. 유다의 히스기야왕(솔로몬의 12대 후손)은 성궤 앞에서 기도했다고 한다.(왕하 19:15) 그 후 므낫세와 아몬왕의 통치 기간 동안, 성전에서 어느 정도의 소요와 종파 간의 싸움이 있었지만 성궤는 레위족의 성역으로 옮겨졌다. 후에 히스기야의 증손자 유다 왕국의 요시야왕을 언급할 때 역대하 35장 3절은 요시야가 어떻게 성궤를 본래의 거처로 되돌리기로 결정했는지를 이야기한다. 그는 "여호와 앞에 구별되어서 온 이스라엘을 가르치는 레위 사람에게 이르되 거룩한 궤를 이스라엘 왕 다윗의 아들 솔로몬이 건축한 전 가운데 두고 다시는 너희 어깨에 메지 말고"라고 말한다. 이 시기는 솔로몬이 성전을 지은 지 300년이 지나서였고 BC 597년경 바빌론의 네브카드네자르가 예루살렘을 처음으로 침략하기 바로 전이었다.

이 지시가 수행되었고 네브카드네자르의 군대가 성전으로 급습했을 때 그들이 성궤를 약탈품과 함께 가져갔을 것이라는 것이 논리적으로 보이지만 그들은 그렇게 하지 않은 것으로 나타난다. 주요 약탈품의 목록이 열왕기하 25장 13절~17절과 예레미야 52장 17절~23절에 보이지만 성궤는 보이지 않는다. 그러나 수많은 히브리 문서에 그것은 침략이 있기 전 예언자 예레미야에 의해 비밀에 부쳐졌음을 확인시켜 주는 특징이 있다. 그러므로 관련된 예언은 놀랍지 않게 구약성경의 예레미야서에서 발견되는데 "성궤를 생각하지 아니할 것이요 기억하지 아니할 것이요 찾지 아니할 것이요"(렘 3:16)라고 한다.

구약성경 경외서(전거典據가 확실하지 않아 성경에 수록되지 않은 30여 편의 문헌. 구약 외전과 신약 외전으로 나뉜다.) 마카베오하 2장 5절에도 보충하는 내용이 있는데, 에스드라후서 10장 22절에서는 레위족이 포로로 잡힌 것을 비탄

성궤의 잃어버린 비밀 187

하며 "우리 촛대가 꺼지고 성궤를 약탈당하고 신성한 물건이 더럽혀졌다"라고 말한다. 히브리어 탈무드의 다양한 설명들은 예레미야가 성전의 지성소 근처 땅 아래 성궤를 숨겼다고 회상하기도 하는데15 그 전통이 아주 강력해서 10세기 마소라 히브리 성경(지금 우리가 가지고 있는 히브리어 성서)이 쓰인 뒤에도 수 세기 동안 살아남았다.

이 모든 것에서 분명한 것은 솔로몬왕 때부터 성궤는 사용하지 않았고, 성전의 금 문화는 이스라엘 북쪽 영토와 유다 남쪽 땅 사이에 유력한 왕권을 다툼으로써 갑작스런 종말을 맞았다. 비록 솔로몬의 아들 르호보암이 예루살렘에서 자연스럽게 유다의 왕위를 계승했지만, 북쪽에서 노동자 레위족의 반란이 일어남으로써 BC 928년 에브라임족 여로보암이 이스라엘의 독립 지배자로 세워졌다. 이것은 이집트의 왕조적 변화와 일치하는데, 세숑크Sheshonq라는 이름의 리비아의 수장이 이집트의 계승녀와 결혼하여 새로운 파라오가 되었다. 진정한 이집트 문화에 익숙하지 않은 이 메쉬웨쉬Meshwesh(리비아의 경찰력)의 전(前) 사령관은 이스라엘 석비Israel Stela(80쪽 "승계권"을 보라.)에 따라 팔레스타인에 대한 이집트의 지배를 다시 강화하기로 결정했다. 그러므로 세숑크(성경에서 시삭Shishak이라 불린다.)는 르호보암에 대항해 습격을 감행했고 예루살렘을 포위했다.16 그는 유다왕에 대한 자신의 우위를 증명하기 위해 성전에서 쉽게 옮길 수 있는 귀중품들을 가져갔으며 그런 다음 요르단을 지나 달아난 여로보암의 유다 왕국을 상대로 북쪽으로 시선을 돌렸다.17 그 원정의 종합 기록은 나중에 테베에 있는 아문 신전의 벽에 새겨졌다.

성궤는 세숑크의 약탈 목록에 들어 있지 않았지만 성경은 그 사건 이후 성궤가 기능적이라기보다는 의례적인 것으로 언급하고 있다. 민족이 분열된 상황에서 이어지는 이야기의 주된 요점은 유다와 이스라엘 왕들 사이의 계속되는 싸움에 집중되어 있다. 어떻게든 성경을 비롯한 다른 유대인의 기록은 바빌로니아인들에게 탈취되지 않도록 결국 성궤가 요시야의 통치하에 숨겨졌다고 일관되게 기록하고 있다.18 회고하며 쓴 역대하 6장 1절은 하나님이 실제로 짙은 어둠 속에 사실 것이라고 설명한다. 그러고 나서 성경의 맨 마지막 부분에서 요한계시록 11장 19절(AD1세기에 쓰였다.)은 천둥이 치고 번개가 치는 성궤가 여전히 '하늘의 성전'에 주재하고 있음을 확인시켜 준다. 스페인의 철학자 모세 마이몬Moses Maimonde은 1180년 그의 미쉬네 토라Mishneh Torah 에서 솔로몬이 구불구불한 터널 안쪽 깊숙한 곳에 성궤를 숨기기 위한 특별한 장소 - 이집트의 시삭이 침략했을 때 솔로몬의 아들 르호보암이 사용했던 것 같은 지하실 - 를 만들었다고 이야기했다. 이후 1648년 랍비 나프탈리 헤르츠는 그의 저서 『왕의 계곡Emeq ha Melek』 에서 성전이 파괴되기 전에 신성한 유물이 어떻게 안전하게 안치되었는지 설명했다.

성궤의 보관에 대한 모든 기록의 중심에는 예레미야가 있으며, 우리가 남은 이야기를 위해 방향을 돌려야 하는 것은 그의 개인사이다. 교회의 가르침에서 일반적으로 예언자로 묘사되지만 예레미야는 특별한 영향력이 있는 사람이었다. 예레미야 1장 1절에서 확인되었듯이 그는 아나스Anath(우가리트 신화의 사랑과 싸움의 여신. 바알의 아내)의 제사장 힐기야의 아들로, 예루살렘 대제사장이 되어 성전에 숨겨져 있는 율법책을 발견했다.(왕하 22:8과 대하 34:15) 더욱이 예레미야는 힐기야의 성전 경호원 대장이었다. 네브카드네자르의 침략에 앞서 힐기야는 예레미야에게 그의 부하들에게 가장 신성한 성전 보물인 성궤와 함께 다른 보물들도 지하실에 숨기라고 지시했다. 이것은 정식으로 행해졌고, 경호대는 저장물의 기록을 보존하기 위해서 정예의 성전기사단을 구성하였다.

성궤의 잃어버린 비밀   189

그래서 네브카드네자르가 성전을 파괴했을 때 성궤와 유다왕들의 의식용 돌과 같은 특별한 물건들은 약탈품 목록에 없었다. 숭배받는 '언약의 돌'은 야곱이 벧엘(창 28:18~22)에서 하늘로 올라가는 사다리를 보기 위해 머리에 얹었던 베개였다. 엘 샤다이는 그때 그의 종자가 머지않아 왕들을 만들어낼 것이라고 약속했고, 그 왕조는 다윗과 솔로몬의 왕조가 되었다.

네브카드네자르로부터 보물을 지킨 요시야는 므깃도의 팔레스타인 전장에서 이집트의 파라오 네카우와 싸우다 전사하였다.19 그의 아들 여호아하스가 왕위에 올랐으나 네카우는 그의 동생 엘리아김을 위해 그를 폐위하고20 엘리아김은 여호야김왕이 되었다. 예루살렘의 세금이 파라오에게 지불되면서 도시는 약한 상태가 됐고, 네브카드네자르는 바빌론에서 첫 번째 공격을 감행하여 파라오 네카우를 완전히 몰아냈다. 그 후 여호야김왕이 죽었고 그의 아들 여고니야가 계승했지만 네브카드네자르는 더 강력한 침략으로 또다시 강타했다. 성전이 습격당하자 여고니야는 약 1만 명의 이스라엘인들과 함께 인질로 잡혀 바빌로니아에서 70년간 포로 생활을 하였다.(왕하 24:10~20)

예루살렘이 혼돈에 빠지자 여고니아의 숙부 맛다니야가 유다의 시드기야왕으로 계승되었다. 그러나 11년 뒤 네브카드네자르가 돌아왔고 시드기야는 바빌론으로 끌려가 장님이 되었다.21 그때 바빌로니아의 대장 네브차르-아단이 솔로몬의 용기容器와 다른 건축적 특징과 함께 유명한 기둥인 보아스와 야긴을 가져가고 성전은 완전히 파괴되었다. 시드기야의 아들들은 살해되었지만 그의 딸 타마르Tamar(Tea)는 예레미야에 의해 구출되어 (이집트와 스페인을 거쳐) 아일랜드의 안전한 장소로 이동하였다. 그동안 예레미야는 성전이 파괴되기 전에 신성한 '언약의 돌'을 구해 냈고 아일랜드로 가져갔다. 그곳에서 그것은 '운명의

190   Lost Secrets of the Sacred Ark

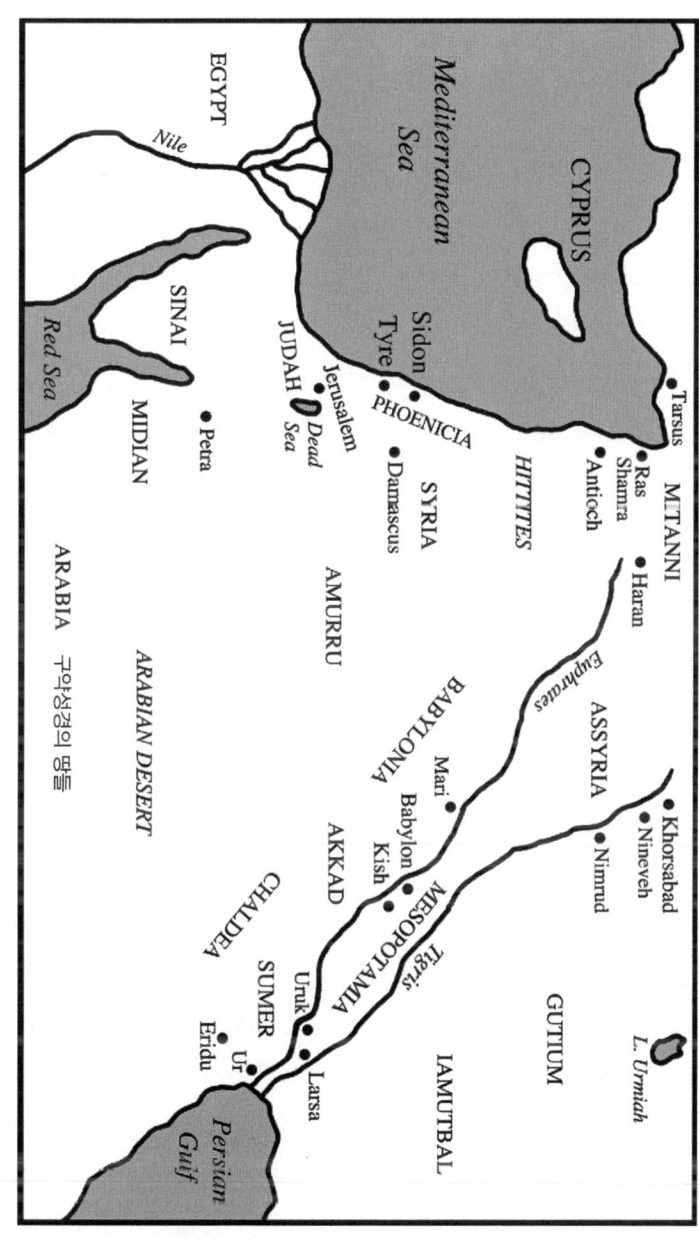

구약성경의 땅들

돌Lia Fail'로 알려지게 되었다.22

전체적으로 5만 명의 포로가 네브카드네자르 때 추방되어 바빌론으로 이송된 것으로 보인다. 예레미야 29장 5절~7절에 따르면 그들은 자기 집에서 자유롭게 살았고, 농장과 사업을 관리했으며 일반적으로 평범하게 살았다. 그들의 왕자와 정부 관리들은 좋지 않은 대접을 받았지만 사람들은 전체적으로 꽤 잘 지내는 것 같았고 어디서든 노예나 구속된 하인으로 묘사되지 않는다. 그렇다면 그들은 왜 잡혀갔는가? 성경은 그들의 전왕前王 므낫세가 가나안의 신 바알에게 제단을 세웠기 때문에 그들에 대한 신의 보복이었다고 말한다.23 므낫세의 손자 요시야왕이 백성들의 기도와 함께 이 제단들을 파괴한 것은 문제가 아니었다.24 아무튼 여호와는 복수를 결정하며 "사람이 그릇을 씻어 엎음같이 예루살렘을 씻어 버릴지라…남은 자를 버려 그 대적의 손에 붙인즉…애굽에서 나온 그 열조 때부터 나의 노를 격발하였음이니라…"25 그러고 나서 "이 일이 유다에 임함은 곧 여호와의 명령하신 바로 저희를 자기 앞에서 물리치고자 하심이니 이는 므낫세의 지은 모든 죄로 인함이며"26라고 설명한다.

이 설명은 성경이 요구하는 사항을 만족하기에 충분하지만 실제적인 측면에서는 말이 안 된다. 네브카드네자르는 여호와의 종이 아니었으며 외국의 신을 달래기 위한 침략을 도모하지도 않았을 것이다. 그러므로 그가 수많은 인질들을 잡아간 이유는 사실상 묘사된 시나리오와는 상당히 달랐을 것이다. 그는 수많은 포로들을 잡는 불편함 없이 쉽게 예루살렘을 무너뜨렸고 유대(팔레스타인 남부에 있던 고대 로마령) 지역을 통제했다(후에 로마가 했던 것처럼). 장기적으로 그들이 바빌로니아 경제에 기여했을지 모르지만, 단기적으로는 값비싸고 불필요한 행동이었을 것이다.

BC 612년에서 609년 사이의 사건은 아슈르바니팔왕의 강력한 아시리아 제국이 이웃한 바빌로니아인들과 메소포타미아의 새로운 주인이 된 메대Medes(오늘날 이란 북서 지방)의 손에 폐허로 붕괴했다는 것이다. 니네베의 주요 궁전은 약탈되었고 땅바닥에 무너졌으며 바빌론이 중동에서 가장 크고 가장 아름다운 도시가 되는 거대한 건축 계획이 뒤따랐다.27 바빌론은 비교적 짧은 시간 안에 위대한 문학과 건축 르네상스의 세계 중심지가 되었다. 그 도서관의 뛰어난 수집물은 이스라엘인 편찬자들에게 완벽한 환경이었다. 그들은 구약성경의 초기 서술로 이어지는 자신들의 조상 역사에 대해 자세히 알아보기 위해 기록 보관소를 샅샅이 뒤졌다. 특히 바빌론의 놀라운 특징 중 하나인 유명한 '공중 정원'(세계 7대 불가사의 중 하나)과 새로운 도시로 들어가는 8개의 기념비적 입구의 하나인 정교하게 유약을 입힌 '이슈타르 문'이 있었다. 즉시 필요한 것은 수천 명의 실질적인 노동력이었는데 대규모 건축사업에 직접 참여하거나 바빌로니아인들의 경제와 무역을 보충하는 것이었다. 이것을 만족시키기 위해 네브카드네자르는 멀리 볼 필요가 없었고, 근처의 유대로부터 필요한 인력을 얻기로 결정했다.

수십 년이 지나 BC 538년 페르시아의 키루스 2세가 바빌론을 정복했을 때, 그는 추방된 이스라엘인 후손들이 유대로 돌아가는 것을 허락했다. 새로운 고향이 된 곳을 떠나기로 결심한 사람들 중 첫 번째 일파가 BC 536년 여고니아의 후손인 스룹바벨 왕자와 함께 예루살렘으로 향했다. 약 20년 후 옛 자리에 새로운 성전이 완성되었지만 유다 왕가의 더 이상 통치하는 왕이 없었다. 그들의 군주는 페르시아 제국의 다리우스 1세와 그의 계승자들이었다. 이스라엘인들이 바빌로니아 도서관에서 가지고 온 것은 그들의 생겨난 구약성경 책들에 대한 구조적 기반을 형성하는 족장 역사의 원형原形이었다. 또한 그들에게 알려지지 않은 것으로 예레미야의 예루살렘 은닉처 안에 있던

성궤의 잃어버린 비밀   193

불가사의한 보물들이 여전히 두 번째 성전의 기반 잔해 아래 묻혀 있있다. BC 300년에서 250년 사이에 편집된 역대하 5장 9절에는 두 번째 성전이 세워진 지 한참 뒤에 성궤에 대해 "오늘까지 그곳에 있으며"라고 쓰여 있다.28

예레미야와 함께 서양으로 옮겨진 힐기야의 성전 경호대 기록이 없었다면 이 신성하고 가치 있는 보물은 영원히 사라졌을 것이다. 중세 프랑스 기사단 연대기는 이 목록화된 보물(예레미야가 비밀히 보관하고 '예루살렘 형제 기사단'의 후손 단원에 의해 보호되는)이 1118년 예루살렘의 십자군 왕 보드앵 2세에 의해 공식적으로 설립된 '성 안드레아 성전 대기사단'의 특별한 책임이 되었다고 확인한다. 그들은 1700년 전에 힐기야 대제사장이 설립한 기사단의 후예로 '왕실 비밀의 수호군주들Guardian Princes of the Royal secret'로 불렸다.29 초기 십자군 시대에 서양 군주들이 잠시 예루살렘을 차지하는 동안 성전 지역을 발굴해 보물을 가져오는 것이 이 기사들의 임무였다. 우리가 보게 될 것처럼 그들은 정확히 그렇게 했고, 그 결과 그들은 세계에서 가장 영향력 있고 강력한 조직이 되었다.

포로 이후

페르시아 지배하의 송환된 이스라엘인들과 마지막 그들 자체의 통치 왕조와 함께 그들은 또한 공식적인 아람 제국 언어를 써야 했다. 새 성전의 대제사장은 당시 온전히 종교에 집중된 문화의 수장이 되었고 그들이 새롭게 정의한 '하나님의 율법'은 그 땅의 법이 되었다.(스 7:23~26) 페르시아 정부가 2세기 동안 지배하고 있는 상황에서 구약성경이 점차 소실된 것이 이 지점이고, 신약성서가 시작되기 전까지는 350년 이상의 기간이 있었다.

194   Lost Secrets of the Sacred Ark

BC 333년 페르시아 황제 다리우스 3세를 패배시킨 마케도니아의 알렉산더 대왕의 권력이 부상함과 함께 개입의 시대가 시작되었다. 그는 페니키아의 티레 도시를 파괴하고 이집트로 건너가 알렉산드리아에 성채를 세웠다. 지금까지 페르시아 제국을 완전히 장악한 알렉산더는 바빌로니아를 통해 동쪽으로 움직이며 마지막으로 펀자브(인도 북부와 파키스탄 중북부에 걸친 광대한 지방)를 정복할 때까지 압박을 가했다. BC 323년 그가 일찍 사망하자 그의 장군들이 권력을 잡았다. 프톨레마이오스 소테르Ptolemy Soter는 이집트의 통치자가 되었고, 안티고누스는 마케도니아와 그리스를 통치한 반면 셀레우코스는 바빌로니아를 통치했다. 세기가 바뀔 무렵, 팔레스타인도 알렉산드리아 영토에 속하게 되었다.

그 시기에 유럽에서 새로운 세력인 로마 공화국이 힘을 얻었다. BC 264년 로마는 시칠리아의 카르타고 지배자들을 내쫓고 코르시카와 사르디니아를 점령했다. 그러나 카르타고의 위대한 장군 한니발은 사군토(현재의 스페인)를 포위하며 보복했고, 군대를 이끌고 알프스 산맥을 넘어 진군했지만 자마(아프리카 북부 카르타고의 서남쪽에 있는 고대 도시)에서 로마인들에 의해 저지되었다.(BC202년 제2차 포에니 전쟁의 최후 싸움) 한편 안티오코스 3세(마케도니아 장군 셀레우코스의 후손)는 시리아의 왕이 되었다. BC 198년 그는 이집트의 영향에서 벗어나 팔레스타인의 지배자가 되었다. 그의 아들 안티오코스 4세 에피파네스는 예루살렘을 정복했는데, 이는 곧바로 하스몬가(BC 2~1세기에 유대를 지배했던 일족)의 사제 유다 마카베오Judas Maccabaeus의 지휘 아래 유대인 폭동을 야기했다. 그는 전투에서 죽었지만 마카베이들(유대 반군 병사들)은 BC 142년 이스라엘 독립에 성공했다.30

계속되는 투쟁에서 로마 군대는 카르타고를 파괴했고 북아프리카에

성궤의 잃어버린 비밀   195

새로운 로마 지방을 형성했다. 계속된 원정들은 마케도니아, 그리스 그리고 소아시아를 로마의 지배하에 두었다. 그러나 카르타고 전쟁(또는 포에니 전쟁)이 이탈리아 농민을 황폐화하는 동시에 노예 노동력을 이용하여 거대한 영지를 건설한 귀족들을 부유하게 만들었기 때문에 로마에서 논란이 들끓었다. BC 133년 민주주의 지도자 티베리우스 그라쿠스는 농업 개혁을 위한 제안서를 제출했지만 원로원에 의해 살해되었다. 그의 동생이 농민들을 위해 나섰지만 그 역시 살해되었으며, 민주주의 지위는 군사령관 가이우스 마리우스에게 넘어갔다.

BC 107년까지 가이우스 마리우스가 로마의 집정관이었다. 그러나 원로원은 결국 마리우스를 해임하고 BC 82년에 독재자가 된 루키우스 코르넬리우스 술라를 자신의 옹호자로 세웠다. 끔찍한 공포정치가 뒤따랐고, BC 63년 민주주의 정치가이자 장군인 가이우스 율리우스 카이사르가 인기를 얻어 정식으로 최고 관리로 선출되었다.

같은 해, 로마 군단은 이미 종파 혼란 상태에 있던 '성지Holy Land'로 진군했다. 엄격한 고대 유대 율법을 지켰던 바리새인들이 보다 자유로운 그리스 문화에 대항한 저항을 일으켰다. 그렇게 함으로써 그들은 또한 사두개인들의 사제 계급을 반대했고, 불안정한 환경은 그 지역을 침략하기에 무르익게 만들었다. 그나이우스 폼페이우스 마그누스(폼페이우스 황제)의 지휘 아래 로마인들은 시리아와 팔레스타인 나머지를 합병하며 유대를 정복하고 예루살렘을 점령했다.

그러는 동안 로마 계급은 그들만의 격변을 겪고 있었다. 율리우스 카이사르, 폼페이우스 그리고 그라쿠스는 로마에서 최초로 삼두정치를 구성했지만 그들의 합작 통치는 카이사르가 갈리아로 가고 그라쿠스가 예루살렘의 문제들을 감독하러 갔을 때 고충을 겪었다. 그들이 자리를 비운 동안 폼페이우스는 정치 진영을 바꾸어 공화정 귀족들을 위하여 민주주의자들을 버렸고, 이에 따라 카이사르가 돌아와 내전이 뒤따랐나. 카이사르는 그리스 피르살로스에서 승리했고, 폼페이우스가 이집트로 달아났을 때 마침내 제국의 지방들을 완전히 통제할 수 있게 되었다.

그때까지 클레오파트라 7세 여왕은 그녀의 남동생 프톨레마이오스 13세와 함께 이집트를 통치하고 있었다. 그러나 그때 카이사르가 알렉산드리아를 방문해 클레오파트라와 음모를 꾸몄고, 클레오파트라는 동생을 살해하고 자신이 통치하기 시작했다. 카이사르는 소아시아와 북아프리카에 원정을 진행했지만, BC 44년 로마로 돌아오는 길에 공화주의자에게 살해되었다. 그의 조카 가이우스 옥타비우스(옥타비아누스)는 마르쿠스 안토니우스 장군 그리고 정치가 마르쿠스 레피우스와 함께 2차 삼두정치를 구성했다. 옥타비아누스와 마르쿠스 안토니우스는 마케도니아 필립보(알렉산더 대왕의 부왕인 필립 2세가 건설한 도시)에서 카이사르 암살자 브루투스와 카시우스를 맨 처음 물리쳤지만, 안토니우스는 클레오파트라와 합류하기 위해 그의 아내 옥타비아(옥타비아누스의 여동생)를 버렸다. 옥타비아누스는 이집트에 전쟁을 선언했고 악티움 해전에서 승리했다. 그 후 안토니우스와 클레오파트라는 자살했다.

그때 팔레스타인은 3개의 분리된 지방 즉 북쪽의 갈릴리, 남쪽의 유대 그리고 그 사이의 사마리아로 구성되어 있었다. 율리우스 카이사르는 유대의 행정장관으로 이두메아(헬라와 로마 시대에 '에돔'에 대해 부른 명칭) 사람 안티파테르를 앉혔으며 그의 아들 헤롯을 갈릴리의 총독으로 임명했지만, 안티파테르는 이후 곧바로 살해되었고 헤롯은 유대의 왕으로 임명되기 위해 로마로 소환되었다.

이것이 예수가 태어난 가혹한 환경, 즉 꼭두각시 군주와 고도로 조직화된 군사 점령군에 의해 통제되는 억압의 풍토였다. 유대인들은 로마의 지배로부터 그들의 자유를 획득할 강력한 해방자인 구세주 Messiah(기름부음 받은 자, 히브리어 동사 maisach "기름 붓는"로부터)를 간절히 원했다.

평행 차원

허드슨 파일

복음 시대와 그 이후를 거치며 우리의 연대기적 사건 순서를 계속하기 전에 불-돌 현상을 더 자세히 고려할 수 있는 적절한 지점이다. 그렇게 함으로써 우리는 오늘날 그것의 기술적 관련성을 확립할 수 있고, 고대 성궤와 일렉트리쿠스와 관련된 그것의 놀라운 기능을 더 잘 이해할 수 있다.

고대 메소포타미아에서는 이국적인 금의 하얀 가루와 플래티넘 그룹 금속을 쉠-안-나shem-an-na라고 불렀다. 고대 이집트에서는 mfkzt였다. 어느 쪽이든 그것은 "높은 불-돌"이었다. 오늘날 그것은 과학적으로 ORME(Orbitally Rearranged Monatomic Element 궤도 재배열 단원자 원소)라는 신조어가 있고 고-스핀 단원자 물질로 인식되고 있다. 어떻게 mfkzt가 지난 20년 동안 재발견되고 발전했는지 특별한 이야기로 시작해서 최근과 현재를 살펴보자. 그것은 재주, 끈기, 경비 그리고 성과의 이야기이지만 정부 개입이라는 어두운 전개를 가진 이야기이다.

그 모든 것은 1976년 '현자의 돌' 발견에 더 이상 적절한 이름이 붙을 수 없는 장소에서 시작되었다. 그 장소는 애리조나의 피닉스로, 그곳에서 데이비드 허드슨David Hudson은 3대째 부유한 목화 농부였다. 그의 아버지는 주정부 농업청장이었고 그는 유마계곡에서 약 280km²의 농사를 짓고 있었다. 데이비드는 40명의 고용인이 있는 1,400m²

성궤의 잃어버린 비밀 201

의 주택과 은행에 400만 달러의 신용한도를 가지고 있었으며, 자신을 '미스터 메터리얼 맨Mr. Material Man'이라고 묘사했다. 그는 그의 일상적인, 이익에 기반을 둔 존재가 모든 보수적 본능을 뒤집을 고된 연금술 탐구 - 곧 우리 시대의 가장 진취적인 선구자들 중 하나를 출범시키려는 - 에 소비될 것이라는 것을 거의 알지 못했다.[1]

애리조나에서 농사지을 때 자연적인 어려움은 흙이 높은 나트륨 함량을 가지고 있다는 것인데, 이것은 표면이 우두둑우두둑하며 검고, 물이 침투할 수 없게 한다. 이것을 방지하기 위해 데이비드는 탱커트럭에 실려 있는 고농축 황산을 1에이커(4,047㎡)당 30톤 정도를 땅에 부었다. 관개 트럭이 뒤를 따르면서 산acid과 물은 거품을 일으키며 내뿜고 알칼리성 지각을 관리가 쉽도록 분해하였다. 그것은 앞으로 작물에 적합한 토양을 만들기 위한 2년 계획(산을 완충하고 미량의 영양소를 보존하기 위해 탄산칼슘을 첨가하는)의 작업이었다.

산에 용해되지 않은 토양 성분을 분석하는 과정에서 하나의 특정 물질이 가장 특이한 성질을 갖고 있었다. 침전 후 애리조나의 태양(습도 5%에서 115℃)에서 열 건조될 때, 그것은 백색광의 엄청난 불꽃으로 타오르고 완전히 사라질 것이다. 햇빛에서 더 천천히 건조시킨 후, 납과 도가니에 혼합하여 실험(불꽃 실험에서처럼)했다. 전제는 녹을 때 납보다 가벼운 금속은 떠오른 반면 특별히 무거운 중력의 금속은 뜨지 않는다는 것이다. 이 특별한 실험에서 그 신비한 물질은 납의 바닥에 가라앉은 (금이나 은이 그런 것처럼) 밀도가 높고 무거운 금속으로 증명되었다. 이상한 것은 금과 은 같은 금속은 부드럽고 가장 얇은 박箔으로 두드릴 수 있지만 이 물질은 달랐고 망치로 쳤을 때 그것은 유리처럼 산산이 부서졌다! 상업용 실험실에서 분석했을 때 그것은 철, 규토珪土, 알루미늄으로 이야기되었다. 그러나 이것은 분명히 그 경우가 아니었다. 그것은 황산, 질산 또는 염산에 용해되지 않을 것이다-철, 규토 그리고 알루미늄은 그러한 과정에 소멸되지만.

다음 단계는 귀한 원소 전문가인 코넬대학의 박사를 고용하는 것이었다. 그는 코넬대학에 3~5ppbParts Per Billion(10억 분의 1)까지 분석할 수 있는 기계가 있다고 설명했다. 그래서 그 신비한 물질(진귀한 원소로 알려진)은 훌륭한 장비의 적용을 받았고 다시 한 번 그것이 철, 규토 그리고 알루미늄이라는 결과를 밝혀냈다! 그것은 분석에 영향을 미치는 일부 작은 불순물들이 있어 이를 완전히 제거한 뒤 드러냈고 본래 샘플의 98%를 남겨 다시 검사한 것으로 알려졌다. 결과는 믿기 어려울 정도였다. 빛나는 하얀 구슬은 누구나 볼 수 있도록 거기에 있었지만 그 장비는 그것을 "아무것도 아닌 것"으로 가리켰다. 그때 분광기 전문가가 그 사진을 가지고 들어왔다. 서독 분광학 연구소에서 교육받은 그는 분광 장비를 제조하는 로스앤젤레스의 회사에서 선임 기술자였다. 그는 분광기를 고안했고 그것들의 설계도를 만들었으며 완성하고 실험하고 사용했다. 그는 분명히 그 일에 적임자였다.

'아크 방사 분광학'은 샘플을 탄소 전극 컵 안에 놓고 그 위에 다른 전극을 내려와 아크 위에 놓는 것을 포함한다. 전류가 흐르면 샘플의 원소들은 이온화되어 개별적으로 특정한 빛 주파수를 발하며 그 후에 읽혀서 분석을 결정한다. 5500℃에서 약 15초 후, 탄소 전극은 타버리기 때문에 실험실은 그들의 시험을 이 연소 시간으로 제한해야 한다. 문제는 분석을 통해 원소가 끓는 온도 순서로 그것들을 식별한다는 것이다. 즉 가장 낮은 판독 값을 먼저 취한다. 그러므로 제한된 아크 노출은 제한된 결과를 낳았다.

연소 시간 제한으로 분광기 전문가는 그의 표준 장비로 도울 수 없었다. 솔직히 15초로는 그 물질을 태양표면 열조차도 아닌 끓는 온도

성궤의 잃어버린 비밀　203

로 만들기에 충분하지 않았다. 그러고 나서 중성자 활성화 분석을 위해 영국 옥스퍼드주에 있는 AEA 테크놀로지의 하웰연구소로 샘플을 보냈지만, 그들도 적절한 판독 값을 얻을 수 없었다.2 그러나 소비에트 과학아카데미는 그 답을 갖고 있었다.3 만족스런 결과를 위해 300초의 분광 아크 연소 시간(서양의 어느 곳보다 20배 더 긴 시간 동안)이 필요하다고 그들은 설명했다. 이를 위해 그 과정은 헬륨이나 아르곤 같은 불활성 기체에 피복된다. 이것은 탄소 전극 주변에 산소를 유지하고 타버리는 것을 방지한다. 세부 사항을 파악해 러시아 사양에 맞는 필요한 장비를 만들 수밖에 없었다. 그런 다음 원래 그대로의 샘플을 사용하여 실험을 다시 진행하였다.

예상대로 최초 15초 동안 그것은 소량의 칼슘 흔적, 나트륨 그리고 티타늄 약간과 함께 철, 규토 그리고 알루미늄을 읽었다. 이제 이 품목들을 끓여 증발시킴과 함께 모든 판독이 정지됐고, 코넬대학에서 일어났던 것처럼 98%의 주요 샘플은 완전히 아무것도 없는 것으로 등록되었다. 20초가 지났고, 25, 30, 35, 40초가 지나 70초가 지나도 여전히 '아무것도 없음nothing'이었다. 그러고 나서 갑자기 그 물질은 팔라듐으로 등록되었고, 20초 후 그것은 플래티넘을 기록했다. 그 후 (각각의 연속적인 끓는 온도에 도달함에 따라) 220초에서 루테늄, 로듐, 이리듐 그리고 오스뮴이 나왔다.4 그 작은 하얀 구슬은 완전히 플래티넘 그룹 금속으로 구성되어 있다는 것을 알게 되었다.-서방의 기본 분석에서 이전에 아무것도 없는 것으로 등록된.

여전히 책임자로 있는 독일의 분광기 전문가 지그프리드와 함께 (수많은 분석적 변수들과 함께) 실험은 2년 반 동안 계속 반복되었다. 그리고 지금까지 확인할 수 없는 물질의 약 98%가 일반적으로 인식할 수 없는 상태의 귀금속으로 구성되었다는 것은 의심의 여지가 없었다. 세계에서 가장 풍부한 것으로 알려진 플래티넘 그룹은 남아프리카 공화국의 부시벨드 화성火成 복합단지 지하 800m에 저장되어 있는데,5 좁은 지층 틈에 톤당 9.4g의 플래티넘 금속을 함유하고 있다. 피닉스 농장 토양은 (분명 금속 형태가 아닌 상태에서) 이 양의 7,500배, 톤당 놀랍게도 68kg을 함유한 것이 발견되었다.

이 단계까지 그 연구는 조용하고 비교적 사적인 사건으로 남아 있었지만 당국의 눈과 귀가 곧 그 방향으로 향할 것이 분명했다. 세계 시장에서 플래티넘 그룹 금속이 전통적으로 높은 가격에 팔리고 있었는데 로듐(농장 저장지의 가장 많은 구성을 이룬다.)은 1g에 약 100달러에 팔렸다. 분명히 아주 중요한 무언가가 애리조나로부터 나왔고, 데이비드 허드슨조차 그것이 결국 어디로 이어질지 전혀 알지 못했다.

중력에 저항하다

그 후 아이오와 주립대학에 있는 미국 에너지부의 금속학과 대학에서 금속 분리 시스템 박사학위를 받은 새로운 참가자가 등장했다. 그는 모토로라와 스페리의 자문위원이었고 희토류(희귀 광물의 한 종류. 열을 잘 전달하는 성질이 있다.)와 주기율표의 대다수의 원소들을 연구했다. 그는 자신의 지표 샘플을 모으고 3년간 그 프로젝트를 작업한 후에 마침내 그 물질이 실제로 과학에 전혀 알려지지 않은 형태의 귀금속 원소를 기록했다고 발표했다. 그는 더 나아가 이전의 러시아 분광기 분석에서 드러난 것과 같은 톤당 킬로그램을 확인했다.

1983년부터 1989년까지 화학박사 한 명과 화학자 세 명, 기술자 두 명이 풀타임으로 일하는 등 연구가 계속되었다. 소련 과학 아카데미의 지원과 미국 표준도량측량국의 정보를 바탕으로 그들은 수수께끼 원소 각각을 질적 그리고 양적으로 분리하는 방법을 배웠다. 그들은 존슨 메티(영국의 화학회사)로부터 순수한 귀금속(금, 로듐, 오스뮴 그리고 이리듐, 루테늄)을 구입하고, 클러스터 화학을 연구했으며 다우 케미컬(미국 종합화학업체)에서 가장 정교한 컴퓨터 제어 장비로 모든 원소 결합을 끊는 방법을 알아냈다.

데이비드 허드슨은 그때 제너럴 일렉트릭의 과학자들이 로듐과 이리듐을 이용한 새로운 연료전지 기술을 연구하고 있다는 것을 알게 되었다. 그래서 그는 그들과 접촉했고 매사추세츠에 있는 그들의 선임 화학자와 팀을 만나러 갔다. 그들 역시 백색광의 폭발을 경험했고 분석하는데 단순히 반응하지 않는 삼염화 로듐에서 추출된 물질에 문제가 있다는 것을 확인했다. 그들은 피닉스 연구소에 비교 샘플을 요구했고, 결국 구입한 로듐과 이리듐으로 연료전지 요구사항을 제조하지 않아도 된다는 것을 알아냈다. 그들은 그것을 준비된 단원자 형태로 얻을 수 있었다. 결과적으로 매사추세츠의 월섬에서 그 배터리들을 제작하기 위해 별도의 회사를 설립한 제너럴 일렉트릭 직원들과 함께 두 편 사이에 임시 타협이 이뤄졌다. 한편 데이비드 허드슨은 그의 발견에 대해 특허를 내라는 충고를 받았고, 1987년과 1988년에 새롭게 지정된 ORMEs (Orbitally Rearranged Monatomic Elements)를 미국과 전 세계 특허(모두 22개)에 출원했다.6

특허 요건을 준수하기 위해서는 질량과 측정에 관련된 특정자료를 제공하기 위해 추가 연구 실험이 필요했다. 열중력 분석용 기계가 샘플의 절대적인 대기 제어를 쉽게 하기 위해 획득되었고, 그 과정 동안 샘플들의 무게를 계속 쟀다. 그 물질은 분당 1.2℃로 가열되었고 분당 2℃로 냉각되었다. 그들은 그 물질이 산화될 때 시작 무게의 102%까지 오르고 수력 환원되었을 때 무게가 103% 된다는 것을 발견했다.

그러나 그 물질이 원래의 둔함(활발치 못함)에서 밝은 구슬과 후속 가루의 친숙한 순백으로 변했을 때 큰 놀라움이 찾아왔다. 그 순간 샘플의 무게는 극적으로 시작 무게의 56%까지 떨어졌다. 그들은 나머지 44%는 어디로 갔는지 궁금해했다. 진공 상태에서 1,160℃까지 가열하자 그 귀한 물질은 놀랍도록 깨끗한 유리로 변환하고 그때 그 재료의 무게는 원래의 100%로 되돌아왔다. 이것은 외관상으로는 불가능하게 보였지만 반복해서 일어났다!

완전히 당황한 과학자들은 연구를 계속했다. 비활성 기체에서 가열과 냉각을 반복할 때 냉각 과정은 샘플을 놀랍게도 시작 질량의 400%까지 올렸다. 그러나 다시 가열했을 때 무게는 0(zero)보다 훨씬 적었다. 접시에서 옮겼을 때 접시의 무게는 안에 물질이 있었을 때보다 더 나갔고, 하얀색 샘플이 그것의 무중력 상태를 그것을 지탱하는 주체로 이동시키는 능력을 갖고 있다고 파악되었다. 접시도 공주부양을 하고 있었다!

장비 제작자들은 의논을 했고 그들의 검사는 그 기계가 그들이 실험한 모든 물질에 완전히 능률적이라는 것을 확인했다. 어떤 규칙에도 유일한 예외는 하얀 피닉스 가루였다. 그것은 본래 무게의 56%까지 떨어졌으며, 냉각 시 300~400%까지 오르거나 재가열 시 0(zero) 이하로 내려갔다. 캘리포니아에 있는 배리언 회사의 기술자들과 토론을 하며7 그들은 만일 냉각 시 무게 손실이 일어났다면, 하얀 가루가 초전도 상태였다고 생각했지만 그들은 "여러분이 그 물질을 가열하는 만큼 우리는 당신이 무엇을 얻었는지 또는 여기서 무슨 일이 벌어지고 있는지 모른다"라고 말하였다. 그러나 그들은 1986년 취리히에 있는 IBM연구소에서 고온의 초전도체가 발견되었다는 것을 분명히 깨닫지 못하고 있었다.8 이전에는 그것들이 액체 헬륨을 사용하여 극도로 낮은 온도에서만 안정적이라고 생각하였다.

전압계와 활성 전극을 하얀 가루 샘플 끝에 접촉하여 전기 전도율을 검사했는데 전도성이 없다는 것을 확인했다. 그것은 탤컴(활석滑石) 더미였을 것이다. 초전도체는 어떠한 전압 전위나 자기장도 그 안에 존재하지 않는다는 점에서 도체와 상당히 다르게 작용한다. 초전도체에서는 완벽한 절연체이지만 무한하게 세밀한 비율의 자기장에 매우 민감하고 헤아릴 수 없을 정도로 작은 자기력(단지 거의 아무것도 없는 것으로 산정되는)에도 반응할 것이다.

초전도체

초전도체 내에는 단일 주파수 빛이 흐르고 있는데 이는 (리퀴드 라이트 liquid light(액화빛)처럼) 광속보다 느리게 흐른다. 그것은 북극과 남극의 자기극을 똑같이 물리치는 영(0)의 자기장을 갖고 있지만 높은 자기 에너지를 흡수하여 많은 빛을 생산할 수 있는 능력이 있다. 사실 지구의 자기장은 초전도체가 공중부양 할 수 있는 충분한 에너지를 줄 수 있으며, 그것은 표면상 44%의 무게 손실에서 일어난 일이었다. 그리고 물질이 공중부양 하기 시작했기 때문에 저울에 적절하게 등록되지 않았다. 무게가 0(zero)이나 그 아래로 등록되었을 때 초전도 물질은 완전 공중부양 상태였다. 또한 그 샘플은 빛을 생성하는 반사경 - 그것을 번쩍번쩍 빛나는 백색으로 만든 - 이었다. 빛이 초전도체 안을 흐를 때 빛은 그 주변에서 모든 외부 자기장을 제외하는 장field을 생성한다. 그것은 1933년 발견한 독일 물리학자 발터 마이스너Walter Meissner의 이름을 따서 '마이스너 장Meissner Field'이라고 불리며, 샘플로부터 모든 외부 자기장을 제외한 장field이다. 자석은 반발에 의해 실제로 초전도체 위에서 공중부양 할 것이다.

조선노체는 표준 전도율을 통해 전도되지 않고 고유 빛의 주파수를 거쳐 전도된다. 외부 전자가 그와 똑같은 주파수로 조정되면 전도될 것이다. 두 초전도체가 '마이스너 장'에 의해 어떤 거리에 걸쳐 연결되어 있을 때, 두 초전도체는 "양자 일관성quantum coherence(미시세계에서 일어나는 양자적 차원의 한 현상)"이라고 불리는 과정에서 하나로 작용할 수 있다. 전기는 (그에 반하여) 물리적 접촉을 통해 흐른다. 심지어 빛도 초전도체들 사이에서 전달될 수 있다. 빛에 관해서 흥미로운 것은 대부분의 인식된 현실과 마찬가지로 빛은 우주의 어떤 특정한 영역 안에 존재하지 않는다는 것이다. 빛은 공간을 채우는 것으로 볼 수 있지만 점점 더 많은 (사실, 한계가 없는) 빛이 똑같은 공간에 더해져 점점 더 밝아질 것이다. 이와 같은 방법으로 어떤 양의 에너지가 초전도체에 저장될 수 있으며 시공간의 경계를 모르는 양자파의 어떤 거리에서도 이동할 수 있다. 데이비드 허드슨이 그의 한 강연에서 이야기했듯이 "당신은 자기장을 적용함으로써 정말로 초전도체 흐름을 시작합니다. 그것은 내부로 빛을 흐르게 하고 그 주변에 더 큰 '마이스너 장'을 구축함으로써 이것에 반응합니다. 자석을 내려놓고 떠나도 됩니다. 100년이 지난 후에 돌아오세요. 그러면 그것은 당신이 떠났을 때처럼 여전히 그대로 흐르고 있을 것입니다. 그것은 결코 느려지지 않을 것입니다. 저항은 전혀 없습니다. 그것은 영구적인 운동이며 영원히 지속될 것입니다."

전 제너럴 일렉트릭의 과학자들이 추론한 것처럼 단원자(단일 원자화된) 초전도체는 완벽한 환경 친화적인 연료 전지를 가능하게 할 수 있었고, 허드슨은 새롭게 설립된 독립회사인 지너 주식회사(Giner Inc.)9에 준비된 물질을 공급하기로 계약을 맺었다. 이 소식이 널리 알려지면 문제가 발생할 것을 상상하는 것은 어렵지 않다. 초전도 연료 전지는 땅, 바다, 공중 위의 연소 기관으로부터의 오염에 대한 완벽한 대안이 될 수 있다. 그것은 우리 모두가 환영할 일이고, 미래를 위한 해결책이 되어야 한다. 그러나 단기적으로 세계 경제를 지탱하는 강력한 석유산업은 어떻게 될 것인가? 물론 그것은 붕괴할 것이고 그런 일이 급하게 일어나도록 하는 수많은 강력한 기득권들이 있다. 1989년, 흥분과 열정의 최고점에서 데이비드 허드슨은 ORMEs 회사를 위한 거대한 공장을 지을 계획을 세웠다. 그러나 동시에 산업 권력의 회랑에서 그의 이익을 좌절시키려는 움직임과 함께 우리 모두의 환경과 건강상의 이익에 관한 내용도 진행되고 있었다.

이상한 후원자가 연락한 것은 그 단계였다. 그 계획을 재정적으로 지원하겠다는 진취적인 후원자인 양 그는 직접적인 팀(그들은 각각 비밀리에 동의하는 서명을 했다.) 밖에서는 누구도 몰랐을 그 연구의 특정한 양상을 상세히 열거했다. 미 국방부 외에는 없었다. 허드슨은 특허를 출원할 때 초전도체와 관련한 그의 기술이 "이 나라에 전략적으로 중요하다"고 말했기 때문에 그 부서에 정보를 제공할 의무가 있었다. 허드슨은 사설탐정을 고용하여 그가 버지니아주 랭글리 공군기지에서 작전 중인 군무원임을 밝혀냈다. 추가 조사로 그는 지정된 스위스 은행계좌에서 정부 자금을 투자하기 위해 고용된 것으로 드러났는데 그러므로 국방부가 선발한 벤처기업에서 전략적으로 비밀 파트너가 될 수 있었다. 말할 것도 없이, 허드슨은 이 제안을 거절했지만 초전도체 문제에 관한 그의 회사를 완성하는 것은 결코 허락되지 않을 것이라는 충고를 들었다!

스텔스 원자와 시공(時空)

이 시점까지, 캐나나 투자 회사의 도움으로 애리조나 공장을 시작하는 데 필요한 250만 달러는 런던의 레갈 앤 제너럴 보험그룹Legal & General Assurance Group에서 공급할 예정이었다. 사안은 의심의 여지가 없었고 그들의 진귀한 금속 고문들은 피닉스와 제너럴 일렉트릭의 보고서를 평가하는 데 10일을 보냈다. 그런데 갑자기 양상이 바뀌었다. L&G가 팀의 비밀유지협정에 의해 보호되는 것을 포함하여 더 많은 연구 정보를 요구했다. 동시에 데이비드는 정부 정보통으로부터 중성자 회절 연구(샘플의 초전도체 증명에 필요한)가 전략적으로 3년까지 늦춰질 수 있을 것이라는 것을 알았다! 그 순간부터 그의 특허가 영향을 받을 것이 분명해졌고, 그가 직접 자금을 대야 할 것이 분명해졌는데 그렇지 않으면 새로 들어오는 투자자들이 비밀 연구 정보에 접근하려는 정부 정보원인지 확신할 수 없었기 때문이다. 게다가 특허 기간을 보호하는 방법은 공개적인 특정 정보를 공개하고 일련의 녹음된 강연을 해야 한다는 것이 분명해졌다.

앞서 우리는 텍사스주 오스틴에 위치한 '첨단과학 연구소'의 감녹할 푸소프의 개입에 관해 짧게 접했다.10(158쪽 "0의 저편"을 보라.) 그가 데이비드 허드슨을 만난 것은 이 개발 단계 이후였기 때문에 우리는 이제 이야기를 넓힐 수 있다. 그는 0점 에너지(양자론 개념으로 진공에서 얻은 에너지)와 중력을 0점 변동력으로 연구하면서11 물질이 2차원에서 반응하기 시작하면(허드슨의 샘플이 그랬던 것처럼) 이론적으로 중력 중량의 약 4/9를 잃어야 한다고 결론지었다. 그것은 하얀 가루 실험에서 정확히 발견된 것처럼 약 44%이다. 따라서 허드슨은 푸소프의 이론을 실제로 입증할 수 있었고, 초전도 상태에 들어갈 때 단원자 가루가 이전의 무게 56%만을 기록한다고 설명했다. 또한 열을 가하면 0 미만의 중력을 얻을 수 있으며, 이때 질량 접시는 비었을 때보다 또한 무게가 덜 나간다. 푸소프는 중력이 시공간을 결정짓기 때문에 그 가루가 "외래 물질"이며 시공간을 휠 수 있다고 결론지었다. 그러나 그는 mfkzt 가루가 다른 차원에서 공명할 것이고 어떤 상황에서는 완전히 시야에서 사라질 것이라고 계속했다. 허드슨은 샘플의 무게가 사라졌을 때 분명히 시야에서 사라졌다고 다시 한 번 확인했다.

여기서 말하는 것은 단순히 물질이 지각의 시야 밖으로 움직일 수 있다는 것이 아니라 문자 그대로 대체 평행면, 즉 시공간의 5차원으로 이동한다는 것이다. 눈에 보이지 않는 상태에서 주걱으로 물질을 휘젓고 퍼내서 눈에 보이는 상태로 돌아가면 위치가 바뀌도록 시도함으로써 그 증명은 확신되었다. 그러나 이것은 일어나지 않았고 그 물질은 마지막 보았던 것과 정확히 같은 위치와 모양으로 돌아왔다. 보이지 않는 순간에는 아무것도 움직이거나 방해받지 않았다. 단지 그곳에 없다는 이유만으로. 요컨대 그것은 보이지 않는 것이 아니었다. 그것은 실제로 그것의 물리적 상태를 바꿨고 다른 차원으로 변경했다. 푸소프는 말 그대로 다른 차원으로 사라질 수 있는 항공기와 달리 레이더로 탐지할 수 없는 전통적인 스텔스 항공기와의 차이점이라고 설명했다. 그렇다면 이것은 '빛의 궤도'의 초전도체 차원, 즉 '샤르-온의 면' 또는 이집트 무덤 기록에 따르면 'Mfkzt의 장'이다.

1990년대 초 "스텔스 원자"와 초전도체에 관련한 출처를 알 수 없는 논설들이 과학 출판물에 매우 규칙적으로 실리기 시작했다.[12] 코펜하겐대학 닐스 보어 연구소[13], 시카고의 미국 에너지부 아르곤 국립연구소[14] 그리고 테네시주의 오크리지 국립연구소[15]는 허드슨 특허에 출원된 원소가 단원자 고-스핀 상태로 존재한다는 것을 확인했다. 그 현상을 설명하는 과학 용어는 비대칭 변형 고-스핀이다. 그것들은 초전도체인데 고-스핀 원자들이 에너지를 순수하게 손실하지 않고 한 원자에서 다음 원자로 전달할 수 있기 때문이다.

시공간의 조작 또한 특별한 흥미의 주제가 되었고, 1994년 5월 〈고전과 양자 중력Classical and Quantum Gravity〉 잡지에 놀라운 발표를 했다. 멕시코의 수학자 미구엘 알쿠비에르는 다음과 같이 썼다. "현재 우주선 뒤의 시공간을 국지적으로 확장하고 그 앞의 시공간을 수축시켜 우주선이 임의로 큰 속도로 이동할 수 있도록 시공간을 수정하는 것이 가능하다고 알려져 있다. 빛의 속도보다 더 빠른 동작으로, 공상과학 소설의 워프 드라이브warp drive를 연상케 한다."16

이것은 몇 달 후 〈아메리칸 사이언티스트American Scientist〉지에 관련 기사로 이어졌다. 이 연구에서 마이클 스피어는 어떻게 알쿠비에르의 개념이 어떤 물체도 광속보다 빠를 수 없다는 아인슈타인의 이론을 침해하지 않았는지 보여주었다. 그는 우주선이 워프 상태에서는 실제로 전혀 여행하지 않을 것이라고 설명했다. 이론적인 가속도는 엄청나겠지만 실제 가속도는 0(zero)이 될 것이다.17 여기에 최소한의 시간과 최소 연료를 필요로 하는 빛의 속도 여행의 한 형태가 있었다. 필요한 시공간의 뭉치만이 표면적으로는 우주선 앞쪽에서 이동하여 제각각 수축과 팽창을 통해 뒤로 이동했을 것이다. 그러나 이것을 가능하게 하는 필요한 장치는 무엇이었을까? 알쿠비에르는 "시공간의 교란을 일으키려면 외래 물질이 필요할 것이다"라고 설명했다. 영국 BBC 뉴스의 과학 편집자 데이비드 화이트하우스 박사는 이어서 다음과 같이 보고했다. "물리학자들에게 우주는 비어 있지 않다… 우주는 물질에 왜곡될 수 있는 형태를 가지고 있다… 우주선은 두 시공간 왜곡들 사이의 뒤틀린 기포warp bubble(파동을 이용해 만들 수 있으며 이론적으로 워프 버블의 여행은 빛의 속도를 훨씬 초과할 수 있다.)에 머무를 것이다."

그렇다면 알쿠비에르가 언급한 "외래 물질"은 무엇인가. 그것은 중력 끌림이 0 미만인 물질이다. 스피어는 그것을 "양의 에너지를 가진 일반적인 물질(사람, 행성 그리고 별을 구성하는 물질)과는 달리 음의 에너지를 가진 기이한 성질의 물질"로 설명했다. 필요한 외래 장치는 작동 가능한 초전도체이며, 할 푸소프는 이미 이것에 대해서 피닉스 mfkzt가 시공간을 구부릴 수 있는 능력을 가진 "외래 물질"이었다고 설명했다. 정부 관리들의 시선이 데이비드 허드슨과 연료 전지 과학자들에게 제공하기로 한 그의 계획에 쏠린 것은 당연하다. 만일 그들이 투자를 통해 지배적인 이익을 얻을 수 없다면 그들은 어떤 경로를 통해서든 그의 개인 기업을 축소하거나 무너뜨리기로 결정했을 것이다.

일반적인 PGM과 관련한 허드슨의 특허 외에도 고-스핀 금의 놀라운 현상과 관련한 특허가 있었다. 미국의 표준 분광학 실험이 금속을 단원자 상태에서 측정하는 것이 충분하지 않았기 때문에 아르곤 국립 연구소는 순수한 황금 금속의 착수 기반으로부터 하얀 가루를 만드는 과정을 증명하라는 요청을 받았다. (특허청은 서명된 인증서를 요구하였다.) 이러한 목적을 위해 아르곤 연구소의 세라믹(도기陶器)과 초전도체 책임자는 데이비드를 야금 화학자에게 보냈고, 그는 허드슨 사양에 따라 순금으로부터 고-스핀의 순백의 가루를 생산했다. 그러나 결과물을 분석할 때, 그의 장비는 그럴 것이라고 그가 경고를 받은 것처럼 그것을 철, 규토 그리고 알루미늄으로 기록했다! 필요한 진술서에 서명할 때 화학자는 (더 이상의 실험에도 불구하고) 그 물질이 100% 금이라는 것을 절대적으로 보증한다는 사실을 구체적으로 언급했다. 왜냐하면 그것이 자신의 실험실에서 순금으로 대체되었기 때문이다.

그 후 허드슨은 그 가루를 다시 금속 금 조각으로 만들어 그 과정을 완전히 되돌리라는 요청을 받았다. 그것은 마치 누군가에게 한 접시의 사과 소스(양념)에서 다시 사과로 만들라고 요청하는 것과 같았다. 불가능한 데 말이다. 초기 실험에서는 값비싼 전극들이 1초도 안 돼 연소되는 끔찍한 결과를 낳았다. 더욱 심각한 것은 단파장의 감마선이 생성되어 실험실 장비를 산산조각 냈다는 것이다. 1995년 말, 어려움은 극복되었고 비유적인 사과는 실제로 사과 소스로부터 재구성되었다. 이것으로 금이 기반이 아닌 것으로 보이는 제품으로부터 금을 제조하는 것이 가능했다는 것은 (고대 야금술 전승에서처럼) 의심의 여지가 없었다. 철, 규토 그리고 알루미늄으로 등록된 시작 샘플에서 순금으로 분석되는 주괴ingot가 나타났다. 수 세기 동안의 시행, 착오, 좌절 그리고 실패 후에 고대 현자들의 돌은 마침내 재발견되었다.

심판의 날

그의 연구의 시작으로부터 1995년까지 데이비드 허드슨의 ORME 조사에 대한 개인 지출은 약 870만 달러에 달했고, 이제는 처리 공장을 지어야 했다. 이 프로젝트를 개발하기 위해 ORMES L.L.C. 회사가 설립되었으며 제휴 정신과학회의 후원하에 진행 상황에 대한 정기적인 '뉴스레터News letter'가 가입 회원에게 발행되었다.18 적절한 장소를 확보하고 필요한 건축허가가 정식으로 나자 건축과 설비작업이 시작되었다. 그동안 정신과학회 회원 가입으로 모금된 250만 달러의 건축 요건과 함께19 공장의 모든 것이 잘 진행되고 있었다. 제품에 대한 관심이 쏟아져 1996년 11월, ORMES L.L.C.의 관심은 금속 촉매, 금속-세라믹 그리고 상업용 진귀한 금속으로 확장될 것이라고 발표하였다.20

그들이 공장의 전력 설치를 마무리할 즈음 첫 번째 큰 문제가 발생

성궤의 잃어버린 비밀   215

했다. 주州 조사관이 전기 공급을 위한 공식 승인이 있었지만 해결하는데 수개월이 걸릴 "지역 설정" 문제가 있다고 발표했다. 또다시 그것은 분류상의 문제였고 통지가 왔다. "아무도 이 공장이 하려는 것과 비슷한 일을 하고 있지 않으며, 정부 분야의 어떤 일과도 맞지 않을 것이다"[21]라는 통지가 왔다. 허드슨은 굽히지 않고 그의 생산품을 "약물", "연료" 또는 그 무엇이라고 부르도록 압력을 받는 것을 원치 않았지만 독립적으로 설치한 발전기를 사용하여 그리드(전자빔을 제어하는 장치) 연결 이전에 몇 달을 기다리기로 결심했다. 1998년 6월, 불행하게도 피할 수 없는 사고가 17,000리터의 질산이 2차 격납 시설로 유출되면서 발생했다. 응급구조대가 도착했고 그들은 단순히 물로 희석하는 대신 산酸에 거품을 뿌렸고, 그 결과 붉은 가스 구름이 하늘을 밝혔다. 계산의 시간이 다가왔다. '환경품질부Department of Environmental Quality(DEQ)' 사람들도 마찬가지였다. 미국 '산업안전보건청Occupational Safety and Health Administration (OSHA)' 그리고 '환경보호청Environmental Protection Agency(EPA)'의 다른 사람들이 그들의 뒤를 바짝 따랐다.

유출은 내부에 일어났고 봉쇄되었으며 이후 DEQ 실험에서 아무런 독성 잔류물이 발견되지 않았음에도 불구하고 EPA는 모든 화학 장비들을 분해하여 공장에서 즉시 제거하라고 요구했다. 이것에 더하여 수십만 달러의 징벌적인 벌금이 부과되었다. 지난해 건강이 좋지 않았던 데이비드 허드슨은 심장마비 후 대수술을 받기 위해 병원에 입원했다. 이 과정에서 그의 건축 규정 승인과 관계없이 ORMEs 공장 근처에 있는 다수의 주택에 계획 허가가 허락되었다. 10년 전 국방부와 초기 어려움에 직면했을 때 허드슨은 초전도체 문제(208쪽 "초전도체"를 보라.)에서 자신의 사업 완성을 결코 허락하지 않을 것이라는 충고를 들었는데 이때가 분명히 최후 심판의 순간이었다. 이제 그 지역이 작동될 수 있는 방법이 없었고 비록 수개월에 걸쳐 법률이 오락가락했지만 데이비드는 결국 2000년 11월 "그기 존재하지 않는 규제를 받았었다"라는 글을 써야 했다.

그것은 위대한 개척 시대의 비참한 최후였지만 과학은 여전히 남아 있다. 문제는 이제 그것이 사회적으로 동기가 훨씬 떨어지는 사람들이 추구하고 있다는 것이다. 그것은 정부 부처와 기업 차원에서 빅리그 선수들을 위한 과학이 될 운명이다. 결과적으로 도박은 크고 진귀한 금속 시장은 전략적인 운영의 새로운 플랫폼으로 움직였다. 석유가 지나간 세월의 연료가 되기 위해 하락하기 시작하면서 미래 세계의 주인은 금과 PGM 공급을 통제하는 사람들이 될 것이다. 이것들이 초전도체 기술의 세계에서 미래 산업 – 공중부양의 반중력 영역, 순간이동, 평행 차원 그리고 시공간 조작 – 의 물질들이다. 그러나 이 모든 것이 한 사람의 열정적인 집념과 애리조나 피닉스의 가족농장에서 시작되었다는 것을 시간의 역사에서 잊지 말도록 하자.(ORMEs와 암 연구와 관련한 추가 정보에 관해, 425쪽 부록5 "사라지는 포인트를 향해"를 보라.)

양자 프로토콜

전이 원소들

성궤과 함께 우리의 여정을 완성해 나감으로써 우리는 전자 아크 및 ORMEs 변형 문제뿐 아니라 초전도체와 평행 차원과 같은 것들을 보게 될 것이다.

구약성경에서 만나 가루가 성궤 안에 들어 있었다고 구체적으로 언급하지 않았음에도 그 전승은 히브리서 9장 4절의 신약성경 언급으로 널리 보급되었다. 이것은 "금으로 성궤를 둘렀고 그 안에 만나를 담은 금 항아리가 있고"라고 말한다. 여기서 (ORME 가루의 초전도체의 특성을 고려할 때) 성궤 그 자체는 강력한 발진의 초전도체였을 것이다. 결과적으로 성궤가 단순한 광선이나 유해 광선처럼 격렬한 파괴력을 내뿜고 공중부양 하는 능력에 관한 성경적 진술 중 어느 것도 의심할 이유가 없다. 주기율표의 중심에는 전이 원소라고 알려진 원소들이 있다. 그것들은 금과 무거운 플래티넘 그룹(플래티넘, 이리듐 그리고 오스뮴)과 함께 은과 가벼운 플래티넘 그룹(파라듐, 로듐 그리고 루테늄)을 포함한다. 또한 진귀하지 않은 구리, 코발트, 니켈 등의 원소도 포함한다. 그것은 높은 불-돌의 단원자 상태로 변화하는 능력이 있는 전이 원소이다.

단원자 상태는 시간에 앞서거나 뒤처진 전자들이 물질의 핵 주위에 상관되어 개별 원자가 고체로 결합할 수 없을 때 발생한다.(148쪽 "샤르-온의 면"을 보라.) 대신 그것은 단일 원자의 가루가 된다.

원자의 몸 안에서 전자는 선별 잠재력screening potential 안쪽과 바깥쪽으로 핵 주위를 돈다. 본질적으로 그것들은 안쪽과 바깥쪽의 껍질 안에서 유지된다. 안쪽 껍질보다 바깥쪽 껍질에 더 적은 전자를 가진 원소들은 전기양성을 띠는 경향이 있는 반면 안쪽 껍질에 더 적은 전자가 있는 원소들은 전기음성을 띠는 경향이 있다. 전이 원소들이 표준과 다른 것은 전자 상태에서 독특한 불확실성을 갖고 있다는 것이다. 특별한 조건에서 바깥쪽 궤도의 전자는 안쪽 궤도의 전자와 상호작용할 수 있다.

대부분의 원소는 원자들이 둘 이상의 그룹으로 함께 떼를 이루지만 전이 원소의 원자들은 너무 멀리 떨어져 있기 때문에 화학적으로 결합할 수 없다.1 이것은 원자들이 2차원에서 상호작용하는 단원자 상태를 조장한다. 반발력이 극복되어야 원자들이 모여 금속이 될 수 있다.

단원자 상태에서 전이 원소의 원자는 화학적 반응성을 잃고 핵의 구성과 모양을 바꾼다. 핵은 둥글지 않고 보통 1.3 : 1 비율의 모양을 갖고 있다. 그러나 단원자의 핵은 이것으로부터 2:1 비율 (폭보다 두 배 길다.)로 늘리거나 이것을 넘어서 "과도 변형된superdeformed"이라고 불리는 시가cigar 형태로 늘린다. 과도 변형은 저-스핀에서 고-스핀으로 움직일 때 "스핀 상태"와 직접적으로 관계가 있다. 1960년대 자기장 연구자들에 의해 고-스핀 원자들이 순純 에너지 손실 없이 한 곳에서 다른 곳으로 에너지를 전달할 수 있다는 것이 발견되었다. 이것은 "초전도성"이다. 그 움직임의 에너지 흐름을 설정하는 데 필요한 모든 것은 외부 자기장의 적용이다.

일리노이대학교 첨단연구센터의 물리학 연구 교수 데이비드 파인스는 "초전도성은 아마도 우주에서 가장 현저한 물리적 특성일 것이다"라고 말했다. 마찬가지로 핵물리학자 다니엘 시웰 워드 박사는 "초전도성은 일순위의 물리학 현상보다 무한히 많다. 그것은 무한한 연결 우주에서 기본적인 연계 메커니즘의 하나가 될 것이다"라고 설명했다.

공중부양과 순간이동

초전도체 세계에는 크게 두 가지 유형이 있다. 모든 자기磁氣 침투를 물리치는 단일 진동 국면을 갖는 완벽한 초전도체를 제1형이라고 부른다. 여기에는 단원자 금과 플래티넘 그룹 금속이 포함된다. 제2형 초전도체(구리, 납, 니오븀 그리고 니오븀-티타늄을 포함하는 금속 혼합물들)는 혼합된 상태의 동작을 가지며 외부의 자기 침투가 가능하다.

제1형 초전도체는 순방향과 역방향 스핀 전자가 서로를 파괴하지 않고 거울상처럼 짝을 이루어 완벽하게 기능한다. 그것들은 더 이상 입자가 아니고 빛을 지닌 파동인 단일 주파수 광자가 된다. 본질적으로 광자는 그들이 나타내는 방사선의 주파수에 비례하는 에너지의 양인 퀀타를 나타내기 때문에 이 파동은 양자 프로토콜의 핵심이다.(라틴어 quantus : "how much"로부터) 초전도체의 양자 파동에 흐르는 이러한 반사된mirrored 광자(거울은 표면에서 가상의 광자들로부터 에너지를 흡수하고 실제 광자로 에너지를 재방출한다. 이 효과는 거울이 준광 속의 진공을 통해 움직일 때 작동하는데 일상의 기계적 장치에서는 거의 불가능하다.)는 '쿠퍼 쌍Cooper Pairs'2이라고 불리며, 그들은 북극성이나 남극성이 없는 독특한 자기장인 '마이스너 장'을 창조한다. 활성화되면 이것은 다른 모든 자기장에 저항하여 초전도체는 반자성反磁性이 되는데 이는 강한 자기장에 의해 물리치고 또 물리쳐지는 상태를 말한다. 이것은 즉각적인 공중부양 가능성을 제공한다.3

스티븐 호킹 교수는 거울 전자가 서로를 파괴할 수 있는 상태에 있는 것에 대해 논하면서 복제 전자를 소멸할 수 있는 "반反전자"라고 언급하였다. 소멸을 입증하기 위해 그는 "만일 당신이 반자기反自己를 만난다면 악수하지 마라. 당신 둘 다 거대한 섬광과 함께 사라질 것이다!"4라고 말한다. 물론 이것은 바로 데이비드 허드슨과 제너럴 일렉트릭 팀이 그들의 연구 실험에서 발견했던 것이다. 그러나 호킹, 허드슨 그리고 어느 누구도 그러한 전자 입자 소멸을 파괴하고 잔여물을 남기는 형태로 묘사한 적이 없다. 단순히 관련된 물질이 사라지는 소멸 행위가 수행된다. 할 푸소프가 지적했듯이 이것은 보이지 않는 상태가 아니라 시공의 또 다른 차원으로의 이동이다.(211쪽 "스텔스 원자와 시공"을 보라.)

자기 부상의 좋은 예는 1990년대 영국 버밍엄에서 실험용 셔틀로 상업적으로 운행된 자기부상열차이다. 이런 열차는 문자 그대로 강력한 초전도의 자력으로 뜬다. 그러므로 차량과 선로 사이의 마찰을 제거한다. 1990년 일본에서 시제품을 실험했고 1997년 4월 3일 국비 지원을 받은 야마나시 자기부상 시험선이 개통되었다. 2년 후5 MLX01 차량은 최대 공중부양 속도인 시속 552km에 이르렀다. 미국 정부는 현재 자기부상 향상에 약 10억 달러를 배당했으며 독일의 상업용 자기부상열차 운행은 2006년으로 계획되어 있다.

한번 자기적으로 작동되면 제1형 초전도체의 '마이스너 장'은 무한대로 계속 작용할 것이다. 또한 2개의 '마이스너 장'이 접하면 그들 사이의 양자 파동은 비슷하게 영속적이다. 초전도 자극은 잠재력에서 미미할 수 있고 (예를 들면 반짝이는 별) 궁극적으로 계속되는 에너지는 보편적인 0점의 진공으로부터 얻을 수 있다.

요컨대 초전도체는 전자 에너지를 저항이나 에너지 소실 없이 이동시킬 수 있는 물질이다. 어떠한 물리적 접촉 없이 초전도체는 어떤 시간 동안 어떤 거리에서도 에너지(빛과 전기 같은)를 전도할 것이다. 그것들은 또한 물리적 물질의 거리 이동, 심지어 생명체의 순간이동의 열쇠이기도 하다. 다음은 아르곤 국립연구소의 '뉴턴 게시판 시스템 부서'를 통해 미국 에너지부에서 발췌한 보고서의 내용이다. "그 기술은 한 쌍의 결합된 양자 시스템을 준비하는 것이다." 이것들 중 하나가 멀리 어딘가에 있을 거라고 설명하며 보고서는 계속된다. "그러면 국소 측정 결과를 전송하고 다른 쪽의 새로운 양자를 재구성하고… 사람들은 원론적으로 충분한 고전적 정보를 보냄으로써 (이를 통해서) 이동할 수 있다."6

나사NASA와 아르곤 연구소 과학자들은 빛과 물질의 기묘한 법칙이 원자 척도로 결정되기 때문에 물질을 운반하는 대신 복제하는 것도 가능할 것이라고 확인했다. 이 영역에서 나사 생물 물리연구소는 "물질은 동시에 두 곳에 있을 수 있다. 물체는 동시에 입자와 파동이 될 수 있다"라고 확인한다. 양자 역학에서는 확실한 것이 없으며 단지 개연성이 있거나 없을 뿐이다. "정지하는" 빛의 있음직하지 않은 위업은 현재 두 팀에 의해 성취되었다. 하나는 하버드-스미소니언 천체물리학 센터의 물리학자 론 월스워스가 이끌었고, 다른 하나는 하버드대학교 물리학부 레네 하우가 이끌었다. 빛은 통로에서 멈추고 저장했다가 마음대로 다시 방출할 수 있을 뿐 아니라 엄청난 속도(광속)는 현재 자전거 속도 아래로 조절될 수 있다. 그 가능성은 너무나 놀라울 정도이고 심지어 문자 정보(원자들 안에 기호화한)도 광파에 전달될 수 있다.7

양자 얽힘은 두 입자가 얼마나 멀리 떨어져 있든지 하나의 입자로 작용할 수 있도록 한다. 옥스퍼드대학의 수가토 보스와 캘커타 보스 연구소의 디팡커 홈은 수 광년 떨어져 있는 원자나 분자를 얽는데 사용될 수 있는 단일 메커니즘을 보여주었다. 빈대학의 양자 물리학자 안톤 자일링거는 이것이 큰 분자로도 가능하다는 것을 보여주었다.8

덴마크 오르후스대학의 유진 폴지크 연구팀은 수조兆 개의 원자구름을 양자 읽힘을 통하여 연결시켰다.9 니사의 과학자들에 따르면 이것은 '스타트렉(미국 NBC TV의 1966~1969년 과학 시리즈. 거대 우주선 엔터프라이즈호와 그 승무원이 우주를 탐험하는 내용이다.)'이 빛 광선을 통해 물질을 순간이동시키는 물질인데 이 물질들은 물체의 분자 패턴이 원자적으로 재배치되어 다른 목적지로 보내진다고 말한다.

신성한 과학

우리가 논의한 원칙들은 일반적으로 전해지는 공공 정보의 영역을 벗어나기 때문에 기준선을 정하는 것이 중요하다. 초전도체의 첨단과학과 그 경이로운 특성들을 인정해야만 우리는 마침내 성궤에 무슨 일이 일어났는지 이해할 수 있다.

저명한 현대 과학자들은 평행 차원, 순간이동 등의 존재를 확인했을 뿐 아니라 대중들이 그러한 문제에 어두운 것에 관해 특별한 염려를 표현했다. 이에 관해 우리가 직면한 딜레마를 입증하기 위해 1999년 10월 콜로라도 포트 콜린스에서 개최한 국제신과학협회 포럼에서 핵물리학자 다니엘 시웰 워드 강연 발표에 다음과 같은 발췌문이 제시되었다.

수많은 증거들은 다른 방법으로 이례적인 관찰들을 설명할 수 있는 매우 중요하고 기초적인 과학이 존재한다는 것을 암시한다… 특히 중요한 것은 신성한 과학(수학, 물리학 그리고 건강/장수를 포함하는)의 주제들이고 그러한 주제들이 탐구자와 조사자들로부터 보류되어 있는 정도이다.

널리 인정된 "지식은 힘"이라는 것은 뻔한 말이다. 의미심장하게도 제한된 엘리트들이 가지고 있는 비밀 지식이나 가르침은 보다 큰 권력

성궤의 잃어버린 비밀   223

의 잠재력을 구성한다. 지난 수천 년간 세계사가 난해한 지식, 이해, 지혜를 바탕으로 한 지배와 권력 투쟁이라는 기본 주제를 그 범위 안에 포함시킨 것은 이런 이유에서인 것으로 보인다.

고대 이집트와 그리스의 신비학교에서부터 성전기사단에 의해 발굴된 예루살렘의 보물들까지… '3국 위원회(미국, 유럽, 일본 구국위원회로 1973년 발족된 경제계, 학계 대표의 정치 경제문제 토의 기구)'와 다양한 비밀 조직들의 비밀을 지켜온 오늘날까지 인류의 가장 위대한 유산은 사회 주류로부터 조심스럽게 그리고 학구적으로 저지되어 왔다. 개인의 거대한 깨우침과 진화의 잠재력을 제공한 이해와 기술은 역사적으로 힘 있는 사람들의 독점적인 사용을 위해 유지되어 왔다… 그들의 우주관을 보전하는 수단으로 진실을 공격하기 위해 모든 노력을 기울인 수많은 세력(특히 종교)이 있었다는 사실이 아마도 대표적인 일례일 것이다. 이상하게도 완전한 파괴(알렉산드리아 도서관의 화재처럼)를 탐구하거나 의문이나 지식 보급에 엄격한 제한을 두는 것 또한 통제와 힘의 문제에 근거를 두고 있다. 이 세계 수준의 힘의 다툼 안에서 매우 난해한 지혜와 지식은 근본적인 진리를 보호하는 수단으로 뿐만 아니라 그에 따른 이익을 얻기 위해 그것들을 사용(또는 그것들을 제거하며)하는 수단으로써 대중의 시각으로부터 접근 금지되어 왔다.

갑자기 (역사적인 용어로) 판도라의 상자가 뒤집혔고 엘리트 그룹 밖의 개인들은… 지금까지의 난해한 지식의 비밀들을 얼핏 보고 연구하고 이해하기 시작했다. 그리고 그러한 이해가 주류로 전파되면서 다른 사람에 대한 한 사람의 통제가 줄어들고 있다… 진리와 깨우침을 추구하는 개인에게 갑자기 그러한 지혜의 존재를 부인하는 음모의 역사는 이러한 근본적인 가르침을 어떻게 적용하는가에 대한 이해보다 덜 중요해진다.

분명히 오늘날 알려진 대부분의 것들은 시대를 거쳐 학습과 발견의 통상적으로 개방적인 과정으로부터 파생된다. 역사적으로 우리는 수습기간을 통한 지식의 보급을 갖고 있는데 그 지식의 보유자(마스터)는 그 또는 그녀의 가치 증진을 통해 그러한 지식에 대한 권리를 얻은 누군가(수습자)와 그의 이해를 공유한다… 학교는 또한 지혜와 지식을 보급하기 위해 존재해 왔으며, 조심스럽게 제한된 신비학교에서부터 최고의 엘리트들을 위한 학교, 공교육에 이르기까지 그 규모가 다양하다…

수메르 문명은 글과 공예품의 형태로 된 물리적 증거에 충분히 뒷받침되는 인간의 노력에 대한 최초의 기록을 구성한다. 특히 눈에 띄는 것은 티그리스-유프라테스 계곡에서 문명이 모든 종류의 새롭고 지금까지 없었던 문명의 혁신과 양상을 가지고 꽃피웠다는 분명한 사실이다. 갑자기 글쓰기, 축산업, 농사의 관개, 숭배를 위한 신전 그리고 등등…이 있었다.

예를 들이, 모세는 이집트의 왕자로 고대 신비에 관해 싱세히 교육받았고 그 교육의 일부를 성궤 형태로 이스라엘인들과 공유한 것이 분명해 보인다. 기사단은 지난 천년의 전환기에 십자군 전쟁에 나타났고, 분명히 예루살렘 주변 지역에 포함된 풍부한 정보를 발견한 사람들이다… 좋은 소식은 그러한 정보가 점점 더 많이 이용 가능하게 되었다는 것이다… 이것은 많은 부분이 고대 문헌의 발견과 해독에 기인한다. 이 문헌들은 이집트의 '사자의 서', '사해 두루마리' 그리고 '나그함마디 문서Nag Hammadi Codices'와 같은 것들을 포함한다. 더욱이 하 카발라ha Qabala의 형태, 타로 그리고 다른 책들은 여러 시대를 거쳐서 그리고 비밀 결사의 테두리 밖에서 전해 내려왔다. 많은 정보가 의도적으로 유포되고 있다는 추가적인 증거가 있는데 마치 인구의 훨씬

성궤의 잃어버린 비밀   225

더 큰 부분을 이해의 장으로 끌어들이기 위한 결정이 내려진 것처럼…
진리는 필연적으로 표면으로 떠오를 수 있는 방법을 가지고 있다.

핵심은 신성한 기하학과 수학에 대한 우리의 이해가 확산되는 것이
우연한 발견의 결과인지 또는 고의적인 정보 유포의 결과인지 여부다.
한편으로 기하학과 숫자는 부분적으로 사용된 논리적 과정의 단순성
때문에 즉시 발견 가능하다. 정말 필요한 것은 올바른 질문을 하는 것
이고, 수학은 자신을 드러내기 위해 꽤 서두른다… 그러나 우리가 알
지 못하는 것이 더 있을까? 최첨단 물리학이 4차원 시공간 연속체를
넘어 0점 에너지와 다차원 에너지로 변화하고 있는 현재의 추세는 지
금까지의 비밀 지식으로의 진출일까 또는 단지 지식의 진보가 우주의
현실로 가는 것일까?

마지막 분석에서 답변을 요구하는 많은 질문들이 있고 그 열렬하고
열광적인 시도들은 보상받을 것이다… 이 견해에 따르면 누군가가 그
비밀을 알 자격이 있느냐 없느냐의 문제는 더 이상 문제가 아니라 오
히려 스스로 우주의 신비를 발견하도록 격려하는 것이다. 사실상 그
문제를 추적하는 데 흥미를 가진 모든 사람들을 위한 학습 곡선의 최
상단에 여전히 여지가 있다.

덴데라로 돌아가다

이러한 통찰력 있는 관점을 고려하여 덴데라에 있는 신비의 하토르
와 관련된 암석조각에 대한 다니엘 박사의 의견을 구해야겠다는 생각
이 들었다. 이것들은 우리가 이전에 고려했던 신전 벽을 장식하는 이
상한 둥글납작한 물체이다. (135쪽 "신들의 금"을 보라.) 현대 과학의 선봉에

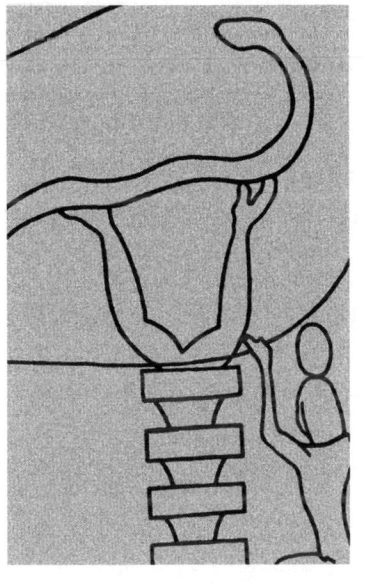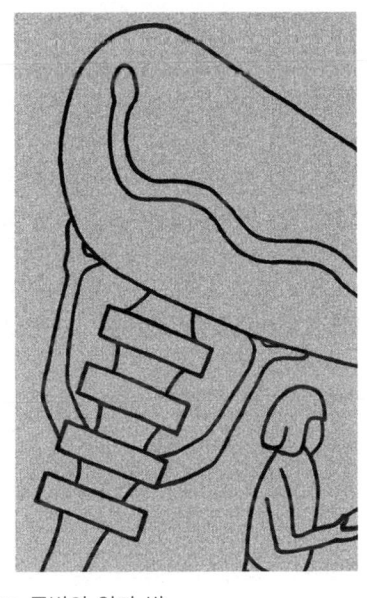

제드 기둥에 있는 팔. 그 주변의 안과 밖.

있는 자격을 갖춘 물리학자가 있는데 그는 또한 고대 역사에도 소질이 있다. 그는 각각의 신전 부조들 사이에 중요한 차이가 있다고 지적했다. 예를 들면, 몇몇 장면들은 밑에서 앰플(주사액이 든 작은 병)을 지탱하는 것처럼 보이는 팔들을 보여주는 반면, 그곳에는 또한 뱀들이 지탱하고 있는 제드djed 기둥(고대 이집트인들이 물체에 영력이 있다고 믿었던 주물 숭배의 한 예) 팔들이 거품 범위 안으로 뻗쳐 있는 변형도 있다. 이것은 거품/관(튜브)/앰플이 전혀 물리적인 물체가 아니라 구어口語가 거품 윤곽이 아닌, 관련 요소인 만화의 말풍선처럼, 그 안의 중요한 영역이나 기운(aura)을 대표한다는 것을 시사한다.

뱀과 가까운 제드 팔은 주변에만 접하는 다른 제드나 형상들의 팔보다 더 근육질이다. 제드 손을 안으로 뻗으면 뱀은 5, 6회 파동을 그리지만 바깥 경계에 제한되면 뱀은 더 적은 파동을 그린다. 이것은

성궤의 잃어버린 비밀 227

경계 내에서 일어나는 회복 과정을 암시할 수 있다.

이 묘사의 또 다른 특징은 몇몇 부조들 중 호루스(고대 이집트 신화에서 태양의 신. 오시리스와 이시스의 아들이며 하토르의 남편)의 매의 표현이다. '호루스 효과'는 mfkzt(하얀 가루) 시나리오의 중요한 요소이며 호루스 눈의 "황금 눈물"은 그 경건한 특성과 관련이 있다. 아니Ani 피라미드 문서의 파피루스에 'Mfkzt의 장'(32쪽 "축복받은 자의 땅"을 보라.)에서 깨우침을 찾는 파라오는 이렇게 말한다. "나는 모든 결점을 정화했다. 그것은 무엇인가?[만나Manna?] 나는 호루스의 황금 매처럼 올라간다. 그것은 무엇인가? 나는 죽음 없이 불멸자의 옆에 있다. 그것은 무엇인가? 나는 내 아버지의 왕좌 앞에 왔다. 그것은 무엇인가?"

덴데라에 있는 관련된 비문에 따르면, 의식을 책임지는 사제 같은 인물은 육체적 영혼의 한 종류인 카Ka − 깨우침의 갱생 mfkzt로 부양되는 카Ka라고 불리는 파라오의 "빛의 육체"와 똑같은 − 존재로 확인된다. 더욱이 관 모양은 연꽃 식물의 줄기와 꽃받침 둘 다로부터 캡슐에 보호된 것처럼 모두 확장되는 반면 명문은 뱀을 호루스와 하토르의 신성한 자식인 하르솜투스Harsomtus로 확인한다. 시나이 호렙 신전에서 발견된 그릇들 가운데 연꽃 모양이 두드러졌으며 솔로몬왕의 거대한 청동 용기의 테두리 또한 개화한 연꽃 같은 모양이었다.(175쪽 "불-돌 프로젝트"를 보라.) 기록된 수메르 시대의 가장 오래된 것으로부터 연꽃(백합)은 "신의 정수" 즉 '신의 금'(바로 하토르였다.)이라고 불린 최고의 넥타르(신들의 음료)를 대표했다.10

이 모든 논의는 내가 처음에 한 질문 이후에 발생했다. 나의 물리학자인 동료가 자세히 말하기 전에 한 말은 전구 같은 돌출이 "선속관(flux-tubes, 線束棺)"의 표현, 말하자면 초전도성 '마이스너 장'과 매우 비슷하게 보인다는 것이었다. 2개의 '마이스너 장'이 접촉할 때 (220쪽 "공중부양과 순간이동"을 보라.) 그것들은 영구적인 양자력의 파동을 생성하며 덴데라 부조의 모든 경우에서 장field, 場 (그들 고유의 뱀파serpent wave를 가시고)의 쌍들은 접촉하려 한다. 그러므로 그 묘사가 초차원적인 'Mfkzt의 장'으로 가는 하토르의 선속관 출입구의 예비 설치를 보여주는 경우가 될 수 있다.

통과의례

이 책의 의문을 추적하면서 접하는 놀라운 과학을 이해하려고 할 때 한 천체물리학자로부터 이해하려고 노력하지 말라는 충고를 들었다. 그는 "믿을 필요가 없습니다"라고 말했는데 "왜냐하면 이것은 믿음에 관한 것이 아니기 때문입니다. 여러분은 단순히 기존의 믿음이나 이해의 범위를 넘어서서 그것은 매우 단순하다는 것을 인식해야 합니다. 그것은 과학이고 존재하는 것입니다"라고 덧붙였다. 스티븐 호킹 교수의 말을 인용하면 "빠르게 발전하는 지식의 경계를 따라갈 수 있는 일부의 사람들만이 자신의 모든 시간을 그것에 쏟아 붓고 하나의 작은 영역을 전문화해야 한다. 나머지 인구들은 현재 진행되고 있는 발전이나 그들이 만들어내는 흥분에 대해 거의 알지 못한다."[11]

이런 생각들을 염두에 두고 나는 만일 이러한 현상이 지금 여기에 있다면 그것들은 언제나 존재했을 것이라는 생각이 들었다. 유일한 차이는 갑자기 밝아지는 모든 것들이 그렇듯이, 우리는 단지 몇 가지 작동 방식을 재발견했고 그것들을 새로운 학명으로 부르는 것이다. 만일 지금 초전도성이 있다면 중세 시대에도 초전도성이 있었다. 더욱이 모세 시대와 그 이후의 시대에 초전도성이 있었지만 코넬대학의 아르곤 국립연구소와 첨단연구소 대신에 카르나크 신전, 호렙 그리고 덴데라가 있었다. 자연적으로 발생하는 현상처럼 그때는 자기파와 '마이스너 장'이 있었다. 그 시대 사람들은 아마도 현대 과학자들이 이해하는 방식으로는 이것들의 역학에 대해서 아무것도 몰랐을 것이다. 그러나 작동하는 것으로 그들은 'Mfkzt 장'과 그 통과의례를 묘사할 만큼 그것들의 존재를 충분히 알고 있었다.

양자물리학의 환상적인 세계에 대한 나의 연구가 엄청난 믿음의 도약을 필요로 하는 것 같은 발견들을 계속 제시했다는 것을 이 작업의 초기 단계에 자주 떠올랐다. 그러나 나는 그 도약을 해야만 다음 단계와 그 결과로 생긴 도약을 만날 수 있다는 것을 곧 알게 되었다. 이것은 양자 이론의 세계가 무엇에 관한 것인지를 확실하게 드러낸다. 이것이(이것의 모든 긍정적이고 입증된 발견에도 불구하고) 여전히 "이론"으로 분류되는 이유인데, 왜냐하면 언제나 저편에 또 다른 장애물이 있기 때문에 궁극의 문제는 결코 해결되지 않기 때문이다. 인식된 신념의 도약조차 단지 환상이었다는 것을 인식하는 데는 오래 걸리지 않았다. 사실 도약할 방법이 없었고 믿음과는 아무런 상관이 없었다. 양자 안전지대는 조건부 구속의 신호등을 이동시키는 순간 발생한다. 그 순간부터 모든 것이 양자 파동 위에서 자연스럽게 흐르는데 그럼으로써 각각의 새로운 계시에 대한 본능적인 반응은 직관적인 수용이다. 그 물리학자가 말했듯이 "그것은 과학이고 존재하는 것이다." 그리고 구약성경에 나오는 솔로몬왕의 지혜에 비롯된다.

이미 있던 것이 후에 다시 있겠고
이미 한 일을 후에 다시 할지라
해 아래는 새 것이 없나니.

-전도서 1장 9절

사막의 불

성배의 수수께끼

우리는 어떻게 '현자의 돌'이 중세 성배 전설에 등장하였는지 (49쪽 "신성한 만나"를 보라.) 그리고 그것이 어떻게 깨달음의 잿더미에서 솟아나는 불사조의 연금술적 신화와 연결되었는지 살펴보았다. 불사조와 '현자의 돌'은 자주 오컬트(비학秘學. 과학적으로 해명할 수 없는 신비적, 초자연적인 현상. 또는 그런 현상을 일으키는 기술)의 문제로 여겨졌기 때문에 성배 전통을 기독교의 특권으로 보려는 사람들을 오랫동안 혼란스럽게 했다. 사실 여기에 이상한 수수께끼가 있는데 왜냐하면 비록 성배가 일반적으로 기독교의 유물로 여겨지지만 교회는 1547년 트렌토(이탈리아 북부) 공의회에서 성배 설화를 비공식적인 이단이라고 선언했기 때문이다. 397년 카르타고 공의회에서 채택된 신약성경을 위한 서적의 선택이 마침내 비준된 것이 바로 이 공의회에서였다.

고대 메소포타미아의 성배Gra-al 유산을 보면 (152쪽 "지니의 영역"을 보라.) '잔盞과 빵'의 상징주의는 BC 1960년경부터 아브라함과 멜기세덱 시대(창세기 14장 18절에 보이는 것처럼)의 셈 문화의 일부였다는 것은 분명하다. 가장 이례적인 것은 교회의 성배에 대한 공식 입장인데 그 유산의 가장 적절한 상징을 자신의 것으로 삼는 것이었다. 성찬식(또는 성체성사)은 구세주의 피를 나타내는 포도주와 몸을 나타내는 빵 조각(살짝 구운 과자의 일종)을 사용함에 있어 노골적이다. 이 관습의 옹호자(특히 정치체제나 종교

성궤의 잃어버린 비밀　231

사상의)들은 그것이 최후의 만찬 사건 - 예수가 그 자신이 오래된 의식을 시연한다는 생각 없이 포도주와 빵을 자신의 제자들1에게 제공했을 때 - 에서 파생되었다는 개념을 고수한다.

사해 두루마리 중 하나인 '공동체 규칙'에 있는 증거처럼 '메시아의 연회'에 해당되는 '최후의 만찬'은 쿰란에서 행해졌다. 연회의 주요 주최자는 대제사장과 이스라엘의 메시아2, 말하자면 지배적인 메시아(기름 부음을 받은 자)였지만 반드시 예수는 아니었다. 이 두루마리에 따르면 나사렛Nazarene('나사렛 출신 예수'라는 말에 있는 나사렛이 아니다. 나사렛이란 마을이 예수 시절에 존재했다는 증거는 없다. 여기서 나사렛은 교파를 의미한다.) 공동체는 사도 대표단을 구성한 임명된 관리들로 대표되었다. 예수 출생 이전 약 50년 전에 쓰인 '공동체 규칙'은 연회 좌석에 대한 정확한 우선순위를 정하고 식사 때 지켜야 할 의식에 대해 상세히 기술한다. "그들이 공동체 식탁에 모이면… 마실 포도주를 섞고 제사장 앞에서 아무도 자기 손을 첫 번째 빵과 포도주에 뻗지 않는다. 왜냐하면 빵과 포도주의 첫 열매를 축복해야 할 사람은 바로 그였기 때문이다… 그러고 나서 이스라엘의 메시아는 그 빵 위에 손을 뻗고 그다음에 공동체의 모든 사람들이 각자 그 계급에 따라 축복할 것이다."3

많은 사람들을 당황케 한 성배 전설의 또 다른 양상은 그것들이 유대 역사의 유명한 인물들에 대한 수많은 존경의 언급을 포함하고 있다는 것이다. 또한 유대인 이름과 유대인 혈통의 다른 이름들 - 요세푸스, 롯, 엘리난트, 갈라하드, 브론, 우리엔, 헤브론, 펠레스, 호세우스, 요나스, 반과 같은 - 에 일관성이 있다.

특히 기사騎士들 중 가장 기독교적이라고 간주된 사람은 전사戰士 갤러해드Galahad인데 그는 초기 문서에서 길르앗Gilead으로 확인되었다. 그러나 본래 길르앗은 아브라함의 동생인 나홀의 증손자의 증손자인

미가엘의 히브리 아들이었다.(대상 5:14) 길르앗은 "증언의 무더기"를 의미하고 길르앗이라 불리는 산은 '증인의 산'이다.(창 31:21~25) 갈르엣Galeed 역시 창세기 31장 46절~48절에 있는 증인의 무더기인 야곱의 돌탑(기념, 이정표로서의 원추형 돌무덤)에 주어진 이름이다.

12세기 프랑스 성전기사단의 환경으로부터 나온 성배 이야기에서 유명한 것은 아리마대의 요셉이지만 더 오래된 고대로부터 최고의 존경을 받았던 사람은 다른 인물이었다. 그는 BC 161년에 사망한 하스몬가의 사제, 유다 마카베오였다. 프랑코-플랑드르의 『성배의 고귀한 역사High History of the Holy Grail(1220년경 편집됨)』에서는 가웨인 경과 성배 가문의 요세우스 사이에 다음과 같은 대화가 나온다.

그는 가웨인 나리에게 말했다. "기사님, 저는 나리가 머물기를… 그리고 이 방패를 가지시기를 기도합니다. 그렇지 않으면 제가 나리를 정복할 것입니다… 그것은 그의 믿음에서 가장 훌륭한 기사의 것이었고… 그리고 가장 현명한 자의 것이었기 때문입니다."

"그렇다면 그가 누구인가?"라고 가웨인 나리가 물었다.

"유다 마카베오가 그였습니다."

"너는 진실을 말하는구나." 가웨인 나리가 말했다.
"그리고 너의 이름은 무엇인가?"

"나리님, 제 이름은 요세우스입니다. 그리고 저는
아리마대Abarimacie 요셉 혈통입니다."

성궤의 잃어버린 비밀   233

왜 유다 마카베오인가? 그는 공인된 성경에 보이지 않는다. 그러나 구약과 신약성경 사이에는 역사적 공백이 있으며, 이 기간 내에 유다 Judas와 하스몬가의 마카베오 역사를 발견할 수 있다.(194쪽 "포로 이후"를 보라.) 운 좋게도 그들의 이야기는 플라비우스 요세푸스(그 자신 또한 하스몬가 출생이었다.)의 1세기 글과 최종 경전이 그것들 없이 제정되기 전 본래의 70인역 성경에 추가된 경외서인 마카베오서에 또한 상세히 기록되어 있다. 보아 하니 그것들이 선택되지 않은 이유는 그것들이 사람들의 일에만 관심이 있고 신의 일에는 관심이 없었기 때문이다.

구약성경과는 전혀 다른 로마 환경에서 예수의 복음서 이야기가 등장하는 것은 공인된 정전正典의 누락된 측면 덕분이었다. 따라서 복음서의 시각은 예수가 일련의 역사적 사건의 일부로 보이는 대신 당황할 정도로 독특한 역할을 맡았을 정도로 베일에 가려져 있다. 그것은 또한 헤롯 시대의 시작에 예수가 속한 '다윗가家'와 동등한 지위를 가졌던 두 번째 '유다 왕가'의 기록으로부터 벗어날 수 있었다. 또한 이 감춰진 시대에는 전통적인 금 문화와 사해 옆의 쿰란 설립에 대한 계속되는 이야기가 베일에 가려져 있다.

하스몬가

유다는 "망치로 치는 사람"(마카바Maqqaba)으로 알려진 예루살렘 근처 모딘Modin의 제사장 맛다디아Mattathias의 아들이었고 그의 문장紋章(성배 이야기에 암시된 것처럼)은 그 시대의 전설이었다. "신들 중에 당신과 같은 사람이 누구인가?"라는 수사적 질문이 그 위에 새겨져 있었다. 유다의 별명의 결과로 그의 후계자들은 마카비Maccabees로 알려지게 되었고, 마카베오Maccabaeus라는 성姓으로 별명이 붙여졌다. 더 넓은 의미

234   Lost Secrets of the Sacred Ark

에서 그들은 맛다디아의 증조부인 그들의 조상 하스몬Asmonaeus의 이름을 따서 하스몬가Iasmonaeans로 알려지게 되었다.

유다는 아버지의 발자취를 따라 예루살렘을 공략한 시리아의 셀레우코스 왕들에 대항해 무기를 들었다. 그들은 알렉산더 대왕의 마케도니아 장군 셀레우코스의 후계자들이었고, 따라서 그들은 유대인들에게 그리스 전통과 종교를 강요했다. 셀레우코스 시대의 주요 적수는 예루살렘의 아론 대제사장의 형제들과 연합한 안티오코스 4세였다. 그들은 그리스 신들을 소개하고 신전을 숭배하며 침략자를 편들어 그들 가족의 유산을 찬탈했다. 토라(유대교에서 '율법'을 이르는 말) 두루마리는 돼지기름으로 태워졌고 할례(유대교 의식)가 금지되었으며 그리스어가 죽음의 고통 위에 강제되었다.

예루살렘 사제들이 자신들의 유대 문화에 대항하는 반란을 지원하자 모딘의 맛다디아는 처음에는 그의 아들 유다가 이어받은 게릴라 부대로 도전을 시작했다. 수년 동안 유다는 양쪽에 수천 명의 병사를 거느린 큰 전투에서 시리아 군대를 물리쳤다. 이러한 모든 과정을 통해 예루살렘은 파괴되었지만 BC 165년 11월 25일 유다는 마침내 제우스의 우뚝 솟은 이미지를 몰아내고 신전을 유대교 신앙으로 다시 봉헌했다. 도시의 메노라(유대교 제식에 쓰이는 일곱 갈래 촛대)는 8일간의 축하 축제를 시작하는 빛을 밝혔고 매년 열리는 하누카Hanukkah4 축제가 탄생했다.

그것이 하스몬가 반란의 종결이 아니었는데 언덕과 주변 국가에는 여전히 패배시켜야 할 시리아군이 있었기 때문이다. 그러나 이 사건으로 예루살렘은 새로운 왕자 - 유다의 동생 요나단 - 의 치세가 되었다. 이것을 처리하기 위해 하스몬가는 로마(지중해 세계에서 새롭게 부응한 세력)의 군사적 지원을 얻었고, 그럼으로써 BC 142년경부터 유대의 완전한 독립을 이루었다. 그러나 불과 몇 십 년 뒤 로마인들이 유대의 새로운

성궤의 잃어버린 비밀   235

지배자가 되었다.

마카비가 시리아의 안티오코스와 그의 후계자 디미트리오스 1세에 대항해 승리했지만 안식일에 치열한 싸움을 행했기 때문에 많은 사회적 피해가 있었다. 하시딤Hasidim(신앙심이 깊은 자)이라 알려진 극도로 엄격한 유대교 신자들은 이것에 강력히 반대했고, 의기양양한 하스몬가가 예루살렘에 그들의 왕조를 세우면서 지배권을 장악했을 때 하시딤은 반대의 목소리를 냈을 뿐 아니라 대규모로 그 도시를 떠났다. 그 후 그들은 예루살렘에서 동쪽으로 몇 킬로미터 떨어진 사해 근처의 쿰란 광야에 그들만의 공동체를 설립했다. 코퍼 두루마리에 따르면 옛 쿰란은 세카하Sekhakha라고 불렸다.

마카베오서는 유다의 조카인 히르카누스가 예루살렘에서 어떻게 왕과 대제사장이 되었는지 이야기한다. 그는 그의 아들들인 아리스토불루스와 알렉산더에 의해 계승되었고, 그러고 나서 알렉산더의 아들들인 히르카누스 2세와 아리스토불루스 2세에 의해 그리고 아리스토불루스 2세의 아들 안티고누스에 의해 계승되었다. 바빌로니아 포로 이후 수 세기가 지난 뒤 마침내 유대에 다시 왕조가 들어섰지만 하스몬가는 그들의 공주 마리암메가 이두매아인(에돔 사람 혈통의 왕조)의 아랍 사령관 헤롯과 결혼하면서 갑작스럽게 끝이 났다. 이 결혼의 모험담과 안토니우스와 클레오파트라의 로마–이집트 주변의 음모를 둘러싼 이야기는 플라비우스 요세푸스의 『유대 전쟁사』와 『유대 고대사』5에 상세히 기록되었지만, BC 37년 안티고누스가 죽었을 때 하스몬가의 유일한 계승녀는 그의 조카딸(헤롯의 부인) 마리암메였다. 로마의 승인으로 헤롯은 예루살렘의 새로운 거주민 왕이 되었다.

쿰란에서의 공식적인 점유 기간은 BC 130년경에 시작된 것으로 보이며, 에세네파Essene(고대 유대의 금욕, 신비주의의 한 파) 치유자들은 BC 100년경에 정착을 굳혔다.6 에세네파는 이스라엘인보다 그리스-이집트 문화를 가진 철학적 치유의 공동체였다. 유대 연대기는 약 70년 후인 BC 31년에 거주지의 철수를 야기한 유대의 격렬한 지진을 묘사한다.7 이것은 쿰란에서 2개의 뚜렷한 거주 기간 사이의 단절에 의해 확인된다.8 요세푸스는 「유대 전쟁사」에서 에세네파가 치유의 기술을 실행했고 고대인들로부터 초목과 돌에 대한 의학적 지식을 받았다고 설명한다.9 사실 에세네라는 단어는 전문지식을 의미할지도 모른다. 왜냐하면 아람어 asayya는 의사를 의미하고 그리스 단어 에세노이essenoi와 부합하기 때문이다.

두 번째 거주 기간은 헤롯 대왕의 통치 기간에 시작되었다. 사해 두루마리(1947년부터 발굴됨)의 증거 외에도 동전 모음이 쿰란 거주지에서 수집되었다.10 그것들은 하스몬가의 지배자 요한 히르카누스(BC135~BC104)부터 AD 66~70년 로마에 대항한 유대인들의 반란까지의 기간과 관련이 있다. 그 후 그 시대의 많은 유물들이 발견되었고, 1950년대에 1,000개 이상의 무덤이 쿰란에서 발굴되었다. 두 번째 거주지로부터 회의실, 벽토 벤치, 거대한 물웅덩이 그리고 미로 같은 수로와 함께 광대한 수도원 단지도 드러났다. 편찬자들의 방에는 잉크 우물과 길이가 약 5m 이상인 두루마리들이 놓여 있던 탁자의 잔재가 있었다.11 고고학자들과 연구자들에 의해 본래의 거주지가 지진으로 피해를 입었고 후기 헤롯 시대에 에세네파에 의해 재건되었다는 것이 확인되었다. 흰색의 길고 품이 큰 옷을 입은 에세네파는 중요한 3개의 철학적 유대 분파들 중 하나 (다른 2개는 바리새파와 사두개파)였다. 그들은 쿰란에 거주하던 예수의 나사렛Nazarene 가문이 그랬던 것처럼 이집트 치료의 신비가 및 치유자들과 연합했다. 본래 에세네파는 이스라엘과 다윗 왕가의 위대한 시대로 돌아가기를 갈망하는 옛 귀족들이었다.12

성약의 수호자들

헤롯 대왕(BC37~BC4)의 치세 동안 예루살렘에서 거액의 돈이 지출되었는데 이것은 BC 25년 왕국을 에워싼 거대한 재앙의 결과였다. 그해에 비가 내리지 않았고 팔레스타인이나 시리아에는 아무런 수확이 없었다.13 씨앗도 곡류도 없었고 염소와 양도 모두 죽었다. 요세푸스는 헤롯이 이런 역경에 처한 백성들을 먹여 살리기 위해 자기 궁전에서 모든 금과 은을 벗겨내 파라오의 곡물 창고로부터 공급을 받기 위해 이집트의 총독 페트로니우스에게 보냈다고 언급했다. 이것은 의복과 다른 필요한 것들과 함께 전역에 엄청난 양으로 자유롭게 배포되었다.14 2년의 긴 시간이 흐른 뒤 위기는 지나갔지만 예루살렘 국고는 완전히 비었다. 헤롯은 (왕다운 기량으로) 완전한 대재앙으로부터 나라를 구했지만 그와 그의 궁전은 그 과정에서 완전히 파산했다.

그러나 얼마 지나지 않아 헤롯은 놀랍도록 호화로운 규모로 경제를 운영하였다. 그의 기부금과 유산은 산정할 수 있는 세수를 훨씬 초과할 만큼 엄청났다. 그 정점에서 그는 예루살렘 성전을 확장하고 재건했는데 142,000㎡가 넘는 새로운 부지 안에, 아테네의 아크로폴리스보다 더 크고 그 시대에 가장 장엄하다고 이야기되는 건축물이 되었다. 수천 명의 석공들이 수년 동안 그 거대한 프로젝트를 위해 일했는데 도대체 그 많은 돈이 어디서 나온 것일까? 더욱이 피라미드와 이집트의 다른 거대한 기념물들 (158쪽 "0의 저편"을 보라.)에 관한 질문, 그들은 어떻게 각각 50톤이 넘는 수백만 개의 거대한 돌들을 옮기고 들어올렸을까? 실제로 오늘날 남아 있는 벽 구조물 안에는 기초에서 약 30m 이상 위에 각각 80톤이 넘는 주춧돌이 있다.15

역사는 헤롯이 파산한 시점부터 수출 무역을 통해 예루살렘의 새로운 부를 축적했는데, 특히 그의 어머니 쿠프라16가 요르단 남부에 위치한 사해 아래 놀라운 암벽 도시 페트라와 수출 무역을 했다고 한다. 페드라는 향신료와 대리석 무역으로 매우 부유한 중심지였는데 당시 나바테아의 아랍 지도자 아부드왕이 통치하고 있었다. 페트라의 기술 자들은 수력시스템 전문가로 주목받았으며, 이 독특한 전문성은 도시 의 또 다른 유명한 수출품이었다. 사실 페트라의 경제는 근본적으로 수출을 기반으로 했고, 그들은 외부로부터 매우 적은 것을 요구했다. 그들이 수입한 것은 중국의 비단, 아프리카의 상아 그리고 인도의 희 귀한 보석과 나무와 같은 값비싼 사치품들이었다.[17] 그렇다면 표면상 제공할 것이 없는 빈약한 유대 기반으로부터 높은 보상을 얻기 위해 헤롯왕이 페트라의 총독에게 판 것은 무엇이었는가? 답은 그가 솔로 몬이 오래전에 했던 일, 즉 알려진 모든 물건들 중 가장 소중하고 가 치 있는 높은 불―돌을 팔았던 것을 모방한 것으로 보인다는 것이다.

언급했듯이 쿰란의 에세네파는 '카르나크 신전 장인들의 하얀 형제 단'인 이집트 치료사에 소속되어 있었다. 그들은 사해 두루마리에서 자신들을 '새로운 성약New Covenant(Berith Hadashad)[18]이라고 언급했고, 아 랍인들은 그들을 '성약聖約(신과 인간 사이의)의 수호자Nazrie ha-Brit'[19]라고 불 렀는데 여기서 "나사렛Nazarene" 명칭이 파생된다. (일반적 의견과 달리, 예수의 나사렛 분파Nazarene sect는 나사렛Nazareth과 아무런 관련이 없다. 그들은 모세와 솔로몬의 전통에 따른 신비로운 성약의 비밀을 지키는 사해 수호자들이었다.)

1950년대 이후 쿰란의 다양한 발굴에서 인상적인 수도원 건물들의 가장 놀라운 특징은 물웅덩이의 개수와 크기 그리고 도랑과 수로의 굉장한 복잡함이다.[20] 서쪽의 도수교는 신선한 물을 공급하기 위해 유대 언덕에서 뻗어 나갔지만, 다른 물길들은 염분이 많은 사해로부 터 직접 연결되었다. 그중에 가장 큰 것은 쿰란 조금 아래에 있는 95m 길이의 마진Marzin 수로였다. 이 물은 높은 미네랄을 함유하기 때

성궤의 잃어버린 비밀　239

문에 마시거나 씻기에 적합하지 않았다. 그러나 그때도 지금처럼 그 것에는 매우 많은 양의 ORME 금, 즉 천연 mfkzt을 포함하고 있었다. 최근의 실험에 의하면 사해 침전물은 30%의 마그네슘과 단원자 상태 의 금 70%를 포함하고 있다.[21] 건조된 침전물에 염산을 더 적용하면 마그네슘이 용해되어 순백의 쉠-안-나 가루가 남는다. 솔로몬이 전 통적으로 채굴한 금으로 '현자의 돌'을 제작한 것과 달리, 에세네파 방법은 단원자 물질이 쉽게 구할 수 있는 근원으로부터 정제되고 완 벽하다는 점에서 데이비드 허드슨의 것과 더 비슷했다. 헤롯의 목적 에 맞추기 위해 예루살렘에서 수 킬로미터 떨어진 사막 수도원의 경 계 안에서 비밀리에 이 작업을 시행하는 것은 충분히 쉬웠을 것이다.

요세푸스는 사업상 에세네파가 공동체 밖의 사람들과 돈을 위해 유 일하게 무역을 했을 테지만 사고팔기보다는 상호 교환의 문제로 서로 자유롭게 주거나 받았을 것이라고 말한다.[22] 그러므로 헤롯의 시설로 부터 제공된 모든 상품이나 수입은 쿰란에 있는 모두의 이익을 위한 것이었지만 왕이 나바테아 등으로부터 얻은 판매 수익은 분명히 에세 네파에게 전해진 어떤 것보다 훨씬 더 많았다.

예수가 태어났을 때 헤롯이 유아들을 죽였다는 성경의 감점요인에 도 불구하고 역사는 그를 유능하고 존경받는 왕으로 기록하였다. 그 는 비록 10명의 아내가 있었고 아랍인 가정에서 자란 다른 관습들을 유지했지만 그는 백성들의 신뢰를 얻기 위해 유대교 형식으로 개종까 지 했다. 그럼에도 불구하고 헤롯의 권위가 카이사레아(갈릴리호 북쪽에 있 는 도시)에 본거지를 둔 유대 로마 총독의 상위의 규율에 종속되어 있다 는 점에서 정부의 문제가 있었다. 로마 정권은 극단적으로 가혹했고, 백성을 강제로 굴복시키기 위해 3,000건 이상의 십자가형 즉결 처형 이 행해졌다. 부당한 세금이 부과되었고 고문이 일상이었으며, 유대인의 자살률이 놀라울 정도로 증가했다. 이것에 대해 헤롯이 할 수 있는 것은 많지 않았는데 사람들은 그를 개인적으로 결코 비난하지 않았다. 그러나 그의 아들 헤롯 2세 안티파스는 다른 성격을 가지고 있었다. 그는 복음서에서 세례자 요한의 목을 베었던 악명 높은 헤롯으로 로마 기계의 일부였고 잔인했다. 헤롯-안티파스의 초기 통치 기간 동안 에세네파와 모든 무역 연락이 중단되었다. 그 후 쿰란에 있는 그들의 주거지로부터 로마 지배자들에게 격렬하게 대항하는 열심당熱心黨, Zealot(1~2세기 중반경 로마의 지배에 항거하여 조직된 유대인 당파) 운동이 갈릴리 사람 유다 장군 아래에서 나타났다. 요한 히르카누스의 하스몬 혈통에서 태어난 유다는 조상의 이름인 유다 마카베오처럼 게릴라 길을 택했다. 결국 열심당은 예루살렘의 신임 통치자 폰티우스 빌라도에 대항하여 격렬한 전투를 벌였고, 이것은 AD 66년 로마를 상대로 한 대규모의 유대 봉기를 이끌었다.

사해 침전물에서 ORMEs가 언제 어떻게 처음 발견되었는지 아는 것은 불가능하다. 그것은 심지어 창세기 훨씬 이전 시대의 계시였을지도 모른다. 우리는 최근의 연구실 실험을 통해 이 초전도 물질이 치명적인 감마선을 생성할 수 있으며 잘못 다루면 매우 위험하다는 것을 알게 되었다. 그러므로 사해 중심지인 소돔과 고모라는 쿰란이 이 지역에 정착하기 거의 2,000년 전에 불과 유황에 의해 파괴되었을 때 불-돌 방사능 재앙의 희생양이 되었을 가능성이 있다.23

아브라함과 의로운 왕 멜기세덱의 시대부터 성약의 불-돌 "빵"은 언제나 "정의"와 관련 있었다. 다윗가 시대를 통하여 그 규정은 에세네파 공동체 구조 안에서 유지된 왕조 양식인 사독Zadok 사제들(tsedeq/zaddik : 정의로운)이 감독하였다.24 구약성경의 에스겔서는 성약의 지성소가 사독의 아들들에게 남아 있을 것이라고 명시한다.25 사해 두루마리의 '다마스쿠스 문서'에서 지배적인 사독은 '정의로운 스승'으로 존경받았다. 그의 주요 적수는 '사악한 제사장'이라고 불린 자였는데 이런 점에서 소돔과 고모라 이미지는 정의로운 자와 악인 사이의 균형을 저울질하는 것으로 보인다. (창 18:23~33에 묘사된 것처럼) 그래서 "존재의 빵"은 "정의로운" 자들의 성약의 음식으로 여겼으며, '사악한 자'들은 그것을 집어삼키려고 했다.

에세네파의 서술 규칙과 은유를 도처에서 사용한 '하박국 해석 Habakkuk Pesher'만큼 비유와 암시로 가득 찬 두루마리는 없다. 사독의 mfkzt 솜씨가 헤롯 시설의 주임 제사장에 의해 어떻게 도용되었는지 말함에 있어 그것은 '정의로운 스승'이 빵 자체를 대표하는 것으로 여기며, 그는 그것을 삼키려는 사악한 제사장과 정면으로 맞섰다고 말한다. 그러나 우리가 확신하는 한 가지는 성궤가 하스몬가 또는 쿰란 시대에 사용할 수 없었거나 사용되지 않았다는 것이다. 그것의 유일한 사해 두루마리 언급은 그것이 오래전에 숨겨져 있었다고 설명하는 '다마스쿠스 문서'(BC100년경)에 있다.

데포시니(예수의 후손들)

예수 탄생의 역설

이제 신약성서 복음의 시대에 도착하며 우리는 『성배 혈통Bloodline of the Holy Grail』의 주제가 되는 시기에 도달했다. 이 책은 예수의 생애, 사역 그리고 결혼을 포괄적으로 다루기 때문에 우리는 여기서 또다시 이 문제들에 관해 길게 논하지 않을 것이다. 그러나 이것은 수년에 걸쳐 구체적인 조사를 촉발한 몇 가지 측면으로 확장할 수 있는 좋은 기회이다. 그렇게 할 때 우리는 예수의 유산을 통해 예루살렘이 성궤를 되찾는 중세 시대로 조금 더 수월하게 이동할 수 있다.

여러 번 제기되어 온 의문은 예수의 필멸적인 모습(마리아와 요셉의 아들)이 하나님의 아들로 묘사된 그의 기독교의 묘사와 일치하는가?이다. 이에 답하기 위한 가장 좋은 곳은 신약성경 그 자체이다. 동시에 우리는 예수의 출생과 조상에 관한 다른 성경적 불일치를 명확히 할 수 있다.

기독교인들이 예수 탄생에 관해 배우는 것과 성경이 실제로 말하는 것에는 상당한 차이가 있다. 예를 들어, 일반적으로 예수는 마구간에서 태어났다고 여겨지는데 어떤 복음서에도 마구간에 대한 언급은 단 한 건도 없다. 분명히 그 장면에서 당나귀, 나귀 또는 고전적으로 묘사되는 충실한 생물에 대한 언급이 없다. 놀랍게도 네 복음서 중 단 2개(마태와 누가)만이 예수의 탄생을 이야기하고 마가와 요한은 그 사건을 완전히 무시한다.

성궤의 잃어버린 비밀　243

마태복음은 "아브라함의 아들, 다윗의 아들, 예수 그리스도의 세대의 책"이라는 말씀으로 신약성경을 시작한다. 마태복음 1장 2절~16절의 상세한 직계 혈통은 아브라함 시대부터 남성 혈통의 42세대를 나타내는 요약과 함께 절정을 이룬다. 이어 복음서는 마태복음 2장 11절에 예수는 "집"에서 태어났다고 쓰며 베들레헴에서의 예수 탄생을 이야기한다.

누가복음은 세례자 요한의 도착으로 시작하는데, 예수의 탄생 시간에 이르러서는 예수의 아버지 요셉으로부터 거꾸로 시작하여 "하나님의 아들"이라고 불리는 아담까지 (아브라함 이전) 거슬러 올라간다. (눅 3:38) 4개 복음서의 평행한 순서를 비교할 때 이것은 연대기적으로 "하나님의 아들"이라는 용어의 신약성경 최초의 언급이고, 그것은 예수가 아니라 그의 아주 먼 조상과 관계가 있다.

예수의 출생지에 관련하여 흔히 사용되는 "마구간"이라는 단어는 구체적으로 말을 기르고 사육하는 장소의 특정한 영어적 정의이다. 그것은 다른 어떤 종의 동물과도 관련이 없고, 그런 적도 없으며 베들레헴 예수 탄생의 크리스마스카드 장면에서 묘사된 것처럼 농장 안마당의 헛간과 동의어도 아니다. 헛간이 예수의 출생 장소라는 개념은 누가복음에서 "여물통(구유)에 누웠다"라고 한 단 하나의 진술에서 비롯되었다. 그러나 여물통은 건물이 아니라 동물 사료함이다. 누가복음 2장 7절은 "여관에 그들을 위한 방이 없었기" 때문에 그렇게 되었다고 이야기한다. 따라서 여관의 대안으로 동물 헛간의 개념은 마태가 그 장소를 "집"으로 명시하고 있다는 사실을 무시한 채 순전히 이 하나의 논평에 근거하여 추측되었다.

역사적 사실은 그 지역에 여관이 없었고 "여관(inn)"이라는 단어는 잘못된 번역이었다. '스미스 성경사전'에서 확인된 것처럼[1] "현대적

의미에서 여관은 고대 근동에서 알려지지 않았다. 그곳에서는 여행자들을 자신이 집으로 초대하는 것이 일반적이었고 그렇게 히는 것이 경건한 의무로 간주되었다." 그럼에도 불구하고 "여관"과 관련된 누가복음의 나머지 구절들 또한 서투르게 번역되었다. 원래 그리스어 문서는 "카탈루마kataluma안에는 토퍼스topos가 없다" 즉 "방안에는 자리가 없다"였다.2 실제로 여물통이 비상시나 편의를 위하여 대체 요람으로 사용된 것은 아주 일반적이었다. (요람, 여물통 그리고 관은 모두 동일한 작업장에서 만들었다.) 혼동을 일으킨 누가복음 구절을 좀 더 잘 번역하면 다음과 같아야 할 것이다. "방안에는 요람이 마련돼 있지 않아 아기 예수는 구유 안에 누워 있었다."

예수의 혈통과 관련하여 마태와 누가는 다윗왕으로부터의 계보를 동의하지 않는다. 마태는 다윗의 아들 솔로몬에게서 왕위를 물려받았다고 하고, 누가는 다윗의 또 다른 아들 나단의 계보를 상세히 이야기한다. 그러나 (마태복음에서 계속되는 22세대 이후에 그리고 누가복음에서 20세대 이후에) 두 목록은 결국 스룹바벨과 일치한다. 이 시점에서 그들은 그가 구약성경의 에스라서 3장 2절과 학개서 1장 1절에 따라 바빌로니아 포로 이후 스알디엘의 후계자였다는 것에 일치한다.3 4세기 카이사레아의 주교 에우세비우스는 솔로몬과 나단의 계보를 논의하면서 역사가 율리우스 아프리카누스가 쓴 100년 된 편지를 언급했다. 이것은 친부가 반드시 법률상의 아버지가 아니라는 점을 분명히 했다고 그는 말했다. 그는 이 모든 것이 후견과 양육의 문제였지만 "둘 다 - 진짜 아버지와 이름뿐인 아버지들 - 에 대한 기억은 보존되었다"라고 그는 진술했다.4

계보는 친부모(비록 사생아일지라도)에 관한 것이기 때문에 이 변명하는 해명은 말이 되지 않는다. 그것은 특정한 작위 상속이 수반될 때만 법리 문제와 관계된다. 그 불일치에 대한 좀 더 솔직한 이유는 혈통에서 중요한 여성들이 그 목록에 포함되지 않았기 때문일 것이다. 역대기상 3장 10절~17절은 솔로몬왕으로부터 스룹바벨의 부계 혈통을 확인한다.(마태복음에 주어진 것으로써) 반면에 스룹바벨의 어머니는 누가복음에 인용된 나단의 후손이다.(372쪽 계보도 : '유다의 왕가'를 보라.)

스룹바벨에 집중하니 마태복음과 누가복음의 목록이 또다시 갈라진다. 마태는 아비훗이라는 이름의 아들로부터 예수의 혈통을 추적한다. 반면에 누가는 레사Rhesa라 불리는 아들로부터 경로를 취한다. 이러한 불일치는 이전과 정확히 똑같은 이유로 발생한다. 예수의 부모는 둘 다 스룹바벨의 후손이지만, 마리아의 혈통은 아비훗에서 요셉의 혈통은 레사로부터 내려왔다.(408쪽 계보도 : '예수의 가족'을 보라.)

예수의 친할아버지는 마태복음 1장 16절에 따라 야곱으로 불리지만 누가복음 3장 23절에는 헬리Heli라고 한다. 두 판본 모두 옳다. 요셉의 아버지 헬리는 나사렛 공동체에 있어서의 야곱의 가부장적 능력에서 전통적으로 구분된다.5

마태복음의 계보 목록은 다윗부터 야곱-헬리까지 (약 1,000년 기간) 40년씩 25세대가 수록돼 있어 왕족 세대 기준에 부합한다. (161쪽 "왕족의 세대"를 보라.) 반면에 누가는 40세대에 각각 25년씩 좀 더 이해하기 쉬운 시간을 준다. 이렇게 누가는 예수를 스룹바벨(BC536년경)로부터 20대째에, 마태는 11대째에 두었다.

예수 탄생의 이야기와 관련하여 마태와 누가는 그 사건의 연대에 동의하지 않는다. 마태복음 2장 3절은 헤롯이 유대 지역에서 통치하고 있을 때라고 말한다. 그러고 나서 왕의 아들을 아켈라오라고 상세히 말하며(마 2:22) 문제의 헤롯은 역사적으로 우리가 BC 4년으로 분류하는 해에 죽은 대왕 헤롯 1세로 결정된다. 누가복음 2장 1절~2절은 퀴리니우스가 시리아 총독이었을 때 예수가 아우구스티누스 황제의 인구조사 연도에 태어났다고 주장하면서 대체 기간을 제시한다. 카이시르 이우구스투스의 명령에 따라 로마의 원로원 의원 퀴리니우스(Quirinius)가 실제로 유대 지역에 인구 조사를 실시했다는 것을 입증하기 위해서는 플라비우스 요세푸스가 쓴 1세기『유대 고대사』를 보면 된다.6 이것은 AD 6년에 폐위된 헤롯의 아들 아켈라오의 마지막 치세 년에 발생했다.7

성경의 전체적인 그림은 다음과 같다. 마가나 요한은 예수 탄생이나 예수의 계보적 혈통에 아무런 언급이 없고, 마태와 누가 둘 다 예수의 아버지 요셉까지 내려오는 남성 계열의 조상들을 이야기한다. 마태는 예수가 집 안에서 태어났다고 하지만 누가는 구체적인 장소를 이야기하지 않으며 이 두 복음서는 그 사건의 날짜가 적어도 10년 이상 차이가 난다.

에세네파의 전통에 따르면, 이 날짜 추정의 편차는 두 가지 관련된 출생이 있었다는 사실로 설명된다 - 한 아이의 육체적 출생과 그의 공동체 출생. 사실상 한 아들은 12살에 단순한 겉옷을 입고 출생을 재현하는 의식을 치르며 "다시 태어났다"였다. 이렇게 그는 상징적으로 다시 태어나 그의 공동체적 위치에 입문하는 자로 임명되었을 것이다.8 이후 갈리아(프랑스)의 메로빙거 왕조가 비슷한 의식을 따랐는데 왕의 아들들은 그들의 열두 번째 생일에 입문하며 왕조의 왕권에 세습권이 주어졌다. 공동체 출생의 에세네파 관습은 누가복음 2장 1절~12절에 분명히 입증되지만 17세기 번역에서는 완전히 잘못 이해되었다. 결론적으로 예수 자신의 의식적 입문은 그의 육체적 출생과 연대순으로 혼동되었다.

마태복음에서와 같이 누가는 예수 탄생(예수의 실제 탄생)을 BC 4년에 죽은 헤롯 대왕의 통치 후기 기간으로 맞춘다. 그러나 누가는 퀴리니

성궤의 잃어버린 비밀   247

우스가 당시 시리아의 총독이었으며, 황제 카이사르 아우구스투스가 국가 인구조사를 시행했다고 말한다. 실제로 퀴리니우스는 헤롯이 살아 있는 동안 시리아의 총독이 아니었다. 요세푸스에 의하면, 그는 카이사르 아우구스투스를 대신하여 유대 지역의 인구조사를 지휘했던 AD 6년에 그 관직에 임명되었다. 이것이 유일하게 기록된 그 지역의 인구조사이고 헤롯 1세 시대에는 없었다. 인구조사는 예수가 실제로 태어난 지 12년 뒤, 정확하게 그가 관습적으로 태어난 해에 이루어졌다.

이 번역의 실수는 결국 예수가 부모와 함께 예루살렘에 있을 때 성전에서 어떻게 지체되었는지를 둘러싼 시간적 혼란에 책임이 있었다.(눅 2:41~50) 그 사건은 예수가 열두 살일 때 발생한 것으로 보고되지만 그것은 그의 지정된 "열두 번째 해(年)"와 관련된 것이다. 그것은 그가 세상에 태어난 지 12년이 아니라 그 공동체에 태어난 지 12년이다. 그 해 유월절에 예수는 24세였을 것이다. 그 후 그는 사회초년생에서 완전한 성년으로 성장했지만 그 관련 행사에 그의 부모를 동반하는 대신, 그는 아버지의 사업을 논의하기 위해 뒤에 머물렀다. 그의 정신적 아버지(그 공동체의 교부)는 당시 엘르아제르 안나스Eleazer Annas 제사장이었다. 9

이어지는 계산은 간단하다. 예수는 유대인 인구조사 당시 AD 6년에 12살이었다. 이것은 그의 실제 출생을 헤롯 대왕의 후기 치세 동안이었던 BC 7년에 위치시킨다. 예수가 출생한 해는 종종 BC 5년으로 여겨진다.(예를 들면 '옥스퍼드 용어 색인 성경'에서) 수도사 디오니시우스 엑시구우스가 계산한 성경 연대표의 첫 번째 출판은 AD 526년에 나타났다. 그의 계산에 따르면 예수는 로마 해(年) 754 AUC("도시(로마)를 설립한 이후의 해(年)"를 의미하는 Anno Urbis Conditae)에 태어났다. 이것은 Anno Domini(우리

주主의 해(年)) 분류에 합당한 AD 1년의 나시 만들어진 날짜와 같았다. 그 후 예수는 헤롯왕의 치세 때 태어났기 때문에 BC 4년으로 지정된 750AUC 헤롯이 죽기 전에 태어났어야 한다는 결론을 내렸다. 이렇게 예수의 출생 연도가 BC 5년으로 수정되어 이미 고착화된 기원전과 기원후 분류를 완전히 헛소리로 만들었다. 그것과 별개로 예수 탄생 날짜의 더 좋은 지침은 요세푸스의 직접적인 시간대를 사용하는 것인데 그 방법을 통해 BC 7년이 더 정확한 것으로 드러났다.

이로 인해 최근의 전 세계적인 밀레니엄 축제들은 임의적으로 소개된 로마 달력의 2,000년을 기념했을 테지만, 그것들은 예수의 탄생과 어떤 관련성을 갖기에 너무 늦은 7년이었다.

하나님의 아들 - 사람의 아들

요한복음이 예수 탄생에 대해 자세히 설명하지 않는다는 사실에도 불구하고 요한복음 7장 42절은 예수 조상에 관하여 돌이켜보는 중요한 발표를 한다. "성경에 이르기를, 그리스도는 다윗의 씨로 또 다윗이 살던 마을 베들레헴에서 나오리라." 이에 더해 사도 바울이 로마인들에게 보낸 편지 1장 3절~4절은 "이 아들로 말하면 육신으로는 다윗의 혈통에서 나셨고… 하나님의 아들로 선포되셨으니 곧 우리 주 예수 그리스도시니라"라고 언급한다. 마가복음 10장 47절과 마태복음 22장 42절에서도 예수는 "다윗의 자손"으로 불린다. 사도행전 2장 30절에서 베드로(다윗왕을 언급하며)는 예수를 "육체대로, 그의 자식"이라고 부른다. 마태와 누가복음에 있는 남성 혈통의 가계 목록과 함께 이 기록들은 예수가 다윗왕으로부터 직계 자손이라는 것을 명백히 한다. 그 이상으로 사도 바울은 예수가 하나님의 아들로 "선포되었다"

고 썼으며, 누가복음 1장 35절의 성수태고지(천사 가브리엘이 성모 마리아에게 예수의 잉태를 알린 일) 순서에서는 예수가 하나님의 아들로 "불릴" 것이라고 비슷하게 진술하였다.

예수의 다윗 부계 혈통에 대한 사실은 히브리서 7장 14절에서 더 명백하게 나타나는데, 이것은 예수가 '멜기세덱 대제사장 반차班次'(멜기세덱의 계통을 잇는 예수의 신적 기원을 설명할 때 사용된 표현. 반차란 반열班列, 즉 차계, 순서, 서열이란 뜻)에 임명된 것과 관련이 있다. 모세와 아론 시대부터 레위족만이 이스라엘인들의 제사장직을 맡을 수 있는 자동적인 권리를 갖고 있었다. 다윗과 그의 왕조를 요셉에게 넘겨준 유다 지파는 왕권의 특권을 가졌으나 제사장직은 갖지 못했다. 사도 바울은 히브리인들에게 보낸 편지에서 예수의 새로운 제사장 지위에 대한 문제를 "우리 주께서 유다로부터 나신 것이 분명하도다. 이 지파에는 모세가 제사장들에 관하여 말한 것이 하나도 없고"(히 7:14)라고 명확히 했다. 그 직전에 히브리서 7장 12절에서 이 관습과의 차이를 수용하기 위해 "율법에도 변화가 불가피"했다는 요점이 나온다. 그는 예수가 하나님의 아들이었기 때문에 그가 원하는 것이 무엇이든지 될 수 있었다는 것에 대해서는 아무것도 언급하지 않았다. 단지 그가 유다의 다윗 혈통 출신이기 때문에 율법을 개정할 수밖에 없었다.

다른 사람들이 그가 하나님의 아들이라는 취지로 대면했을 때 예수는 대체로 그 문제를 피했다. 마태복음 26장 63절~64절에서 대제사장이 그가 실제로 하나님의 아들이냐고 묻자 예수는 대답했다. "네가 말했다"—그가 아니라 제사장이 말했음을 암시한다. 누가복음 22장 70절에서 예수는 사실상 동일한 뜻으로 말했다. "다 이르되 그러면 네가 하나님의 아들이냐 대답하시되 너희들이 내가 그라고 말하고 있느니라."(마 26:63~64에서처럼) 예수는 자신이 사람의 아들이라는 취지로 대답하기도 했다.

예수를 하나님의 육체적 아들로 인식하는 것은 문서에서 다른 사람들이 그를 언급하는 것에서 나온다. 예를 들면, 요한복음 20장 31절은 "오직 이것을 기록함은 너희로 예수께서 하나님의 아들 그리스도이심을 믿게 하려 함이오"라고 말한다. 사도행전 9장 20절에서도 마찬가지로 바울이 그리스도가 하나님의 아들이었다고 설파했다고 한다. 신약성경에는 예수가 하나님의 아들로 "선언된", "설파된", "믿어진", "불렸다"라는 45개의 그러한 기입이 있다. 또한 그가 "사람의 아들"이라는 90개의 언급이 있는데, 그중 대부분이 예수가 직접 언급한 것이다.

우리가 배운 대로 아담은 "하나님의 아들"이라 불리는 계보의 첫 번째 사람이었다. 전체적인 그림에서 더 중요한 것은 성경이 특정한 자격이 있는 사람들을 "하나님의 자식들"이라는 존재로 인용하는 것인데 신약성경 마태복음 5장 9절에서 예수는 "화평케 하는 자는 복이 있나니 그들이 하나님의 아들이라 일컬음을 받을 것임이요"라고 말한다. 다시 한 번 예수의 경우에서처럼 중요 단어는 "일컬음"이다.

모든 것을 고려했을 때 "하나님의 아들"이라는 용어는 예수를 비유적이고 상징적으로 묘사한 반면, 다윗왕으로부터의 육체적 혈통은 그의 지위에 대한 인간의 현실로 수없이 주어졌다. 여기에서 가장 중요한 것은 그것이 단독의 한 사람으로 예수가 아닌 하나님의 자손으로 여겨졌던 다윗의 왕족이라는 것이다. 이 전제는 사무엘하 7장 13절~14절에 설명되어 있는데 하나님이 다윗왕에 대해서 알리는 것으로 기록되어 있다. "그는 내 이름을 위하여 집을 건축할 것이요 나는 그의 나라 왕위를 영원히 견고케 하리라 나는 그에게 아버지가 되고 그는 내 아들이 되리니."

성궤의 잃어버린 비밀   251

처녀와 목수

예수의 아버지 요셉이 번역 과정에서 목수로 오인된 것에 대해 다시 한 번 짚어볼 좋은 시기이다. (42쪽 "생명을 주는 자"를 보라.) 그리스어 원본은 아람어 용어 naggar에서 파생된 ho tekton 형식으로 그를 언급하는데 이것은 "목수"가 아니라 "장인"으로 번역되어야 했다.10 셈족 학자 게자 베르메스 박사가 지적했듯이 이 묘사적인 단어는 학자나 마스터(대가)를 정의할 가능성이 더 높다. 그것은 분명히 요셉을 목수로 신원을 밝히지 않았다. 보다 정확히 말하면, 그것은 그를 그의 직업에 훌륭한 기술을 가진 배운 자로 정의했다. 실제로 두발가인, 브살렐 그리고 페니키아의 히람의 구약성경 형식에 따라 요셉은 분명 쿰란 불−돌 정련소에서 금속을 만드는 데 뛰어난 숙련공이었을 것이다.

비슷한 실수가 예수의 어머니 마리아에 관해서도 있었는데, 그녀는 현대 복음서에 처녀로 존재한다. 그러나 셈어에서 "처녀virgin"로 번역된 단어는 알마almah였고, 사실상 이것은 "젊은 여자"를 의미하지 않았다.11 육체적 처녀를 나타내는 비교 단어는 베둘라bethulah였다. 라틴어에서 "처녀virgo"라는 단어는 아주 단순하게 "미혼"을 의미하며, "처녀virgin"의 현대적 의미를 함축하기 위해 라틴어 명사는 성 경험이 없음을 의미하는 형용사 intacta(virgo intacta에서처럼)로 제한할 필요가 있다.12

692년 트룰로 공의회에서 제정된 '영원한 처녀'라는 가톨릭의 독단적인 주장과 관련하여 마리아에게 부여된 육체적 처녀성은 훨씬 더 신빙성이 떨어진다. 각 복음서에서 확인되듯이 마리아에게 다른 자식이 있었다는 것은 비밀이 아니다. "이는 그 목수의 아들이 아니냐 그 어머니는 마리아, 그 형제들은 야고보, 요셉, 시몬, 유다라 하지 않느냐?"(마 13:55) 누가복음 2장 7절과 마태복음 1장 25절 둘 다에서 예수는 마리아의 "첫째 아들"로 인용된다. 더욱이 마태복음의 인용문은 예수를 "그 목수의 아들"(즉, 요셉의 아들)로 묘사하고, 누가복음 2장 27절은 요셉과 마리아를 예수의 "부모"로 분명히 나타낸다. 마태복음 13장 56절과 마가복음 6장 3절 역시 예수에게 누이들이 있었음을 나타낸다. 그들은 에피파니우스의 '파나리온'과 '안코라투스'에 마리아, 살로메 그리고 안나(요안나)로 명명되었다.13 예수의 누이들은 야고보의 '프로테반젤리온(잃어버린 최초의 복음서)'14, '빌립보 복음서'15 그리고 교회의 '교황 헌장'에서도 언급된다. 신약 복음서에서 그들은 막달라 마리아와 함께 예수의 십자가와 무덤에 나타난다. 예를 들면, 마리아와 살로메는 마가복음 15장 47절에 나타나고 누가복음 24장 10절에는 요안나와 마리아가 나타난다. 이것들과 다른 복음서 목록들(모두 6개)에서 막달라 마리아는 "퍼스트 레이디first lady" 즉 구세주 여왕으로서 언제나 서열 첫 번째로 이름이 나온다.16

예수의 누이 마리아(야곱의 마리아17 또는 더 대중적인 마리아 야곱으로 알려진)는 막달라 마리아와 함께 AD 44년 갈리아Gaul(지금의 북이탈리아, 프랑스, 벨기에 등을 포함한 지역)로 갔다.18 이것은 바티칸 고문서들 중 '막달라의 행전'과 고대 '영국의 MS 역사'에 상세히 기술되어 있다. 성 마리아 야곱19은 나사렛 여사제였는데 유럽에는 '집시 마리아'로 더 잘 알려져 있다. 영국에서 그녀의 숭배는 중세 시대에 널리 퍼졌고, 그녀는 파리의 성마리아 교회 창문에 막달라 마리아와 함께 인어로 묘사된다.

증거를 불태우다

예수와 막달라 마리아가 베다니에서 결혼했다는 것 외에 '성배 혈통'은 그들의 아이들 출생과 그 이후의 가족들에 대한 역사를 자세히 다루고 있다. 여기에 확대할 가치가 있는 관련된 줄거리는 구세주 가문 계승자들의 세대를 괴롭힌 공식적인 박해이다. 이것은 로마제국 역사의 확립된 가르침에서 전달되지 않기 때문에 독자들이 특별히 관심 갖는 주제였다.

1세기 유대 반란과 AD 70년 티투스 장군에 의한 예루살렘 약탈 이후, 로마 지배자들은 예수 가문의 다윗 유산과 관련된 모든 기록을 파괴한 것으로 알려져 있다. 그러나 파괴는 완벽하지 않았고, 관련된 문서들은 성지에서 서유럽으로 유산을 가져온 구세주의 계승자들에 의해 보전되었다.

AD 200년경 에데사(터키 동남부의 헬레니즘 도시)의 연대기 작가 율리우스 아프리카누스20는 메소포타미아 북방 영토, 시리아 그리고 터키 남부에서 그들의 전통을 영속시키기 위해 예루살렘과 유대로부터 난민들의 물결이 어떻게 도망쳤는지 상기했다. "기독교 연대표의 아버지"로 알려진 아프리카누스는 1세기에 바빌론의 나사렛 대표였던 사도 압디아스가 쓴 일련의 아람어 작품을 라틴어로 번역하며 명성을 얻었다. 『압디아스서Books of Abdias』는 직접적인 사도 역사를 10권에 담았다. 그러나 그 시대의 수많은 중요한 목격자들의 진술처럼 그것들의 내용은 AD 397년 카르타고 공의회에서 기독교 정경에 포함하는 것이 완전히 거부되었다.21

카이사레아의 에우세비우스는 그의 『기독교의 역사』에서 구세주의 계승자들이 데포시니 - "그리스도 (또는) 마스터의 (또는 속하는) 후손들"에 대한 고대 그리스어 - 라고 불렸다는 것을 아프리카누스의 작품에서 확인했다.22 이것은 예수와 같은 가족 혈통을 가진 사람들을 위해 독단적으로 남겨진 성스러운 형식이었다.23 그 단어는 다른 어떤 문맥에서 사용되는 것을 찾아볼 수 없고, 아프리카누스는 심지어 그의 해석에서 그것을 설명하는 문제에 봉착했다. 데포시니 용어는 분명히

254   Lost Secrets of the Sacred Ark

예수의 직계 친척과 후계자들에게만 한정된 것으로 보이는데, 오늘날 누군가 왕족의 중심지를 결정할 수 있기 때문이다.

연대기에서 헤롯-안티파스왕 시대에 왕의 명령으로 예수 가문과 관계된 족보 기록이 불태워졌다고 설명한다.24 나중에 로마 군단이 예루살렘을 파괴했을 때 로마 총독들은 미래에 그 가문의 혈통에 접근하는 것을 막기 위해 모든 구세주의 기록을 불태웠다. 아무리 그래도 아프리카누스는 "소수의 주의 깊은 사람들은 자신들의 사적인 기록들을 갖고 있었고… 그들의 귀족적인 기원에 대한 기억을 보전하는 데 자부심이 있었다"라고 확인했다. 이것들은 구세주 가문의 데포시니를 포함하고 있었다.

2세기 팔레스타인의 역사가 헤게시푸스는 『Hypomnenata(회고록)』에서 베스파시아누스 황제(AD69~79)가 구세주 가문의 어떤 구성원도 살아남지 못하게 하고 "다윗왕의 모든 자손을 찾아내라"고 명령했다고 기록하였다.25

에우세비우스는 이러한 박해에도 불구하고 데포시니 지도자들은 엄격한 왕조의 진행을 통해 분파의 수장이 되었다는 것을 확인했다. 그러나 가능한 한 그들은 무법자26처럼 사냥되어 황제의 명령으로 칼에 찔려 죽을 때까지 추격당했다. 헤게시푸스 또한 베스파시아누스 이후, 도미티아누스 황제(AD81~96) 치세 기간 동안 모든 데포시니의 처형은 황제의 칙령에 의해 지시되었다고 썼다. 붙잡힌 사람들 중에 예수 동생 유다의 아들들인 조커와 야고보가 있었다.27 데포시니 시므온이 그리스도 가족에 속했다는 이유로 십자가형에 처해졌을 때인 트라야누스 황제(AD110년경)의 치세 기간 동안 헤게시푸스에 의해서도 같은 사실이 기록되었다!

말라치 마틴 신부(예수회 교수. 아우구스틴 베아 추기경과 교황 요한 23세와 함께 후에 로

성궤의 잃어버린 비밀   255

마에서 활약했다.)는 AD 318년에 한 데포시니 대표단이 로마로 갔고 새로 위임된 라테라노 궁전(중세 교황의 궁전)에서 실베스텔 주교에 의해 청중들을 접견했다고 이야기한다. 대표단은 최고 대변자 요세스를 통하여 교회는 당연히 로마가 아닌 예루살렘을 중심으로 해야 한다고 주장했다. 그들은 예루살렘의 주교가 구세주 가문의 진정한 세습 데포시니여야 하며 알렉산드리아, 안티오크 그리고 에베소와 같은 다른 주요 중심지의 주교들 또한 관계가 있어야 한다고 요구했다. 당연히 실베스텔이 콘스탄티누스 황제의 칙령을 철회할 위치에 있지 않았기 때문에 그들의 요구는 소용없는 것이었다. 그 사람들은 예수의 가르침이 황제의 요구에 더 순응하는 교리에 의해 대체되었고, 구원의 힘은 더 이상 예수가 아니라 황제에게 있다고 충분한 충고를 받았다!28

막달라의 항해

콘스탄티누스 황제의 주교들은 초기 기독교와 분명히 다른 혼합 형태의 새로운 로마 교회를 설립하며 구체적인 운영 규칙들을 소개했다. 그중 하나는 4세기의 독신주의 규칙으로, 1138년에 교회법이 되었고 오늘날까지 지속되고 있다. 이것은 디모데서 후서 3장 2절~5절에서 주교는 아내와 자식이 있어야 하며, 가정이 있는 사람이 교회를 돌볼 자격이 충분하다는 사도 바울의 말에 직접적으로 반박하였다. 비록 주교들이 일반적인 관점에서 바울의 가르침을 지지하기로 선택했지만 그들은 예수님의 결혼 지위가 무시될 수 있도록 이 명백한 명령을 무시하기로 선택했다.

동시에 AD 367년 신약성경을 대조해 볼 때 교회와 공동체 사회에서 여자의 지위를 옹호했기 때문에 수많은 복음 문서들이 배제되었다. 결론적으로 본래 선택되었던 수십 개의 복음서들 중, 오직 4개의 복음서(마태, 마가, 누가, 요한)만이 새로운 교회에 승인을 받았다. 본래의 복음서들 중 약 50개의 제목들이 알려져 있고, 그중 20개의 본문이 현존한다. 이들 중 가장 잘 알려진 것들은 1945년 이집트 나그함마디에서 발견된 빌립, 도마 그리고 막달라 마리아의 복음서이다.29

예수의 여자 동료들 중 지위가 가장 두드러진 사람은 막달라 마리아였다. 초기 기독교 문서들은 그녀를 "예수에 대해 모든 것을 아는 여자"라고 묘사한다. 그녀는 "예수가 다른 모든 제자들보다 사랑한" 사람이었고 그녀는 "베드로보다 뛰어난 지식, 선견 그리고 통찰력이 있는" 사도였다. 그리고 그녀는 베다니에서 행해진 '신성한 결혼식(Hieros Gamos, 신혼神婚)'에서 예수에게 기름을 바른 사랑하는 신부였다.30 고위의 하스몬가 혈통의 태생으로 마리아는 Magdal-eder(양떼의 파수대)로 명명되었고 그녀는 언제나 해, 달 그리고 별의 후광으로 상징되는 지혜(소피아)와 관련 있었다. 소피아 여신의 여성 그노시스(영지靈知)는 예수의 아이를 낳아 프랑스의 프로방스(프랑스 남동부의 옛 지방)로 망명한 막달라에 의해 지구상에서 대표되는 것으로 간주되었다. 요한계시록 12장 1절~17절에서 성 요한은 마리아와 그녀의 아들에 대해 이야기하는데 그녀의 박해, 이동 그리고 데포시니 가운데 있는 "남아 있는 그녀의 자식"의 계속되는 추적을 묘사한다.

로마 교황 교회의 남성 중심의 사도 계승을 반대한 막달라 마리아의 후계자들 때문에 여자들은 가톨릭 서품을 받을 수 없었다. 예수의 어머니 이외의 여자들은 중요하지 않은 위치로 좌천되었고 '성모 마리아'(비록 존경받았지만)조차 어떤 종교상의 지위도 거부되었고 동시에 동정녀로 지정되었다. 이 책략으로 예수의 후계자들은 빛을 잃었고 주교들은 성 베드로의 기득권 유산을 통해 신성한 권위에 대한 그들의 주장을 다시 강화할 수 있었다. 마인츠의 대주교이며 펄다(독일 중부 헤센에 있는 도시)의 프랑스인 대수도원장 라반 마아르(776~856)의 『막달라 마리아의 생애』는 초기 시대로 거슬러 올라가는 마리아에 관한 많은 전승을 포함한다. 마아르 원고의 사본이 1400년대 초 옥스퍼드대학에서 발굴되었고, 그 작품은 1190년경 매튜 파리스의 『대연대기Chronica Majora』에 인용되었다. 또한 옥스퍼드에 있는 『성경의 역사 문헌 바실레아Scriptorum Ecclesiasticorum Historia literaria Basilae』에 실렸다. 도미니카 수도회 페레 라코르데르의 『성 막달라 마리아』(프랑스 혁명 후에 출간되었다.)는 제노바의 대주교 야코부스 데 보라기네(1228년 출생)의 『성 막달라 마리아의 전설La Legende de sainte marie Madeleine』과 같이 특히 유익한 작품이다. 데 보라기네와 마아르 둘 다 마리아의 어머니 유카라이아가 이스라엘의 하스몬 왕가와 관련 있었다고 이야기한다.

야코부스 데 보라기네의 또 다른 중요한 작품은 유명한 『황금 전설Legenda Aurea』인데, 1483년 윌리엄 캑스턴William Caxton이 런던 웨스트민스터에서 인쇄한 최초의 책들 중 하나이다. 이전에 프랑스어와 라틴어로 출간되었고 '아룬델의 백작(영국 귀족의 명칭)' 윌리엄이 유럽 필사본에서 영어판을 만들라고 캑스턴을 설득했다. 그것은 선택된 성인들의 생애를 상세히 기록한 교회 연대기 모음이다. 매우 존경받는 이 작품은 중세 수도원과 교회에서 정기적으로 대중들에게 읽혔다. 『전설Legenda』의 한 특별한 이야기는 막달라 마리아가 나사로, 성 막심, 마리아, 야곱 그리고 다른 사람들과 함께 마르세유 근처에 상륙한 갈리아로의 항해를 이야기한다. 가장 활동적인 막달라 숭배는 결국 랑그독 지역의 렌 르 샤토에 기반을 두었다. 프랑스 다른 곳에는 성 막달라 마리아를 위해 세운 많은 성당이 있었다. 여기에는 그녀가 묻힌 장소를 포함하고 있었는데 그녀의 묘와 설화석고 무덤은 카시안 교부

(3세기 이집트 사막에서 초대 기독교인들의 은둔자 고행 수도사들) 수도승 성 막시무스에 의해 수호되었디.

2001년 12월, 그노시스교의 오라토리오(성담곡聖譚曲) '가나의 혼인'(막달라 마리아 생애의 이야기와 관련 있다.)이 런던 왕립 오페라 하우스인 코벤트 가든에서 세계 최고 수준의 공연을 펼쳤다. 『성배 혈통』을 바탕으로 나는 프라하 교향악단의 상주 작곡가 재즈 콜먼이 작곡한 음악으로 대본을 쓸 수 있는 특권이 주어졌다. 이 오페라하우스 공연에서 특별히 의뢰한 앤드류 존스의 새로운 그림이 공개되었는데 막달라 마리아가 프로방스 해안에 도착한 역사적인 모습을 묘사하고 있었다. '바다의 위대한 여인'이라는 제목이 붙은 이 강렬한 작품은 사진 13에 보인다.

고귀한 숙련공

만일 예수가 유대 국가에 대항한 범죄로 재판을 받고 벌을 받았다면, 왜 그의 가족들과 다음 세대의 후계자들이 로마 제국 전역에서 쫓기고 박해를 받아야 했을까?

어떤 집단에서는 가문이 매우 영향력이 있었고 제국 구조에 중대한 위협을 취했지만 그것보다 더 큰 위협이 있었다. 예수의 동생 야고보는 예루살렘의 나사렛 주교였고 둘째 아들이었기 때문에 "요셉"이라는 공동체 특색을 지녔으며, 예수는 "다윗"으로 인식되었다. 그 가계의 모든 역대 왕조들은 개인적으로 '빵의 집'(베들레헴Beth-le-hem)의 다윗가로 분류되었다.(175쪽 "불-돌 프로젝트"를 보라.) 야고보는 '신성한 전하殿下'(오늘날 황태자 : '전하'와 동등하다.)가 되며 "요셉" 명예를 이어받았다. 이와 같이 나사렛 공동체 용어로 말하면 그는 요셉 하 라마-테오ha Rama-Theo였으며, '아리마대(의) 요셉'으로 음성 번역에서 더 잘 알려지게 되었다.

성궤의 잃어버린 비밀   259

성경 밖에서 그는 마치 그의 아버지처럼 그리고 브살렐, 히람 그리고 불-돌 전통의 다른 사람들처럼 금속 숙련공 - a ho tekton("마스터 장인") - 으로 명성이 높았다. 그는 노블리스 데쿠리온noblis decurion(noble decurio) (데쿠리오, 고대 로마 식민지나 도시의 참사회 의원)으로 기록되었고, 막달라의 중심지가 프랑스 남부에 설립되는 동안 요셉/야고보는 영국의 글래스턴베리에 있는 풍부한 면세지를 부여받았다. 한 테쿠리오는 광산 감독관이었고[31] 그의 토지 부여는 펜드래곤 섬의 사령관인 카라타커스 형제 아르비라거스왕에 의해 이루어졌다. 그들의 왕조는 '카물롯가家House of Camu-lot'("휘어진 빛"을 의미하는데 나중에 로맨틱하게 카멜롯Camelot으로 와전되었다.)로 불렸다.

요셉의 딸 안나는 휘어진 빛 표장이 무지개인 카물롯 왕조에 시집갔고, 그들로부터 많은 켈트 왕들의 위대한 계보가 내려왔다. 한편, 갈리아에서는 예수와 막달라 마리아의 사제가家가 어부왕Fisher kings으로 알려지게 되었고, 마침내 프랑스 군주제를 설립하게 되었다. 마리아와 요셉이 모든 보물 중 가장 위대한 보물인 성배를 가져왔다는 이야기가 전해졌기 때문에 모든 전승 중에서 가장 낭만적인 시나리오가 발전한 것은 이 복합된 시나리오로부터였다.

성배는 많은 것들(육체적으로나 정신적으로)이었지만 어떤 면에서는 언제나 왕가의 혈통 - 유다의 구세주적 성배Sangreal - 을 나타냈다. 중세 시대 초기에 교회의 억압으로 혈통 뿌리의 중요성이 상식적으로 중요한 의미를 지니지 않았으므로 성배의 개념을 이해할 수 없었다는 것이 바로 이유이다. 이 시기는 일반적으로 암흑기로 언급되는데 역사적으로 알려진 것이 거의 없는 시대, 특히 켈트 지역에서는 더욱 그랬다. 이는 역사를 쓰는 사람이 없었다는 것이 아니라 기득권을 가진 수도승들의 종교적으로 편향된 구성으로 대체하기 위해 그 시기의 진짜 기록물 대다수가 몰수되고 파괴되었다는 것이다. 그들에게 주어진 직무는 진실에 상관없이 새롭게 만들어진 교회 교리를 지지하고 장려하는 것이었다. 운 좋게도 1세기부터 4세기까지의 교회 이전의 연대기가 많이 남아 있는 반면, 후대의 몇몇 용감한 교회인들은 공식 교리에 저항하여 이전 기록들의 전통적인 로망스를 유지하는 것을 더 좋아했다.

성배Grail라는 용어는 고대 메소포타미아의 Gra-al에서 파생하였으며 "최고 우수한 넥타르(신주神酒)"와 "신들의 금"으로 불렸다.(152쪽 "지니의 영역"을 보라.) 고대 수메르 왕들의 빛의 육체(Ka)들에게는 이집트, 바빌로니아, 아시리아에서 높은 불-돌, 쉠-안-나, mfkzt (금의 하얀 가루)로 대체된 Gra-al을 먹였다.32

이것은 로마 제국과 후기 로마 교회에 대한 데포시니의 엄청난 위협이었다. 로마 황제들의 모든 군사력과 교황의 권위에도 불구하고 그들은 여전히 카물롯의 거대한 비밀을 가지고 있지 않았다. 그리고 그들의 궁극적인 목적은 언제나 그랬듯이 성궤를 얻는 것이었다. 한편 예레미야의 옛 '예루살렘 성전 보호단'은 아일랜드의 안전한 곳으로 옮긴 타마르(시드기야왕의 딸)의 후손인 아일랜드와 스코틀랜드 왕들을 통해 전진했다.(186쪽 "운명의 수호자들"을 보라.) 결국 그의 메로빙거 왕조의 사촌들이 프랑스에서 군림하면서 AD 574년 달리아다(서부 고원)의 고高왕 아더Arthur mac Aedan는 신성한 유물의 수호신으로서 '원탁의 성배 Sangreal 기사단'을 구성했다.

751년, 교황 재커리는 프랑스에 자신이 선택한 왕조를 설립하기 위해 메로빙거 왕조의 어부왕들을 내쫓았다. 그러나 이것은 별로 소용이 없었고, 807년 스코틀랜드의 왕 에오케이드 4세(아더 형제의 6대 후손)는 새로운 프랑크 왕국의 새 황제 샤를마뉴와 구속력 있는 조약을 체결했다. 그 무렵 예루살렘의 '벧엘Beth-el의 기름 바른 돌'(운명의 돌)은 예레미야의 성전 지하실의 비밀의 기록(아마도 성 콜롬바(521~597. 아일랜드의 대수도원장)의 아일랜드-스코틀랜드 미션이 갖고 있었던)과 함께 오랫동안 스코틀랜드에 있었다. 이때가 성궤를 회수할 수 있는 완벽한 순간이었을 것이다. 왜냐하면 로마 제국이 붕괴되고 데포시니의 프랑크-스코틀랜드 동맹이 강력했기 때문이었다. 그러나 그때 예루살렘은 이슬람교인의 통제하에 (한동안 그랬듯이) 있었고 옛 성전 터에 멋진 모스크가 세워지고 있었다. 그것은 이제 완전히 가까이 하기 어렵게 되었다.

4부

연금술의 르네상스

성전의 기사들

AD 70년 티투스 장군이 로마인들의 예루살렘과 성전을 파괴한 후 거주민들은 뿔뿔이 흩어졌고, 도시는 60년이 넘도록 폐허지로 남았다. AD 132년 하드리아누스 황제는 옛 성전산에 계획된 주피터 봉헌 신전과 함께 재건축 계획을 시작했다. 이것은 게릴라 지도자 시몬 바르-코크바의 지휘 아래 실패한 유대인 반란을 유발했으며, 살아남은 유대인들은 추방되거나 노예로 팔려갔다. 이후 유대인의 학문과 숭배는 사형 범죄로 선언되었고 예루살렘은 로마인에 의해 엘리아 카피톨리나Aelia Capitolina로 재 명명되었다.1

5세기에 로마 제국이 붕괴한 후, 예루살렘은 비잔틴 제국의 완전한 지배하에 놓이게 되었다. 후에 페르시아인들에게 정복되었고 그러고 나서 638년 칼리프 오마르 이븐 알-카타브가 이끄는 이슬람 세력에 정복되었다. 그는 옛 성전 터에 모스크(나중에 엘-아쿠사 모스크라고 불린다.)를 건축했고 곧이어 '바위돔' 사원(현재 예루살렘 제일의 랜드마크)이 다윗의 모리아산 바위 근처에 세워졌다.2 그 이후 발생한 지진은 두 건물을 모두 손상시켰으며 복구와 개선이 불가피했다. 이 모든 과정에서 기독교인들은 그들의 교회, 특히 4세기의 성묘교회(예수가 십자가에 못 박혀 죽음을 맞이한 뒤 안장된 묘지에 세워진 교회)를 계속 사용할 수 있었다. 유대인들은 또한 다시 입회되었고 유대교 회당을 지을 수 있었다. 그들은 그들의 성전산

성궤의 잃어버린 비밀   265

과 모리아 바위를 무슬림 재단에 빼앗겼지만 이웃들과 합리적인 조화를 이루며 살았다. 그들은 이슬람교에 창피를 당했을 수도 있지만 무슬림들은 로마 제국과 비잔틴 기독교인들이 했던 것처럼 그들을 박해하고 학살하지 않았다.

1077년 셀주크 투르크가 예루살렘을 침략하면서 큰 변화가 일어났고 동시에 비잔틴 황제 알렉시우스 1세에게 심각한 위협이 되었다. 투르케스탄(파미르 고원을 중심으로 한 좁은 뜻의 중앙아시아 지역)으로부터 온 이 부족은 소아시아를 휩쓸고 이슬람교를 받아들였지만 그들의 술탄3 말리크 샤Malik Shah는 칼리프(모하메트의 계승자들)의 무슬림 패권에 도전했다. 이것은 칼리프 왕국의 이슬람교도들, 유대인들과 기독교인들을 크게 당황하게 했고, 그 결과 서유럽의 왕자들은 예루살렘을 자신들의 통제하에 두기로 결정했다.

그들의 십자군 전쟁은 1095년 교황 우르바노 2세가 유럽의 가장 뛰어난 기사들이 이끄는 가공할 만한 군대를 일으켰을 때 시작되었다. 그들은 르퓌(프랑스 중남부)의 주교 아데마르에 의해 조직화되었고, 선봉은 블루아(프랑스 중부)의 백작 스티븐과 베르망두아(프랑스 북부)의 백작 위그와 함께 노르망디 공작 로버트였다. 플랑드르(벨기에) 파견대는 플랑드르의 백작 로버트가 이끌었는데 블로뉴(피리 교외의 도시)의 백작 유스터스 그리고 그의 형제들 고드프로아 드 부용과 보두앵이 함께했다. 프랑스 남쪽은 툴루즈 백작 레이몽 드 생 질이 대표했다.

고드프로아 드 부용은 로워 로렌(프랑스 동부 지방) 공작이었다. 그는 그의 유명한 어머니 성녀 이다를 통해 지위를 계승했고, 그녀로부터 성과 부용의 토지를 받았다. 그는 성지 원정 자금을 대기 위해 그 토지를 리에주(벨기에) 주교에게 저당 잡혔다. 1차 십자군 전쟁이 진행 중일 때쯤 고드프로아는 총사령관이 되었고, 1099년 셀주크를 상대로 승리를 거두면서 예루살렘의 왕으로 선포되었다. 이 사건에서 그는 왕의 위엄을 사용하지 않고 대신 '성묘 수호자'로 가장하는 것을 더 좋아했다.

이집트, 시리아, 팔레스타인에서 1291년까지 지속된 여덟 번의 십자군 전쟁 중 고드프로아의 1차 십자군 전쟁만 효과가 있었는데 이마저도 자신들의 승리를 예루살렘 거리에서 이슬람교도들을 대량 학살한 구실로 삼은 무책임한 군대의 과잉으로 얼룩졌다. 예루살렘은 유대교인과 기독교인에게 중요했을 뿐 아니라 메카와 메디나에 이어 이슬람의 세 번째 성지가 되었다. 그렇게 그 도시는 오늘날 계속되는 분쟁의 중심에 있다.4

프랑스의 루이 7세와 독일 황제 콘라드 3세가 이끈 에데사에 대한 2차 십자군 전쟁은 처참하게 실패했다. 고드프로아가 최초 성공을 하고 약 100년이 지난 1187년 예루살렘은 이집트의 강력한 살라딘에게 함락되었다. 이것은 프랑스의 왕 필립 아우구스투스와 영국의 사자왕 리차드의 3차 십자군 전쟁을 촉발시켰지만 그들은 성스러운 도시를 되찾을 수 없었다. 4차 5차 십자군 전쟁은 콘스탄티노플과 다미에티를 중심으로 전개되었다. 예루살렘은 황제 프리드리히 2세의 6차 십자군 전쟁 이후 사라센 제국으로부터 잠시 되찾았으나 1244년 결국 살라딘의 후계자에게 내주고 말았다. 루이 9세가 7차와 8차 십자군 전쟁을 이끌었지만 상황을 반전시키는데는 미치지 못했다. 1291년까지 팔레스타인과 시리아는 완전하게 무슬림의 지배하에 있었고 십자군 전쟁은 끝이 났다.

십자군 전쟁 기간 동안, 1099년 고드프로아 드 부용이 창설한 시온 기사단을 포함하여 다수의 기사단이 출현했다.5 다른 것들은 성묘 수호 기사단과 성전기사단이었다. 예루살렘 승리 직후, 고드프로아 드

성궤의 잃어버린 비밀   267

부용이 1100년에 사망하자 그의 동생 블로뉴의 보두앵이 왕위를 계승했다. 18년 후 보두앵은 1118년에 그의 사촌 보두앵 2세 뒤부르에 의해 계승되었다. 정통파 기록에 따르면 성전기사단은 그 해에 '그리스도와 솔로몬 신전의 가난한 기사들'로 설립되었다. 그들은 가난, 순결, 복종을 서약하고 성지를 보호하겠다고 맹세한 9명의 프랑스인들에 의해 설립되었다고 한다. 프랑크인 역사학자 기욤 드 티레는 십자군 전쟁이 한창일 때(1180년경) 성전기사단의 기능은 순례자들을 위한 길을 안전하게 보호하는 것이었다고 썼다. 그러나 그러한 의무의 엄중함을 볼 때, 1127년 그들이 유럽으로 돌아올 때까지 9명의 가난한 남자들이 새로운 지원자들의 가입 없이 성공했다는 것은 상상할 수 없다. 사실 기욤의 설명에서 전달된 것보다 훨씬 더 많은 것이 기사단에 있었다.

그 기사단은 실제로 샹파뉴 백작의 사촌이자 봉신(봉건 군주에게서 영지를 받은 제후)인 위그 드 파엥에 의해 설립되었다고 전해지기 전까지 몇 년 동안 존재했다. 그들의 임무는 분명히 도로 순찰이 아니었고, 왕의 연대기 작가인 플크 드 샤르트르는 그들을 그런 시각으로 전혀 묘사하지 않았다. 그들은 이슬람교 환경에서 고드프로아의 최전선 외교관들이었고, 1114년 샤르트르의 주교는 그들을 '그리스도의 용사들'(열성적인 기독교 전도자)이라고 불렀다. 1118년 특별히 임명된 '성 앤드류의 대기사단(왕실 비밀의 수호 군주들)'은 예루살렘의 옛 성전이 있던 엘 아크사 모스크에 위치한 보두앵 2세의 궁에 취임했다. 보두앵이 그의 숙소를 '다윗의 바위'(당시 Templum Domini라고 불린 기독교 성지였다.) 위에 있는 돔형 성채로 옮겼을 때6 그 모스크는 완전히 기사들에게 맡겨졌다. 그들의 야망은 그 지역을 발굴하여 1,700년 전에 예레미야와 힐기야의 성전 수호자가 집어넣은 보물을 되찾는 것이었다. 모스크 아래 깊은 곳에는 성경 시대 이후 봉인된 채 손대지 않은 지하 단지가 있었는데, 그것은 성궤를 포함한 구약성경 시내 에루살렘의 제물을 담고 있다고 성 베르나르에 의해 알려졌다.

위그 드 파앵은 그 계획의 지휘관으로, 플랑드르 기사 고드프로아 생 오메르는 그의 부책임자로 임명되었다. 또 다른 신입은 부르고뉴(프랑스) 백작의 친척 앙드레 드 몽바르였다. 1120년 앙주(프랑스 서부의 옛 공국) 백작 풀크(영국 플랜태저넷 왕가의 시조인 제프리 플랜테저넷의 아버지)가 또한 기사단에 합류했고, 1124년에 드 파앵의 군주 위그 드 샹파뉴가 뒤따랐다. 성전기사단의 후원자이자 보호자는 샹파뉴 백작과 관련이 있는 시토회 대수도원장 성 베르나르 드 클레르보7였다. 실제로 1115년 베르나르가 세운 클레르보의 시토회 수도원은 백작이 기증한 땅에 있었다. 일반적인 믿음과 달리 기사단은 가난과 거리가 멀었고, 이 저명한 상류층들이 순례자들의 이익을 위하여 베두인이 들끓는 도로의 치안을 유지했다는 기록은 확실히 없다. 도보여행자들을 보살펴주는 일은 실제로 별도의 '예루살렘의 성 요한 구호기사단'이 실행하였다. 기사단의 십자가(흰 바탕에 붉은색)와 다르게 구호기사단은 같은 8각형의 디자인에 다른 색상(검은색 바탕에 은색)을 사용했으며, 예루살렘에 있는 순례자들의 병원은 1050년경 십자군 전쟁 이전에 설립되었다.8

성궤 공의회

1127년에 기사단의 탐색은 끝이 났다. BC 1세기 로마의 침략에 앞서 그들은 성궤뿐 아니라 힐기야 시대부터 오랜 동안 땅 밑에 안전하게 보관되어 있던 엄청난 양의 금괴와 숨겨진 보물을 회수했다. 『역사』(로마 제국의)에서, 코르넬리우스 타키투스 의원은 BC 63년 폼페이우스 대왕이 성전에 들어갔을 때 "성소는 텅 비었고 지성소도 비어 있

었다"라고 언급하면서 놀라움을 회상했다.9

기사단의 압도적인 성공에 힘입어 위그 드 파앵은 성 베르나르로부터 곧 있을 트루아(프랑스) 공의회에 소환을 받았다. 프랑스 추기경 사절인 교황 대사가 의장을 맡기로 되어 있었다. 위그와 기사단은 상서로운 발견물과 함께 성지를 떠났고, 성 베르나르는 예루살렘 임무가 실현되었다고 발표했다. 그들이 발견한 것을 바티칸 당국이 몰수할 것 같은 두려움에 그는 다음과 같이 썼다 "그 작업은 우리의 도움으로 이루어졌으며 기사단은 샹파뉴 백작의 보호 아래 프랑스와 부르고뉴를 통과하는 여행을 떠났고, 그곳에서 공공 또는 교회 권위의 모든 개입에 대해 모든 예방조치를 취할 수 있었다."10

트루아의 샹파뉴 궁전은 비밀스러운 번역 작업이 뒤따를 수 있도록 잘 준비되어 있었고, 대비하여 유대인 문화 연구의 영향력 있는 학교를 후원했다. 1128년 대공의회가 열렸고 그곳에서 성전기사단은 주권 기사단으로서 국제적 지위를 부여받았고, 그들의 예루살렘 본부는 수도首都의 정부 사무소가 되었다. 성 베르나르 휘하의 기사들은 정식으로 시토 기사단을 설립했고 위그 드 파앵은 공식적으로 기사단 총본부장으로 취임했다. 그 후 성 베르나르는 베젤레(프랑스 북부)에서 루이 7세와 10만 명의 신도들에게 제2차 십자군 전쟁을 장려했고 성전기사단의 헌법 서약은 "베다니(마리아와 마르다의 성城)의 순종順從"11을 필요로 했다. 이에 따라 성 막달라 마리아 대성당이 베젤레에 세워졌다.

트루아 공의회 이후 기사단의 두드러진 위상은 그들이 유럽과 중동에서의 고위급 정치와 외교에 관여하게 된 것으로 현저하고 신속했다. 불과 11년 후엔 1139년 교황 이노센트 2세(또 다른 시토수도회 수사)가 기사들에게 자신을 지키는 어떤 권위에 대한 의무로부터 국제적인 독립을 부여했다. 왕, 추기경 또는 정부와 관계없이 기사단의 유일한 상급

자는 교황이었고 그들은 영국부터 팔레스타인에 이르는 광대한 영토와 풍부한 재산을 받았다. 『앵글루 색슨 연대기』는 위그 드 파앵이 영국의 헨리 1세를 방문했을 때 "왕은 그를 영광스럽게 맞이했고 그에게 값진 선물을 주었다"고 기록한다. 스페인 왕 아라곤(피레네 산맥 중부)의 알폰소는 왕국의 3분의 1을 기사단에게 양도했고, 모든 기독교국이 그들의 발아래 있었다.

노트르담

기사단이 놀라운 발견을 했다는 소식이 전해지자 기사들은 모든 사람에게 존경을 받게 되었고, 예루살렘의 재산에도 불구하고 많은 기부금이 여기저기서 들어왔다. 제휴를 확보하기 위해 어떤 가격도 높지 않았고 그들이 돌아온 10년 만에 그들은 세계에서 가장 영향력 있는 단체가 되었다. 그렇지만 기사단의 막대한 재산에도 불구하고 기사단 개개인은 포기 서약을 해야 했다. 그의 지위가 무엇이든 간에 모든 기사는 자기 소유물의 권리를 양도해야 할 의무가 있었지만 여전히 귀족의 아들들은 기사단에 가입하기 위해 모여들었다. 많은 자금을 지원받은 기사단은 레반트(동부 지중해의 연안 제국. 특히 시리아 레바논 이스라엘)와 실제적으로 유럽의 모든 왕조를 위한 금융업자가 되며 최초의 은행망을 설립했다.

기사단이 높은 지위로 성장함에 따라 시토수도회의 재산도 같이 상승했고, 트루아 공의회가 열린 지 25년 만에 그들은 300개 이상의 대수도원을 자랑하게 되었다. 그러나 그것이 끝이 아니었고, 당시 프랑스 사람들은 기사단의 새로운 기술의 가장 놀라운 결과를 목격했다. 도시의 스카이라인은 땅으로부터 솟아오른 장엄한 고딕 아치를 가진 노트르담 대성당 같은 헤아릴 수 없는 극적 효과와 함께 변하기 시작했다. 그 건축물은 불가능할 정도로 경이로웠으며 오늘날의 건축가들은 여전히 당혹스럽다고 말했다. 뾰족한 오자이브(둥근 천장의 맞보)는 지금까지 넘을 수 없는 공간 - 벽날개와 가는 늑재 궁륭(아치에서 발달된 반원형 천장이나 지붕을 이루는 곡면 구조체)이 있는 - 까지 확장되며 엄청난 높이까지 이른다. 모든 것이 위쪽으로 당겨져 있고 풍부하게 장식된 수천 톤의 돌에도 불구하고 전체적인 인상은 마법의 무중력 상태였다. 먼 오랜 시간으로부터 히람의 기하학과 공중부양 기술을 사용하여 석공들은 기독교 세계의 영광을 위해 최고의 성스런 기념물을 건축했다.

대성당은 주로 '솔로몬의 자손들' - 성 베르나르의 시토수도회에서 새롭게 얻은 비밀의 지식으로부터 가르침을 받은 전문 석공들의 조합 - 의 작품이었다. 19세기 프랑스의 헤르메스주의자(헤르메스주의는 이집트 신 토트와 그리스 신 헤르메스가 결합된 신 또는 반신적 존재인 헤르메스 트기스메기스투스의 저작으로 일군의 철학적, 종교적 믿음들 또는 지식들이다.) 풀카넬리의 설명대로 그 디자인은 langue argotique - 변형 연금술에 적용되었던 '황금 양털'의 수호 언어 - 로부터 고딕Gothic(Art Gothique 또는 Argot)이라고 불렸다.12 성 베르나르는 솔로몬왕의 석공들의 비밀 기하학을 번역했는데, 그들은 자신들의 마스터인 히람(티레에서 온 페니키아 장인) 밑에서 지식과 숙련도로 자격을 얻었다. 이로 인해 히람은 훗날 프리메이슨에서 '훌륭한 아버지'를 의미하는 히람 아비프로 상징되는 중요한 인물이 될 운명이었다.13

지하 깊은 동굴이나 우물에 의해 땅의 힘이 강화되는 장소 위에 세워진 성당들은 거의 동시에 시작되었지만 일부는 완공하는 데 한 세기 이상 소요되었다. 파리 노트르담 성당은 1163년, 샤르트르 대성당은 1194년, 랭스 성당은 1211년, 아미앵 성당은 1221년에 시작했다. 동시대에 다른 것으로는 바이외, 아브빌, 루앙, 라온, 에브루, 에탐프 등

272   Lost Secrets of the Sacred Ark

이 있었다. "위에서처럼 아래에서도"라는 헤르메스의 원리에 따라, 노트르담 성당의 결합된 지상 평면도는 처녀별자리를 묘사한다.14

샤르트르 역사에 관한 권위자들 가운데 주목할 만한 사람은 루이 샤르팡티에로인데, 그의 연구와 작품은 고딕양식 건축의 이해를 높이는데 많은 기여를 하였다. 그는 샤르트르에서는 지전류地電流가 최고조에 있으며 드루이드 시대에도 이곳의 신성한 분위기를 잘 느낄 수 있었다고 말한다. 샤르트르 위치는 매우 숭배하는 곳으로 왕, 주교, 추기경, 수사 신부 또는 그 언덕의 흙에 묻힌 누구도 없는 유일한 성당이다. 그곳은 원래 대모신大母神을 봉헌한 이교도 지역이었는데 예수 시대 훨씬 오래전 순례자들이 여행했던 곳이었다. 그곳의 제단은 '땅의 자궁'을 상징한다고 전해지는 신성한 돌멘(지석묘)15을 갖고 있는 그로테 데 드루이드Grotte des Druides 동굴 위에 전략적으로 세워졌다.

고딕양식 건축의 가장 큰 미스터리 중 하나는 성당 창문에 사용된 스테인드글라스이다. 이 특별한 종류의 유리는 12세기 초에 처음 나타났지만 100년 후 갑자기 사라졌다. 그와 같이 생긴 것은 전에는 결코 볼 수 없는 것이었으며 그리고 그때 이후로는 그런 일은 없었다. 고딕양식 유리의 광도가 다른 유파보다 훨씬 높았을 뿐 아니라 빛 강화의 특성도 훨씬 더 효과적이었다. 심지어 황혼에서도 이 유리는 그 어떤 것보다도 광채를 유지했다. 진정한 고딕양식의 유리는 해로운 자외선을 이로운 빛으로 바꾸는 독특한 힘을 갖고 있었는데 비록 그것이 연금술의 산물이었다고 이야기되긴 하지만 그것의 제조 비밀은 결코 밝혀지지 않았다. 유리를 완성하는 데 고용된 사람들은 '오마르 하이얌' 학파의 페르시아인 철학적 수학자들이었다. 그들은 Spiritus Mundi(우주의 장대한 숨결)를 통합한 그들의 방법을 주장했다. 이것은 현재 '현자의 돌'의 하얀 빛으로 알려져 있다. 왜냐하면 그들의 유리가 고-

성궤의 잃어버린 비밀　273

스핀 금속들로부터 만들어졌기 때문이다. (오늘날 노트르담 대성당에서 볼 수 있는 많은 창문들은 진짜 고딕양식 유리가 아니다. 그것들은 제2차 세계대전의 엄청난 피해에 따라 다른 성당들로부터 대체되고 기부된 것이다.) 출애굽기 24장 10절에서 모세의 수정 같은 포장도로와 유사하게 이와 관련된 신약성경의 언급이 요한계시록 21장 18절, 21절에서 발견되는데 장대한 예루살렘과 연결되어 있는 것으로 이야기한다. "그 성은 정금인데 맑은 유리 같더라… 성의 길은 맑은 유리 같은 정금이더라."

앞서 언급한 것처럼(148쪽 "샤르-온의 면"을 보라.) mfkzt 가루(현자의 돌)의 최적 무게는 그것이 변환된 금속 무게의 56%이고 나머지 44%는 순수한 하얀 빛이 된다. 높은 금속(금 또는 PGM)의 하얀 가루가 특정한 열에 노출되면 즉시 유리로 변환되고 관련된 금속은 유리의 개별적인 색상과 품질을 결정할 것이다. 이 방법으로 놀랍도록 깨끗한 유리를 만들 수 있을 뿐 아니라 없어진 44%의 빛(Spiritus Mundi)이 유리 안에 다시 나타나게 할 수 있으며, 그 후 최적의 100% 금속 질량으로 되돌아간다. 이것은 44%가 실제로 사라지지 않는다는 것을 보여준다. 그것은 죽음의 평면을 넘어 무중력 상태 – 고대인들에게 '샤르-온의 면'(빛 궤도의 영역)으로 알려진 차원 – 로 이동한다.

1989년 파리 소르본 대학에 있는 고등실용연구원16의 교수 앙투안 파이브르는 그로닝겐에서 열린 네덜란드 연금술 회의에서 Spiritus Mundi에 대해 이야기했다. 그는 독일의 헤르메스주의자 헤르만 피쿨트의 1749년 출판물 『Aureum Vellus』를 인용했다. 그것은 Spiritus Mundi를 '황금 양털' 전설에서 표현했듯이 "별(천체)의 금"의 자연 환경의 존재로 묘사했다.17

성전기사단은 예루살렘 보물들에 더하여 교회의 권위에 의해 편집되거나 변경되지 않은 최초의 설명을 제공하는 풍부한 고대 히브리어와 아람어 원고들을 발견했다. 그들의 문서 발견은 상당했고, 페르시이와 동방에서 온 수많은 책들을 포함했다. 예수 그리스도 이전의 고대 에세네파 작품들과 아라비아와 그리스 철학자들의 책들이 있었는데, 이 책들은 모두 교회의 비난을 받을 운명이었다. 또한 거기에는 금속과 합금에 관한 문서들과 함께 수비학數秘學(숫자와 사람, 장소, 문화 등의 사이에 숨겨진 의미와 연관성을 공부하는 학문), 기하학, 건축 그리고 음악과 관련한 책도 있었다. 성전기사단은 모두 후세를 위해 쓰인 수천 년간의 연구의 합체된 지식을 가지고 유럽으로 돌아왔다.

이 점에 비추어볼 때 그 기사단이 그 후에 수직의 라틴십자가(그들은 이것을 고문 도구로 인식했다.)를 지는 것을 거부했다는 사실과 함께 그들이 전통적인 기독교를 초월한 통찰력 – 교회가 '동정녀 탄생'과 '예수의 부활' 둘 다를 잘못 이해했다는 확실성을 그들에게 용납한 통찰력 – 을 갖고 있었다는 것이 널리 받아들여졌다. 그럼에도 불구하고 그들은 신성한 사람으로 높이 평가받았으며, 당시 시토수도회 교황에게 완전히 애착을 가졌다. 그러나 이후 성전기사단의 한때 숭배된 지식은 다른 기사단의 교황들과 종교재판의 야만적인 도미니크 수도회 수사들에 의한 박해를 불러왔다.

바티칸 당국은 성전기사단이 많은 문서들과 금은괴들을 가지고 예루살렘으로부터 돌아온 것을 알고 있었다. 그들은 성전 저장물 중에 특히 위대하고 신성한 보물이 있다는 것을 알고 있었다. 그 단계에서 그것이 무엇일지 알 방법은 없었지만 그들의 지성은 그것이 어떤 물질적 부를 훨씬 뛰어넘을 정도로 놀라운 것이었다는 것을 밝혀냈다.

종교재판

8세기에 카롤링거 프랑크족의 단신왕 피핀 3세는 부르고뉴 영토 안에 유대인 왕국을 세우는 것에 동의했다. 그 왕국은 수장으로 다윗 왕가의 후손으로 인정된 자를 앉힐 것이었다.18 이것은 나르본의 유대인들이 그 도시에서 이슬람 무어인들을 쫓아내는 데 도움을 준 것에 대한 답례였다. 그 결과, 님(프랑스 남부 도시)에서 스페인 국경까지 나르본을 수도로 셉티메니아(the Midi(남프랑스))의 유대인 왕국이 768년 설립되었다. 피핀의 아들이자 후계자인 샤를마뉴 대제는 800년부터 유다의 강한 지배자(특히 의회의 통제를 받지 않는) 아래 셉티메니아 독립이 공식화하는 것을 기뻐했다. 그 결정은 바그다드의 칼리프에 의해 지지되었고 마지못해 로마의 스테판 교황에 의해서도 지지되었다. 모두 유다가의 길헬름 왕자를 다윗왕의 진정한 후계자라고 인정했으며, 791년 그는 유명한 '성 겔론의 길헬름 유대 아카데미'를 설치했다.

비록 개념상의 왕국은 완전히 독립된 국가로서 제 기능을 다하지 못했지만 300년 이상이 지난 후에도 다윗 계보의 후계는 부르고뉴 남쪽의 스페인 미디(셉티메니아)에 남아 있었다. 1144년 영국 케임브리지의 수도사 테오발드는 노리치의 유대인들을 상대로 의례적인 살인에 대한 혐의를 제기할 때 다음과 같이 확인했다. "스페인에 거주하고 있는 유대인들의 주요 인물들과 랍비들은 '왕족의 자손'이 살고 있는 최고의 존경을 받는 나르본에 모인다." 1166년 연대기 편찬자 투델라 (스페인 북부)의 베냐민은 지배적인 다윗의 후계자들이 여전히 상당한 재산을 소유하고 있다고 보고했다. "나르본은 토라(유대교의 율법서)의 고대도시이다.19 그 안에는 현자, 귀인, 왕자들이 있는데 그들 중 최고는 축복받은 기억의 위대한 왕자 토드로스의 아들 칼로니모스인데 그의 가계도에 기록되었듯이 그는 다윗가의 자손이다. 그는 그 나라의 지배자로부터 상속 재산과 다른 부동산을 갖고 있으며 아무도 그를 쫓아낼 수 없다."

성 베르나르와 그의 시토수도회 수사들은 트루아 공의회 이후 옛 예루살렘 필사본의 번역본을 정리할 때 겔론에 있는 재설립된 유대 아카데미를 유용하게 활용했다. 그러나 이것은 가톨릭 주교들 사이에 커다란 우려를 불러일으켰는데, 그들은 무슨 일이 일어나고 있는지 전혀 알 수 없었다. 그들은 겔론이 오랫동안 막달라 마리아 문화의 중심지였으며, 성전기사단이 '베다니와 막달라에 대한 서약'을 맹세했다는 것을 알고 있었다. 더욱이 노트르담 대성당은 원래 그녀를 "성모 마리아"로 봉헌했었다. 또한 나르본 근처의 겔론 남쪽에는 렌 르 샤토 성당이 있었는데 이 성당은 1059년 막달라 마리아에게 봉헌되었다. 이 지역(리옹만, 마르세유의 서북서)은 당시 랑그독Languedoc으로 알려졌었다. 이 이름은 그 사람들 고유의 언어 langue d'oc으로부터 파생되었다.

주교들은 성전기사단의 비밀 보물의 종별이 무엇이든 간에 그것이 프랑스 남쪽의 랑그독 어딘가에 있을 것이라고 확신했다. 그래서 1209년 교황 인노첸시오 3세는 그의 군대를 보내기로 결정했다. 약 3만 명의 교황 군대는 시몽 드 몽포르의 지휘 아래 그 지역에 내려왔다. 그들은 성지 십자군의 붉은색 십자가로 가장했지만 그들의 목적은 헤아릴 수 없을 정도로 달랐다. 그들은 금욕적인 카타리파(순수한 사람들)를 말살하기 위해 보내졌다. 교황과 프랑스의 필리프 2세는 그들이 그 신비로운 보물을 보호하고 있으며 로마 교회에 대항하는 성전기사단과 동맹을 맺었다고 확신했다.

학살은 35년간 계속되었고, 수만 명의 목숨을 앗아갔다. 몽세귀르 신학교에서 끔찍한 대학살로 절정에 달했는데 그곳에서 1244년 200명 이상의 인질이 화형대에 묶여 산채로 불태워졌다.[20] 종교적인 용

성궤의 잃어버린 비밀   277

어로 카타리파의 교리는 본질적으로 그노시스(영지 또는 인식, 깨달음. 그노시스는 단어가 지닌 복합적 의미 때문에 번역할 수 없다.)였다. 그들은 영적인 사람들이었는데 정신은 순수하지만 육체는 더럽혀진다고 믿었다.21

랑그독 지역은 사실상 8세기 유대 왕국 셉티메니아를 형성했던 지역이며, 성전기사단처럼 카타리파는 유대인과 이슬람 문화에 특별히 관대했다. 또한 그들은 남녀평등을 지지했지만22 그럼에도 불구하고 그들은 가톨릭 종교재판(1233년 공식적으로 제정됨)으로부터 비난과 억압을 받았으며 모든 신성모독과 성적 일탈로 기소되었다. 혐의와는 달리 증언을 위해 데려온 증인들은 카타리파의 사랑의 교회와 예수의 성무聖務에 대한 그들의 단호한 헌신에 대해서만 이야기했다. 그들은 하나님의 성령을 믿고 주기도문을 암송했으며, 자선학교와 병원 등 자체적인 복지 시스템을 가진 모범적인 집단을 운영했다.

실제로 카타리파는 면허 없이 설교하고 임명된 사제나 가톨릭 이웃의 화려하게 장식된 교회를 위한 아무런 요구사항도 없는 단순히 국교 불신봉자(일반적 사상이나 행위에 따르지 않는 사람)들이었다. 성 베르나르는 "어떤 설교도 그들보다 더 기독교적이지 않으며 그들의 도덕은 순수하다"고 말했지만 교황의 군대는 시야에서 그들 공동체를 뿌리 뽑기 위해 외견상 성스런 임무를 가장하여 왔다.

말살 칙령은 신비스런 카타리파뿐만 아니라 랑그독의 대부분의 백성을 포함한, 그들을 지지하는 모든 이들에게도 적용되었다. 당시 지리적으로 프랑스의 일부였지만 그 지역은 반자치 국가였다. 정치적으로 그곳은 스페인 북쪽 국경과 더 관계가 있었고 군주로 툴루즈 백작이 있었다. 문학, 철학, 수학과 함께 고전 언어를 가르쳤다. 그 지역은 일반적으로 매우 부유하고 상업적으로 안정되었지만, 1209년 교황의 군대가 피레네 산맥 기슭에 도착하자 모든 것이 바뀌었다. 알비에 있는 랑그독 중심을 가리켜, 야만적 원정은 알비파 십자군으로 불렸다[23] – 적어도 그것이 우리가 들은 것이다. 그러나 그 이름에는 훨씬 더 중요한 의미가 함축되어 있었다. 사실, "알비Albi"는 옛 프로방스어 ylbi(여자 요정)의 변형이었고 카타리파는 막달라 마리아의 구세주적 계승(Sangreal : 성배)을 Albi-gens(요정의 혈통Elven bloodline)로 언급했다.

중세시대에 번성했던 모든 종교 숭배들 중에 카타리파는 가장 덜 위협적이었으며, 카타리파가 특정한 고대 지식과 관련되었다는 사실은 전혀 드러나지 않았다. 길헬름 드 툴루즈 드 겔론은 4세기 훨씬 이전에 그 지역에서 유대 아카데미를 설립했다. 그러나 바로 이 사실 (카타리파가 기독교의 뿌리보다 역사적으로 더 의미 있는 탁월한 보물을 갖고 있다는 생각과 함께)은 로마가 단 하나의 결론 – 성궤와 유다의 증언과 예루살렘 사본은 랑그독에 감춰야 한다는 – 을 내리게 했다. 이것은 로마 교회의 기본적인 개념을 폭로하기 충분하다는 생각이 들었고, 절망적이고 광신적인 정권을 위한 해결책은 단 한 가지뿐이었다. 그 결과 교황의 군대에 "모두 죽여라!"라는 명령이 내려졌다.

성궤의 잃어버린 비밀　　279

숨겨진 두루마리

성전기사단의 응징

1244년 랑그독에서 일어난 알비파 십자군은 끝났지만, 프랑스 국왕 필리프 4세와 교황 클레멘스 5세가 성전기사단의 불가사의한 보물을 얻기 위해 그들을 괴롭힐 위치에 놓이기까지는 62년이 걸렸다. 1306년 예루살렘 기사단이 너무 강력해져서 필리프 4세는 극도의 공포를 가지고 그들을 보았다. 필리프는 기사단에게 많은 돈을 빚졌고 실질적으로 파산 상태였다. 그는 또한 그들이 자신보다 훨씬 더 막강하다는 것을 알았고 그들의 정치적이고 비밀스런 힘이 두려웠다.

그때까지 성전기사단은 교황의 직접적인 개입 없이 활동했지만 필리프왕은 이것을 바꿀 수 있었다. 성직자에게 세금을 부과하지 말라는 바티칸(로마 교황청)의 칙령에 따라 프랑스 왕은 교황 보니파스 8세를 붙잡아 살해하기로 계획했다. 그의 후계자 베네딕트 11세 또한 불가사의한 상황에서 종말을 맞았고, 1305년 필리프 자신의 후계자인 보르도의 대주교 베르트랑 드 고트가 교황 클레멘스 5세가 되었다. 그의 휘하에 있는 신임 프랑스 교황과 함께 필리프는 성전기사단에 대한 고발 목록을 작성했다. 가장 쉬운 혐의는 이단이었다. 왜냐하면 기사단이 동정녀 탄생과 그리스도의 십자가형에 대한 확립된 교리를 떠받들지 않았다는 것이 잘 알려져 있었기 때문이다. 또한 그들의 외교와 비즈니스 업무는 유대인, 그노시스주의자들, 이슬람교인들과

280   Lost Secrets of the Sacred Ark

연관되었다는 것이 알려졌다. 도모된 교황의 지원과 함께 필리프왕은 프랑스에 있는 성전기사단을 박해하고 다른 나라의 싱전기사단을 세거하기 위해 노력했다. ('이단heresy'이라는 단어는 정통 교리에 반하는 믿음이나 실행으로 정의되지만 그것은 사실 "선택choice"을 의미하는 그리스어 hairesis에서 파생한다. 이렇듯 이단의 책임은 선택 권리의 거부였다.)

1307년 10월 13일 금요일, 필리프의 충신들은 복수를 감행했고 성전기사단은 프랑스 전역에서 붙잡혔다. 붙잡힌 기사들은 감옥에 갇히고 심문을 받고 고문당하고 화형을 당했다. 기사단에 불리한 증거를 제시하기 위해 유급 증인이 소집되었고 실제로 몇몇 기묘한 진술도 얻어냈다. 성전기사단은 주술, 동성애, 낙태, 신성모독, 마술 등 여러 가지 불미스러운 행위로 고발당했다. 일단 그들이 증거를 제시하면 어떤 뇌물이나 강압의 상황에서도 증인들은 흔적도 없이 사라졌다. 그러나 이 모든 것에도 불구하고 왕은 성전기사단의 보물이 그의 손아귀 밖에 있었기 때문에 그의 주된 목적을 달성하지 못했다. 그의 앞잡이들이 샹파뉴와 랑그독을 샅샅이 뒤졌지만 그동안 대부분의 재산은 파리 기사단 본부의 지하 보물 저장소에 숨겨져 있었다.

14세기 프랑스와 플랑드르에서는 대부분의 귀족 가문들이 교회 내에 아들을 두었는데, 주교로서가 아니면 연합한 기사단의 대수도원장이었다. 라 부자디에르 영지領地 사제는 이러한 귀족들 중 한 명이었으며, 성전기사단에 대한 교황의 칙령이 있기 직전, 7명의 성전기사단 손님들이 영주의 성에 있었다.1 이 모임에서 그 기사들은 곧 있을 종교재판 소식을 듣고 파리로 달려가 필리프왕의 계획을 알렸다. 그리고 나서 보조 파견단과 함께 그 소식을 널리 퍼트리며 상말로로 여행했다. 7명의 기사들은 가스통 데 라 피에르 페부스, 귀동 드 몽타노르, 젠틸리스 드 폴리뇨, 앙리 드 몽포르, 루이 드 그리모아르, 피에

성궤의 잃어버린 비밀　281

르 요릭 드 리볼트, 세자르 미니빌이었다.

당시 기사단의 그랜드 마스터(단장)는 자크 드 몰레였다. 교황 클레멘스 5세가 필리프왕의 하수인인 것을 알고 몰레는 브르타뉴 해안의 라로셸에서 18척의 갤리선에 파리의 재물을 옮기도록 주선했다.2 이 배들 대부분이 스코틀랜드로 항해했고3 몇몇은 포르투갈로 갔지만 필리프는 이 사실을 모르고 유럽 전역에서 성전기사들을 추적하도록 처리했다. 운반할 수 있는 대부분의 보물을 안전하게 급송하고 몰레와 몇몇 주요 지휘관들은 그들의 작업을 계속하기 위해 프랑스에 남았다. 작업의 주된 측면은 다가오는 습격을 알지 못하는 기사들에게 소식을 전하는 것이었다. 급사急使들은 경고 메시지를 전하며 멀리 질주했지만 많은 경우 너무 늦었고 동료들은 이미 붙잡힌 상태였다.

기사들은 영국에서 체포되었다. 그러나 스코틀랜드 국경 북쪽은 교황의 교서가 효력이 없었다. 이것은 로버트 더 브루스(로버트1세)왕과 스코틀랜드 국가 전체가 이전에 영국의 가톨릭 왕 에드워드 2세에 맞서 무기를 든 죄로 파문당했기 때문이다.4 에드워드는 처음에는 기사들에게 등을 돌리는 것을 꺼렸지만, 필리프왕의 사위로서 그는 어려운 상황에 처했고 종교재판의 규칙을 따라야 했다. 많은 성전기사단원들이 영국에서 체포되었으며 그들의 토지와 영유지를 몰수당했고, 그 후 '성 요한 구호기사단'에 전달되었다.

그러나 스코틀랜드에서는 1128년 훨씬 전에 성전기사단과 동맹을 체결하였기 때문에 이야기는 완전히 달랐다. 위그 드 파앵은 트루아 공의회 직후 스코틀랜드 왕 데이비드 1세를 처음 만났다. 그때 클레르보의 베르나르는 스코틀랜드의 켈트 교회를 그의 부유한 시토수도회 기사단에 통합했다. 데이비드왕은 위그와 그의 기사들에게 포스만 (중앙 저지를 동쪽으로 흐르는 포스강의 너비가 갑자기 넓어지면서 형성된 삼각강 모양의 만)의 발란트라도치(현재 신전 마을)의 땅을 수여했고, 그들은 사우스 에스크 위에 그들의 주요 거점을 세웠다. 실제로 데이비드와 그의 누이는 불로뉴의 고드프리아 드 부용의 플랑드르 가문과 결혼했고 이 결혼을 통하여 데이비드왕, 위그 드 파앵 그리고 예루살렘의 십자군 왕들 사이에 직접적인 가족 관계가 있었다.

프랑스와 스코틀랜드가 '올드 동맹Auld Alliance'을 통해 수백 년간 무역과 군사 목적으로 공식적으로 연결되어 왔기 때문에 프랑스와 스코틀랜드 사이에는 언어 장벽이 없었다는 것을 인식하는 것이 중요하다.5 공식적으로 "공격과 수비 연맹"으로 명명된 이 조약은 807년 프랑크 왕국의 샤를마뉴 황제와 스코틀랜드 왕 에오카이드 4세 사이에 체결되었다. 이로 인해 필리프 4세 카페왕조 이후 스코틀랜드 근위대(Garde Ecossais)가 프랑스 발루아 왕가의 왕실 공식 가족 호위대가 되었다. 이런 점에서 스코틀랜드 근위대는 1429년 유명한 오를레앙 포위전에서 영국에 대항하는 잔 다르크 기병대에서 두드러졌다.

성전기사단 선단이 브르타뉴를 출발한 후 50여 명의 프랑스 기사들이 스코틀랜드의 '멀 오브 킨타이어Mull of Kintyre(킨타이어반도의 곶)'에 정착했다. 이후 1313년 6월 24일 (그들의 그랜드 마스터 자크 드 몰레가 유럽에서 곧 처형될 수 있다는 것을 깨닫고) 그들은 1307년 개정된 헌법 규정을 적용하고 피에르 도몽이라는 이름의 기사를 스코틀랜드 그랜드 마스터로 임명했다. 아일레이섬 근처와 본토의 킬마틴에는 아직도 수많은 성전기사단원들의 무덤이 발견되고 있으며 독특한 묘지석 석판 중 일부는 원래의 성전기사단 선단의 기사 지휘관으로서의 점유자들을 묘사한다.

로버트 더 브루스왕과 파문된 성직자들의 후원하에 기사단은 로마로부터 완전히 독립된 위계를 가진 교회로 재건되었다. 성전기사단 교회에는 대수도원장, 사제 심지어 주교도 있었지만 추기경이 없었고

성궤의 잃어버린 비밀   283

특히 교황이 없었다. 영국과의 전쟁을 준비하며 그들은 십자군 원정에서 확립된 게릴라 전술을 스코틀랜드 군대에 훈련시키기 시작했다. 그때 성전기사단의 금은 아일랜드에서 제작되는 무기 공급에 사용되었다. (1314년부터 로버트의 동생 에드워드 브루스는 1318년 사망할 때까지 아일랜드의 왕이었다.)

영국의 플랜태저넷가家가 스코틀랜드 영역에 음모를 가졌다면 이 음모는 성전기사단의 도착에 의해 극적으로 높아졌을 것이고, 최종 결과는 1314년 베녹번 전투였다. 이 전투는 성전기사단의 그랜드 마스터 자크 드 몰레가 필리프 4세의 심문관에게 기사단의 비밀을 밝히기를 거부하여 프랑스에서 화형당한 지 3개월 만에 벌어졌다.6

베녹번 전투에 이어 기사들은 왕가의 호위병으로 스코틀랜드 정부의 일부가 되었고 공식적인 '스코틀랜드 왕의 보호자'로 설립되었다. 그러고 나서 그 기사단은 계승한 스튜어트왕들에 의해 고취되고 장려되었다. 상당한 토지(특히 로디언과 애버딘 주변)가 기사단에게 넘어갔고 기사들은 또한 서쪽 지역인 에어, 론, 아가일의 재산도 소유했다.

1317년은 성전기사단의 운영에 변화가 있었다. 많은 사람들이 베녹번에서 죽었고 그들의 지위가 고갈된 상태에서 스코틀랜드 기사들을 교단에 초대하는 것이 타당하다고 생각되었다. 스코틀랜드의 왕은 세습 주권 그랜드 마스터로 즉위했고 그때부터 총장의 궁극적인 직책을 가진 사람은 성 제르맹의 왕자(또는 백작)로 알려졌다. 브루스는 그 목적을 위해 새로운 기사단을 구성했고 독창적인 이름의 형식을 취하여 그것을 '장미십자가 형제애 기사단'이라고 불렀다. 그런 후 몇몇 장미십자가단 기사들은 아비뇽에서 교황 요한 22세를 만나기 위해 프랑스로 항해했다.

성전기사단이 어떠한 교황의 소속을 포기했음에도 불구하고 이 새로운 기사단은 성전기사단 기관처럼 분명하지 않았고, 교황이 기사도의 국제적 지휘권을 갖고 있었기 때문에 등록하기 위해 만남이 필요했다. 가스통 드 라 피에르 페버스는 사절단의 수석 대표였고, 교황 요한은 자신의 조카 자크 드 비아가 그랜드 마스터가 되는 한에서 선언서를 발표하는 데 동의했다. 그러나 드 비아는 1317년 5월 6일에 사망하였고 그 자리가 비게 되자 기사들은 귀동 드 몬타나르 (당시 스코틀랜드에 있던)를 선출했고, 그들은 그들이 로버트왕에게 제시했던 필요한 합동 헌장을 가지고 정식으로 돌아왔다.7

그 사건에서 스코틀랜드의 제명이라는 교황 칙령은 무기한 지속되지 않았고, 1323년 교황 요한 22세가 로버트 더 브루스를 스코틀랜드의 진정한 왕이라고 인정할 때 해제되었다. 이러한 인식에 의해 많은 역사가들이 성전기사단이 스코틀랜드에서 해체되었을 것이라고 추측해 왔지만 사실은 그렇지 않다. 그것은 단지 브루스가 비밀 교단을 더욱 비밀스럽게 만드는 데 도모한 것이었다. 베녹번에서 용맹했던 성전기사단원에게 장밋빛 십자가 훈장을 수여하면서 브루스는 매우 성공적인 위장 활동을 제공했다.

스코틀랜드 국가 은행 시스템이 유럽과 중동에서의 금융 경험에서 발전한 것은 기사단의 영향을 받은 이 시기였다. 스코틀랜드의 토지는 상당량의 금 매장을 가지고 있었고 기사들은 재빨리 이 자원을 사용하였다. 이 자원은 플랜태저넷가 영국인들이 스코틀랜드에서 지배권을 얻으려고 했던 이유 중의 하나였다.8 스코틀랜드 왕 제임스 5세와 그의 아내 마들렌 드 프랑스가 주최한 파리 연회에서 300명 이상의 프랑스 손님들이 스코틀랜드 금으로 테두리를 두른 받침 달린 잔을 받았다. 스코틀랜드의 왕관(엄청난 보석과 테이강에서 나온 진주가 있는)은 스코틀랜드의 금으로 만들어졌으며, 최근 영국 국영 언론에 보도된 바와 같이 오늘날에도 퍼스셔에는 현재 작업 중인 2개의 금광이 있다.9

성궤의 잃어버린 비밀   285

제3등급

'솔로몬의 자손들'과 더불어 중세 프랑스의 다른 석공 형제애들은 '수비즈 신부의 자손들'과 '마스터 자크의 자손들'이었다.10 성전기사단에 대한 14세기 종교 재판이 한창 진행 중일 때 이 조합들은 똑같이 위험에 처했다. 그들은 헤르메틱 공예의 숙련자였기 때문에 그들이 얻은 등급에 따라 신성한 기하학을 작업하는 데 관한 기밀의 정보를 갖고 있었다. 등급에는 세 가지가 있었다. 현대의 프리메이슨 주류에 3개 등급이 있는 것처럼 수습 동료, 달성 동료, 마스터 동료이다. 이것이 바로 성전기사단의 종교재판 이후 감금하여 중요하거나 비밀스런 정보를 빼내기 위한 가혹한 심문이 종종 '제3등급'으로 불린 이유이다.

현대의 프리메이슨이 중세 유럽의 조합에서 파생되었다고 하지만 고대 장인 시대에는 훨씬 더 먼 기원을 갖고 있었다. 뉴욕 센트럴 파크에 있는 이집트 오벨리스크는 파라오 투트모세 3세(BC1468~1436) 시기에 만들어진 것으로 확인되었다.11 그는 모세의 먼 할아버지이자 신성한 신비를 보존하는 것이 목적인 영향력 있는 학자들과 철학자들의 협회 창시자였다. 나중에 사마리아인 박사Magi들은 수도회의 일원이었고, 유대 쿰란에 있는 고행의 '이집트인 치료사'에 소속되었다. 이집트 관습에서 모세인 아케나텐이 시나이에서 성막을 만들 때 신전의식의 개념을 이어나갔고, 그 후 그 전통이 가나안으로 들어갔다. 그것에 앞서 가나안인들과 초기 히브리인들은 노아와 아브라함이 세운 것처럼 단순한 외부 석조 제단을 숭배와 희생제의의 장소로 사용했다. (창 8:20, 22:9)

태양의 신전에서 나온 두 번째 이집트 오벨리스크 – '클레오파트라의 바늘'(클레오파트라 7세와 관련 있다. 비록 그것이 그녀보다 1000년 이상 앞서긴 하지만)이라 알려진 – 는 런던의 템스강둑에 서 있다. 높이는 20.88m이고12 무게는 186톤이다. 이들 두 회강암 오벨리스크는 원래 헬리오폴리스에 있는 이집트 신전의 입구 기둥이었지만, BC 12년 알렉산드리아로 옮겨졌고 그 후 각각 1878년과 1881년에 런던과 뉴욕으로 옮겨졌다. 1926년 프랑스 연금술사 풀카넬리의 제자 외젠 캉젤리에는 스승의 노트를 수집하여 『대성당의 비밀』이라는 책을 출판했다. 이 책에서 그는 특별히 '헬리오폴리스 형제애(Le Fraternite d'Heliopolis)'에 인용문을 썼다.

이집트 신전 입구에 버팀 없이 서 있는 기둥을 자유롭게 세우는 관습에 따라 페니키아의 건축가 히람은 예루살렘에 있는 솔로몬왕의 성전 입구에 똑같은 주제를 도입했다. 둥그런 대접받침이 있는 기둥은 티레 여신 숭배의 디자인과 비슷했고, 가나안의 아스타르테(서아시아와 소아시아 지역의 풍요의 신으로 특히 가나안 사람들에게 숭배되었다.)에게 봉헌하는 다산의 상징과도 비슷했다. 예루살렘의 놋쇠 기둥들은 야긴과 보아스로 불리며 (왕상 7:21, 대하 3:17) 프리메이슨들에 의해 '프리메이슨 조합의 헌법 명부'를 위한 저장소 역할을 위하여 속이 빈 구조로 지어졌다. 더욱이 비록 성전이 구약성경 편찬자들에 의해 주로 여호와에게 봉헌되고 기본적으로 성궤를 보관하도록 설계되었다고 여겨졌지만 그 건축은 하나님의 남성적인 원리에 한정되지 않았다. 그것은 주로 전통적인 관습에 따라 건축되었고 남성과 여성의 기하학적 에너지를 통합하였다.

프리메이슨의 민간전승에 따르면, 성전은 7년 만에 완성되었는데 그 끝에 히람이 살해되어 얕은 무덤에 묻혔다고 한다. 그의 죽음은 그가 '마스터 프리메이슨'의 비밀을 초심 작업자들에게 전해 주는 것을 거절한 것에서 비롯되었다고 한다. 오늘날 히람 아비프의 상징적인 살인은 프리메이슨의 제3등급 의식에서 두드러지게 나타난다. 후

보자는 괴상한 자루('사자의 발'이라 불린다.)와 특정한 신체적 태도를 사용하여 무덤의 어둠에서 쓰러지고 다시 일어난다. 현대의 프리메이슨은 실행적이라기보다는 추측에 의한 것이지만 히람 시대에도 그가 속했던 '디오니소스 숙련공' 협회는 그 자체의 로지(지부), 상징 그리고 암호가 있었다. 하나의 상징은 후에 피타고라스파와 에세네파가 사용했던 나선붕대(프리메이슨의 수건)였다. 그것은 또한 로마의 카타콤에서도 발견되며 박해받은 성 인노첸시오 무덤에 프리메이슨 입문에 대한 묘사가 그려졌다.

결백의 불꽃

이 장을 편집하는 동안 로마에 있는 이탈리아 잡지 〈헤라〉의 편집자 아드리아노 포르지오네로부터 전화를 받았다. "바티칸에서 최근 발견된 기록물에 대해 들어보셨나요?" 그의 목소리는 흥분되어 있었다. 나는 듣지 않았다고 했지만 오래지 않아 관련된 6쪽의 기사와 사진이 〈헤라〉에 실렸다.13 이것은 영국의 일간지 타임스에 "교황이 대학살된 기사들을 사면한 것을 보여주는 바티칸 문서"라는 제목의 장문 특집기사를 이끌었다.14

오늘날 교황이 십자군 원정에 대한 이슬람교의 용서를 구하고 있는 가운데, 로마에 있는 타임스 특파원은 교황이 또한 '14세기 성전기사단의 종교 재판에 대해서도 사과해야 한다'고 제기했다. 교황 클레멘스 5세와 프랑스 왕 필리프 4세의 연락책이 기사단을 무너뜨리고 그랜드 마스터 자크 드 몰레를 처형한 것에 대해 이전에 알려진 모든 것에도 불구하고, 필리프가 그의 부하들을 대규모 대학살에 대해 사면하기 이전에 클레멘스 교황이 실제로 기사단을 용서했다는 것이 현재 드러났다.

이 발표는 최근에 바티칸 고생물학 학교의 연구자 바바라 프레일 박사가 2001년 9월 13일 바티칸 비밀 기록 보관소에 숨겨져 있던 클레멘스 5세가 서명한 지금까지 알려지지 않은 두루마리를 발견하면서 이루어졌다. 현재 시농 양피지Chinon Parchment라고 불리는 이 문서는 루아르에 있는 시농성城에서 교황 대사들이 1308년 드 몰레와 지부 성전기사단원들을 심문한 내용을 담고 있다. 기사단에 대한 필리프왕의 혐의의 타당성을 조사한 후, 교황 클레멘스의 두루마리는 다음과 같은 결론을 이야기한다. "우리는 이것으로 그들이 교회에 의해 사면되고 성찬식에 복귀하며 그들이 거룩한 성사를 받을 것을 선고한다."

이와 더불어 클레멘스는 필리프왕을 심하게 비난한다. "우리가 없는 동안 당신은 성전기사단과 그들의 재산에 마음을 돌렸소. 심지어 당신은 그들을 감금하기까지 했소. 그리고 우리를 가장 고통스럽게 하는 것은 당신이 그들을 풀어주지 않은 것이오. 그러나 우리는 당신이 그들을 감금하고 더 큰 형벌을 가하며 더 많은 것을 했다고 들었소." 이 항의는 1308년 7월 5일 교황 교서 Subit Assidue에 공식화되었는데 클레멘스는 프랑스 조사관인 파리의 윌리엄이 교황 당국에 체포 사실을 알리지 않았다고 비난했다.

성전기사단에게는 불행하게도 프랑스 왕은 교황의 말을 완전히 무시하였다. 클레멘스는 아비뇽에서 교황청으로 새 교황령을 집행할 입장이 아니었고, 비슷하게 로마의 추기경들도 포악한 프랑스 군주에 맞서 힘을 발휘하지 못했다. 그 결과 얼마 후, 1312년 비엔(프랑스 남동부의 도시) 공의회에서 교황 클레멘스는 드 몰레와 다른 죄수들을 좀 더 편안한 가택 연금을 하기 위해 교황청으로 인계하려는 시도로 성전기사단의 기사 지위를 공식적으로 종식시키는 또 다른 전략을 시도했다. 이 방법으로 그는 자신의 관할하에 공식적인 재판이 진행되고, 기사단은

성궤의 잃어버린 비밀   289

곧 집행유예 될 것이라고 생각했다. 그러나 그것은 소용이 없었고, 논쟁은 너무 길어졌으며 그 과정에서 클레멘스 5세는 거의 죽을 뻔했다. 이때 필리프왕은 더 이상 시간을 낭비하지 않았다. 적극적인 교황이 없이 그는 드 몰레와 그 일행을 센강 섬으로 옮겼다. 그리고 재판 없이 그들은 1314년 3월 18일 화형대에서 불태워졌다. 클레멘스는 한 달 뒤인 4월 20일 로끄모르에서 사망했고, 얼마 후 필리프왕도 사망했다. 이후 1316년 요한 22세가 즉위할 때까지 2년 동안 교황은 선출되지 않았다.

흥미롭게도 최근에 시농 양피지가 발견되면서 이 문서가 분실된 줄 알았음에도 불구하고 바티칸 관리자들에게는 비밀이 아니었다는 사실이 명백해졌다. 교황 클레멘스의 정의를 향한 노력에도 불구하고 그의 두루마리 내용은 알려졌지만 지난 900년간 비밀에 붙여졌다. 가톨릭 일간지 라베니르L'Awenire가 발견에 대한 질문을 하자 바티칸 대변인은 그들이 아는 한 그것은 나폴레옹 시대인 19세기 초에 없어졌다고 말했다.

비록 두루마리의 진위나 내용에 의심은 없지만 조작적인 거짓의 요소가 여전히 남아 있다. 사실 많은 이유로 이것은 클레멘스와 필리프 사이의 "회유와 협박" 형태의 공모를 의미한다. 그 모든 길고 훌륭한 문구에도 불구하고, 당시 그것이 출판된 유일한 사람들(필리프왕과 그의 조사관들을 제외하고)은 감옥에 있는 드 몰레와 그의 동료 기사들뿐이었다. 아마도 클레멘스와 추기경들이 필리프왕에게 그 칙령을 따르도록 강요할 수는 없었을지 모르지만, 분명히 더 순종적인 다른 군주들이 있었을 것이라고 추측하는 것은 타당하다. 예를 들어 포르투갈과 스페인의 왕들은 의심의 여지없이 기사들에 대한 교황의 사면을 환영했을 것이다. 반면 영국 왕 에드워드 2세는 그의 독재적인 프랑스 장인에게 단호히 맞서야 할 타당한 이유가 있다는 것에 매우 안도했을 것이다. 그러나 프랑스 밖에서는 당시 어떤 군주가 시농 양피지에 대한 어떤 것도 알고 있었다는 기록이 없다.

그것은 마치 클레멘스와 필리프가 중간에 대해서 양끝을 다투는 것으로 보인다. 필리프가 항복의 희망을 품고 성전기사단을 추적하고 고문하는 동안, 교황 클레멘스는 기사들의 신뢰를 얻기 위해 그들을 편드는 것처럼 노력함으로써 그의 역할을 하고 있었다. 결국 두 사람 다 똑같은 일을 당했다는 것은 비밀이 아니다. 그들은 성전기사단 보물의 행방을 알고 싶어 했고, 예루살렘에서 돌아온 1127년 이래로 기사단을 두려움에 떨게 하고 숭배하게 만들었던 그 어마어마한 물건에 특히 접근하기를 간절히 원했다. 그것은 바로 성궤이다.

성궤의 잃어버린 비밀　291

불사조의 상승

성전산 아래

성궤가 요시야왕(BC597년경) 시대에 숨겨졌다는 것은 의심의 여지가 없다. (186쪽 "운명의 수호자들"을 보라.) 구약성경은 성궤가 비밀이 되기 이전 솔로몬왕 시대 이후 15대 동안(375년경) 예루살렘 성전에 보관돼 있다가 비밀에 부쳐졌다는 사실을 여러 번 확인할 뿐 아니라 성경 밖에서도 하고 있다. BC 100년경에 쓰인 쿰란 사해 두루마리의 '다마스쿠스 문서'는 성궤가 숨겨져 있었다는 것을 확인시켜 준다.1

마찬가지로 성궤가 바빌론의 네부카드네자르로부터 숨겨지기 전에 예루살렘의 지성소至聖所에 보관되어 있었다는 것은 의심의 여지가 없다. 그 성전 위치는 지성소Sanctum Sanctorum - 입구를 향한 135cm× 79cm의 함몰 부분 - 의 바닥 안에 여전히 보이는 설정으로 성경과 완전히 일치하여 물리적으로 설치되었다.2 열왕기상 8장 21절에서 솔로몬왕이 말한 것처럼 "언약 넣은 궤를 위하여 한 처소를 설치하였노라."

흥미롭게도 이 직사각형 바닥 설정은 성궤가 접근할 때 흔히 상상하는 것처럼 세로로 놓이지 않고 짧은 면을 앞으로 향하게 놓였다는 것을 확고히 했다. 지성소는 20평방 큐빗(고대 서양 및 근동에서 쓰이던 길이의 단위. 팔꿈치에서 가운데 손가락 끝까지의 길이. 고대 이집트에서 약 52cm)밖에 되지 않았고 탈무드에 나오는 대로3 성궤의 운반 장대는 길이가 10큐빗이었다. 그러므로 그들은 성궤가 제자리에 내려질 때 물러나기 위한 입구 공간

292 Lost Secrets of the Sacred Ark

이 필요했을 것이다.4

또한 솔로몬의 설계에서 원래 사각형 플랫폼과 예언자 느헤미아의 감독 아래 스룹바벨의 대체 건물로 개조된 조정된 플랫폼 위에 제1, 제2 성전의 건축 단계 역사는 의심의 여지가 없다. 그 후 시리아의 왕 셀레우코스5가 만든 (BC186년 요새를 수용하기 위해) 후속 플랫폼 확장은 BC 141년 하스몬가의 더 많은 확장과 나중에 헤롯 대왕(BC37~4)에 의한 확장과 함께 확실시되었다.

전체 단지는 현재 하람 엘 샤리프Haram el Sharif(고귀한 성소)로 알려져 있으며, 솔로몬 시대로부터 헤롯 시대까지 그 기반은 크기가 급격하게 증가하여 고전 세계에서 인간이 만든 가장 큰 건축 플랫폼이 되었다.6 헤롯의 마지막 건축물은 아테네 아크로폴리스의 3만㎡과 비교하여 약 144,000㎡의 공간을 점유했다.7 그것은 외벽이 거의 4.9m 두께이고 많은 돌들의 무게가 70톤이나 되었다. 요세푸스는 그 건축물의 위엄에 놀라 직접 묘사하면서 "믿을 수 없는", "어마어마한", "놀라운" 같은 단어를 사용했다.8 로마 의원 타키투스는 『역사The Histories』에 빗물을 모으는 추가적인 수조와 함께 물이 끊임없이 흐르는 샘에서 경내에 물이 공급되었다고 기록했다.9 게다가 『미쉬나Mishnah』 (AD200년경 법의 최초의 랍비 율법을 집대성한 책)의 미도트 논문은 지하 골라Golah 수조에서 물을 끌어올리는 거대한 바퀴가 있었다고 이야기한다.10

1860년대 영국의 탐험가 찰스 워렌 경은 '팔레스타인 탐험 기금'을 위해 성전산 지하에서 광범위한 발굴을 진행했는데11 관련된 사진 컬렉션(현재 이 기금에서 갖고 있다.)은 대단히 흥미롭다. 우선 그의 팀은 기반암까지 다수의 수직 축을 파고, 그 사이에 측면 터널을 개방하여 원래 사각형 토대의 벽과 그 이후의 확장을 확인했다. 그것을 달성한 후, 그들은 석회암 바위 그 자체로 더 깊이 들어갔고 그곳에서 그들은 구

성궤의 잃어버린 비밀   293

예루살렘 성전 아래의 지하 방

불구불한 복도와 통로로 이루어진 믿기 어려운 지하 미로를 발견했다. 이것들을 갈라놓은 것은 대규모 저장 시설과 교묘하게 설계된 동굴과 물웅덩이가 있는 가상의 동화나라였다.12 운 좋게도 흑백 사진뿐 아니라 이 사진들의 일부는 불과 몇 년 전 있었던 크림 전쟁을 그린 것으로 유명한 빅토리아 시대 예술가 윌리엄 심슨에 의해 컬러로 포착되었다. (그는 런던 일러스트 뉴스의 워렌 탐험대를 기록하기 위해 예루살렘에 파견되었다.)

솔로몬왕의 원래 성전의 사각형 토대가 발견된 것은 '팔레스타인 탐험 기금' 발굴 과정에서였다. 하부 옹벽은 여전히 멀쩡했고 석조 기술은 제2성전이나 후기 건축물들과 상당히 달랐다. 탐사 발굴이 이루어졌다는 것은 정말 우연한 일이었다. 왜냐하면 1894년 이후 영국군사 기술자들의 지도 조사를 제외하고 그것은 결코 반복되지 않았기 때문이다. 그 후 이슬람의 정치적이고 종교적인 감수성으로 지하 지

294　Lost Secrets of the Sacred Ark

역 전체가 접근하기 어려워졌다.13 1894년 프로젝트의 보상 중 하나는 터널을 뚫는 과정에 발견한 성전기사단의 십자가, 싱전기사단원의 부러진 칼 그리고 다른 관련된 품목들이었다.14

로열 아치

프리메이슨의 기원이 이집트와 바빌로니아에서 아주 초기 시대로 거슬러 올라간다는 것이 많은 사람들에 의해 확인되었지만, 현대 기사단 교리는 예루살렘에 있는 솔로몬왕의 성전으로 확고히 굳어져 있는 것이 눈에 띈다. 이것은 의식과 어떤 의례적인 질문과 대답으로 특징지어진다. 예를 들어 질문은 "첫 번째 숙소는 어디였는가?" 답은 "솔로몬 성전 입구." 그리고 질문은 "성전의 어느 부분에 숙소가 있었는가?" 답은 "2개의 기둥이 세워져 있는 성전 서쪽 끝에 있는 솔로몬의 입구."15

제3등급 프리메이슨(286쪽 "제3 등급"을 보라.) 주제의 중심은 솔로몬의 석공 수장 히람 아비프이다. 의식에 따르면 그는 장인의 비밀을 밝히지 않았다는 이유로 3명의 낮은 석공들 주벨라, 주벨로, 주벨룸에게 살해되었다. 개인 의식은 약간 다르지만 본질적으로 한 사람이 61cm 게이지(목수의 수직 여부를 알아보는 자)로 그를 때렸고, 다른 한 사람은 직각자(또는 수평기)로 또 다른 사람은 돌망치로 그를 쳤다. 그들은 그를 모리아산 꼭대기에 묻었고 얕은 무덤 위에 아카시아 어린 가지를 놓았다. 히람의 시체가 발견되었을 때 솔로몬은 몇몇 숙련공(제2등급) 석공들에게 그를 파내라고 지시했지만 그의 손이 도제徒弟(신참 후견인) 자루 또는 동료 숙련공 자루(처음 두 번의 프리메이슨의 악수)를 단단히 쥐어서 일으킬 수 없었다. 그의 손목을 단단히 붙잡고 유리한 신체 지렛대 ('동지애의 5원칙들'

성궤의 잃어버린 비밀   295

이라 불리는)를 사용하여 들어 올릴 수 있었다. 그런 후 그는 위엄 있게 적절한 묘비명과 함께 지성소 근처에 묻혔다.

이 사건에서 특히 흥미로운 것은 관련된 '동료 숙련공'들이 솔로몬으로부터 성궤의 레위족 보호자들이 했던 것처럼 앞치마(에폿)를 입으라고 지시받았다는 것이다. 또한 그들은 장갑을 끼고, 몸에 지니고 다니거나 주머니에 넣고 다닐 수 있는 모든 금속 물건을 없애야 했다. 오늘날 똑같은 것이 반복되는데 프리메이슨 입문은 모든 동전과 금속 물건들을 제거한다. 오늘날 그 행위는 취약성의 상징으로 여겨지지만 이것은 솔로몬의 작업자들에게 필요한 요건은 아니었을 것이다. 그러므로 아마도 더 과학적인 무언가가 원래의 전통에 동기를 부여했을 것이다.

1700년대에 비밀의 유산으로부터 등장한 로열 아치 프리메이슨은 일반적으로 제3등급에 추가되어 작동한다. 통상 현대의 "이론적인" 프리메이슨이 과거의 "활동하는" 프리메이슨으로부터 진화했다고 알려져 있지만 이것이 사실이든 아니든 로열 아치 프리메이슨은 그것이 히람의 의식을 따른다는 사실에도 불구하고 뿌리가 매우 다르다.16 로열 아치 교의와 상징은 장미십자단의 형이상학적 철학과 훨씬 더 유사한 긍정적인 연금술적 측면을 갖고 있다. 이것의 주요 차이점 중 하나는 굴욕적인 무덤에서 죽은 마스터를 되살리는 것에 관심을 갖는 것이 아니라 독특한 토굴 전설을 테마로 한다는 것이다. 그것은 부분적으로 구약성경의 전승에 뿌리를 두고 있지만 또한 훨씬 후대의 유럽 성전기사단에서도 유사한 정취를 갖고 있다. 로열 아치 프리메이슨은 예루살렘에서 비밀지하실을 발견한 십자군 시대의 기사들과 관련한 스코틀랜드 전승 요소도 갖고 있다. 게다가 그 의식은 아치로부터 분리된 것으로 생생하게 묘사되는 특별한 "쐐기돌[宗石](아치의 수직거리 최상단에 있는 쐐기 형태의 돌)의 중요성과 관련된다. (18세기 로열 아치의 대신大臣 로렌스 더모트가 그린 사진 10의 그림을 보라.)

치옴에 영국의 그랜드 로지(내시부) 계급들은 지정된 구조 안에서 로열 아치 프리메이슨을 통합하는 것을 전적으로 반대했다. 그러나 좀 더 오래된 측면의 지지자들은 진위여부를 주장했고 이것은 소위 고대인과 현대인 사이에 논쟁을 이끌었다. 그러나 결국 후자는 그들의 제3(마스터 프리메이슨)등급의 연장선에서 로열 아치 의식을 받아들이는 데 동의했지만 다만 특정한 수정이 행해진 것을 이해해야 했다.

프리메이슨은 17세기 중반까지 영국에 나타나지 않았지만 스코틀랜드에서는 애버딘의 로지가 1541년에 기록되었다. 사실 '엄수 의례'에 따르면, 프랑스의 조합들로부터 추측에 근거한 프리메이슨들이 1361년 초 애버딘에 있었다. 또한 스털링에 있는 로지는 1590년 초에 프리메이슨 지부를 갖고 있었던 것으로 알려졌다. 그때 장미십자단, 성전기사단, 로열 아치를 포함한 다양한 높은 등급들이 활동하고 있었다.

당시 스코틀랜드 성전기사단은 데이비드 세튼(조지 세튼 경과 그의 누이 메리 세튼 - 1548년 프랑스로 메리 스튜어트와 동행한 전설의 '4명의 메리' 중 1명으로 1561년 스코틀랜드의 여왕 메리로 돌아왔다 - 과 친척)의 지휘 아래 있었다. 세튼은 새로운 정체성 아래 '스튜어트 기사단'을 '성 안토니오 성전기사단'으로 재구성했고17 1590년 그들에게 수술 병원을 설립할 것을 요구하며 제임스 6세 왕에 의해 기사단에 토지 인가가 이루어졌다. 1593년에 수여된 추가 인가는 리스18(현재 에든버러의 일부)에 수도원과 병원을 위한 것으로 구체화되었다. 후자는 1614년에 설립되어 '제임스왕의 병원'이 되었고 당연히 왕실 문장紋章을 갖고 있었다.

영국 프리메이슨으로의 최초의 취임은 찰스 스튜어트 1세 왕의 통치 기간에 의식이 공식화된 1641년부터 기록되었다. 그럼에도 불구하고 이전에 국경 남쪽에서 비공식적으로 형제적 개념을 확립한 사람

성궤의 잃어버린 비밀　297

은 그의 아버지 스코틀랜드 왕 제임스 6세(영국의 제임스 1세)였다.

영국 최초의 프리메이슨으로 알려진 스코틀랜드의 정치가 로버트 모레이 경은 프랑스 추기경 리슐리외의 런던 담당관이었으며, 궁전과 정계에 엄청난 영향력이 있는 인물이었다.19 그 후 연금술 학자 엘리어스 애쉬몰(옥스퍼드대학의 애쉬몰런 박물관 설립자)과 찰스 2세 왕 당시 런던 그레셤 대학 총장이었던 브룬커 자작 윌리엄이 취임하였다. 헤르메스 연금술과 신성한 과학에 대한 상호 관심사는 1660년 이 사람들을 로버트 보일, 윌리엄 페티, 크리스토퍼 렌과 같은 다른 장미십자단과 함께 런던 왕립 학회(영국학술원)를 형성하기 위해 한데 모았다. 1662년 그들을 후원하는 찰스 2세에 의해 왕실의 허가를 받은 그들의 좌우명은 대략 "누구의 말도 믿지 마라"로 번역되는 'Nullis in verba'로 정해졌다. 이것은 이전에 장미십자단 철학자 프랜시스 베이컨 경이 사용한 좌우명이었다. 사실 1667년 출판된 협회 취임식 그림은 브룬커 자작과 오래전에 사망한 프랜시스 베이컨 경과 함께 찰스왕의 흉상을 묘사하고 있다. 또한 1614년 '장미십자단 선언서'의 '파마 형제단'으로부터의 '명예의 천사'도 판화에 등장한다.

새로운 철학

연금술과 금에 대한 왕립 학회의 관심은 케임브리지의 플라톤 학파인 헨리 모어와 그의 제자였던 래글리 홀의 콘웨이 자작부인 앤에 의해 현저하게 고무되었는데 그들은 로버트 보일과 의사 윌리엄 페티가 속해 있던 하트립 서클이라고 불리는 지식인 그룹을 키웠다. 그들은 중세 연금술이 일반적으로 묘사된 방식으로 (기본 금속으로부터 금을 제조) 선전가들과 실패한 숙련가들에 의해 외부로 전달된 망상이라는 것을 인식했다. 그들은 연금술의 근원이 고대 야금술에 있는 실용적이고 정신적인 예술의 조합이라는 것을 알았고, 또한 일반인(납으로 상징됨)에 의해 달성될 수 있는 계몽된 상태(황금 상태)에도 적용된다는 것을 알고 있었다.

이 모든 것의 중심에는 1597년 프로젝트를 고안하고 자금을 지원한 토머스 그레셤 경을 추모하기 위해 세워진 그레셤 대학(현재 런던 치프사이드에 있는 냇웨스트 타워가 있는 곳)이 있었다. 앤트워프에 있는 튜더 왕실 대리인인 토머스 그레셤은 장미십자단의 지방 마스터이자 장미십자단의 문장학자인 롱리트의 존 타인 경의 처남이었다. 후자의 논문 '호모 애니멀 소셜Homo Animal Sociale'은 이집트 상형문자와 드루이드(현재 영국과 프랑스인 켈트의 땅의 사람들) 문자에 관련한 문제에 대한 장황한 담론으로 고고학적 발견이 있기 오래전에 편집되었다.

1649년 이래로 11년간 영연방과 크롬웰 보호국(왕당파와 의회주의자 간의 내전 이후) 동안 튜더 시대의 연금술 문서는 구하기 어려웠다. 만일 의회 원두당圓頭黨(17세기의 내란 때 반국왕파로 머리를 짧게 깎은 청교도의 별명)에 의해 몰수되지 않았다면 발견되지 않도록 그것들을 숨겼을 것이다. 그러나 1660년 찰스 스튜어트 2세의 왕정복고와 함께 새로운 계몽운동이 시작됐다. 이 계몽은 '현자의 돌'(모든 딱딱한 문체에도 불구하고)은 금을 만드는 것과 전혀 관련이 없다는 것을 명확히 했다. 왜냐하면 그것은 자체가 금으로 만들어졌고, 니콜라 플라멜과 에이레나에우스 필릴레테스가 쓴 것처럼 실제로 마법의 "금가루"였기 때문이었다.(38쪽 "최종 목표"와 152쪽 "지니의 영역"을 보라.)

이 과학적 선구자들의 새로운 철학은 그들의 놀라운 통찰력과 함께 잿더미에서 날아오르는 불사조 같았고, 그들의 놀라운 발견의 시대는 서양 역사에서 유례가 없었다. 특히 형제단의 호기심을 끈 것은 '현자

성궤의 잃어버린 비밀　299

의 돌'이 전통적으로 중력에 대한 저항과 관련 있었고, 이 강력한 주제는 그들 연구의 주요 초점이었고, 로버트 후크와 아이작 뉴턴의 유명한 중력 발견으로 이어졌다. 게다가 그들은 돌이 부활과 새로운 빛의 불길 안의 파괴에서 날아오르는 전설의 불사조로 표현되는 동안, 보다 높은 수준의 의식과 인식에 직접적으로 관련이 있다는 것을 알고 있었다. (49쪽 "신성한 만나"를 보라.)

로버트 보일은 협회 밖의 친구들에게 커다란 미스터리였다. 코크(아일랜드 남서부)의 백작인 그의 아버지는 영국에서 부호였는데 그때는 개인적인 이익 없이 오랫동안 열심히 일을 한 사람은 드물었다. 로버트는 세간의 이목을 끄는 인물이어서 성직자의 괴롭힘에 상당한 고통을 받았고, 오컬트(과학적으로 해명할 수 없는 신비적, 초자연적 현상 또는 그런 현상을 일으키는 기술)에 대한 확고한 연구로 교회로부터 의심받는 인물이 되었다. 주교들은 그가 특별한 장비를 갖춘 연금술 작업실을 가지고 있다는 것을 잘 알고 있었고 그를 매우 가까이서 지켜보았다. 그러나 보일은 '상급 성직'(그 당시에 과학자들이 해야 했던 것처럼)을 받는 것을 거부했고 마술과 '현자의 돌'에 관련하여 장문을 썼다. 신중한 사람인 보일이 그의 작업에서 진정한 딜레마에 봉착한 것은 분명하다. 그는 수많은 전통적인 연금술 문서들이 어떤 실제적 가치가 되기에 너무 불분명하다고 썼지만 그럼에도 불구하고 자신의 연구를 수행하기 위해 할 수 있는 모든 것을 연구했다.

보일이 실제로 '현자의 돌'을 만드는 데 성공했는지의 여부는 확실하지 않고 그럴 것 같지도 않지만, 빈(오스트리아의 수도)의 한 수도사가 그의 수도원 기둥 안에 있는 작은 관에서 분비되는 신비한 가루의 양을 발견한 후에 그가 그것이 작동하는 것을 봤다는 것에는 의심의 여지가 없다. 보일은 왕립 학회에 제출한 관련 보고서에 특수한 중력을 조작하는 가루의 능력 – 오늘날 실험실 연구에서 증명이 된 어떤 것 – 을 특별히 언급했다. 물론 그가 상상하지 못했던 것은 3세기 후에 그것이 시공간을 다루는 것으로 밝혀져 국제 우주 산업의 최고의 관심 물질이 될 것이라는 것이었다.

빈의 기록은 엘리자베스 시대의 마법사 존 디가 글래스턴베리 대수도원의 해체 잔재로부터 얻은 비슷한 연금술 가루를 연상시킨다. 더 중요한 것은 보일이 그것을 제조하는 문제로 나아가지 않고 자연 상태에 있는 '현자의 돌'의 동부 유럽의 근원을 발견하기 위해 움직였다는 것이다. 다시 한 번 이것은 최근의 발견이 가능한 것으로 증명한 어떤 것이다.

보일은 후속 왕립 학회 '철학적 보고서'의 기고에서 자신의 목표는 금을 만드는 것이 아니라 "일반적으로 사용할 수 있는 좋은 약을 생산하는 것"이라고 썼다. 그럼에도 불구하고 그는 놀라운 선견지명을 가지고 그것들이 잘못 사용되면 "인류의 정세를 어지럽히고 폭정을 지지하고 전반적인 혼란을 불러오고 세계를 대혼란에 빠트릴 수 있기 때문에" 위험한 연구라고 인정했다.

하노버 시대의 초기 왕립 학회의 오컬트 이미지를 없애기 위한 이후의 프로그램 덕택으로, 로버트 보일의 연금술 연구는 현대까지 전략적으로 학계에 의해 상실되었다. 그는 이제 공기 탄성에 관한 연구와 함께 기체의 부피와 관련한 '보일의 법칙'으로 가장 잘 알려져 있지만, 그의 지칠 줄 모르는 연구와 발견들이 위대한 연금술의 비밀을 이해하려는 압도적인 열망에 의해 자극되었다는 것을 아는 사람은 극히 드물다.

엄청난 재능을 가진 또 다른 왕립 학회 회원은 역시 열렬한 연금술사였던 아이작 뉴턴 경이었다. 그는 '에메랄드 서판'과 헤르메스 트리스메기스투스의 『헤르메스주의 전집』 번역에 착수했고, 특히 그가

'자연의 틀'이라고 언급한 '프리스카 사피엔티카Prisca sapienta(우주법칙의 통일이론)'에 관심을 가졌다. 이 사고 과정은 헤르메스의 기본 격언인 "위와 같이, 아래와 같이"와 직접적으로 관련되었다. 그것은 지구 비율의 조화가 그것의 보편적인 등가물을 대표한다는 것을 의미한다. 다시 말해 지구 비율은 우주론적 구조의 일상적인 이미지이다. 가장 작은 세포로부터 가장 넓은 은하에 이르기까지 반복적인 기하학 법칙이 만연하고, 이것은 기록된 시간의 가장 이른 시간부터 이해되었다.

뉴턴의 종교적 성향은 명백하게 아리우스파였는데 이것은 예수의 신성을 부인하고 성삼위일체의 개념을 거부한 기독교의 한 형태였다. 그는 비록 영적으로 깊은 사람이고 초기 종교에 관해 권위자였지만 그는 신약성경이 출판되기 전에 교회에 의해 전략적으로 왜곡되었다고 끊임없이 주장했다. 그의 가장 중요한 연구 중 하나는 고대 왕국의 구조에 관한 것이었고 그는 유대인 유산의 탁월함을 신성한 지식과 숫자점의 기록으로 주장했다.[20] 사실 뉴턴이 고대의 헤르메스 전승에 너무 빠져들어 유명한 경제학자이자 정치 평론가인 존 메이너드 케인즈는 1942년 왕립 학회의 전시 강연에서 그를 "최후의 수메르인"으로 언급했다.

부인된 비밀들

이들은 장미십자단의 독창적인 형이상학의 일선 업무에 관여한 위대한 사람들 중 몇몇이었다. 그들은 정말로 구식의 프리메이슨이었다. 고대 옛 통치자들의 비밀을 연구하고 헤르메스 철학의 비밀 원리를 적용함으로써 그들과 그들의 동료들은 역사상 가장 위대한 과학자로 꼽혔다. 그러나 1688년 런던 웨스트민스터 의회의 휘그당(영국 최초의 근대적 정당) 귀족들에 의해 스튜어트 왕가가 폐위된 후, 스코틀랜드 프리메이슨과 성전기사단에 기반을 둔 장미십자단의 사상은 그들과 함께 유럽으로 망명했다. 1700년대 초, 뉴턴과 다른 사람들은 그들의 옛 문화가 영국 해안에서 엄격한 새 정권에 의해 가려짐에 따라 더 현실적인 이미지를 채택해야 했다. 이에 따라 1717년 하노버 왕가(1714년부터 신흥 독일 왕조)가 독자적인 프리메이슨 로지를 도입하였고, 영국의 그랜드 로지가 설립되었다. (그 뒤 더 넓게 확장함에 따라 '통합 그랜드 로지'가 되었다.) 문제는 새로운 형태의 프리메이슨(York Rite로 알려지게 되었다.)이 매우 제한된 정보에 치중했고, 설립자 자신이 더 높은 수준의 초심자가 아니었기 때문에 그들은 프리메이슨 조합의 진정한 비밀이 과거 시대로 사라졌다고 주장함으로써 그들의 입장을 정당화했다.

이 전선에서의 약한 위치를 더욱 강화하기 위해 조지 3세 왕의 하노버 정부는 1799년에 '비밀결사법'을 도입하기까지 했다. 이것은 요크York보다 높은 수준의 프리메이슨 등급의 활동을 금지했고, 특히 성전기사단에 기반을 둔 가르침과 의식을 금지했다. 이것은 영국에서 구식 프리메이슨의 완전한 끝이었다. 심지어 스코틀랜드의 고대 킬위닝(스코틀랜드 남서부) 로지도 로버트 더 브루스 이전으로 거슬러 올라가는 (아마 12세기까지) 헌장을 잃을지도 모른다는 위협 아래 어쩔 수 없이 선을 지켰다.21 이후로 다소 무의미하고 의식적인 성격의 대체 비밀들이 소개되었고 "그때까지 옛 비밀이 재발견된다"고 이야기되었다. 결과적으로 거의 3세기 동안 이 새로운 학교의 프리메이슨들은 어떠한 실질적인 결과도 얻지 못했다. 그들이 드러낼 수 없는 중요한 비밀을 알고 있는 체하려는 것은 별로 놀라운 일이 아니다. 무엇보다 가장 큰 비밀은 그들이 진정한 비밀이 무엇인지 결코 배우지 않는다는 것이다.

성궤의 잃어버린 비밀　303

솔로몬 성전이 18세기 이래로 흥미를 끈 프리메이슨에서 탁월한 위치를 차지하지 않았다는 것은 많은 이들에게 놀라운 일이 될 것이다. 일반적인 형식의 '옛 헌장' - 1399년경으로부터 레지우스 원고Regius Manuscript - 의 초기 문서에는 '최초의 뛰어난 그랜드 마스터'는 솔로몬이 아니라 창세기 10장 8절~10절에 나오는 바빌론의 강력한 사냥꾼 님로드였다고 선언했다. 이러한 맥락에서 그는 BC 2000년경 님로드 시대 이후 우르바바왕이 실제로 건축한 바벨탑과 잘못 동일시된다. 연대기적 차이에도 불구하고 레지우스 원고는 님로드가 그의 건축가와 그들의 장인들을 다른 인류와 구별하기 위해 모든 프리메이슨 기호와 상징을 가르쳤다고 말한다.22

영국의 규제에도 불구하고 유럽 일부 지역에서 옛 과학 운동이 만연했고, 1784년 그가 사망할 때까지 장미십자단 무대에서 주목할 만한 것은 영향력 있는 몽페라 후작이자 생제르맹 백작이었다.23 앞서 언급한 바와 같이 (280쪽 "성전기사단의 응징"을 보라.) 생제르맹의 명의뿐인 형식은 1317년 로버트 더 브루스로부터 소개된 이래 '장미십자단의 선임 단원들'의 마스터에 의해 취해졌다.

헤르메스의 예술

비록 로열 아치 프리메이슨 의식이 표면적으로는 지하실 발견을 중심으로 고안되었지만, 그 기원은 옛날에는 성궤와 헤르메스에 기반을 둔 것으로 보인다. 실제로 1723년 이전의 영국 헌법은 그것이 "왕실 미술" - 그때마다 대문자나 이탤릭체로 쓰인24 - 의 양성에 관한 것이라고 23번 이상 명시하고 있다. 또한 1723년 의식에서 질문이 나온다 : "아치 형태는 어디서 왔는가?" 그것에 대해 정확한 의례적인 대

답이 주어진다 : "무지개로부터"25 이것은 흥미롭게도 연금술적인 '카뮬롯가'의 "휘어진 빛" 표상을 연상시킨다. (250쪽 "고기한 숙련공"을 보라.)

1630년대에 출판된 로버트 플러드(1574~1637)의 장미십자단 잡지 『Clavis Philosophiæ et Alchymiæ Fluddianæ』에 있는 많은 판화들이 후에 프리메이슨 기구들의 원형이라는 것은 의심의 여지가 없다. 18세기 로지의 몇몇 '트레이싱 보드'26 (따라 쓰기 판)도 비슷하게 만들어졌다. 또한 대중적으로 사용된 디컨Deacon 로지의 그 시대의 보석에는 헤르메스 그 자신이 묘사되어 있었다.27 그렇다면 장미십자단과 초기 프리메이슨의 밀폐적인 측면은 어떻게 되었을까? 어떻게 엘리자베스 시대와 스튜어트 시대의 진짜 비밀들이 잊혔을까? 현대의 참가자들이 궁극적인 이해조차 할 수 없는 이상한 의식들로 대체될 수 있을까? 분명히 연금술의 잔재는 1700년대 조지 왕조 시대에 지속되었고, 특히 아이작 뉴턴이나 크리스토퍼 렌과 같은 젊은 동료들이 살아 있는 동안에도 남아 있었지만, 1800년대에는 과학적으로 가치가 있는 모든 흔적들이 사라졌다.

1809년 조지 3세 왕의 아들 에드워드와 아우구스투스(조지 4세 왕이 되는 조지 아우구스투스의 동생들) 사이에 격렬한 논쟁이 벌어지면서 마지막 변화가 발생했다. 켄트 공작인 에드워드 왕자28는 '하노버가╳'의 새로운 '요크 의식York Rite(프리메이슨 조직에서 성전기사단의 위계)'의 프리메이슨이었지만, 그의 형제인 서섹스 공작 아우구스투스 프레드릭 왕자는 '스코틀랜드 의식Scottish Rite(프리메이슨의 2개의 대표적인 위계 조직의 하나) 성전기사단'이었고 (그의 아버지의 지위에도 불구하고) 추방된 스튜어트가와 동맹을 맺었다.29 에드워드는 동생의 충성을 흔들려고 노력했지만 실패했고 영국의 프리메이슨 구조 내에 가짜 성전기사단 분파를 만들어 타협했다. 이것은 비록 합법적인 성전기사단주의와는 완전히 동떨어져 있기는 하지만 그의

성궤의 잃어버린 비밀　305

켄트 보호령의 지배하에 들어갔고 오늘날에도 지속되고 있다.

알렉산더 듀샤르라 불리는 조판공이 스코틀랜드에 반反스튜어트 성전기사단 권리를 세우기 위하여 켄트의 에드워드에게 헌장을 요구했다. 공작은 이에 동의했고 1811년 새로운 재단은 '스코틀랜드 비밀회의'로 알려지게 되었고, 듀샤르는 그랜드 마스터로 에드워드는 '왕실 대大후원자'로 알려졌다.

1826년부터 스코틀랜드에 있는 원래의 성전기사단 그랜드 마스터는 '아일랜드 그랜드 캠프'의 로버트 마틴이었다. 그는 1827년 12월 28일 듀샤르의 설립을 비난하면서 켄트 공작과 듀샤르는 자신들이 성전기사단인 것처럼 행세할 권리가 없다고 선언했다. 그러나 공작은 왕의 아들이었고 마틴은 그의 모사 조직에 대항하기 위해 할 수 있는 일이 거의 없었다. 결과적으로 원래의 '스코틀랜드와 아일랜드 캠프'는 프랑스의 '스튜어트 성전기사단'과 그들의 '스코틀랜드 의식'과 동맹하게 되었다. 특히 1747년에 보니 프린스 찰리(1720~1788)와 생제르맹 백작이 아하스(프랑스 북동쪽)에서 구성한 Chapitre Primordian de Rose Croix와 연합하게 되었다. 켄트 공작은 이 활동을 영국 밖으로 침투시킬 방법이 없어서 일련의 허위 추가 등급을 조작하여 오늘날 영국과 북아메리카에서 여전히 '스코틀랜드 의식'으로 불리는 것을 도입했다. 그렇다면 원래의 과학적 친목회들의 잃어버린 비밀은 어떻게 된 것일까? 아무 일도 일어나지 않았다. 그들은 여전히 존재하지만 켄트 보호국의 관할에 속하는 프리메이슨 협회에 의해 상실되었다.

빛의 하나님

프리메이슨 로지들의 흑백 체크 포장은 때때로 솔로몬 성전의 바닥과 결부시키지만 이것은 성경적 표현이 아니며 구약성경이나 다른 어떤 관련된 문서에도 언급되어 있지 않다. 사실 열왕기상 6장 15절과 30절은 성전 바닥이 금으로 덮인 전나무 판자로 만들어졌다고 구체적으로 기술한다. 이 때문에 로지 포장 디자인은 수년 동안 여러 관점이 제시되면서 종종 프리메이슨 집단에서 논의되는 주제이다. 그 기원이 무엇이었든지 그것은 성전기사단의 흑백 체크무늬의 전쟁 군기를 반영한다. 보샹Beauceant (다르게 Baussant)이라고 불리는 그 군기는 - 프리메이슨 포장을 말하는 것처럼 - 구속과 자유 사이, 무지와 계몽 사이, 어둠과 빛 사이의 변화하는 관계를 묘사했다.30

로열 아치 의식의 상징적 단어 중 하나는 Jah-Bul-On인데 스룹바벨의 제2성전을 위해 토대가 준비될 때 제1성전 지하실에서 발견되었다고 알려졌다. 이것은 히브리, 메소포타미아, 이집트 단어들의 결합으로 예상되며 "나는 모든 것의 아버지, 하나님이다"(또는 사용되는 특별한 의식에 좌우되는, 그런 의미의 단어들)를 의미한다. 그것은 때때로 "나는 존재하며 앞으로도 그럴 것이다 ; 하늘의 주님 ; 모두의 아버지"31로 길어진다. 또는 이해하기 어려울 정도로 다음과 같이 확장된다 "나는 나이다, 알파와 오메가, 시작과 끝, 처음과 마지막, 있었고 있고 그리고 앞으로 올 전능하신 하나님"32으로 불릴 수 있다.

어떠한 경우든 Jah-Bul-On은 다른 문화에서 결합되어 프리메이슨의 대 건축가의 세 가지 측면과 관련된 삼위일체 신의 원리이다 : 시편 68장 4절(히브리어)33에 Jah로 단순하게 쓰여진 야훼Jahweh, Bul(다른 말로 Baal 또는 Bel, 가나안어), 그리고 "나는/하나님/온On"으로 번역되는 On(이집트어). 그러나 마지막 단어 On(창세기 41장 45절에 인용된 것처럼)은 이집트 태양신을 정의하며 '태양의 집'이라 불리는 이집트 신전 도시 아누Annu와 라Ra의 헬리오폴리스의 대체 이름이었다.34 그렇게 On은 특히

"빛light"과 관련이 있다. 그러므로 Jah-Bul-On의 보다 더 정확한 번역은 "나는 빛의 하나님이다"가 될 것이다.

빛이 요구사항으로 우세한 가운데, 그 크고 작은 형태에서 모든 프리메이슨 의식을 통해 로열 아치 의식에는 오래된 비밀에 대한 몇 가지 핵심 신호들이 있다. 이것은 아일랜드와 스코틀랜드에서 18세기 영국으로 건너왔으며, 그렇지 않으면 추방된 프리메이슨의 더 철학적인 지부의 잔재였다. 스코틀랜드 형식의 이론적 프리메이슨이 게일어 (아일랜드와 스코틀랜드) 영역에서 성전기사단의 유산으로부터 직접 진화했기 때문에 그 중요성은 성전기사단의 중요성이고, 그 비밀은 성전기사단원의 비밀이었다는 것은 분명하다. 의심할 여지없이 예루살렘 성전은 초기 성전기사단에게 매우 중요한 것이었지만 솔로몬의 프로젝트이거나 히람 아비프가 그곳에서 살해되었기 때문이 아니었다. 그들이 예루살렘 현장에서 발굴하고 1127년에 서양으로 갖고 돌아온 것 때문에 그것은 중요했다.

프리메이슨에 관계된 히람 아비프 이야기는 역사가 아니라 우화이기 때문에 성경이나 다른 연대기들에는 언급되지 않는다. 그 결과, 체크 문양 포장 논쟁과 마찬가지로 이 전설의 기원을 찾으려는 사람들에 의해 많은 논란과 함께 많은 책들이 생겨났다. 그러나 더 넓은 맥락에서 보면 그것은 초라한 어둠으로부터 벗어나고, 이어서 빛의 영역에서 상서로운 이동에 대한 이야기다. 이 개념은 시작부터 "당신 마음속의 주된 소망은 무엇인가?"라는 의례적인 질문으로 명료해진다. 여기에 대한 정답은 "빛"이다.

히람의 전설(그 의례적인 발굴과 마스터의 이전과 함께)은 성궤의 발굴과 이전의 우화적인 이야기나 다름없다. 성궤는 로열 아치 이미지에만 나오는 것이 아니라 (비록 등급 의식에서 직접적으로 보이지 않지만) '통합 그랜드 로지' 문장

308 Lost Secrets of the Sacred Ark

성궤가 얹힌 영국 '통합 그랜드 로지' 문장

꼭대기에 당당히 얹혀 있다. 더욱이 현재의 로열 아치 의식은 18세기 말에 이르러서는 의식의 어떤 부분이 재해석된 결과로 '그 지부의 보석'의 측면에 대한 논쟁이 있었다고 설명한다. 그것에 앞서 그 보석의 로지(지부) 설명에 대한 서술적 표현의 조합은: "Nil nisi clavis deest … Templum Hierosolyma … clavis ad thesaurum … theca ubi res pretiosa deponitur"인데 다음과 같이 번역된다. "열쇠 이외에는 아무것도 바라지 않는다 … 예루살렘 성전 … 보물의 열쇠 … 진귀한 것이 숨겨져 있는 장소이다."

성궤의 잃어버린 비밀　309

휴식처

현자들의 묵주

성전기사단이 영감을 받아 성궤를 이전한 장소 및 방법을 결정할 때 고려해야 할 몇 가지 중요한 요소들이 있다. 그중 가장 중요한 것은 "빛"의 관여이다. 다음은 "쐐기돌宗石(아치의)" 또는 관석冠石이 제자리에 있어야 하는 요건이다. 또한 예루살렘 성전 아래에 있는 지하실 (프리메이슨들이 비밀의 Jah-Bul-On 명문과 신비한 두루마리를 발견한 곳)에 대한 로열 아치 기록은 대리석 대좌臺座 위에서 발견된 것으로 알려진 조각된 "금판"에 관해 특별히 언급하고 있다.

로열 아치 의식은 히람 아비프가 솔로몬 성전에 있는 "첫 번째 로지first lodge"를 언급(제3등급에서 주어진 것처럼)하는 것이 아니라 이전의 사건을 언급한다. 이 경우 "시나이 광야의 호렙산 기슭에서" 모세와 아홀리압(아론의 아들) 그리고 브살렐이 주도했던 '첫 번째First 또는 성스러운Holy 로지'가 열린 것과 관련이 있다. 그리고 두 번째Second 로지는 입구가 아니라 '신성한 모리아산의 품속에서' 솔로몬왕과 티레의 히람 그리고 히람 아비프가 주재하는 예루살렘 성전에서 열렸다고 한다.

그렇다면 금판 위에 조각된 것은 무엇이었는가? 프리메이슨의 가르침에 따르면 (형언할 수 없는 신의 이름만 빼고) 2개의 통합된 기하학적 형상, 즉 원 안에 정삼각형이 있었다. 도표로 볼 때, 이것들은 로열 아치 문서에서 사각형 주위에 동심원 모양의 쌍으로 묘사되어 있다.

Aldersgate 의식에 따른
로열 아치 판의 도표 상징

Rosarium Philosophorum에서
'현자의 돌'의 도표

기본적으로 원, 사각형, 삼각형의 세 가지 형태이다.

전체적인 도표가 상징하는 것은 무엇인가? 그 의식은 비밀이 "진주보다 귀하며 당신이 사모하는 모든 것으로도 그것과 비교할 수 없다 … 그것은 그 얻은 자에게 생명나무라…"(이 문장은 구약성경 잠언 3:15~18에 나온다)는 것을 나타낸다.

이제 1550년에 출판된 연금술 책 『De Alchemia opuscula complura veterum philosophorum』에서 'Rosarium Philosophorum'(현자들의 묵주)로 알려진 헤르메스의 작품을 보자.1 '현자의 돌'에 관해서 그것은 그 상징이 둥근 원, 사각형(정사각형) 그리고 삼각형으로 그려졌다고 쓰여 있다. 그러므로 '현자의 돌'의 도표 상징은 Rosarium Philosophorum 에서 결정되었듯이 예루살렘 성전 지하실에서 발견된 금판과 관련 있는 로열 아치 도표와 거의 비슷하다.

흥미로운 점은 로렌스 더모트(사진 10을 보라.)가 18세기 로열 아치 묘사에 상당한 궁금증을 표현한 것이다. 그는 1813년 고대인과 현대인들이 연합하여 영국의 '통합 그랜드 로지'를 형성하기 앞서 1751년부터

성궤의 잃어버린 비밀   311

영국의 '고대 그랜드 로지Ancient Grand Lodge'(전통적으로 "Antient"라는 철자로 씀)
의 총서기장이었다. 이 점에서 더모트는 현대의 프리메이슨 구조 안
에서 로열 아치를 수용한 주역이었다. 그의 그림은 쐐기돌을 제거하
여 새롭게 된 건축 아치를 통해 예루살렘 지하실 방을 확인한다. 체크
문양의 포장 바닥 아래에는 대리석 대좌가 있다. 그러나 그 위에서
발견되었다던 금판은 어디에 있는가? 그 자리에 우리는 그 묘사의 핵
심을 이루고 있는 성궤 자체와 다름없는 것을 가지고 있다.

이 이미지는 이제 한 세기 전의 철학적 왕립 학회 판화와 비교되어
야 한다. 또다시 아치형 방, 똑같은 체크 문양의 바닥 그리고 중앙
대좌가 있다. 차이점은 찰스 2세 왕이 석조 흉상의 형태로 성궤를 대
신한다는 것이다. 옛 스코틀랜드 출신의 '왕실기사단'의 그랜드 마스
터 후손으로 찰스왕(출생 때부터 성전기사단으로 임명된)2은 협회의 '현자의 돌'에
관심이 있는 장미십자단의 왕실 후원자였다. 1667년의 묘사에서 브
룬커 자작의 손가락 가리킴은 찰스왕의 묘사에 대한 중요성에 의심의
여지가 없다. 그의 이모 엘리자베스 공주(제임스 1세 왕의 딸)는 팔츠Palatine
(신성로마제국의 프랑스 중부)의 선제후選帝侯(신성로마제국은 선거를 통해 제국에 속한 많은 왕
들과 제후들 중에서 황제를 선출했는데 이때 황제를 선출할 수 있는 권한을 가진 7~9명의 제후들) 프
리드리히 5세와 결혼했다. 그들의 아들 (찰스 1세의 사촌) 라인(독일 중부)의
세자 루퍼트는 하이델베르크의 장미십자단 마스터였다. 더욱이 존 윌
킨스 목사(논쟁의 여지가 있는 헤르메스의 책 『마술 수학Mathematicall Magick』의 저자이며
옥스퍼드대학의 워덤 칼리지 소장)는 루퍼트 왕자의 사제였을 뿐 아니라 궁극적
으로 자연 철학자들의 과학 왕립 학회가 되는 한때 베이컨주의(그의 사상
을 집약한 베이컨주의 과학철학은 17세기 과학 혁명에 강력한 이데올로기적 동기를 제공함으로써 근대
정신의 대명사가 되었다) '투명 대학Invisible College'의 최초 설립자이며 주요 선
동자였다.3

앞서 말한 바와 같이 (280쪽 "성전기사단의 음짐"을 보라.) 에드워드 브루스(스코틀랜드 로버트 더 브루스의 동생)는 성진기사단원들이 1307년 유럽에서 추방되었을 때 아일랜드의 왕이었다. 1314년 베녹번에서 성전기사단 파견대를 지휘한 기사騎士 위그 드 크레시를 위해 아일랜드의 '성전기사단 대수도원'으로부터 무기가 제공되었고, 신생 아일랜드 로지들은 "야영지encampments"로 불렸다. 1700년대에 로렌스 더모트는 영국에 로열 아치 활동을 소개하기 전에 아일랜드의 그랜드 야영지에 소속되어 있었다. 그 지부의 유산은 확실히 성전기사단에 기반을 두었으며 진행되는 의식은 예루살렘에서 12세기 성전기사단 발굴의 유산으로 보인다. 비록 로열 아치 의식과 이미지가 스룹바벨의 제2성전 (BC536~520년 경) 당시 석공들에 의한 성궤와 '현자의 돌'의 지하실 발견과 상징적으로 관련이 있지만 그것은 1100년대 초 성전기사단의 발견에 기초했을 것이다.

성궤가 모세와 솔로몬 시대에는 금의 하얀 가루(mfkzt 또는 쉠-안-나)의 신성한 돌을 제작하는 데 필수적이었던 반면 초전도 되어 그것의 공중부양과 그와 관련된 힘을 유발한 물질의 저장 용기이기도 했다. 성궤와 '현자의 돌'은 비록 동의어는 아니지만 불가분의 관계에 있으며, 로열 아치 도표가 그 돌(현자들의 묵주와 일치하여)을 상징하지만 더모트의 원래 묘사는 성궤 자체를 묘사하는 데 있어 훨씬 더 명확하다.

성궤를 양보하다

BC 597년 네부카드네자르가 공격하기 전에 요시야왕의 지시에 따라 성궤가 묻혔다는 것을 확인하기 위해 우리는 이제 탈무드의 작품을 볼 수 있다. (186쪽 "운명의 수호자들"을 보라.) 히브리어의 미쉬나(요마Yoma

52b)에서 그것은 특별하게 기술한다 : "제1성전의 파괴 이전에 요시야 왕은 약탈 방지를 위해 성궤를 숨기라고 명령했다." 계속해서 성유 Shemen ha Mishchah 또한 성궤와 같이 숨겨졌고 그 결과, 대사제장들은 기름 부음을 할 수 없었다고 한다. mishchah라는 단어는 "기름 부음 anointing"(그러므로 메시아Messiah는 '기름 부음 받은 자Anointed One')을 의미하고 Shemen ha Mishchah는 전통적으로 메시아의 "바르는 기름anointing oil"이라고 판단된다. 언어학적으로 그것은 정확하게 현재 의미하는 용어지만 어원적으로 shemen ha는 메소포타미아의 용어 쉠-안-나 shem-an-na: 금의 하얀 가루의 높은 불-돌(메시아 유산의 '현자의 돌') - 와 놀라울 정도로 닮아 있다.

고대 압칼루 현자(152쪽 "지니의 영역"을 보라.)의 고찰에서 우리는 메소포타미아에서 이 사제들이 왕을 신성시하는 것이 얼마나 중요한 기능인지 보았다. 그들의 상징적인 신성화 기구는 "정화 장치"4라는 뜻의 물릴mullilu이라고 불리는 솔방울이었고, 그들의 정화 물질은 그들이 들고 다니는 시툴라(원통형으로 된 용기의 일종)에 있는 쉠-안-나 가루였다. 이 마법의 "투영의 가루"는 아시리아의 부조 '생명의 나무(출생의 식물)'와 직접적으로 관련이 있으며, 성전 비밀과 관련한 프리메이슨 의식에서는 "그것은 그것을 붙잡고 있는 그들에게 생명의 나무이다"라고 말한다. 정화 관련성은 솔로몬왕의 거대한 놋쇠용기를 다룰 때 (175쪽 "불-돌 프로젝트"를 보라.) 사해 두루마리 성전 두루마리에 의해 더욱 구체화된다. 성전 문서에 그것은 정화실에 보관되어 있었다고 언급되어 있다.5 Shemen ha Mishchah가 전통적으로 성유와 관련이 있고 히브리어로 오랫동안 정확히 의미해 왔지만, 그것은 원래 요시야와 예레미야에 의해 숨겨진 성궤 안에 보관된 "현자의 돌"의 정화淨化 쉠-안-나에 대한 언급이었을 가능성이 있다.

성궤의 행방에 관한 계시를 설정하기 위해서 성전기사단 전통이 오늘날 존재하는 어떤 특정한 주의들을 확립하는지 확인하는 것은 가치가 있다. 이를 위해 1990년 예루살렘 성전의 기사단 최고사령관이 '스코틀랜드 그랜드 로지'의 '프리메이슨 성전기사단 지부'에 보낸 경축사에서 발췌문을 그대로 제공할 수 있다. 이것은 로디언(스코틀랜드 남쪽)에 있는 뉴배틀 대수도원의 12세기 시토수도회 예배당에서 발생했다. 그 로지는 성전기사단의 원 후원자이자 보호자인 클레르보의 성 베르나르 축일인 8월 20일을 축하하기 위해 특별히 소집되었다. 관련된 문구는 다음과 같다 :

1127년 위그 드 파앵은 프랑스의 추기경 대사(교황 호노리우스 2세의 개인 대리인)가 이끄는 트루아 공의회 변론에 참여하기 위해 고향인 프랑스로 돌아와야 한다는 통보를 받았다. 그러나 추기경 뒤에는 그의 말이 법이고 완전한 복종을 말하는 권력자가 있었는데 바로 클레르보의 시토수도회 대수도원장 베르나르였다. 위그 드 파앵은 베르나르와 상파뉴의 백작과 친척 관계였는데, 그는 사촌들에게 빈손으로 돌아오지 않았다. 모든 것 중에 가장 소중한 것인 성궤와 함께 고서들이 들어 있는 가방이 베르나르에게 주어졌다.

1127년 예루살렘에서 돌아온 성전기사단에 대한 성 베르나르의 기록(269쪽 "성궤 공의회"를 보라.)은 기사들과 그들의 짐이 "대중 또는 교권의 모든 간섭에 대하여 모든 예방 조치를 취할 수 있는 상파뉴 백작의 보호 아래" 놓여 있었다는 것을 확인하는 데 있어서 분명했다. 처음부터 베르나르는 교회의 상당한 관심이 그들의 발견 − 프랑스와 버건디를 통과하는 여행에서 귀중품이 군대의 보호 아래 놓일 정도로 −

성궤의 잃어버린 비밀   315

에 의해서 시작될 것임을 알고 있었다. 신성한 보물에 대한 교회의 열광적인 관심은 수 세기 동안 수많은 생명을 희생시키면서 계속되었다. 그것은 알비파(순결파들에 의한 이단. 인간은 물질적인 것으로부터 해방되어야 구원을 받을 수 있다고 가르쳤고 금욕적인 계율을 지켰다.) 십자군, 성전기사단 박해 그리고 일반적인 가톨릭 종교재판으로 이어졌다.

성전기사단의 박해와 추방에 앞선 우리의 초창기 연구(271쪽 "노트르담"을 보라.)에서 우리는 그들의 노력의 가장 위대한 건축적 결실이 프랑스의 멋진 고딕양식의 성당임을 목격했다. 이와 관련하여 우리는 공공영역에서 성궤에 대한 마지막 역사적 언급을 발견한다. 모든 성당들 중 가장 신성한 샤르트르 대성당의 작은 석조 부조에 성궤가 운송되는 것이 묘사되어 있다. 이 조각은 '입문자의 문' 북쪽 입구 기둥에 불가사의한 형태의 라틴어로 된 명문을 동반한다. 프랑스 대혁명 때의 작은 손상과 함께 상감(박아 넣기 세공)과 침식 부분이 오랜 세월 동안 번역을 어렵게 해왔지만 최근의 레이저 클리닝이 상당한 도움이 되었다. 누구나 해독할 수 있는 한, "Hic Amittitur Archa Federis"6라고 읽힌다. 그리고 이것은 : "여기 성궤를 놓아라", "여기에 성궤를 보낸다" 또는 "여기 성궤를 양보하였다."7 그 문장이 어떤 식으로 번역되었든 그것은 결코 성전기사단이 성궤를 잃어버렸거나 숨겨놓은 것을 의미하지 않는다. 단지 "여기"로부터 "놓아라", "보냈다" 그리고 "양보했다"는 것을 언급할 뿐이다.

최종 실행

샤르트르 대성당의 가장 호기심 있고 자주 논의되는 특징 중 하나는 미로이다. 신기한 것은 미로가 고대 문화이기도 하지만 기독교와

316   Lost Secrets of the Sacred Ark

관련된 적이 한 번도 없었기 때문이다. 이것은 가톨릭 성직자들이 1690년 오세르, 1768년 상스, 1778년 랭스, 1795년 아라스에서 프랑스 미로를 파괴하는 원인이 되었다. 심지어 1654년에 사망한 샤르트르의 수도사 장 바티스트 수세는 성당의 미로를 "무분별한 게임, 시간 낭비"라고 생각했다고 썼다.8 그러나 상대방과 달리 그는 샤르트르에서 감히 신성 모독을 시도하지 않았고, 그것은 오늘날 중세 시대의 모든 미로 중 가장 크고 잘 보존되어 있으며 전통적으로 가장 신성한 것으로 남아 있다.

본당 회중석 안에 상감으로 설정된 샤르트르의 디자인은 2세기 그리스 연금술 원고의 미로를 정교하게 복제한다. 1220년대에 이것은 피카르디(프랑스 북부)(사진 8을 보라.)의 시토수도회 고문 서기 빌라르 드호네쿠르Vilars Dehoncort의 크로키 작품집 (스케치북)에 복사되었다. 그리고 그것은 1260년 대성당의 첫 번째 단계가 완성되었을 때 샤르트르 석공의 현실이 되었다. 돼지가죽 주머니 안 양피지 위에 있는 드호네쿠르의 독특한 스케치는 중세 후기 생제르맹의 파리 수도원에 보관되었고, 1795년 국립도서관으로 옮겨졌다.9 건축술 및 창문 디자인과 함께 작품집에는 석공과 목공 기술과 동물들의 수많은 스케치가 포함되어 있으며 게다가 뛰어난 수력과 시계 장치 기구도 포함되어 있어 드호네쿠르는 고딕양식의 레오나르도로 불리게 되었다. (19세기에 그의 이름을 현대화한 후 그는 현재 일반적으로 빌라르 드 온느쿠르Villard de Honnecourt로 불린다.)10

샤르트르 미로의 구불구불한 길은 약 261.5m가 넘는다.11 그것은 특별히 "예루살렘으로의 여행"12으로 언급되었고 "솔로몬의 미로"로 불렸는데 특히 그의 성전 놋쇠 용기를 나타낸다. 실제로 '상징 사전 Dictionnaire des Symboles'은 그 목적이 마법의 기능13 – '종교 백과사전'은 decensus ad inferos (어둠으로의 하강과 빛으로의 회귀)라고 명확히 하는 – 을

샤르트르의 미로

제공하는 것이었다는 의견이 있다.14

이탈리아 루카 성당에 있는 샤르트르 미로의 기록(문양이 한 기둥 위에 작게 그려져 있다.)은 쓰기를 : "이것은 크레타의 다이달로스가 만든 미로이다. 아리아드네의 실 덕분에 테세우스 외에는 아무도 출구를 찾을 수 없었다"라고 하였다.15 (431쪽, 부록 6을 보라.) 여기서 이례적인 것은 샤르트르에서 되돌아오는 길을 찾기가 아주 쉽다는 것이다. 왜냐하면 우회로나 막다른 곳도 없고 들어가고 나가는 길이 같기 때문이다. 미스터리는 미로가 decensus ad inferos의 유일한 목적을 위해 연금술적으로 고안된 사실에 있다. 그러므로 적절히 작용하면 그것은 빛의 장 − 고대 'Mfkzt의 장'과 똑같은 (32쪽 "축복받은 자의 땅"을 보라.) − 을 감싸는

318   Lost Secrets of the Sacred Ark

통로이다. 미로의 중심과 서쪽 문 사이의 거리는 실제적으로 서쪽 문과 그 위쪽에 있는 서쪽 장미 창문 사이의 거리와 똑같다. 삼각형의 밑부분은 미로의 중심에서 창문의 중심까지의 거리이다. 창문은 '최후의 심판'을 그리고 서쪽 파사드(정면)가 본당 회중석 바닥으로 접힌다면 미로와 '서쪽 장미'는 일치할 것이다.

잠시 프리메이슨 로지 의식으로 돌아가면 '서양과 잃어버린 비밀들'에 관한 '경건한 마스터'와 그의 수장(首長)들 사이에 일어나는 대본에 의한 의례적인 대화가 있다. 마스터는 묻는다 : 질문 – "그것들을 어떻게 찾길 바라는가?" 답 – "중앙으로." 질문 – "중앙은 무엇인가?" 답 – "원 안에 있는 점인데 그것으로부터 원주(圓周)의 모든 부분이 등거리이다."16 이에 대해서 프리메이슨에게 매우 친숙한 "원 안의 점"의 상징이 우리의 여행이 시작된 세라비트 엘 카딤의 하토르 신전에 있는 왕의 성당에서 묘사된 빛의 상형문자와 일치한다는 것에 주목해야 한다. (35쪽 "위대한 자"를 보라.)

이것을 특정한 프리메이슨 비밀들을 나타내는 성전 지하실 품목들에 대한 로열 아치의 발견과 관련시키며 장미십자단 전통에 따라 샤르트르 미로가 빛으로 가는 통로를 구성한다면, 우리는 그 중심에 있는 금판을 찾을 수 있을 것이라고 예상해야 한다. 그러나 본당 회중석 바닥에는 그러한 금판이 없다.

그럼에도 불구하고 우리가 미로의 중앙에서 발견한 것은 바닥까지 깎아 내린 수많은 금속 징(쇠못)이었다. 이에 대해서 우리는 1678년에 사망한 메살랭의 영주 샤를 칼린의 17세기 저서를 참고할 수 있다. 그의 일지에는 빛나는 금판은 실제로 미로의 중앙 장미를 차지했다고 기록되어 있다. 추가 조사를 통해 1792년 나폴레옹 전쟁 중 대포를 만들기 위해 성당의 쇠종을 녹였을 때 두꺼운 금판도 제거되었음이

드러난다.17 그것은 직경이 거의 140cm였고 실제로 빛나는 구리였다고 밝혀진다. 칼린과 다른 이들의 저술은 루카(이탈리아 중북부의 도시)에 있는 이탈리아인의 언급과 일치하고, 조각된 장면에는 테세우스와 미노타우로스 그리고 아리아드네와 크레타 전설에서 나온 그녀의 실뭉치를 묘사했다고 한다.

부드러운 금속인 구리는 대포나 갑옷을 만드는 데 거의 쓸모가 없었기 때문에 샤르트르 금판은 당시 분명히 다른 목적으로 옮겨졌을 가능성이 있다. 단순히 혁명가들에 의해 도난당했을 수도 있고, 어쩌면 그것의 재이동은 성전기사단 자신들이 안전하게 보관하는 것에 더 가까웠을 수도 있다. 만약 그렇다면 적하積荷에 대한 기록을 발견할 수 없지만 여전히 존재할 가능성이 있다. 『히람 키The Hiram Key』에서 크리스토퍼 나이트와 로버트 로마스는 예루살렘 성전의 '로열 아치' 두 루마리가 에든버러 근처 로슬린 성당의 성전기사단에 의해 비밀리에 보관되었다는 충분한 근거를 제시한다.18 로슬린, 팀 월리스 머피와 마를린 홉킨스는 그들의 책에서 기사단에 의해 발굴된 예루살렘 두루마리들은 로슬린 성당에 있을 가능성이 높다고 결론지었다.19 만약 그들이 맞는다면 그리고 이에 대한 그들의 연구를 뒷받침할 충분한 이유가 있다면, 아마도 로슬린 성당은 똑같은 로열 아치 전승의 복제에 스며든 샤르트르 금판의 거주지일 수도 있다.

구리는 (220쪽 "공중부양과 순간이동"을 보라.) 큰 자기장과 전류가 존재할 때 초전도하는 강력한 2형의 초전도체이다. 이렇게 함으로써 (화학 및 엔지니어링 뉴스'에서 설명한 것처럼)20 구리는 자기장을 임계 레벨이 낮은 지점까지 배출하여 구리와 최종 자기장 사이에 "플럭스 튜브(선속관, 자기장을 가지고 있는 공간의 관 형태의 영역으로 유동을 가진 유체가 흘러가는 관)"를 생성한다. 플럭스 튜브의 자기장은 관 주위에 순환하는 초전도 전류에 의해 발진되고 주변

전류에 의해 2형 장場을 복구한다. 따라서 플러스 튜브는 소용돌이가 된다. 어떤 면에서 그러한 소용돌이는 (고대이 해석에 따르면) 천사들이 오르내린 베델의 천국으로 가는 계단을 구성하는 야곱의 뇌석雷石(벼락과 함께 내려졌다고 상상되었던 고대의 석기)과 다르지 않다.21 마찬가지로 엘리야를 하늘로 이동시킨 회오리바람 이야기가 있다.22

이 플러스 튜브 과정을 용이하게 하기 위해서는 자기 발생기 또는 1형 초전도체가 에너지를 구리판에 집중시켜야 하며, 구리판은 자기 방출제인 경우 소용돌이 튜브에 의해 비투과성 에너지를 추출할 수 있다. 핵물리학자 다니엘 시웰 워드 박사는 자기 발전기는 먼 바다에서 그의 기함에서 작전을 지휘하는 제독과 비슷할 것이고, 그의 구축함(구리판)은 당면한 사업을 책임질 것이라고 설명한다. 초전도체는 일단 공명 상태가 되면 시공간에 걸쳐 작동하기 때문에 이들 사이의 거리는 전혀 관계가 없다.

그러므로 우리의 미로와 같은 여정은 중심과 최종 심판을 위한 것이다. 그러나 솔로몬의 용기容器의 연금술을 활성화하려면 위에서부터 초대전超帶電(super charged)된 자기력이 필요하다. 요컨대 본질적으로는 소용돌이의 로열 아치 "종석"이 필요하다. 샤르트르에 그러한 품목이 있는가? 사실 없다. 1836년 화재가 성당의 목재 골조 지붕을 삼키고 파괴해서 결국 재건축되었다. 그러나 그전에는?

1662년 '런던 왕립 학회 창시자들' 중 한 명은 도량형(길이, 부피, 무게 따위의 단위를 재는 법) 학자이자 광물학자인 마틴 리스터 박사였다. 엘리아스 애쉬몰Elias Ashmole(영국의 고서 수집가. 특히 연금술 문헌수집의 호사가)과 장미십자단 집단과 가까운 관계인 리스터는 명성 있는 박물학자이며 '왕립의 사협회' 회원이기도 했다. 리스터는 '프랑스 아카데미'의 동료들을 만나고 과학적 업적에 관한 기록을 비교하기 위해 1698년 프랑스를 방

성궤의 잃어버린 비밀   321

문했다. 그는 깃펜 시절에 새로운 금속 펜을 배울 때 특히 흥미를 느꼈고 또한 샤르트르에 대한 회고록에도 썼다. "예전에는 대성당의 높은 곳에 강한 자성을 지닌 상당한 자철석(천연 자석)이 있었다."23

그러한 고출력 자철석은 일반적으로 전설의 뇌석과 같이 운석에서 기원하였다. 그것들은 자철이 풍부하고 종종 강력한 1형의 초전도체인 이리듐이 더 풍부하다. 종종 이 뇌석 운석들은 주로 테니스공만큼 작지만 어떤 것들은 매우 크다. 18세기에 러시아에서 약 726kg의 자철석이 발견되었고, BC 476년 트라키아(발칸반도의 에게해 북동 해안 지방)에서 전차(고대의 2륜 마차)만큼 큰 천연 뇌석이 땅에 떨어졌다.24

고대 이집트 장인들은 이 돌들의 성질에 대해 확실히 알고 있었고, "북남철north-south iron"이란 의미의 res mehit ba라고 불렀다.25 그러나 그들은 또 다른 아주 진귀한 물질의 최고 품질에 관해서도 알고 있었다. 그들은 그것을 tcham이라고 불렀다. 이 물질의 정확한 성질은 현재 알려져 있지 않지만, 그것이 오벨리스크의 꼭대기나 피라미디온(피라미드 관석의 정상 첨단)26의 왕관을 위해 특별히 사용되었다는 것은 명문을 통해 분명하다. 데이비드 허드슨은 tcham의 성질에 대한 연구를 통해 그것이 밝은 금 또는 플래티넘을 기본으로 한 ORME 유리라는 결론을 내렸고, 'Mfkzt 장'과의 연관성을 볼 때, 그것은 의심의 여지없이 초전도체였다는 결론을 이끌었다. 1924년 신비한 tcham에 관해 쓸 때, 대영박물관의 고대 이집트 관장인 E.A. 월리스 버지는 그것은 상당한 가치가 있다고 말했지만, 아직까지 발견된 것은 없다고 기술했다. 흥미롭게도 그의 조사 결과 tcham과 피라미디온은 파라오 아케나텐 시기에 사라졌을 가능성이 있다고 밝혀졌다.27

그리고 중세 성전기사단 시대에는 원추형의 플럭스 튜브 소용돌이를 생성하기 위해 샤르트르 대성당의 한 장소에 지름 약 1.4m의 기본

322 Lost Secrets of the Sacred Ark

면적의 완벽한 부대가 설지되었다. 위에는 1형의 초선노 뇌석이 있었고 아래에는 2형 초전도 판이 있었다. 그 모든 것이 주파수 흐름을 시작하는데 필요했고 이 마술 같은 환경의 에너지를 일으키는 데 필요한 모든 것은 전압이었다. 아크를 발생하는 축전 기구 - 종석 아래 최종 실행을 위해 준비되어 있는 성궤 - 를 실행하라.

입구

소용돌이를 활성화하기 위해 그 구역 안에 성궤를 놓는 과정에서 보아온 것처럼, mfkzt 불-돌을 포함한 금으로 만든 성궤를 위한 장면의 연장선은 그 자체로 '마이스너 장'을 가지고 있는 초전도체였다. 그러한 상황에서 결과는 놀라울 수 있다.

성궤 자체가 공중부양 할 뿐 아니라 중력과 시공간의 알려진 모든 변수를 무시하기 시작할 것이다. 왜냐하면 초전도성은 입자나 물질에 관한 것이 아니기 때문이다. 그것은 빛에 관한 것이고 자신만의 세계에 존재한다. 데이비드 허드슨의 말을 다시 한 번 인용하면 "초전도성 안에서 한 물체의 모든 원자들은 하나의 단일 원자처럼 운동한다. 그곳의 시간은 초시간적이다. 그들은 일관성이 있으며 0점 에너지(양자역학에서 입자가 바닥상태에서 지니는 에너지)와 함께 공명한다."(첨단과학연구소의 할푸소프 박사가 정확하게 확인한 것처럼)

초끈 이론(우주를 구성하는 최소 단위를 끊임없이 진동하는 끈으로 보는 원리)의 양자 영역에서 시공간에는 10개의 차원이 있다는 가정이 있는데, 우리가 알고 있는 시간 하나, 3개의 공간 그리고 다른 인식(오히려 컴퓨터의 디지털 압축과 같은)의 척도로 붕괴된 6개의 공간 차원들이 있다. 최근 BBC 라디오 방송에서 영국의 왕실 천문학자 마틴 리스 경은 평행 차원 연구를 새로운 이론적인 사업이 아닌 "비밀의" 과학으로 이야기했다. "공간은 현실의 근본적인 본질이지만 우리가 물질로 생각하는 모든 것 – 그러므로 입자로 구성된 – 은 사실 진동으로 만들어진다"라고 그는 설명했다. 그래서 만일 진동 주파수가 변하면 현실의 특성 또한 변한다는 것을 이해하기는 어렵지 않다. 현실 주변에는 경계가 없다. 현실에 관한 우리의 유일한 개념적 인식만이 우리 자신의 시공간 경험을 바탕으로 제한될 뿐이다. 예를 들어, 우리는 두 물질적 물체가 같은 공간을 차지할 수 없다고 알고 있지만 빛, 냄새, 소리 같은 중요하지 않은 것들은 바로 그렇게 하는 것처럼 보인다. 그러므로 양자 분석이 의문을 제기하고자 하는 것은 물질적 현실에 대한 우리의 견해이다.

마틴 리스 경의 설명을 계속하면 "초끈 이론은 작은 규모의 공간 개념을 기초로 한다. 그것은 단지 위아래, 좌우, 앞뒤, 일련의 조화와 운동으로 구겨지는 것만이 아니다"라고 한다. 장력에 의해 조율되는 악기의 현같이 생성된 음악적 음표는 장력의 변화에 의해 바뀐다. 입자도 마찬가지로 장력 (그것들의 자극 모드에 의해서)에 의해 영향을 받는다. 우리는 우리의 현실을 특별한 긴장 수준에서 바라보곤 하지만 장력이 변하고 입자들이 다른 형태를 취할 때, 그것들은 우리의 개인적 조율과는 다른 진동 상태에 있다. 그러므로 우리는 그것들을 더 이상 합성된 물체로 보지 않는다. 그것은 그들이 그곳에 없다는 것을 의미하는 것이 아니라 그들이 다른 존재의 영역으로 이동했다는 것을 의미한다.28 할 푸소프가 하얀 가루 실험과 더불어 설명했듯이 (211쪽 "스텔스 원자와 시공간"을 보라.) 그러한 물체는 우리의 중력 안에서 무중력 상태가 되어 우리에게 친숙한 시공간에서 시각적으로 인지할 수 없는 곳으로 이동했을 것이다.

이용 가능한 모든 역사적 증거에 기초하여 루이 샤르팡티에 같은 많은 학자들과 작가들은 성궤가 샤르트르 대성당의 최후 휴식처에 있다고 그들의 신념을 내세웠다.29 트레버 레이븐크로프트와 팀 월레스 머피 같은 다른 사람들은 이것이 모든 면에서 확실하다고 훨씬 더 분명하게 말했다.30 그러나 이 모든 것에 있어서 우리는 자신의 친숙한 진동의 현실 개념에 속기 쉽다. 이 때문에 우리는 다음과 같은 질문을 하게 된다. "그것은 동굴 속에 묻혀 있는가 아니면 벽 안에 숨겨져 있는가?" 우리가 해야 할 일은 장미십자단 고문서의 우화를 통해 그림을 보고 초전도체와 초차원 상태에 관한 현대 과학 지식을 적용하는 것이다. 성전기사단이 부추긴 로열 아치 상징은 어디에 성궤가 숨겨져 있고 잃어버린 비밀이 어떻게 발견될 것인지를 알리는 데 직설적이다.

다니엘 워드 박사의 또 다른 말을 인용하자면, 실천적인 물리학자인 그의 관점에서 다음과 같이 설명된다.

초끈의 수준에서 물질은 존재하거나 존재하지 않는다. 그것은 우리 3차원 우주의 안과 밖이다. 그러나 거기에는 사상의 지평선(빛 자체가 중력에 묶여 있기 때문에 그곳에 들어가는 어떤 물체도 빛 메시지를 더 이상 보낼 수 없는 곳)이 존재하기 때문에 물체로부터 나오는 빛은 사실상 보이지 않거나 단순히 3차원으로 보이지 않는다. 동시에 음파 발광(저밀도 음흡의 자극으로 단파장의 빛이 방출) 현상 안에서 극한의 가속이 빛의 섬광 - 아마도 스타트렉의 엔터프라이즈(우주선)가 워프 드라이브(초광속 이동. 공간을 일그러트려 4차원으로 만든 후 두 점 사이의 거리를 단축해 광속보다 빨리 이동하는 것) 하는 것처럼 보이는 - 을 낳는다. 이 아이디어는 초전도 물체가 붕괴한 다른 6개의 차원들로 또는 입구를 통하여 완전히 확장된 차원으로 파열하는 것이다.

그리고 이것은 '빛의 궤도의 영역'이다 : 고대 마스터 장인들에 의해 알려진 (비록 과학적으로 이해되지 않더라도) 'Mfkzt의 장'인 '샤르-온의 면.' 그러므로 샤르트르 타블로(살아 있는 캐릭터들의 움직임이 액자 속의 그림처럼 정지된 화면, 평면 그림)를 논리적인 플럭스-튜브 결론에 이르게 하며 성궤는 1307년 이전부터 존재해 온 곳에 확실히 있다. 결과적으로 과학적 시나리오에서 그것은 또 다른 시공간 평행 차원의 초전도 소용돌이 입구를 통하여 샤르트르 대성당에 있는 미로의 기운 안에 당당하게 존재한다.

Hic Amittitur Archa Federis : "여기 성궤가 있다."

각주 및 참고

1장 : 황금가

1. 출애굽기 3장 1절, 17장 6절.
2. 구약성경은 원래 형태대로 자음으로만 구성된 히브리어 형식으로 쓰였다. 그리스어를 말하는 유대인들의 수가 증가함에 따라 이것과 병행하여 BC 270년경에 그리스어 번역본이 나타났다. 72명의 학자들이 번역에 참여했기 때문에 70인역 성서Septuagint(라틴어 Septuaginta : 70으로부터)로 알려지게 되었다. 수 세기 후, 불가타Vulgate(대중의 vulgar 또는 일반의 사용 때문에)로 알려진 라틴어판의 성경이 기독교 교회의 사용을 위해 (신약성경을 포함하여) AD 385년경 성 제롬에 의해 만들어졌다. 그 후 AD 900년경 마소라 학자들에 의해 개정된 히브리어 구약성경(오늘날 유대교 성경의 바탕이 되는 것)이 소개되었다. 그러나 그것은 1611년 발행된 킹제임스 공인 영어판 번역에 사용된 더 오래되고 더 신뢰할 수 있는 70인역 성서였다.
3. 5장 "전차와 게루빔" 아래.
4. W.M 플린더스 페트리Flinders Petrie, 'Research in Sinai' John Murray, 런던, 1906, p.72.
5. 같은 책, p.85.
6. 로렌스 가드너Laurence Gardner, '성배왕의 창세기Genesis of the Grail King', Bantam press, 런던, 1999. ch.19.
7. 옥스퍼드 애슈몰린 박물관, 런던 대영박물관, 카이로 박물관, 볼턴 채드윅 박물관, 시카고 동양연구소의 하스켈 박물관, 맨체스터 대학박물관, 런던 유니버시티 칼리지.
8. 데이비드 롤David M. Rohl, 'Test of Time' Century, 런던, 1995, ch.4, p.113.
9. 야로슬라브 체르니Jaroslav Cerny(편집), 'The Inscriptions of Sinai', 이집트 탐사협회, 런던, 1995.
10. 로터스 이터Lotus Eaters(또는 Lotophagi, 'ltofji'로 발음)는 아프리카 북쪽 해안을 점령하고 연꽃을 먹고 살았던 기막히게 멋진 민족이었다. 이 꽃들은 건망증과 행복한 나태함을 일으킨다고 한다. 호머의 '오디세이'에서 오디세우스가 그들 사이에 상륙했을 때 그의 부하들 중 몇 명이 그 음식을 먹었다. 그들은 친구와 집을 잊고 배로 끌려와야 했다. 알프레드 테니슨 경의 'The lotus Eaters'는 영시의 고전이 되었다.
11. 플린더스 페트리 경, 'Research in Sinai', p.85.
12. 케네스 앤더슨 키첸Kenneth Anderson Kitchen, 'Ramesside Inscriptions', B.H. Blackwell, 옥스퍼드, 1975, p.1.

성궤의 잃어버린 비밀   327

13. 왕가의 이름을 표시하는 장식적인 타원형 모양의 명문.

14. 야로슬라브 체르니(편집), 'The Inscriptions of Sinai' vol.2, p.7.

15. 로제타석(현재 대영박물관에 있음)은 1799년 나폴레옹의 이집트 원정 때 부샤르 중위가 알렉산드리아 근처에서 발견했다. BC 196년 무렵의 검은 현무암에는 3개의 다른 문자 - 이집트 상형문자, 이집트 데모틱(일상 흘림체), 그리스어 - 로 똑같은 내용을 담고 있다. 이 문자들을 (이미 익숙한 그리스어와 함께) 비교 분석하여 상형문자 암호가 풀렸다. 그러고 나서 그것은 이집트 왕들의 파라오 카르투시와 함께 상호 참조되었다.

16. 야로슬라브 체르니(편집), 'The Inscriptions of Sinai', vol.2, p.9.

17. 같은 책, vol.2, pp.45 - 6.

18. 플린더스 페트리, 'Researchers in Sinai', p.101.

19. 야로슬라브 체르니(편집), 'The Inscriptions of Sinai', vol.2, p.119.

20. 같은 책, vol.2, p.205.

21. 대영박물관, 'Hieroglyphic Texts from Egyption Stelae', 대영박물관, 런던, 1911, Stela 569.

22. 출애굽기 20장 23절, 비슷하게 20장 4절은 우상을 만드는 것에 대해 미리 지시하고 있다.

23. 에이레나에우스 필랄레테스Eirenaeus Philalethes, 'Introitus apertus ad occulusum regis palatium : Open enterance to the closed palace of the King - Secrets Revealed', 헤르메티쿰 박물관, 암스테르담, 1667.

24. 에이레나에우스 필랄레테스, 'The tractatus de metallorum transmutatione - Brief Guide to the Celestial Ruby', 헤르메티쿰 박물관, 1668.

25. 파라오Pharaoh - 위대한 집Great House.

26. 슈발러 루비츠De Lubicz, R.A. Schwaller, 'Sacred Science', Inner Traditions, 로체스터, VT, 1982, ch.8, p.182-3.

2장 : 낙원의 돌

1. 아흐메드 오스만Ahemed Osman, 'Moses, Pharaoh of Egypt', Grafton/Collins, 런던, 1990, p.172.

2. 제카리아 시친Zecharia Sitchin, 'The 12th Planet', Avon Books, 뉴욕, 1978, ch.12, p.337.

3. 윌슨Wilson, A.N. 'Jesus', Sinclair Stevenson, 런던, 1992, ch.4, p.83.

4. 리차드 칼욘Richard Carlyon, 'A Guide to the Gods', 하이네만/퀴소테, 런던, 1981, p.276.

5. "Fountain of Youth : Telomerase", 'Science', vol.279, 1998.1.23, p.472 '과학진보를 위한 미국협회'에서 출판.

6. 안드레아 보드나르Andrea Bodnar, 미첼 퀼레테Michel Quellette, 마리아 프롤키스Maria Frolkis, 숀 홀트Shawn Holt, 초이-픽 치우Choy-Pik Chiu, 그레그 모튼Gregg Morton, 캘빈 할리Calvin Harley, 제리 샤이Jerry Shay, 서지 리흐스타이너Serge Lichsteiner, 우드링 라이트Woodring Wright, "Extension of Life Span by Inrtoduction of Telomerase into Normal Human Cells", 'Science', vol.279, 1998.1.16, pp.339-52.
7. 이것에 관한 뛰어난 작업은 시드니 브레너Sydney Brenner, 텔로미어 앤드 텔로메라세Telormeres and Telomerase, 시바 파운데이션Ciba Foundation과 존 윌리John Wiley, 뉴욕, 1997, 텔로머라제와 재생산 세포들과 관련한 더 구체적인 세부 사항은 게론 법인의 캘빈 할리의 p.133을 보라.
8. 같은 책, 유전자 분리에 대한 로버트 뉴볼드Robert Newbold, p.188.
9. 세포당 2개의 염색체 세트와 관련한 배수倍數 상태.
10. 안드레아 보드나르와 다른 사람들, 'Science', vol.279, 19981.16, pp.349-52.
11. 카렌 암스트롱Karen Amstrong, 'A History of God', Ballantine, 뉴욕, 1994, ch.1, pp.14, 20-21.
12. 1장 각주 2를 보라.
13. 제임스 하스팅스James Hastings, 'Dictionary of the bible', T&T Clark, 에든버러, 1909, "하나님" 아래.
14. 루이스 차르펜티에르Louis Charpentier, 'The Mysteries of Chartres Cathedral', Research Into Lost Knowledge Organization, and Thorsons, Wellingborough, 1972, ch.18, p.147.
15 게자 베르메스Geza Vermes, 'The complete Dead Sea Scroll in English', Penguin, 런던, 1998, p.85.
16. 제임스 하스팅스, 'Dictionary of The Bible'.
17. 추가 자료는 또한 레위기 24장 5절, 민수기 4장 7절, 사무엘 21장 6절, 열왕기상 2장 4절, 역대기 2장 4절, 마태복음 12장 4절, 마가복음 2장 26절, 누가복음 6장 4절, 히브리서 9장 2절.
18. 제임스 하스팅스, 'Dictionary of The Bible', "쉐브레드" 아래. 또한 왓슨 밀스Watson Mills(편집), 'Lutherworth dictionary of The Bible', Lutterworth Press, 캠브리지, 1994, 사무엘하와 열왕기하처럼 사무엘상과 열왕기상은 70인역에서 같은 책이다. 반면에 킹제임스 성경은 단지 열왕기 2개의 책만을 가지고 있고 70인역 성경은 4개를 가지고 있다.
19. 임마뉴엘 벨리코프스키Immanuel Velikovsky, 'Ages in Chaos', Sidgwick & Jockson, 런던, 1952, ch.4, p.160.
20. man-hu와 관련하여, "manna"로 발음됨.
21. 플라비우스 요세푸스Flavius Josephus, 'The Warks of Flavius Josephus'(윌리엄 휘스톤William Whiston 번역)에서 'The Antiquities of the Jews', Milner & Sowerby, 런

던, 1870, III, 1:6.

22. 1979년 현대과학이 하얀 가루 금 현상을 발견하기 전에는 눈처럼 땅바닥에 내리고 시나이에서 이스라엘인들이 먹은 만나는 타마리스크(위성류渭城柳(잎은 어긋나기 하며 비늘 조각에 가까운 침형이다. 꽃은 연한 홍색이다.) 식물에서 나오는 진이 많은 분비액으로 추정되었다. 1483년 마인츠의 사제장 브라이텐바흐는 타마리스크 진액의 결정성 입자를 기록했는데, 그는 새벽녘에 작은 구슬처럼 날아다니는 것을 확인했다. 독일의 생물학자 G. 에렌부르크는 1823년 타마리스크 나무들이 시나이 토착의 특별한 형태의 식물 기생충에게 공격받았을 때 흰 결정을 발산했다고 설명했다. 베르너 켈러Werner Keller의 'The Bible as History'(윌리엄 네일 번역), Hodder & Stoughton, 런던, 1956, pp.129-31을 보라. 그러나 실제로 그랬더라면 이스라엘인들이 그것이 무엇이었는지 정확히 알았을 것이고, '만나'라는 질문을 하지 않았을 것이다.

23. BC 3000년의 초기 문서에 기초한 BC 1425년경의 문서들. 월리스 버지Wallis Budge 경의(번역) '사자의 서The Book of the Dead', University Books, 뉴욕, 1960, p.ix와 3을 보라.

24. 아서 웨이갈Arther Weigall, 'The life and Times of Akhenaten', Thorntron Butterworth, 런던, 1910, p.17.

25. 맨리 홀Manly Hall, 'The Secret Teachings of All Ages', Philosophical Research Society, 로스앤젤레스, CA, 1989, p.LXXIX.

26. 1장 각주 24를 보라.

27. 루미스Loomis, 로저 서먼Roger Sherman, 'The Grail : From Celtic myth to Christian Symbolism', University of Wales Press, Cardiff, 1963, p.210.

28. 루이스 스펜서Lewis Spencer, 'The Mystical life of Jesus' Ancient and mystical order Rosae Crucis, 산호세, CA, 1982, pp.191-2.

29. 인도의 베다 산스크리트어와 자매 언어.

30. 루미스, 로저 서먼, "The Grail : From Celtic myth to Christian Symbolism", pp.212-13.

3장 : 빛과 완벽

1. 맨리 홀, 'The Secret Teachings of All Ages', p.XCVIII.

2. 창세기 11장 28절, 15장 7절.

3. 카를로 수아레스Carlo Suares, 'The Cipher of Genesis', Samuel Weiser, Maine, 1992, pp.19-21.

4. 로렌스 가드너, 'Genesis of the Grail Kings', ch.7, p.62ff.

5. 블랙 제이Black, J와 그린 에이Green, A, 'Gods, Demons and Symbols of Ancient Mesopotamia', 대영박물관 출판사, 런던, 1992, p.173. 또한 제임스 하스팅스의

"Dictionary of the Bible" "우림과 둠밈" 아래를 보라.

6. 그레이브 알Grave. R과 파타이 알Patai. R, 'Hebrew Myths : Genesis', p.53. 비밀의 유대 전승에서 '운명의 서판'은 또한 '라지엘의 책'(에녹의 일곱 대천사들 책 중의 하나)이라 불렸다.

7. 제임스 하스팅스, 'Dictionary of the Bible', "보석과 진귀한 돌들" - 품목 : 사파이어와 풍신자석風信子石" 아래.

8. 루이스 브라운Lewis Browne(편집), 'The Wisdom of Israel', Michael Joseph, 런던, 1948, p.13.

9. 게르솜 스콜렘Gershom Scholem, 'Major Trends in Jewish Mysticism', 테임즈 앤 허드슨, 런던, 1955, p.163.

10. 라파엘 파타이Raphael Patai, 'The Hebrew Goddess', 웨인 주립대출판사, 디트로이트, MI, 1967, p.114.

11. 게르솜 스콜렘, 'Major Trends in Jewish Mysticism', p.156.

12. 탈무드는 본래는 히브리어와 아람어로 편집된 미쉬나에 대한 해설이다. 그것은 유대 전승에서 2개의 독립적인 중요한 줄기들 - 바빌로니아인과 팔레스타인의 - 로부터 파생했다. 미쉬나(사본)는 고대 편집에 기초한 유대 율법의 초기 법전이며, AD 3세기 초에 팔레스타인에서 총독 유다 1세에 의해 편집되었다. 그것은 랍비들(선생)에 의해 해석된 옛 관습과 성경의 율법에서 파생된 광범위한 주제에 대한 전통적인 율법(할라카 Halakah)으로 구성된다.

13. 버나드 존스Bernard Jones, 'Freemasons' Book of the Royal Arch', George Harrap, 런던, 1957, ch.11, p.137. 또한 "Encyclopaedia Judaica Decennial", Keter Publishing, 민딘, "Even Shetiyyah 아래를 보라.

14. 맨리 홀, 'The Secret Teachings of All Ages', p. fac. LXXVII. 또한 알렉스 혼Alex Horne, 'King Solomon's Temple in the Masonic Tradition', 아쿠아리안 출판사, 런던, 1971, ch.9, p.165.

15. 데이비드 데이David Day, 'Tolkien's Ring', Haper Collins, 런던, 1994, ch.12, pp.129-30.

16. 윌리엄 스미스William Smith 박사, 'Simth's Bible Dictionary(1868 개정판), Hendrickson, 피바디, MA, 1998.

17. 플라비우스 요세푸스, 'The Antiquities of the Jews', Bk.III, ch. VII:5.

18. 제임스 하스팅스, 'Dictionary of the Jews', Bk.III, ch. VII:5.

19. 요한의 첫 번째 서한으로부터 - 요한복음 12장 5절.

20. 리차드 칼욘, 'A Guide to the Gods', p.312.

21. BC 200년경부터.

22. 성경적 용어는 뱀을 nahash - "해독하는" 또는 "발견하는" 의미의 자음 어간인 NHSH 로부터 - 로 의미하는데 사용된다. 제카리아 시친, 'The 12th Planet', ch.13, p.371을

성궤의 잃어버린 비밀   331

보라.

23. 플라비우스 요세푸스, 'The Wars of the Jews', (윌리엄 휘스톤 번역), Milner & Sowerby, 런던, 1870, II, ch.8:6.

24. 1958년 12월판.

25. '네이처', 1960.8.6, vol.187, no.4736, pp.493-4.

26. 타운스Townes와 스차우로우Schawlow에게 수여된 노벨상과 함께 마이만Maiman의 이야기와 특허에 대한 계속된 30년의 논쟁이 테오도르 마이만Theodore Maiman, 'The Laser Odyssey', Laser Press, Blaine, WA, 2000. 또한 닉 타일러Nick Taylor, 'Laser', Simon & Schuster, 뉴욕, 2000.에서 이야기된다.

27. 최초로 발견된 '에누마 엘리쉬Enuma elish' 서판은 니네베의 아슈르바니팔왕의 도서관에서 1848년~76년 오스틴 헨리 레이어드Austen Henry Layard 경에 의해 발굴되었다. 그것들은 1876년 대영박물관의 조지 스미스George Smith에 의해 'The Chaldean Account of Genesis'라는 제목으로 출판되었다. 같은 서사시의 판본들을 포함하는 다른 서판과 파편들이 아슈르, 키시, 우루크에서 발견되었고 간기刊記(출판자가 출판 때, 곳, 간행자 따위를 적은 부분)에서 더 오래된 문자가 더 고대 언어로 존재했음을 확인하였다. 이것은 어떻게 한 특정한 신성이 인류를 포함하여 하늘과 땅 그리고 지구상의 모든 것들을 창조했는지에 대한 똑같은 이야기를 전했다. 완전한 문서를 보기 위해서 알렉산더 하이델Alexander Heidel의 'The Babylonian Genesis', University of Chicago Press, 시카고, IL, 1942를 보라.

28. 제임스 하스팅스, 'Dictionary of the Bible', "언약의 책" 아래.

29. 출애굽기 16장 33절~34절에서 모세는 성궤가 논의되기 훨씬 이전에 아론에게 만나manna 한 그릇을 가져다 "하나님 앞에 두라"고 조언했다. 그래서 아론은 "그것을 증언 앞에 놓았다"고 말한다. 그때 민수기 17장 8절~10절에 아론의 지팡이가 성막 안에서 자라기 시작했다고 전해졌고, "반역자들에 대한 증거를 위해 보관된 증언 앞에" 가져왔다.

30. 제임스 하스팅스, 'Dictionary of the Bible', "Ornaments 4" 아래.

31. 로렌스 가드너, 'Realm of the Ring Lords', Harper Collins, 런던, 2003, ch.5, pp.53-5를 보라.

32. 1827년 조셉 스미스Joseph Smith의 'Book of Mormon'의 설명에 따라 단일의 우림-둠밈의 개념은 'American journal of Semitic Literature', XVI, 시카고, 1900, P.218에서 윌리엄 무스-아놀트William Muss-Arnolt의 "우림과 둠밈The Urim and Thummim - 그것들의 본래 특성과 중요성에 관한 제안"에서 확신되었다.

4장 : 출애굽

1. 레슬리에 처치Leslie Church(편집된), 'Mathew Henry's Commentary of the Whole

Bible', Marshall Pickering, 런던, 1960, Genesis XIV:13-16/I.

2. 1장 각주 2를 보라.

3. 크레이머kramer, S. N., 'Sumerian Mythology', Harper Bros., 뉴욕, 1961, pp.44,59.

4. 크리스티안 오브라이언Christian O'Brien과 바바라 조이Barbara Joy, 'The Genius of the Few', Dianthus, Cirencester, 1999, ch.2, p.27.

5. 아흐메드 오스만, 'Moses, Pharaoh of Egypt', ch.17, pp.172-3.

6. 플라비우스 요세푸스, '아피온 반박Against Apion'(윌리엄 휘스톤 번역), Milner & Sowerby, 런던, 1870, I:26-7.

7. 같은 책, I:31.

8. 플라비우스 요세푸스, 'The Antiquities of the Jews', II,10.

9. 제임스 브레스테드James Breasted, 'The Dawn of Consciousness', Charles Scribner's Sons, 뉴욕, 1934, p.350. 또한 아흐메드 오스만, 'Moses, Pharaoh of Egypt', ch.6, p.66.

10. 프로이드 지그문트, 'Moses and Monotheism', pp.12-13.

11. 요세푸스 판은 물에 대한 이집트 단어가 mo인 반면, 물에서 구해진 것은 uses로 불렀다. 그는 이 단어들의 조합에서 Mo-use라는 이름이 파생되었다고 말한다. 플라비우스 요세푸스, 'Antiquities of the Jews', II.9:6.

12. 아흐메드 오스만, 'Moses, Pharaoh of Egypt', ch.6, p.66.

13. 모든 상세한 설명과 각주와 참고 문헌은 로렌스 가드너, 'Genesis of the Grail Kings', 특히 chs.7-10을 보라.

14. 조지 루스Georges Roux, 'Ancient Iraq', George Allen & Unwin, 런던, 1964, p.128.

15. 포터Porter J.R., 'The Illustrated Guide to the Bible', Duncan Baird, 런던, 1995, p.72.

16. 아흐메드 오스만, 'Moses, Pharaoh of Egypt', ch.1, p.15.

17. 당시 시타문은 아주 어렸기 때문에 몇몇 이집트학자들은 그녀가 아멘호테프의 딸일 것이라고 추측했지만 그녀는 그의 여동생이었다. 아흐메드 오스만, 'Stranger in the Valley of Kings', Souvenir Press, 런던, 1987, pp.14, 66을 보라. 뉴욕 메트로폴리탄 박물관에 있는 시타문의 카르투시는 그녀를 아멘호테프 3세가 아닌 투트모세 4세의 딸이라고 말하며 "위대한 왕의 딸"로 묘사한다. 알란 가디너Alan Gardiner, 'Egyptian Grammar', Griffith Institute, Ashmolean Museum, 옥스퍼드, 1957, Excursion A, p.74를 보라.

18. 아흐메드 오스만, 'Moses, Pharaoh of Egypt', ch.6, p.61.

19. 티예Tiye의 첫 번째 아들은 투트모세로 불렸고, 그는 분명히 일찍 죽었다. (그의 이름이 적힌 채찍이 투탕카멘 무덤에서 발견되었다.) 피터 클레이턴Peter Clayton, 'Chronicle of

the Pharaohs', 테임스 앤 허드슨, 런던, 1994, p.120을 보라.

20. 자루카Zarukha라고 불린다. 자루Zaru의 요새화된 국경 거주지는 힉소스 도시 아바리스Avaris 지역에 세워졌다. 이후 자루의 시장이었던 람세스 2세 치세 때 피-람세스Pi-Rameses로 알려지기 위해 재건축되었다. 피-람세스는 종종 곡식 창고 중심지로 이야기 되지만 이 설명은 현재 뒤집혔다. 벼슬과 관련된 명문이 그를 "곡창 감독자"로 규정하여 번역하였기 때문에 그렇게 생각된 것이었다. 현재 그것은 정확한 번역이 "외국 땅의 감독자"로 밝혀졌다. 아흐메드 오스만, 'Stranger in the Valley of Kings', pp.111-12과 에릭 피트Eric Peet, 'Egypt and the Old Testament', 리버풀 대학출판사, 리버풀, 1922, p.84를 보라.

21. 네페르티티의 어머니는 유야Yuya와 투야Tuya의 아들 아이Aye의 아내인 테이Tey에 의해 길러졌다고 인정되지만 알려지지 않은 것으로 종종 이야기된다. 피터 클레이턴, 'Chronicle of the Pharaohs', p.121을 보라. 그러나 네페르티티는 아멘호테프 3세와 시타문의 딸이었고 아멘호테프 4세(아케나텐)가 그의 왕위에 대한 권리를 확보한 것은 네페르티티와의 결혼을 통해서였다. 아흐메드 오스만, 'Moses, Pharaoh of Egypt', p.62를 보라.

22. 그것은 왕조에 중요했던 모계 계승의 미토콘드리아 DNA였다. 비록 미토콘드리아는 어머니로부터 아들과 딸 모두 물려받지만, 이 DNA는 여성 난자 세포 안에 존재하기 때문에 딸에 의해서만 전해진다. 스티브 존스Steve Jones, 'In the Blood : God, Genes and Destiny', Harper Collins, 런던, 1996, ch.2, p.93을 보라.

23. 알란 가디너, 'Egyptian Grammar', Excursion a, p.75와 피터 클레이턴, 'Chronicle of the Pharaohs', p.78. 아멘호테프 4세는 또한 아메넵헤트 4세와 아메네메스 4세로도 불렸다.

24. 이스라엘인들의 형체 없는 신에 대한 개념은 아케나텐이 왕좌에 오르기 전에 이미 이집트에서 확립되었다. 그가 유일하게 실행한 것은 아텐Aten을 이집트의 유일한 신으로 세운 것이다. 그것은 국가 차원에서 종교적 불관용 - 백성들에게 억지로 떠맡긴 엄격한 일신교 - 의 세계 최초의 보기이다. 이집트에서 유일신에 대한 불협화음은 1930년대 지그문트 프로이드의 연구에 영감을 주었고, 그가 모세를 파라오 아케나텐의 통치와 연관시키도록 이끌었다.

25. 아흐메드 오스만, 'Moses, Pharaoh of Egypt', ch.17, p.167.

26. 데이비드 롤, 'A Test of Time', p.197.

27. 같은 책, p.199. 비록 아텐이 투탕카멘의 통치 기간 동안 이집트 판테온(만신전)에서 더 일반적인 위치로 밀려났지만, 아텐 숭배는 어린 파라오에 의해 금지되지는 않았다. 이것은 그와 그의 아내 안케센파텐Ankhesenpaaten이 아텐 원반과 함께 묘사된 화려한 금과 그의 왕좌의 뒷면 상감에서 확인된다. 그러나 투탕카멘은 왕국의 수도를 아케타텐에서 멤피스로 옮긴다.

28. 아흐메드 오스만, 'Moses, Pharaoh of Egypt', p.105.

29. 아케나텐(모세)이 처음 떠나기에 앞서 그의 어머니 티예가 그에게 테베로 갈 것을 권유하자 그는 아케타텐(아텐의 지평선)에 새로 지은 숭심지를 건설하였는데 오늘날 텔 아마르나가 있던 곳이다. 피터 클레이턴, 'Chronicles of the Pharaohs', p.122을 보라. 그러나 참고 서적들이 일반적으로 설명하지 못하는 것은 아케나텐이 아텐 신을 만들지 않았다는 것이다. 아케나텐이 태어나기 전부터 그의 아버지 아멘호테프 3세가 자루에 있는 호수에서 사용한 배는 테헨 아텐Tehen Aten(아텐 섬광)으로 불렸다. 제임스 바이키에James Baikie, 'The Amarna Age', A&C. Black, 런던, 1926, p.91을 보라. 아케나텐이 카르나크와 룩소르에 자신의 아텐 신전을 짓기 전에 자루에도 아텐 신전이 있었다. 아흐메드 오스만, 'Moses, Pharaoh of Egypt', ch.12, p.121을 보라.

30. 아흐메드 오스만, 'Moses, Pharaoh of Egypt', ch.6, p.63-4.

31. 피터 클레이턴, 'Chronicle of the Pharaohs', pp.178-9.

32. 같은 책, p.124.

33. 아흐메드 오스만, 'Moses, Pharaoh of Egypt', ch.18, pp.178-9.

34. 피터 클레이턴, 'Chronicle of the Pharaohs', p.120.

35. 월리스 버지 경(편집), 'The Book of the Dead', p.201.

36. 마네토의 'Egyptian King List'는 스멘크카레를 아헨체레스Achencheres라는 이름으로 기록하고 있으며, 그는 아켄케레스Akenkheres라고도 기록한다.(클리브 카펜터Clive Carpenter, 'The Guinness Book of Kings, Rulers and Statemen', Guinness Superlatives, Enfield, 1978, p.68을 보라.) 이것은 나중에 기독교 교회 신부 에우세비우스에 의해 첸체레스Cencheres로 와전되었다.(임마뉴엘 벨리코프스키, 'Ages in Chaos', p.5를 보라) 첸체레스(게일어 연대기에서는 신시리스Cinciris로 더 다양했다.)라는 이름으로 파라오 스멘크카레는 아일랜드와 스코틀랜드의 역사에서 특별히 중요했는데 그는 스코틀랜드 게일인의 후손인 스코타Scota로 알려진 공주의 아버지였기 때문이다. 그녀의 남편은 홍해 근처에 있는 카파시론트의 총독 니울Niul이었다. (데이비드 코민David Comyn에 의해 번역되고 1640년 딘닌P.S.Dinneen에 의해 개정되고 Irish Text Society, 런던, 1902-14년에 재인쇄 된 제프리 키팅Geoffrey Keating, 'The History of Ireland', vol.II, pp.20-21을 보라.) 니울은 스키타이 왕국의 흑해 왕자로 태어났으며 17세기 'The History of Ireland'에 따르면 "니울과 아론은 서로 우정의 동맹을 맺었다고 한다."(같은 책, vol.II, p.17) 게일어 문서는 또한 니울과 스코타 공주의 아들 게힐(게일)이 "모세가 이스라엘 사람들의 지도자로 활동하기 시작할 때" 이집트에서 태어났다고 전한다. (같은 책, vol.I, p.233) 스코타(스키티아어 : "사람들의 지배자")라는 이름은 공주가 니울과 결혼하면서 얻은 이름이다.

37. 피터 클레이턴, 'Chronicle of the Pharaohs', pp.140-1.

38. 아흐메드 오스만, 'Moses, Pharaoh of Egypt', p.64.

39. 같은 책, p.43.

40. 피터 클레이턴, 'Chronicle of the Pharaohs', p.142.

41. 아흐메드 오스만, 'Moses, Pharaoh of Egypt', pp.48-9. 또한 임마뉴엘 벨리코프스

키, 'Ages in Chaos' p.7. 가나안의 히브리인들(Habiru)은 이스라엘 자손이 이집트에서 출애굽이 있기 오래전에 기록되었다. 그들은 아멘호테프 3세와 아케나텐의 통치 시기에 쓰인 편지들이 특징이다. 1887년 아마르나의 유적을 탐색하고 있던 한 여성 농민이 수많은 점토 서판을 발굴했다. 그것은 가나안의 다양한 지배자들과 18왕조 파라오들 사이의 외교 서한으로 증명되었다. 이것들(아마르나 서신으로 알려짐)로부터 추론되는 것은 이집트 제국이 아케나텐 시대에 히타이트가 시리아를 침공하면서 심각하게 쇠퇴하고 있었다는 것이고 예루살렘의 미타니 사람 총독 압다-키바는 히브리인들의 침략에 아케나텐의 도움을 요청했다. (에릭 피트, 'Egypt and the Old Testament', 리버풀 대학출판사, 리버풀, 1922, p.115)

42. 같은 책, p.109. 또한, 'Moses, Pharaoh of Egypt', p.47.

43. 피터 클레이턴, 'Chronicle of the Pharaohs', p.157.

44. 출애굽기에 대한 구약성경의 기록과 홍해를 극적으로 건널 때 "물은 그들의 좌우에 벽이 되니"(출애굽기 14장 22절)라는 물의 갈라짐의 설명이 있는 구약성경을 연구하며, 우리는 실제로 이스라엘 자손이 건너갈 바다가 없다는 것을 발견한다. 우리는 모세가 고센 - 그곳으로부터 그들은 미디안을 향한 루트를 따라(출애굽기 18장 1절) 시나이로 여행했다.(출애굽기 16장 1절) - 의 나일 삼각주 평원에 있는 아바리스(피-람세스)로부터 사람들을 이끌었다고 들었다. 그러나 이 경로는 홍해 북쪽의 사막 황야를 횡단했는데, 현재 그곳에 165km의 인공 수에즈 운하(1869년 완공)가 위치해 있다. 물론 이것은 모세가 물을 가르는 이야기를 초기 갈대 바구니 이야기와 같은 신화적 영역에 놓는다.

45. 아흐메드 오스만, 'The House of the Messiah', Harper Collins, 런던, 1992, p.159.

46. 제임스 바이키James Baikie, 'The Amarna Age', p.241.

47. 아흐메드 오스만, 'The House of the Messiah', p.159.

48. 시릴 알드레드Cyril Aldred, 'Akhenaten, King of Egypt', 테임즈 앤 허드슨, 런던, 1988, pp.203-4.

49. 같은 책, p.286.

50. 시릴 알드레드, 'Akhenaten, King of Egypt' p.234.

51. 플라비우스 요세푸스, '유대 고대사' II, 10:2.

52. 구약성경에 언급되었으나 포함되지 않은 성경 이전의 다른 히브리 문서들은 'Book of the Wars of the Lord'(민수기 21장 14절), 'Book of the Acts of Solomon'(열왕기상 11장 41절), 'Book of the Records'(에스라 4장 15절), 'Book of the Lord'(이사야 34장 16절)이다.

53. 캔터베리의 대수도원장, 플라쿠스 알비누스 알퀸Flaccus Albinus Alcuin(번역), 'The Book of Jasher', Longman, 런던, 재판. 1929, "증거와 각주Testimonies and Notes" 부분.

54. 14세기 영국의 종교개혁가이며 성경 번역자인 존 위클리프John Wyckliffe (1320-84)

는 "나는 야셀의 책을 두 번 이상 읽었고 그것을 아주 고대의 작품으로 인정한다"라고 썼다. 일반적으로 성경에서 야셀의 위치는 민수기와 여호수아서 사이에 있어야 한나고 여겨지지만, 호렙산에서의 사건의 순서를 매우 다르게 조명하기 때문에 제외되었다.

55. 야셀 6장 10절. 이드로Jethro(Ithra)라는 이름은 "풍요"를 의미한다.

56. 야셀 14장 9절~33절.

57. 야셀 15장 1절~12절.

58. 야셀 15장 15절~17절.

59. 로렌스 가드너, 'Genesis of the Grail Kings', ch.17, pp.178-81, "4세기 동안의 침묵"에서 더 자세한 정보를 보라.

5장 : 성궤

1. 제임스 하스팅스, 'Dictionary of the Bible'.

2. 여호수아 3장 3절~17절, 6장 6절~13절.

3. 레위기 10장 1절~2절, 사무엘하 6장 6절~7절.

4. 사무엘상 5장.

5. 민수기 9장 17절.

6. 루이스 긴스버그Louis Ginsberg, 'Legends of the Jews', 존 홉킨스 대학출판사, 볼티모어, MD, 1998, vol.3, p.158.

7. 번역 : 월리스 버지 경, 'Kebra Nagast'(a.k.a. 'The Queen of Sheba and her only son Menyelek'), 옥스퍼드 대학출판사, 옥스퍼드, 1932.

8. 에티오피아 전승외 모든 설명은 그레이엄 핸콕Graham Hancock, 'The Sign and the Seal', Heinemann, 런던, 1992.에 있다.

9. 큐빗에 관하여 아래 각주 15를 보라.

10. 출애굽기 31장 2절~11절.

11. 포터J.R. Porter, 'Illustrated Guide to the Bible', p.26.

12. 제럴드 랭케스터 하딩G. Harding Lankester와 로날드 드 보우Ronald de Vaus의 발굴에서 발견되었다.

13. 제임스 하스팅스, 'Dictionary of the Bible', "성막, 1 & 9" 아래를 보라.

14. 성막은 출애굽기 26장~40장으로부터 간헐적으로 상세하다.

15. 성경은 그것과 관련된 모든 측정치를 팔꿈치에서 손가락 끝까지 팔뚝 길이를 기본으로 한 엉성한 기준의 큐빗 단위로 제공한다. 그러므로 그 측정은 46cm에서 56cm 사이의 변수였다. 이 범위 내에서 이집트, 히브리 그리고 수메르의 큐빗 사이에 차이가 있었고 왕실, 신성 그리고 천사의 큐빗과 같은 것도 있었다. 우리의 목적을 위해 최소 46cm 큐빗은 전체적으로 사용되었다.

16. 제임스 하스팅스, 'Dictionary of the Bible', "성막, 5c" 아래를 보라.

성궤의 잃어버린 비밀   337

17. 위의 각주 15를 보라.

18. 세리비트 계곡에는 아카시아나무가 여전히 무성하다. 야로슬라프 체르니(편집), 'The Inscriptions of Sinai', vol.2, p.5. 이사야 4장 19절은 싯딤shittim(아카시아나무)의 단수형으로 싯딤나무shithah를 언급한다. 신명기 33장 49절의 아벨 싯딤Abel-shittim (아카시아의 풀밭)이라 불리는 장소가 요세푸스에 의해 요르단 동쪽 약 9.7km 여리고 근처 아빌라Abila로 확인되었다. 제임스 하스팅스, 'Dictionary of the Bible', "싯딤" 아래를 보라.

19. 제임스 로빈슨James Robinson과 '콥트 그노스트 프로젝트', '나그 함마디 문서The Nag Hammadi Library', E.J. Brill, Leiden, 1977.

20. '가톨릭 백과사전', Robert Appleton Co., 뉴욕, 1908.

21. 역대상과 역대하 책들은 원래 그리스어로 'Paralipomenon'(지나간 것들)로, 또 고대 히브리어로 'Dibhere Hayyamim'(그날의 행동들)로 알려졌다. '가톨릭 백과사전', "Paralipomenon" 아래를 보라.

22. 플라비우스 요세푸스, '유대 고대사', VI,2:5.

23. 라파엘 파타이Raphael Patai, 'The Hebrew Goddess', ch.3, pp.75-6.

24. 'Concise Oxford English Dictionary'에 따라.

25. 1장에서 논의된 주제. 여기에서 모음은 Yahweh에서 Jahovah로 바뀐다.

26. 시편 99장 1절.

27. 신명기 7장 89절.

28. 사무엘상 4장 4절, 사무엘하 6장 2절, 역대상 13장 6절, 시편 80장 1절, 시편 99장 1절, 이사야 37장 16절.

29. 루이스 긴스버그, 'Legends of the Jews', vol.3, p.228.

30. 같은 책, pp.157, 210.

31. 같은 책, p.170.

32. 플린더스 페트리, 'Researches in Sinai', p.145.

33. 완벽한 사본이 에스겔 10장 8절~22절에서 발견될 것이다.

34. 설명이 에스겔 1장에서 발췌되었다.

35. 그 주제는 에리히 폰 데니켄, '신들의 전차Chariots of the Gods', Souvenir, 런던, 1969에 잘 쓰여 있다.

36. 로렌스 가드너, 'Bloodline of the Holy Grail', Harper Collins, 런던, 2002, ch.4, "사제와 천사" 부문을 보라.

37. 루이스 긴스버그, 'Legends of the Jews', vol.3, p.243.

38. 'Concise Oxford English Dictionary'.

39. 루이스 긴스버그, 'Legends of the Jews', vol.3. p.187.

40. 같은 책, p.229.

41. 모두 'Concise Oxford English Dictionary'에 따라.

42. 제임스 스트롱James Strong, 'The Exhaustive Concordance of the Bible', Abingdon Press, 뉴욕, 1890. 또한 제리 지글러Jerry Ziegler, 'YHWH', Star Publications, Morton, IL, 1977, ch.4, p.24.를 보라.

43. 이 용어는 나중에 그리스에서 아테네의 고위 심판관을 구분하기 위해 사용되었다.

44. 제임스 로빈슨, 'The Nag Hammadi Library', "Hypostasis" = Foundation.

6장 : 금의 힘

1. 1큐빗=46cm. 성궤 뚜껑은 2.5큐빗×1.5큐빗. 5장을 보라.

2. 8장의 "불-돌의 마스터들" 부분에 주어진 대로 성경에는 "금"을 뜻하는 7개의 명사가 있다 : zahav, paz, ketem, harus, s'gor, ophir, baser. 형용사 중 zahav tahor는 성궤 뚜껑에 적절한 것으로 "순금"을 언급했다. 미드라쉬는 "순금"을 녹여도 감소하지 않는 금으로 정의한다. 라파엘 파타이, 'The Jewish Alchemists', 프린스턴 대학출판부, NJ, 1994, ch.3, pp.41-6을 보라.

3. 모쉬 르바인Moshe Levine, 'The Tabernacle : Its Structure and Utensils', Soncino Press, Tel Aviv. 1969, p.88.

4. 전 세계 금 생산자 비영리 조합으로 런던에 본부를 두고 있으며, 모든 주요 시장에 사무실이 있다.

5. 1톤=2,240파운드/1,016.05kg

6. 이 부문의 모든 정보는 런던 SW1Y 5JG의 45 Pall Mall에 있는 World Gold Council (세계금협회)에서 구했다.

7. 헤로도토스, '여사',(로빈 워터필드 번역), 옥스퍼드 대학출판부, 1998.

8. 이 주제에 가장 좋은 책은 앤드류 라미지Andrew Ramage와 폴 크래독Paul Craddock, 'King Croesus' Gold : Excavations at Sardis', 대영박물관, 런던, 2000이다.

9. 황금 양털 전설은 BC 250년경 알렉산드리아의 아폴로니우스의 공조이다.

10. 라파엘 파타이, 'The Jewish Alchemists', ch.20, p.268.

11. 앙투안 파브레Antoine Faivre, 'The Golden Fleece and Alchemy', 뉴욕 주립대출판부, 1993,ch.2, p.268.

12. 구스타프 칼 융, 'Psychology and alchemy', Routledge, 런던, 1980, part 2, ch.3, pp.158-9와 part 3, ch.5, p.370. 융 그리고 이아손과 관련한 해설은 앙투안 파브레, 'The Golden Fleece and Alchemy', pp.1-6에 있는 조슬린 고드윈Joscelyn Godwin의 서문에 있다.

13. 앙투안 파브레, 'The Golden Fleece and Alchemy', ch.1, p.15.

14. 같은 책, ch.2, p.37.

15. 더 명백한 세부 사항을 위해 라파엘 파타이, 'The Jewish Alchemists', ch.2, pp.30-40을 보라.

성궤의 잃어버린 비밀　　339

16. 같은 책, ch12, p.163. 구약성경의 욥기는 난해한 내용 면에서 성경의 가장 흥미로운 작품 중 하나이다. 그 메시지가 피상적인 이야기보다 훨씬 아래에 있는 문서로, 욥기는 많은 선견지명이 있는 철학가와 작가들의 작품에서 인용되었다. 그런 작품들 중에는 영국 신비주의자 로버트 플러드Robert Fludd(1574~1637)의 'Philosophy', 독일의 시인 괴테(1749~1832)의 '파우스트' 그리고 영국의 환상 시인이며 예술가인 윌리엄 블레이크William Blake(1757~1827)의 'The Marriage of Heaven and Hell' 등이 있다.
17. 제임스 브레스테드, 'The Dawn of Consciousness', ch.17, p.371.
18. 같은 책, ch17, pp.377-8.
19. 부가적인 MS 23, 198로써 분류되었다.
20. 플라비우스 요세푸스, '유대 고대사', I, 2:3.
21. 제임스 하스팅스, 'Dictionary of the Bible', "기둥" 아래.
22. 맨리 홀, 'The Secret Teachings of All Ages', p.CLXXIII.
23. 신플라톤주의는 AD 250년경에 출현했다.
24. 바바라 워터슨Barbara Watterson, 'Gods of Ancient Egypt', Sutton, Stroud, 1996, pp.182-8.
25. 비록 나그 함마디에서는 발견되지 않았지만 이 논문은 제임스 로빈슨의 "나그 함마디 문서'에 포함된다.
26. 맨리 홀, 'The Secret Teachings of All Ages', p.XXXVI.
27. 에녹 8장 1절. 로버트 찰스Robert Charles(번역), 'The Book of Enoch',(1893년 딜만 Dillmann판의 에티오피아 문서에서 개정한), 옥스퍼드 대학출판부, 1906과 1912.
28. 티아나는 소아시아(현재 터키)에 있었다.

7장 : 일렉트리쿠스

1. 제리 지글러, 'YHWH', ch.1, p.8.
2. 예를 들면, 사무엘하 22장 15절, 시편 18장 14절.
3. 출애굽기 6장 25절.
4. 아흐메드 오스만, 'Moses, Pharaoh of Egypt', ch.19, p.185.
5. 아서 웨이걸Arthur Weigall, 'The life and Times of Akhenaten', Thormton Butterworth, 런던, 1910, pp.138-9.
6. 플린더스 페트리 경, 'Ancient Egypt and Ancient Israel', (1910), Ares Publishers, 시카고, IL, 1980, ch.4, p.61. 이 마아트의 묘사는 왕들의 계곡에 있는 19왕조 파라오 십타의 무덤(KV 47) 입구의 왼쪽과 오른쪽 2개의 비슷한 이미지로 나타난다.
7. 리차트 클레이톤, 'A Guide to the Gods', Heinemann/Quixote, 런던, 1981, pp.278-9, "후Hu" 아래. 이집트 전승에서 후Hu는 태양신 라Ra의 수행원이었다.
8. 우리가 볼 수 있는 우주의 약 99%는 플라즈마이다.

9. 에라스부스라고도 알려심.

10. 레위기 26장 30절, 신명기 21장 28절, 22상 41절, 23상 3절, 33상 52절, 기타 등등.

11. 제리 지글러, 'YHWH', ch.3, p178.

12. 로버트 그레이브스, 'The White Goddess', Faber & Faber, 런던, 1961, ch.16, p.287. 또한 콥트의 'Holy Book of the Great Invisible Spirit'(나그 함마디 문서)에 따르면 그 발음은 :

iiiiiiiiiiiiiiiiiiii - eeeeeeeeeeeeeeeeeeeeee - oooooooooooooooooooooo - uuuuuuuuuuuuuuuuuuuu   eeeeeeeeeeeeeeeeeeeeee   - aaaaaaaaaaaaaaaaaaaaaa - oooooooooooooooooooooo(각 모음 부분에 있는 각 글자의 22개)

13. 크리스티안 오브라이언Christian O'Brien과 조이 바바라Joy Barbara, 'The Shining Ones', Dianthus, cirencester, 1997, Prol. I, pp.33-4. 또한 크리스티안 오브라이언 과 조이 바바라의 흥미로운 작품을 보여주는 〈http://www.goldenageproject.org. uk/〉에 있는 관련된 패트릭 파운데이션의 Golden Age Project 웹사이트를 보라.

14. 제리 지글러, 'YHWH', ch.1, p10.

15. 해리 슈왈브Harry M. Schwalb, 'Science Digest', 41:17-19에서.

16. 데이비드 칠드리스David H. Childress, 'Technology of the Gods', Adventures Unlimited, Kempton, IL, 2000, ch.4, p.118.

17. 바바라 워터슨, 'Gods of Ancient Egypt', p.125.

18. 또한 같은 책, p.122에서 확인된 한 주제.

19. 피터 클레이턴, 'Chronicle of the Pharaohs', pp.17-18.

20. 데이비드 칠드리스, 'Technology of the Gods', ch.4, pp.124-5.

21. 진공 또는 저압 이온화 가스로 분리된 전극 사이에 전자가 흐르는 밀폐된 인클로저로 구성된 장치이다. 전자관의 두 가지 주요 전극은 음극과 양극이다. 그것들은 전송 분야 와 텔레비전에서 광범위하게 쓰이지만 현재는 고압을 제외하고 트랜지스터 같은 고체 상태 기기에 의해 대체된다.

22. 패러데이의 발견에 이어 물리학자 요한 히토르프Johann Hittorf는 몇몇 유리관에서 발광하는 빛이 음극에서 뻗어나와 관의 벽에 부딪히는 형광 빛을 내는 것을 관찰했다. 1876년 과학자 유진 골드스타인Eugene Goldstein에 의해 음극선으로 명명되었다. 몇 년 후, 윌리엄 크룩스William Crookes는 음극선이 물체의 그림자를 드리우고 작은 금속 바퀴를 돌리며 자석에 의해 굴절될 수 있다는 것을 증명하기 위해 그가 설계한 관을 사용했다.

23. 에밀 샤시나Emile Chassinat, 'Le Temple de Dendera', Institut francais d'archaeologie orientale, 파리, 1934.

24. 실비 코빌Sylvie Cauville, 'Le Temple de Dendera: Guide Archaeologique',

Institut francais d'archaeologie orientale de Caire, 1990, 그 번역의 제4권은 현재 곧 출판될 예정이다.

25. 위 각주 22를 보라.

26. 훌륭한 참고 자료는 클레투스 카이저Cletus Kaiser, 'The Capacitor Handbook', Van Nostrand Reinhold, 뉴욕, 1993에서 찾을 수 있다.

8장 : 빛의 궤도

1. 앤드류 라미지와 폴 크래독, 'King Croesus' Gold: Excavations at Sardis', 대영박물관, 런던, 2000.

2. 'Concise oxford English dictionary'.

3. 앤드류 라미지와 폴 크래독, 'King Croesus' Gold: Excavations at Sardis', 부록4, pp.238-43.

4. 같은 책, ch.2, p.31.

5. 라파엘 파타이, 'The jewish Alchemists', 프린스턴대학 출판부, NJ, 1994, ch.3, pp.41-6.

6. 앤드류 라미지와 폴 크래독, 'King Croesus' Gold: Excavations at Sardis', ch.2, p.32.

7. 같은 책, ch.2, p.31.

8. 같은 책, 프롤로그, p.31.

9. BBC2 TV 다큐멘터리, 'Cosmic Bullets', 1997, 특히 이탈리아 북부의 구비오Gubbio를 언급하며.

10. 'Nexus', 1996. 8/9월, 데이비드 허드슨 강연, 2부, p.39.

11. 고-스핀 금속 원소들의 주제는 11장과 12장에서 확장된다.

12. 'Nexus', 1996. 8/9월, 데이비드 허드슨 강연, 2부, p.30.

13. 데이비드 패터슨David Patterson, 'Scientific American', 1995.5월, pp.33-4의 "Electric Genes". 초전도체는 뇌 영상에 사용되며 심지어 생각을 측정할 수도 있다. 초전도체는 미세한 비율의 자기장에 민감하다. 전기 전도성과는 다르게 초전도성은 물리적 접촉을 필요로 하지 않는다.

14. 존슨 매티Johnson Matthey의 계간물, 40-42 Hatton Garden, London EC1N 8EE.

15. 예를 들면, 'Platinum Metals Review', volume 34, no.4, 1990, p.235에서 "Anti-tumour Platinum Coordination Complexes".

16. 브리스톨-마이어스 스퀴브Bristol-Myers Squibb, 345 Park Avenue, 뉴욕, NY 10154 0037. 세계 최초이자 가장 큰 규모의 기업 연구 보조금 프로그램은 25년과 1억 달러라는 두 가지 주요 이정표를 남기고 있다. 1977년 시작된 이래로 브리스톨-마이어스 스퀴브의 무제한 생의학 연구 보조금 프로그램은 암, 심장혈관, 전염병, 신진대

사, 신경과학, 영양연구 분야에서 세계적인 연구소에 "아무 조건 없음" 펀딩에 1억 달러를 세공했다. 이 프로그램은 중요한 의학적 발견외 결과를 낳기 전 세계 과학자들을 위한 생의학 연구 펀딩의 소중한 원천으로 계속 유지되고 있다.

17. 제임스 브레스테드, 'The Dawn of consciousness', p.49.와 알란 가디너, 'Egyptian Grammar', Griffith Institute, Ashmolean Museum, 옥스퍼드, 1957, Excursion A, ch.4, p.72.

18. 윌리스 버지, 'The Book of the Dead: Papyrus of Ani', p.75.

19. 로버트 유티거Robert Utiger, 'The New England Journal of medicine', vol.327, no.19, 1992.11에서 "Melatonin, the Hormone of Darkness".

20. 로버트 베커Robert Becker와 게리 셀든Gary Selden, 'The Body Electric', William Morrow, 뉴욕, 1985, pp.42-3.

21. 하드란드R. Hardland, 라이터R.J. Reiter, 포에겔러B. Poeggeler, 단D.X. Dan, 'Neuroscience and Bioblehavioral Review', vol.17, 1993, pp.347-57에서 "The Significance of the Metabolism of the Neurohormone Melatonin: Antioxidative protection of Bioactive Substances".

22. 세레나 로니-두갈Serena Roney-Dougal, 'Where Science and Magic Meet', Element Books, Shaftesbury, 1993, ch.4, p.91.

23. 맨리 홀, 'The Secret Teachings of All Ages', p.XXIX.

24. 제카리아 시친, 'The 12th Planet', ch.6, p.175. 그것은 비슷하게 "길을 가르쳐주는 위대한 자"로 주어진다.

25. 아눈나키 시대에는 수메르의 신 엔키가 임명한 7명의 압칼루가 있었다. 그들은 : 우-안 아다파U-an adapa, 우-안-두가U-an-dugga, 엔-메-두가En-me-duga, 엔-메갈난나 En-megal- anna, 엔-메-부루가En-me-buluga, 안-엔닐다An-enlilda, 우투-압주Utu-abzu 였다.

26. 솔방울은 mullilu(정화시키는 것)이라고 불렸다. 제레미 블랙Jaremy Black과 안소니 그린Anthony Green의 'Gods, Demons and Symbols of Ancient Mesopotamia', p.46을 보라.

27. 같은 책, p.115.

28. 1845년 영국의 외교관 헨리 레이어드 경이 발굴했다. 그 후 영국의 아시리아 학자인 헨리 크레스위크 롤린슨Henry Creswicke Rawlinson 경은 님루드에서 약간 북쪽으로 조금 떨어진 니네베에서 아슈르바니팔왕의 거대한 도서관을 발굴했다. 님루드(창세기에서 언급했듯이 한때 칼후Kalhu 또는 칼라Calah로 불린)는 성경에 나오는 강력한 사냥꾼 님로드의 도시였다.

29. 토킬드 야콥센Thorkild Jacobsen, 'The Sumerian King List', (아시리아학 연구 No.11), 시카고대학 출판부, IL, 1939.

30. 콜린 윌슨Colin Wilson, 'The Directory of Possibilities', Webb & Bower, Exeter,

성궤의 잃어버린 비밀　343

1981, p.37. 성배의 개념은 기독교 시대 훨씬 오래전에 존재했다.

31. 게르솜 숄렘Gershom Scholem, 'On the Kabbalah and its Symbokism', Schoken Books, 뉴욕, 1965, p.192. 셈어 da'ath는 "그노시스" 또는 "진정한 지식"을 의미한다.

32. 데비 샤피로Debbie Shapiro, 'The Body Mind Workbook', Element Books, Shaftesbury, 1990, p.49.

33. 세레나 로니-두갈, 'Where Science and Magic Meet', ch.4, p.106.

34. 케네스 그랜트Kenneth Grant, 'The Magical Revival', Skoob Books, 런던, 1991, p.73 각주.

35. 야트리Yatri, 'Unknown Man', Sidgwick & Jackson, 런던, 1988, p.80.

36. 스티븐 리 와인버그Steven Lee Weinberg(편집), 'Ramtha', Sovereignty Inc., Eastbound, WA, 1986, pp.173, 189.

37. 케네스 그랜트, 'The Magical Revival', p.36.

38. 야트리, 'Unknown Man', p.86.

39. 맨리 홀, 'The Secret Teachings of All Ages', pp.XXXII 와 pp.XXXIX. 백조는 고대 신비의 시작과 지혜의 화신化神의 상징이다.

40. 인간의 척추는 24개의 개별 척추(경추 7개, 흉추 12개, 요추 5개)와 천골과 꼬리뼈의 별도의 융합된 부분 각각 5개와 4개를 포함한다.

41. 맨리 홀, 'The Secret Teachings of All Ages', p.LXXIX.

42. 'Physical Review A', vol.39, no.5, 1989.3.1, 푸소프H.E. Puthoff의 "Gravity as a zero - point fluctuation force".

43. 'Nexus', 1996. 11월, p.38.

44. 대피라미드는 약 230만 개의 블록으로 구성된 것으로 확실하게 추정되었다. 또한 그레이엄 핸콕, 'Fingerprint of the Gods', William Heinemann, 런던, 1995, ch.4, p.284를 보라.

45. 피터 호지스Peter Hodges, 'How the Pyramids were Built',(줄리안 키블Julian Keable 편집), Element Books, Shaftesbury, 1989, p.123.

46. 하그레이브 제닝스Hargrave Jennings, 'The Rosicrucians: Their Rites and Mysteries', Routledge, 런던, 1887, pp.4, 108, 225.

47. 그레이엄 핸콕, 'Fingerprint of the Gods', ch.35, p.298.

48. I.E.S.에드워즈Edwards, 'The Pyramids of Egypt', Viking, 뉴욕, 1986, p.115.

49. 그레이엄 핸콕, 'Fingerprint of the Gods', ch.38, p.330.

9장 : 솔로몬왕의 비밀

1. 예를 들면, 민수기 14장 33절, 34절, 32장 13절, 신명기 2장 7절, 8장 2절, 4절, 29장 5절.

2. 예를 들면, 출애굽기 15장 24절, 16장 2절, 7절, 8절, 9절, 17장 3절, 민수기 14장 2절, 27절, 29절, 36절, 16장 11절, 14절, 17장 5절, 19절, 신명기 1장 27절, 여호수아 9장 18절.

3. 사사기 13장 1절.

4. 창세기, 출애굽기, 레위기, 민수기, 신명기.

5. 메리 엘렌 체이스Mary Ellen Chase, 'Life and Language in the Old Testament', Collins , 런던, 1956, ch.3, pp.32-9.

6. 바바라 티어링Barbara Thiering, 'Jesus the Man', Transworld, 런던 1992, 부록, pp.177, 196.

7. 창세기 17장 19절.

8. 창세기 25장 20절~21절.

9. 창세기 26장 34절.

10. 창세기 28장 19절 그리고 이 책 4장 아래 "이스라엘인과 히브리인들"에 언급된 것으로.

11. 에서Esau로부터 이 세대에 대한 전체 이야기는 로렌스 가드너, '성배왕들의 창세기', ch16, pp.167-84에 있다.

12. 마태복음 1장 1절~16절.

13. 누가복음 3장 23절~32절.

14. 창세기 22장.

15. 창세기 17장 16절.

16. 민수기 10장 33절~36절.

17. 민수기 11장 1절.

18. 민수기 14장 44절~45절.

19. 여리고는 지구상에 지금까지 계속 거주하는 가장 오래된 도시이며 BC 8500년경에 소금 무역 중심지로 처음 정착한 곳이다.

20. 신명기 32장 48절~34장 12절.

21. 베르너 켈러Werner Keller, '역사로서의 성경The Bible as History', ch.15. pp.157-58.

22. 여호수아 3장 3절~4절.

23. 베르너 켈러, 'The Bible as History', ch.15. pp.157-58.

24. 여호수아 6장 21절~25절.

25. 베르너 켈러, 'The Bible as History', ch.15. pp.159-60.

26. "Lifelines Magazine" Lifeline Trust, Honiton, 1997.7.

27. 최초의 발굴은 1907년부터 에른스트 셀린Ernst Sellin 교수와 칼 왓칭거Karl Watzinger 교수가 이끈 독일-오스트리아 탐사였다. 영국의 발굴은 1930년 존 가스탱John Garstang 교수에 의해 시작되었고, 1953년 캐슬린 케넌Kathleen Kenyon 박사가 그 뒤를 이었다.

성궤의 잃어버린 비밀   345

28. 7장 "아크-빛으로" 아래에 결정된 것처럼.
29. 치암 헤르조그Chiam Herzog와 모르데차이 기숀Mordechai Gichon, 'Battles of the Bible', Greenhill Books, 런던, 1997, ch.2, p.51.
30. 알프레드 제레미아스Alfred Jeremias, 'The Old Testament in the Ancient Near East', Williams & Norgate, 런던, 1911, ch.22, p.152.
31. 여호수아 24장.
32. 예를 들면, 사사기 2장 13절과 3장 7절에 인용된 것처럼.
33. 사사기 21장 19절~25절.
34. 사사기 11장 30절~39절.
35. 사사기 4장.
36. 베르너 켈러, 'The Bible as History', ch.16. pp.167.
37. 이 대면에 사용된 군대 작전의 좋은 설명은 치암 헤르조그와 모르데차이 기촌, 'Battles of the Bible', ch.3, p.66-71.
38. 사사기 6장 5절.
39. 이설린B.S.J. Iserlin, 'The Israelites', 테임즈 앤 허드슨, 런던 1998, ch.3, p.68.
40. 베르너 켈러, 'The Bible as History', ch.16. pp.168.
41. 사사기 7장 16절~22절.
42. 제임스 하스팅스, 'Dictionary of the Bible', "블레셋인"과 "갑돌" 아래. 또한 베르너 켈러, 'The Bible as History', ch.17. pp.174를 보라.
43. 람세스 3세와 블레셋인 사이의 큰 전투는 이집트 신전 메디나트 하부Medinet Habu에 있는 석조 부조에 묘사되어 있다. 그것은 나일강 역사상 가장 위대한 승리였다.
44. 치암 헤르조그와 모르데차이 기숀, 'Battles of the Bible', ch.4, p.80.
45. 창세기 11장 28절. 수메르는 메소포타미아 남부 페르시아만에 있는 지역이었다.
46. 제임스 하스팅스, 'Dictionary of the Bible'.
47. 데이비드 롤, 'A Test of Time', ch.9, p.200.
48. 아모스서 9장 7절과 예레미야서 47장 4절.
49. 제임스 하스팅스, 'Dictionary of the Bible'.
50. 조르주 루Georges Roux, 'Ancient Iraq', ch.14. pp.190-1.
51. 사사기 15장 15절.
52. 사사기 14장 6절.
53. 베르너 켈러, 'The Bible as History', ch.18. pp.177.
54. 사무엘상 4장 17절.
55. 사무엘상 5장 1절~6장 16절.
56. 사무엘상 22장 18절~19절.
57. 사무엘상 17장.
58. 사무엘상 13절.

59. 사무엘하 6장 6절·7절.
60. 베르너 켈러, 'The Bible as History', ch.19. pp.189-90.
61. 사무엘하 18장 33절.
62. 열왕기상 2장 13절~25절.
63. 사무엘하 12장 24절~25절. 또한 'The Oxford Concordance to the Bible'과 제임스 하스팅스, 'Dictionary of the Bible'.
64. 베르너 켈러, 'The Bible as History', ch.19. pp.191.
65. 열왕기상 10장 14절. 이것은 약 30톤이다 : 오늘날의 가치는 약 2억 5천만 달러이다. 금 무게와 가치에 대해서는 107쪽 "풍요"를 보라. 금 1탈란트 = 108파운드(영국 도량형)로 본다 : 제임스 헤이스팅스, 'Dictionary of the Bible'. "Money" 아래. 1톤 =2,240파운드.
66. 열왕기상 10장 21절.
67. 열왕기상 10장 16절.
68. 열왕기상 10장 17절.
69. 열왕기상 10장 18절.
70. 열왕기상 4장 26절.
71. 루이 샤르팡티에, 'The Mysteries of Chartres Cathedral', ch.7, p.55-6.
72. 열왕기상 7장 13절~14절.
73. 아비프라는 이름은 1399년 프리메이슨 헌법의 'Regius manuscript'에는 등장하지 않지만 1550년 'Downland manuscript'에는 나타난다.
74. 열왕기상 6장 20절~30절.
75. 열왕기상 8장 6절~7절.
76. 이가엘 야딘Yigael Yadin, 'The Temple Scroll', Weidenfeld & Nicolson, 런던, 1985, ch.13, p.130.
77. 오피르의 위치를 참조하라. 제임스 헤이스팅스, 'Dictionary of the Bible'을 보라.
78. 즉, 쉠-안-나shem-an-na.

10장 : 어둠 속으로

1. 라이벌 교회의 역사에 관한 좋은 책은 말라치 마틴Malachi Martin, 'The Decline and Fall of the Roman Church', Secker & Warburg, 런던, 1982를 보라.
2. 로마와 콘스탄티노플 사이가 깨어진 현실에도 불구하고 2개의 분리된 독립 교회로 귀결되었다는 사실은 1945년까지 가톨릭이나 정교회에 의해 공식화되지 않았다.
3. 말란S.C. Malan 개정(번역), 'The Book of adam and Eve'(에티오피아 문서로부터), Williams & Norgate, 런던, 1882, pp.v-vi.
4. 월리스 버지(번역), 'The Book of the Cave of Treasures', The Religious Tract

성궤의 잃어버린 비밀   347

Society, 런던, 1927, p.xi.

5. 월리스 버지(번역), 'The Book of the Bee',(시리아 문서로부터), Clarendon Press, 옥스퍼드, 1886, ch.13.

6. 더 자세한 내용은 로데릭 그리어슨Roderick Grierson과 스튜어트 먼로-헤이Stuart Munro-Hay, 'The Ark of the Covenant', Weidenfeld & Nicolson, 런던, 1999.

7. 아부 살리흐Abu Salih의 전체 번역에 대해서 같은 책, ch.16, p.250-1.

8. 제임스 하스팅스, 'Dictionary of the Bible', "시바"와 "여왕, 시바" 아래. 2002년 5월 18일 BBC 2TV 다큐멘터리, "시바의 여왕: 신화의 저편"에서도 그 위치가 확인되었다.

9. 9장 각주 67을 보라.

10. 알렉산더 크루덴Alexander Cruden, 'Complete concordance to the Old and New Testaments and the Apocrypha', Frederick Warne, 런던 1891.

11. 창세기 10장 7절.

12. 창세기 10장 28절.

13. 사무엘하 20장 1절.

14. 창세기 26장 33절.

15. 같은 책, ch.8, pp.106-27은 다양하게 묘사된 은신처에 대해 매우 설명적이다. (로데릭 그리어슨과 스튜어트 먼로-헤이의 'The Ark of the Covenant'를 대신할 수 있다.)

16. 열왕기상 14장 25절.

17. 피터 클레이튼, 'Chronicle of the Pharaohs', pp.185-6.

18. 앨런 운터만Alan Unterman, 'Dictionary of jewish Lore and Legend', 테임즈 앤 허드슨, 런던, 1997, "성궤" 아래.

19. 열왕기하 23장 29절~30절.

20. 열왕기하 23장 31절~34절.

21. 열왕기하 25장 1절~7절과 예레미야 39장 6절~7절, 52장 10장~11절.

22. 앤드류 싱클레어Andrew Sinclair, 'The Sword and the Grail', Crown, 뉴욕, 1992, ch.7, p.73과 각주 pp.216-17. 또한 팻 거버Pat Gerber, 'Stone of Edstiny', Cannongate, 에든버러, 1997, ch.5, pp.45-6.

23. 열왕기하 21장 3절.

24. 열왕기하 23장 12절.

25. 열왕기하 21장 14절~15절.

26. 열왕기하 24장 3절.

27. 조르주 루, 'Ancient iraq', ch.23. pp.310.

28. 'The Catholic Encyclopedia', "(상하 2권으로 된) 역대기Paralipomenon" 아래.

29. 마이클 알바니Michael Albany 왕자 전하, 'The Forgotten monarchy of Scotland', chrysalis/Vega, 런던, 2002, ch.5, pp.62-3. 저자는 '성 안토니오 성전기사단'의 주요 그랜드 마스터이고 천 세계의 모든 자코바이트(가톨릭교도이고 스코틀랜드와 아일랜드에

많이 산다.) 로지의 '우권 그랜드 마스터'이다

30. 하스몬가는 BC 2세기에 에루샬렘에서 누에 띄는 명문가이자 성직자 집안이었다. 안티오쿠스 4세 때 가문의 수장은 유대 반란을 일으킨 대제사장 맛다디아였다. 그는 죽기 전에 셋째 아들 유다('지명된'이란 뜻의 마카바에우스 또는 마카비로 별칭 된)를 운동의 군대 사령관으로 지명했다. 유다는 다시 그의 동생 요나단과 시몬에 의해 계승되었고 그들의 추종자들과 함께 이후 마카베오 일가로 알려졌다.

11장 : 평행 차원

1. 이 장의 데이비드 허드슨 연구에 관한 정보는 1994년부터 1996년까지 그가 강의한 일련의 강연과 1995년부터 2001년까지 애리조나 템페에 있는 그의 관련 단체인 Science of the Spirit Foundation의 뉴스레터 및 공식발표에서 파생되었다. 애리조나주 피닉스, 캘리포니아주 샌디에이고, 매사추세츠주 세일럼, 애리조나주 메자, 오리건주 애슐랜드, 플로리다주 탬파, 노스캐롤라이나주 샬럿, 캘리포니아주 로스앤젤레스, 캘리포니아주 패서디나, 브리티시 컬럼비아주 벤쿠버에서 열린 강연과 함께 주요 강의는 콜로라도주 덴버의 글로벌 사이언스, 오리건주 포틀랜드의 노스웨스트 서비스센터, 텍사스 달라스의 일렉트릭 뷰포인트, 워싱턴 옐름의 람다 계몽학교, 오리건주 그레샴의 마운트 후드 커뮤니티 칼리지, 아이오와주 페어필드의 마하리시 경영대학, 오하이오주 콜럼버스의 미국 사이코트로닉스 협회, 캘리포니아주 산타바바라의 리츠 칼튼에서 있었다.

2. 중성자 활성 분석법Neutron activation analysis(NAA)은 과학적 또는 기술적 관심의 거이 모든 분야에서 샘플의 주요, 부차적 및 미량 요소의 정량적 다중 원소 분석을 수행하기 위한 민감한 분석 기법이다. 많은 요소늘과 응용을 위해 NAA는 달선 가능한 민감도보다 우수한 민감도를 10억분의 1 또는 그 이상으로 제공한다. 그것의 정확성과 신뢰성 때문에 NAA는 새로운 과정이 개발될 때나 다른 방법이 동의하지 않는 결과를 산출할 때 일반적으로 선택의 중재 방법으로 인식된다. NAA가 샘플 분석을 수행하는 데 필요한 기본적인 필수 사항은 중성자의 원천, 감마선을 탐지하는 데 적합한 기구, 중성자가 목표 핵과 상호작용할 때 일어나는 반응의 상세한 지식이다.

3. 러시아와 소련 과학의 가장 중요한 단일 연구소는 1725년 표트르 대제가 성취한 계획에 따라 설립된 과학원이다. 이 과학원은 전통적으로 자연과학과 사회과학 둘 다를 포함한 모든 지식의 장을 망라했기 때문에 과학원의 역사는 일반적으로 러시아의 과학 역사이다. 소련 시대에 관한 많은 정보를 제공하는 작품은 알렉산더 부치니치 Alexander Vucinich의 'Empire of Knoledge: The Academy of Sciences of the USSR(1917~1970)', 캘리포니아대학 출판부, 버클리, CA, 1984이다.

4. 러시아 과학자들은 이 과정을 "분류 기화"라고 언급한다.

5. 'Platinum Metals Review', volumn 44, no.1, 2000.1.

성궤의 잃어버린 비밀　349

6. 다음과 같이 번호가 매겨진 특허가 포함된다 : 대영제국 GB2219995, 프랑스 FR2632974, 스웨덴 SE8902258, 독일 DE3920144, 스위스 CH680136, 벨기에 BE1003134, 오스트레일리아 AU3662489.

7. 배리언 주식회사Varian Associates Inc, Hansen Way, Palo Alto, CA,. 배리언 주식회사는 생명과학과 산업 분야에서 다양한 고성장 애플리케이션을 위한 최첨단 기구와 해결책을 개발하는 글로벌 기술기업이다. 50년 이상의 기술 경험을 가지고 그들은 과학 기구, 진공 기술, 전자 기기 제작을 위한 고객 요구에 응한다.

8. 이 획기적인 발견은 스위스 뤼슐리콘 연구소의 알렉스 뮐러Alex Muller와 게오르그 베드노르츠Georg Bednorz에 의해 이루어졌다. 원문은 1986년 4월 'Zeitschrift fur Physick Condensed Matter'에 발표되었다.

9. 지너Giner주식회사, 14 Spring Street, Walthem MA. 지너 주식회사와 지너 전기화학 시스템Giner Electrochemical Systems, LLC(GES)은 전기 화학 기술에 기초한 양성자 교환막proton exchange membrane(PEM) 개발에 특화된 세계 수준의 연구 및 개발회사이다. GES는 발전용 연료전지, 재생 전력용 고압 전해조電解槽, 수소연료 생산, 생명 유지용 산소 생산 등에 막기술을 적용한다. 지너주식회사는 PEM 기술을 전기화학 센서, 자가 경피 알코올 센서 그리고 환경가스 센서와 같은 생의학 기기에 초점을 맞춘다.

10. 할 푸소프 박사는 오스틴에 있는 첨단연구 연구소의 소장이다. 기초 전기 동력학에 특화된 이론과 실험적인 물리학자로 그의 연구는 물질, 중력, 우주론, 에너지 연구에 적용되는 양자 진공 상태의 이론적 연구로부터 에너지 생성에 대한 혁신적인 접근에 대한 실험실 연구까지 다양하다. 1967년 스탠퍼드 대학을 졸업한 그는 전자빔 기구, 레이저, 양자 0점 에너지 효과 분야에서 30개 이상의 기술 논문을 발표했다. 그는 레이저, 통신, 에너지장 분야에서 특허를 받았으며 또 진행 중이다. 그는 교재, 'Fundamentals of Quantum Electronics', John Wiley, 뉴욕, 1969년의 공동 저자이다.

11. 'Physical Review A', vol.39, no.5, 1989.3.1, 푸소프의 "0점 파동력으로서의 중력".

12. 달리 인용한 것들 외에도, 이 기간의 관련된 과학 언론 논문들은 "마이크로클러스터", '사이언티픽 아메리칸', 1989.12., 마이클 던컨, 데니스 루브레이, pp.110-15 ; "새로운 방사능", "사이언티픽 아메리칸", 1990.3. 월터 그라이너, 아우렐 산둘레스쿠, pp.58-67 ; "Pt-Hg(플래티넘-수은)에서 팔극자(4개의 전기 양극과 4개의 전기 음극) 운동에서의 가능한 불연속성', 'Physical Review C', vol.39#3, 1989.3. 림C.S. Lim, 스피어R.H. Spear, 베르메르W.J. Vermeer, 페웰M.P. Fewell, pp. 1142-4 ; "103Rh에서 집합적이고 단일의 입자 구조", 'Physical Review C', vol.37#2, 2월, 데즈박스H. Dejbakhsh, 슈미트R.P. Schmitt, 무샤티G. Mouchaty, pp.621-35 ; "Os(오스뮴)와 Pt 동위원소의 구조", 'Physical Review C', vol.38#2, 1988.8, 안사리A. Ansari, pp.953-9 ; "104, 105Pd(펠라듐)에서 초변형", 'Physical Review C', vol.38#2, 1988.8, 마키아

벨리A.O. Macchiavelli, 버드J. Burde, 다이아몬드R.M. Diamond, 뷰상C.W. Beausang, 델레플랑크M.A. Deleplanque, 매도날드R.I McDonald, 스티븐스F.S. Stephens, 드래퍼 J.E. Draper, pp.1088-91 ; "아다톰adatom(흡착 원자)의 직접 배치/아다톰 상호삭용", 'Physical Review litters', vol. 62#10, 1989.3. 후미야 와다나베와 거트 율리히Gert Ehrlich, pp.1146-4 ; "초변형된 밴드의 관성", 'Physical Review C', vol.41#4, 1990.4. 쉬미주Y.R. Shimizu, 비게지E. Vigezzi, 브로글리아R.A. Broglia, pp.1861-64 ; "바운드 상태, 구리 한 쌍 그리고 2차원에서 Bose Condensation(응결)", 'Physical Review litters', vol. 62#9, 1989.2. 모히트 란데리아Mohit Randeria, 단 지-민Duan Ji-Min, 리-이르 쉬에Lih-Yir Shieh, pp.981- 84 ; 빠르게 회전하는 핵에서 양자 크기 효과, 'Physical Review C', vol.41#4, 1990.4. 쉬미주, 브로글리아, pp.70-8 ; "고전 적 진공", '사이언티픽 아메리칸', 티모시 보이어Timothy H. Boyer, pp.70-8 ; "E=mc2 의 저편", '사이언스', 1994.11/12, 번하드 하이쉬Bernhard Haisch, 알폰소 루에다 Alfonso Rueda, 푸소프, pp.26-31 ; "아무것도 없음을 위한 모든 것", 'New Scientist', 1990.7.28, 푸소프. "0점 장 로렌츠 힘으로써의 관성", 'Physical Review A', vol.49#2, 1994.2, 번하드 하이쉬, 알폰소 루에다, 푸소프, pp.678-94 ; "스핀 주기 : 초변형된 핵의 스펙트럼들", '사이언티픽 아메리칸', 1991.10, 필립 얌Philip Yam, p.26 ; "생리학적 온도에서 생물학 체계 안에 있는 초전도 터널링을 위한 활동 에너지 로부터의 증거", 'Physiological Chemistry and Physics 3', 1971, pp.403-10 ; "생명 체계에서 자기 플럭스 양자화와 조셉슨 운동", 'Physica dcripta', vol.40, 1989, 델 기우다이스E. Del Giudice, 도글리아S. Doglia, 밀라니M. Milani, 스미스C.W. Smith, 비 티엘로G. Vitiello, pp.786-91 ; "생물학적 조셉슨 접속에 기인한 약한 자기장에 대한 생물학적 감도", 'Physiological Chemistry and Physics 5', 1973, pp.173-6 ; "항종 양성 플래티넘 좌표군에 의한 DNA의 변경의 생물 물리학 연구", 'Platinim Metals Review', vol.34#4, 1990, p.235.

13. 덴마크 코펜하겐, 17 DK-2100, Blegdamsvej의 천문, 물리, 지구물리학을 위한 닐 보어 연구소Niels Bohr Institute for Astronomy, Physics and Geophysics. NBIfAPG는 1993년에 설립되었다. 코펜하겐 대학의 모든 물리학 활동은 그때 이전의 4개 부문을 대신하여 하나의 연구소 안에 합쳐졌다. 이 연구소는 이 대학의 모든 물리학 수업에 책임이 있었다. 학부 연구와 석사 프로그램은 교수위원회에 의해 구성된다. 대학원 박 사과정과 여기 입학은 박사위원회의 예비 검사하에 있었다. 그 연구소의 연구 프로그 램은 소장, 4개 부문 그리고 연구위원회의 책임이었다.

14. 아르곤 국립 연구소, 9700S, Cass Avenue, Argonne, IL. 60439. 시카고대학에서 운영하는 미국 에너지부 연구소는 1946년에 공인된 국가의 최초 국립연구소이다. 아 르곤은 시카고대학의 야금학 연구소의 직접 계보이고 독일인들 이전에 원자폭탄을 개 발하려는 제2차 세계대전 맨해튼 프로젝트의 일부였다. 그것은 메드 연구소에 있었는 데 1942년 12월 2일 엔리코 페르미Enrico Fermi와 약 50명의 동료들은 시카고대학의

성궤의 잃어버린 비밀   351

스쿼시 코트에서 세계 최초로 제어되는 핵 연쇄 반응을 만들었다. 전쟁이 끝나고 아르곤은 평화적인 목적의 핵 반응로를 개발하는 임무를 받았다. 몇 년 동안 아르곤의 연구는 과학, 공학, 기술의 많은 다른 영역을 포함하는데 확장되었지만 현재 무기 산업 부분은 아니다.

15. 오크리지 국립 연구소Oak Ridge National Laboratory, Bethel Valley Road, Oak ridge, TN 37831. ORNL은 미국 에너지부를 위해 관리되는 다중 프로그램 과학과 기술 연구소이다. ORNL의 과학자와 기술자들은 과학의 핵심 분야 - 깨끗하고 풍부한 에너지의 유용성을 증가시키고 환경을 복구하고 보호하며 국가안보에 기여하는 - 에서 국가의 리더십을 강화하는 과학적 지식과 기술적 해결책을 만들기 위한 기초적이고 적용된 연구와 개발을 집행한다. ORNL은 또한 에너지부를 위해 동위원소 생산, 정보 관리, 기술프로그램 관리를 포함하여 다른 업무도 실행하고 연구와 다른 조직들에게 기술적 도움을 제공한다.

16. 'Classical and Quantum Gravity', volumn 11, 1994.5, 웨일즈 대학, Cardiff. "워프 드라이브 : 일반 상대론 안에서 초고속 여행"이란 제목의 논문.

17. '아메리칸 사이언티스트', volumn 82, pp.422-3, 1994.10에서 "시공간 하이퍼 서핑".

18. SOSF, PO Box 25709, Tempe, 아리조나 85285. SOSF 'Newsletter #1'은 1995.10.13에 발행되었다.

19. 개인 가입비 각 500달러의 5,000회원.

20. SOSF 'Newsletter #14 and 15', 1996.11/12.

21. SOSF 'Newsletter #18 and 19', 1997.3/4.

12장 : 양자 프로토콜

1. 화학적으로 그것들은 4옹스트롬 이상 떨어져 있다. 1옹스트롬은 0.00000001cm 길이의 단위이다. 1874년 사망한 스웨덴의 물리학자 안드레스 요나스 옹스트롬Anders Jonas Angstrom의 이름을 붙여서 명명되었다.

2. 1972년 왜 초전도체가 초전도 하는지 설명하여 로드아일랜드주에 있는 브라운대학의 물리학자 레온 쿠퍼Leon Cooper와 그의 동료 존 바딘John Bardeen과 로버트 슈리퍼 Robert Schrieffer는 노벨상을 수상했다. 또 다른 중요한 진전은 케임브리지를 졸업한 브라이언 조셉슨Brian Josephon으로부터 나왔다. 그는 2개의 초전도 물질이 비非초전도 절연체에 의해 분리되어도 전류가 흐를 것이라고 예측하고 확인했다. 현재 "조셉슨 효과"로 알려진 이 터널링 현상은 1973년 그에게 노벨 물리학상을 안겨주었다.

3. 1993년 월터 마이스너Walter meissner와 로버트 오흐센펠드Robert Ochsenfeld는 초전도 물질이 자기장을 밀어낼 수 있다는 것을 발견했다. 전도체에 의해 움직이는 자석은 전도체(전기 발생기의 작동하는 원리)에 전류를 유도한다. 그러나 초전도체에서 유도된

전류가 초전도 물길을 관통했음 장을 정확하게 반영하여 자석이 물리치도록 한다. 이 현상은 역자성으로 알려져 있으며 '마이스너 효과'로 불린다.

4. 스티븐 호킹, 'The Illustrated A Brief History of Time', Bantam, 런딘, 1996, ch.5, pp.89-90.

5. 1999.4.14.

6. 〈http://newton.dep.and.gow/archive.htm〉. 직접적인 질문은 이 온라인 주소를 통해 아르곤 과학자들에게 질문할 수 있다. 질문에 대한 또 다른 웹 링크는 NASA와 고다드 우주비행센터(Goddard Space Flight Center)의 고에너지 천제물리학을 위한 연구소의 〈http://imageine.gsfc.nasa.gov/doc/ask_astro/ask_an_astronomer.html〉이다.

7. 그 과정은 현재 웹사이트 〈http://science.nasa.gov/headlines/y2002/27mar_stoplight.htm〉에 게시되어 있다.

8. 'Physical Review Letters', vol.88, article 05401.

9. 'Nature', vol.413, p.400. 또한 'New Scientist' 뉴스 서비스에 의해 2001년 9월 26일, 〈http://www.newscientist.com/news/news.jsp?id=ns99991346〉에 소개되었다.

10. 메소포타미아의 고대 '스타 파이어Star Fire' 의식에서 연꽃에 대한 완전한 설명은 로렌스 가드너, 'Realm of the Ring Lords', ch.10, pp.116-20을 보라.

11. 스티븐 호킹, 'The Illustrated A Brief History of Time', ch.11, p.227. 1979년 이래로 호킹 교수는 캠브리지 대학에서 응용수학부와 이론물리학의 루카스 석좌 교수직을 맡았다. 아이작 뉴턴이 1663년 같은 직을 갖고 있었다.

13장 : 사막의 불

1. 마태복음 26장 26절~28절, 마가복음 14장 22절~24절, 누가복음 22장 19절~20절.

2. 존 알레그로John Allegro, 'The Dead Scrolls' Penguin, Harmondsworth, 1964, ch.7, p.131; ch.12, p.164; ch.13, p.168.

3. 'Scroll of The Rule', Annex II, 17-22.

4. BC 165년 이 사건을 기념하는 유대의 빛의 축제.

5. 플라비우스 요세푸스, '유대 전쟁사', Book I와 '유대 고대사', Book XV.

6. 안드레 뒤퐁-소머Andre Dupont-sommer, 'The Jewish Sect of Qumran and the Essenes', Vallentine Mitchell, 런던, 1954, Postscript p.169.

7. 플라비우스 요세푸스, '유대 고대사', XV, 5:2.

8. 밀리크J.T. Milik, 'Ten Years of Discovery in the Wilderness of Judaea(스트루그넬J. Strugnell 번역)', SCM Press, 런던, 1959, ch.3, pp.51-3.

9. 플라비우스 요세푸스, '유대 전쟁사', II, 8:6.

10. 존 알레그로, 'The Dead Scrolls', ch.5, p.94.

11. 같은 책, ch.5, p.3.
12. 바바라 티어링, 'Jesus the Man', ch.7, p.34.
13. 페로운S. Perowne, 'The life and Times of Herod the Great', Hodder & Stoughton, 런던, 1956, ch.17, pp.135-6.
14. 플라비우스 요세푸스, '유대 고대사', XV, 9:1-2.
15. 린 리트메어Leen Ritmeyer와 캐슬린Kathleen, 'Secrets of Jerusalem's Temple Mount', Biblical Archaeological Society, 워싱턴, 1998, ch.3, pp.47, 49.
16. 그녀의 그리스어 이름은 Cypro였다.
17. 린 리트메어와 캐슬린, 'Secrets of Jerusalem's Temple Mount', ch.1, pp.24-5.
18. 존 알레그로, 'The Dead Scrolls', ch.7, p.110.
19. 아흐메드 오스만, 'The House of The Missiah', Harper Collins, 런던, 1992, ch.5, p.31.
20. 존 알레그로, 'The Dead Scrolls', ch.5, p.99.
21. 현재 ORMUS 웹사이트 <http://www.subtleenergies.com/ormus/ormus/ormus 4.htm>에 상세하다.
22. 플라비우스 요세푸스, '유대 전쟁사', II, 8:6.
23. 창세기 18장~19장.
24. 쿰란에서 그 지파에 관한 좋은 자료는 로버트 아이젠만Robert Eisenman, 'Macabees, Zadokites. Christians and Qumran', E.J. Brill, 레이든, 1983을 보라.
25. 에스겔 44장 15절, 48장 11절.

14장 : 데포시니

1. 윌리엄 스미스 박사, 'Smith's bible Dictionary'.
2. 윌슨A.N. Wilson, 'Jesus', ch.4, p.80.
3. 에스라 3장 2절과 학개 1장 1절은 스룹바벨이 스알디엘 집안에서 태어났다고 확신했지만 그들 사이에는 한 세대가 있었을 수 있다는 논쟁의 작은 여지가 있다. 스알디엘은 스룹바벨의 아버지 브다야라는 이름의 아들이 있었을 것이다. 역대상 3장 19절의 설명은 이에 대해서 혼돈스럽다.
4. 카이사레아의 에우세비우스, 'Ecclesiastical history(크루세C.F. Cruse번역)', George Bell, 런던, 1874, book 1:7. 율리우스 아프리카누스의 몇몇 현존하는 글들은 로버트 Robert, 알렉산더Alexander(개정), 도날드슨Donaldson, 제임스James(편집), 'AnteNicene Fathers No.6', Continuum International과 T&T Clark, 에든버러, 1980에서 찾아볼 수 있다.
5. 바바라 티어링, 'Jesus the Man', ch.5, p.29.
6. 플라비우스 요세푸스, '유대 고대사', XVII, 13:5; XVIII, 1:1.

7. 페로운, 'The life and Times of Herod the Great', Hodder & Stoughton, 런던, 1958, ch.5, pp.26-9.
8. 바바라 티어링, 'Jesus the Man', ch.8, p.48과 ch.11, p.61.
9. 같은 책, ch.12, p.64.
10. 윌슨A.N. 'Jesus', ch.4, p.83.
11. 같은 책, ch.4, p.79.
12. 낸시 퀄스-코벳Nancy Qualls-Corbett, 'The Sacred prostitute', Inner City Books, 토론토, 1988, ch.2, p.58.
13. 'Panarion' 78::8:1과 'Ancoratus' 60:1.
14. 'Protevangelion' 19:3-20:3.
15. 빌립서 59장 10절~11절.
16. 마가복음 15장 47절, 마가복음 16장 1절, 마태복음 27장 56절, 마태복음 28장 1절, 누가복음 24장 10절. 유일한 예외는 요한 19장 25절에 있는 7번째 등장으로 예수의 어머니를 소개할 때 나이순에 따라 여성들을 싣는다.
17. 이탤릭체 "the mother"를 누가복음 24장 10절에 삽입한 것은 가짜이며 원문의 부분이 아니다.
18. 테일러J.W. Taylor, 'The Coming of the Saints', Covenant Books, 런던, 1969, ch.6, p.105.
19. 그녀는 로렌스 가드너의 'Realm of the Ring Lords', ch.4, pp.47-8에서 그녀 자신의 문맥 안에서 논의된다.
20. 그리스의 에데사에 맞서는 것으로 터키의 에데사(지금의 우르파).
21. 누가복음 10장 1절에서처럼 압디아스는 예수의 70사도 중 1명으로 기록된다. 그는 예수의 형제인 시몬과 유다에 의해 임명된 최초의 바빌론 주교였다.
22. 카이사레아의 에우세비우스, 'Ecclesiastical history', book 1:7.
23. 말라치 마틴Malachi Martin, 'The Decline and Fall of the Roman Chuch', p.43.
24. 카이사레아의 에우세비우스, 'Ecclesiastical history', book 1:7. 또한 휴 숑필드Hug J. Schonfield, 'The Passover Plot', Element Books, Shaftesbury, 1985, ch.5, p.245-6을 보라.
25. 카이사레아의 에우세비우스, 'Ecclesiastical history', book III:11.
26. 말라치 마틴, 'The Decline and Fall of the Roman Church', p.44.
27. 이것은 또한 에우세비우스(AD 260~340년경), 'Ecclesiastical history', book 3:17에서 확인된다.
28. 말라치 마틴, 'The Decline and Fall of the Roman Chuch', pp.42-4.
29. 제임스 로빈슨, '나그 함마디 문서'를 보라.
30. 막달라 마리아와 예수와의 결혼에 대한 전체 이야기는 로렌스 가드너, 'Bloodline of the Holy Grail', ch.5, pp.53-60과 ch.9, pp.97-112를 보라.

성궤의 잃어버린 비밀　355

31. 아리마대 요셉에 대한 전체 이야기와 관련된 모든 자료와 참고문헌은 로렌스 가드너, 'Bloodline of the Holy Grail', ch.10, pp.113-25를 보라.

32. 이 주제는 로렌스 가드너, 'Genesis of the Grail Kings'의 주요 주제로 더 자세히 다뤄진다.

15장 : 연금술의 르네상스

1. "아일리아Aelia"는 푸블리우스 아일리우스 하드리아누스Publius Aelius hadrianu 황제의 명예를 기리기 위한 것이다 . "카피톨리나Capitolina"는 새로운 도시의 수호자가 될 예정이었던 카피톨리움 3신 주피터, 주노, 미네르바 이후의 것이다. 3신은 로마의 카피톨리움 언덕에서 숭배되었다.

2. 바위 돔은 오늘날처럼 언제나 금으로 덮여 있지 않았다. 80㎏의 금판은 요르단의 후기 왕 후세인의 의해 최근에 씌워졌다. 그는 이 프로젝트의 기금을 위해 런던 주택 중 하나를 팔았다.

3. 술탄 = 힘의 지배자.

4. 수니파 이슬람교인이 예루살렘을 그들의 세 번째 신성한 도시로 고려하지만 시아파 이슬람교인은 그것을 이라크 남부의 카라발라에 이어 네 번째에 놓는다.

5. 원래 '시온Sion 수도회'는 자격이 있는 이슬람교인, 유대교인 그리고 다른 종교인들이 성전기사단이 된 기독교 기사단과 연합할 수 있도록 설립되었다.

6. 쉬몬 깁슨Shimon Gibson과 데이비드 야곱슨David M. Jacobsen, 'Below the Temple Mount in Jerusalem', Tempus Reparatum, 옥스퍼드, 1996, Rref., p.vii.

7. 시토 수도회의 이상들은 바티칸 교황청의 관심으로부터 멀리 떨어져 있었고 교육, 농사 그리고 신성한 예술에 관계했다.

8. 1291년에 십자군 전쟁을 끝낸 아크레(이스라엘 북서부의 항구)의 멸망 이후, 구호기사단은 팔레스타인을 떠나도록 강요받았다. 그들은 로도스(그리스의 도시)와 사이프러스(지중해에서 세 번째로 큰 섬)로 가서 그들의 활동에 비종교적이고 군사적인 모험을 더해가며 1530년부터 그들은 몰타기사단으로 설립되었다. 1888년 공인된 구호기사단의 분파는 똑같은 휘장을 사용하는 영국의 '세인트존 앰블런스 협회'를 만들었다.

9. 타키투스, 'The Histories(케네스 웰슬리Kenneth Wellesley번역)' Penguin, 런던, 1994, p.285.

10. 같은 책, ch.8, p.69. 성전기사단과 십자군 원정을 주제로 한 다른 선정된 작품들은 다음과 같다: 존 안드레손John S. Andressohn, 'The Ancestry and Life of Godfrey of Bouilon', 인디아나 대학출판부, Bloomington, IN, 1947 ; 마이클 베이전트 Michael Baigent와 리차드 리Richard Leigh, 'The Temple and the Lodge', Jonathan Cape, 런던, 1989 ; 데스몬드 스워드Desmond Seward, 'The Monks of War', Paladin/Granada, St. Albans, 1974 ; 찰스 에디슨Charles G. addison, 'The history

356   Lost Secrets of the Sacred Ark

of the knights Templars', adventutres unlimited, kempton, IL, 1997 ; 스티븐 런시먼Steven Runciman, 'A History of the Crusades', 캠브리지 대학출판부, 캠브리지, 1951.

11. 이안 베그Ean C.M Begg, 'The Cult of the Black Virgin', Arkana, 런던, 1985, ch.4, p.103.

12. 메리 소더Mary Sworder(편집), 'Fulcanelli: Master Alchemist: Le Mystere des Cathedrales', Brotherhood of Life, Albuquerque, NM, 1986, ch.3, p.42.

13. 코햄 브르어E. Cobham Brewer(개정), 'The Reader's Handbook of Famous Names in Fiction', J.B. Lippincott, 필라델피아, 1899.

14. 루이 샤르팡티어, 'The Mysteries of Chartres Cathedral', ch.2, p.29. 또한 로렌스 가드너, 'Bloodline of the Holy Grail', ch.17, p.219에서 평면도를 보라.

15. 돌멘은 보통 스톤헨지처럼 2개의 직립한 돌과 꼭대기를 가로지르는 수평 관석으로 이루어져 있다. 선사시대부터 돌멘은 지구의 지류 성질을 상승시키기 위해 거대한 공명기共鳴器(음향의 음악 악기를 증폭하는 데 사용되는 소리상자와 같은)로 사용되었다.

16. 실용 고高과학 학교.

17. 이 주제는 또한 앙투안 파브레, 'The Golden Fleece and Alchemy', Foreword, p.2, p.41에서 다뤄진다.

18. 셉티메니아 대공국 시대에 관한 가장 포괄적인 설명은 1972년 뉴욕 컬럼비아 대학교 출판부의 아서 주커만Arthur J. Zuckerman, 'A Jewish Princedom in Feudal France'에서 볼 수 있다.

19. 유대인들의 믿음은 히브리 성경의 첫 다섯 권의 성경에서 토라라는 총칭으로 대표된다, 마소라 편집자의 히브리 성경은 오랫동안 편집되지 않았고, 현존하는 가장 오래된 사본(약 1010년에 쓰임)은 현재 레닌그리드 사본으로 알려지고 상트페테르부르크에 있는 러시아 국립도서관에 보관되어 있다.

20. 그 주제는 마이클 베이전트, 리차드 리, 헨리 링컨, 'The Holy Blood and the Holy Grail', ch.2, pp.19-34에서 잘 다뤄진다.

21. 각성의 산실로 프로방스에 대한 간략한 개요는 마가렛 스타버드Margaret Starbird, 'The Woman With the Alabaster Jar', Bear, 산타페, 1993, ch.4, pp.67-78에 있다.

22. 아키텐Aquitaine(프랑스 서남부의 저지대)의 엘레오노르Eleanor(1124~1204)는 그 지역의 여성 평등의 좋은 본보기이다. 그녀의 중요성과 영향력은 로마교회 주교들에게 끊임없는 당혹감을 안겨주었다.

23. 알비 십자군의 주제에 관해 추천되는 것은 조에 올덴부르크Zoe Oldenbourg, 'Massacre at Montsegur'(피터 그린Peter Green 번역), Pantheon, 뉴욕, 1961.

16장 : 숨겨진 두루마리

1. 'Archives des Freres de la Rose Croix', Bibliotheque Nationale, 파리.
2. 마이클 베이젠트와 리차드 리, 'The Temple and the Lodge', Jonathan Cape, 런던, 1989, ch.3, pp.51-62와 ch.4, pp.63-76은 '성전기사단과 기사단 선단의 심판'에 관해 추가적인 정보를 제공한다.
3. 마이클 알바니 왕자 전하, 'The Forgotten Monarchy of Scotland', ch.5, pp.62-4.
4. 국가로서 스코틀랜드의 파문은 1323년까지 철회되지 않았다. 이후 1314년 로버트 더 브루스 왕이 베녹번에서 에드워드 2세를 격파하고 1320년 스코틀랜드 헌법(아르브로스Arbroath 선언)이 제정되었다. 결론적으로 1328년 노샘프턴Northampton 조약은 로버트 1세 왕 아래 스코틀랜드의 독립을 승인했다.
5. 프랑스-스코틀랜드 동맹(Auld Alliance)은 유럽 역사상 가장 오래 지속된 협정 중 하나이고 그것에 의해 (1906년까지) 스코틀랜드인이 프랑스 시민으로서 프랑스에 들어갔다. 그리고 반대로.
6. 드 몰레이는 1314년 3월 18일 처형되었다.
7. 미카엘 알바니 왕자 전하, 'The Forgotten Monarchy of Scotland', ch.5, p.65.
8. 같은 책, ch.8, pp.125-6.
9. 'The Mail on Sunday', 1997.6.20.
10. 루이 샤르팡티에, 'The Mysteries of Chartres Cathedral', ch.18, pp.144-51.
11. 미카엘 하워드Michael Howard, 'The Occult Conspiracy', Rider/Century Hutchinson, 런던, 1989, ch.1, pp.9-10.
12. 많이 선호하는 측정 시스템은 미터보다 피트와 인치로 측정하는 것이다. 실제로 신성한 기하학과 도량형에서 숙련된 사람들은 그 측정기가 수십, 수백 개의 미터에 대한 확고한 고집 때문에 "유행을 따른 어리석음"에 지나지 않는 것으로 여긴다. 십진법은 피할 수 없는 부정확성과 순환 소수로써 그러한 난센스를 이끈다. 보편적 측정은 6개의 숫자 중 5개로 나눌 수 있는 12를 기반으로 보다 더 정확하게 계산된다. 마찬가지로 10각형에 기반으로 한 기하학은 본질적으로 불안정하다. 신성한 수학의 주요 요소들은 3, 4 그리고 12이다. 존 미셸John Michell, 'The Dimensions of Paradise', 테임즈 앤 허드슨, 런던, 1988.
13. 'Hera', numero 27, Marzo 2002: 'Templari: Assolti con Formula Piena', di adriano Forgione e Francesco Garufi.
14. 'The Times', 런던, 2002.3.30.

17장 : 불사조의 싱승

1. 게자 베르메스, 'The Complete Dead Sea Scrolls in English', p.130.
2. 린 리트메이어와 캐슬린, 'Secrets of Jerusalem's Temple Mount', ch.6, p.108.
3. 탈무드, Yoma 54a.
4. 린 리트메이어와 캐슬린, 'Secrets of Jerusalem's Temple Mount', ch.6, pp.109-10.
5. 셀레우코스 1세에서 셀레우코스 6세 : BC 301년에서 BC 93년까지 시리아의 왕들. 셀레우코스 4세(BC 187~176년. 또한 소테르Soter라고 불림)는 예루살렘 성전을 약탈하기 위해 그의 장관 헬리오도로스를 보냈다.(마카베오서하 3:1-40) 그러나 유령의 결과로 그는 임무를 완수하지 못하고 셀레우코스를 대신 살해했다.
6. 린 리트메이어와 캐슬린, 'Secrets of Jerusalem's Temple Mount', ch.5, p.57.
7. 시몬 깁슨과 데이비드 야곱슨, 'Below the Temple Mount in Jerusalem', Pref., p.vii.
8. 플라비우스 요세푸스, '유대 고대사', XV, 11:5.
9. 타키투스, 'The Histories', V:12, p.287.
10. 'Middoth' 5:5.
11. 팔레스타인 탐험 기금, 2 Hinde mews, Marylebone lane, 런던, W1U 2AA.
12. 린 리트메이어와 캐슬린, 'Secrets of Jerusalem's Temple Mount', ch.5, pp.71-7.
13. 같은 책, ch.5, p.83.
14. 이 유물들은 현재 에든버러 근처 로슬린의 스코틀랜드 성전기사단 기록 보관인 로버트 브라이던Robert Brydon이 보관하고 있다. 크리스토퍼 나이트Christopher Knight와 로버트 로마스Robert Lomas, 'The Hiram Key', Century, 런던, 1996, ch.13, p.267을 보라.
15. 알렉스 혼Alex Horne, 'King Solomon's Temple in the Masonic Tradition', ch.2, p.32.
16. 이에 대해서 더 읽기 위해서는 버나드 존스Bernard E. Jones, 'Freemasons' Book of the Royal Arch', ch.3, p.20ff를 보라.
17. AD 300년경 성 안토니오는 이집트에서 기독교 수도원의 창시자였다.
18. 스코틀랜드의 'Privy Seal Register'.
19. 로버트 모레이Robert Moray 경의 이야기는 로버트 로마스, 'The Invisible College', Headline, 런던, 2002에 잘 씌어 있다.
20. 로버트 보일, 아이작 뉴턴, 크리스토퍼 렌Christopher Wren 그리고 왕립 학회에 관한 추천 도서들은 : 얀 보이직Jan W. Wojcik, 'Robert Boyle and the Limits of Reason', 캠브리지 대학출판부, 1997 ; 미카엘 화이트Michael White, 'Isaac Newton', Fourth Estate, 런던, 1997 ; 아드리안 티니스우드Adrian Tinniswood, 'His Invention so

성궤의 잃어버린 비밀   359

Fertile: A Life of Christopher Wren', Jonathan Cape, 런던, 2001 ; 미카엘 헌터 Michael Hunter, 'Science and Society in Restoration England', 캠브리지 대학출판부, 1981이다.

21. 워드J.S.M. Ward, 'Freemasonry and the Ancient Gods', Baskerville, 런던, 1926, p.300.

22. 이것에 대한 자세한 내용은 알렉스 혼, 'King Solomon's Temple in the Masonic Tradition', ch.1, p.44.

23. 이 유명한 자코바이트 시대의 생제르맹 백작은 카스티야의 멜가르 백작인 후안 토마조 엔리케스 데 카브레라와 스페인의 황태후이며 카를로스 2세의 미망인인 마리아 안나 사이에서 태어난 아들이다.

24. 버나드 존스, 'Freemasons' Book of the Royal Arch', ch.3, p.36.

25. ch.11, p.132.

26. 각 학위의 주요 요소를 그래픽으로 묘사하여 의례용 패널에 그림으로 표시한다.

27. 버나드 존스, 'Freemasons' Book of the Royal Arch', ch.3, p.36.

28. 빅토리아 여왕의 아버지.

29. 1793년 자신의 주권을 사임한 아우구스투스는 실제로 프랑스 성전기사단의 영국지부 그랜드 마스터였다. 자세한 내용은 마이클 알바니 왕자 전하, 'The Forgotten Monarchy of Scotland', ch.6, pp.241-7을 보라.

30. 스코틀랜드에서는 성전기사단원 표준 재임자는 Beaucennifer라고 불렸다.

31. 크리스토퍼 나이트와 로버트 로마스, 'The Hiram Key', ch.13, pp.264-5.

32. 루이스 매소닉Lewis Masonic이 출판한 'Aldersgate Ritual of the Royal Arch', Hersham, 1999년.

33. Jah는 Hallelujah(신을 찬양하라)의 뿌리이다.

34. 스펜서 루이스H. Spencer. Lewis, 'The Mystical Life of Jesus', pp.191-2.

18장 : 휴식처

1. MS Fergusson 210 : 'De Alchemia Opuscula complura veterum philosophorum', Frankfurt, 1550.

2. 마이클 알바니 왕자 전하, 'The Forgotten Monarchy of Scotland', ch.10, p.150-1. 성전기사단은 스코틀랜드에서 로버트 더 브루스 왕에 의해 수용소가 제공되었고, 432명의 기사들은 위그 드 크레시의 지휘 아래 베녹번에서 싸웠다. 그 후 기사단은 스코틀랜드 왕국에서 정당하게 명예를 얻었고 스튜어트 왕가의 후계자들은 태어날 때부터 성전의 기사들이었다.

3. 하이델베르크와 왕립 학회의 연관성에 관한 뛰어난 연구는 프랜시스 예이츠Frances A. Yates, 'The Rosicrucian Enlightenment', Routledge, 1972년 런던에서 발견되었다.

4. 존 커티스John Curtis(편집), 'Art and Empire: Treasures from Assyria in the British Museum', 뉴욕 메트로폴리탄 미술박물관, 1995, Item 9, p.59.
5. 이가엘 야딘, 'The Temple Scroll', ch.13, p.128.
6. 수년 전, 초기의 번역은 루이 샤르팡티에, 'The Mysteries of Chartres Cathedral', ch.9, p.70에 있는 것처럼 "여기서 모든 것은 그들의 진로를 따라간다. 당신은 성궤를 통해 작업해야 한다."
7. 현재 일반적으로 확인되는 이러한 번역은 그레이엄 핸콕, 'The Sign and the Seal', ch.3, pp.54-5에서 처음으로 제기되었다.
8. 말콤 밀러Malcolm Miller, 'Chartres Cathedral', Pikin Guides, Andover, 1996, p.18.
9. 카탈로그 선반 번호 : MS Lat. 1104. 그의 첨부 원고 각주들은 MS. Fr. 19093으로 번호가 부여된다.
10. 프랑스 문학에서 빌라르 드 온느쿠르를 잘 다루고 있다. 영어에서 그는 프랑수아 부쉐 Francois Bucher, 'Architector: The Lodge Books and Sketchbooks of Medieval Architects', Abaris Books, 뉴욕, 1979년 장 김펠Jean Gimpel, 'The medieval Machine: The Industrial Revolution of the Middle Ages', Pimlico, 런던, 1976년.
11. 미로 원주는 12.85m이다.
12. 말콤 밀러, 'Chartres Cathedral', p.18.
13. 장 슈발리에와 게브란트Gheerbrant, 'Dictionnaire des Symboles', Robert laffont, 파리, 1997.
14. 리마 드 프레이타스Lima de Freitas, 'The Encyclopedia of Religion(엘리아드 메르시아 Elide Mercia 편집)', Macmillan, 뉴욕, 1987, "미로" 아래.
15. 말콤 밀러, 'Chartres Cathedral', p.8.
16. 이 줄거리는 크리스토퍼 나이트와 로버트 로마스, 'The Hiram Key', ch.13, p.270에서 확인된다.
17. 말콤 밀러, 'Chartres Cathedral', p.18.
18. 크리스토퍼 나이트와 로버트 로마스, 'The Hiram Key', ch.15, pp.306-21.
19. 팀 월레스-머피와 마릴린 홉킨스, 'Rosslyn', Element Books, Shaftesbury, 1999, ch.14, p.213.
20. 프랭크 아드리안Frank J. Adrian과 드웨인 코원Dwaine O. Cowan, "The New Superconductors", in 'Chemical and Engineering News', 1992.12.21.
21. 창세기 28장 12절.
22. 열왕기하 2장 11절.
23. 마틴 리스터Martin A. Lister, 'A journey to Paris in the Year 1698', Jacob Tonson, 런던 1699, p.80 ff.
24. 팻 거버, 'Stone of Destiny', ch.5, pp.41-2.

성궤의 잃어버린 비밀　　361

25. 로버트 템플Robert Temple, 'The crystal Sun', Century, 런던, 2000, ch.8, p.283.
26. 같은 책, ch.9, pp.388-9, 420-1.
27. 월리스 버지, 'Cleopatra's Needle and Other Egyptian Obelisks(1926)', rep. dover Publications, 뉴욕, 1990, pp.26-38.
28. 초끈 이론에서 전제는 비록 입자들이 시간에 있어 단일 지점을 점유하고 있지만 그것들은 우주의 중력을 결정하는 궁극적인 물체가 아니다. 반면에 존재하는 기본 물체들은 점 같은 것이 아니고 끈 같은 것이라고 현재 파악된다. 그것들은 끝이 열려 있을 수 있거나 고리 모양(닫힌 끈)일 수 있고 끈의 평균 크기는 1cm의 10억의 10억의 10억의 백만 플랑크 길이 - 1900년에 독일 과학자 막스 플랑크에 의한 기본 상수로 결정된 - 이다. 초끈들은 스티븐 호킹, 'The Illustrated A Brief History of Time', ch.11, pp.212-27에 다뤄진다. 이해를 더하기 위한 책으로 브라이언 그린Brian Greene, 'The Elegant Universe', Vintage, 뉴욕, 2000을 보라. 또한 존 그리빈John Gribbin, 'The Search for Superstrings', Little, Brown, 뉴욕, 1999와 미치오 카쿠Michio Kaku, 'Beyound Einstein', Anchor/Doubleday, 뉴욕, 1995를 보라.
29. 루이 샤르팡티에, 'The Mysteries of Chartres Cathedral', ch.9, p.72.
30. 트레버 라벤스크로프트Trevor Ravenscroft와 팀 월레스-머피, 'Teh mark of the Beast', Samuel Weiser, York beach, ME, 1997, ch.5, p.52. 또한 팀 월레스-머피와 마릴린 홉킨스, 'Rosslyn', ch.12, pp.265-6을 보라.

계보도 차례

1   **이집트 관련/** 365
    모세, 미리암, 아론으로 내려가기

2   **이집트 밖으로/** 367
    미리암에서 다윗왕까지 내려가기

3   **가나안의 이스라엘인 사사/** 370
    이스라엘과 유다 왕국들 이전의 공동체 총독들

4   **이집트의 람세스 왕조/** 371
    미리암으로부터 다윗까지 성경 시대와 동시대

5   **유다의 왕가/** 372

6   **이스라엘의 왕들/** 378
    유다 왕가의 평행적 계승

7   **아론의 사제가/** 379
    그리고 구약성경의 예언자들

8   **이집트의 파라오들/** 385
    21에서 26왕조들 - 유다 왕들과 동시대

9   **아시리아의 메소포타미아 왕들/** 390
    다윗왕으로부터 포로까지 성경 기간과 동시대

성궤의 잃어버린 비밀 363

10   **바빌론의 왕들/** 391
      다윗왕으로부터 포로까지 성경 기간과 동시대

11   **페르시아의 왕들과 이집트의 파라오들/** 392
      마케도니아의 알렉산더 대왕 시대까지

12   **스파르타의 왕들과 마케도니아/** 394
      구약과 신약성경 사이 기간의 일부를 포함

13   **마케도니아인의 이집트와 프톨레마이오스 왕조/** 396

14   **셀레우코스 제국/** 399
      시리아, 소아시아, 메소포타미아, 페르시아

15   **마카비의 하스몬가/** 402
      헤롯왕들 이전의 예루살렘의 사제와 왕자들

16   **로마공화국과 초기 제국/** 405
      줄리어스 시저부터 네로까지

17   **헤롯가/** 406
      신약성경 왕들과 유대의 총독들(BC 37~AD 99)

18   **예수의 가족/** 408
      메시아의 조상들과 막달라

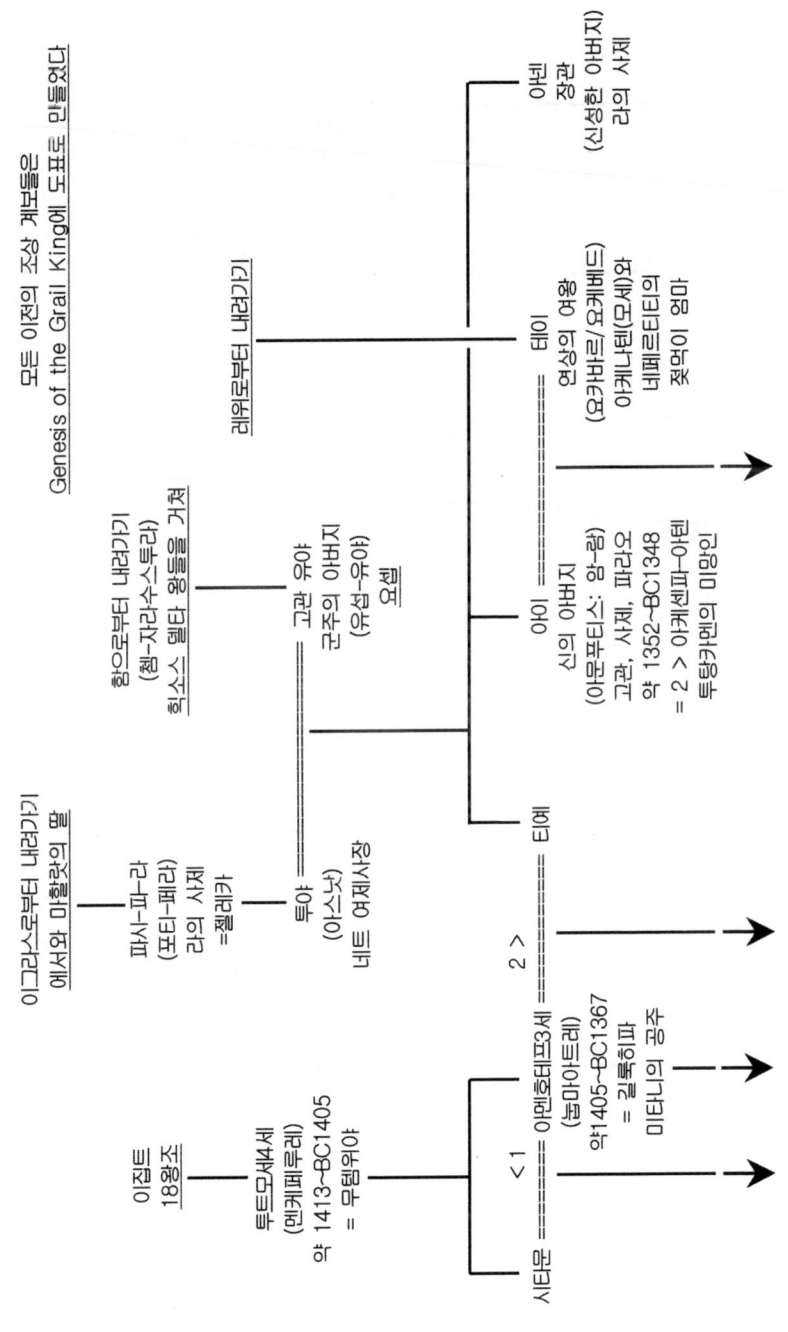

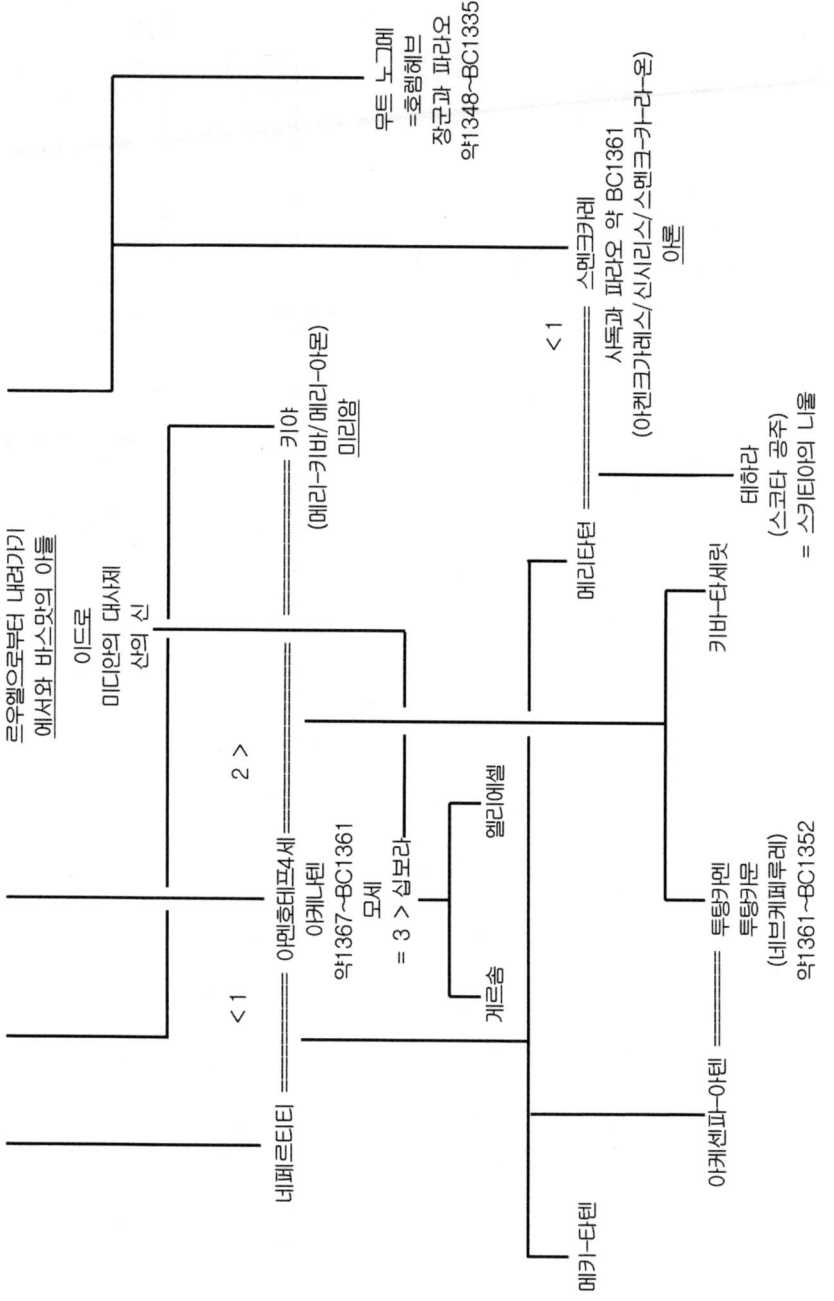

이집트 밖으로
미리암에서 다윗왕까지 내려가기

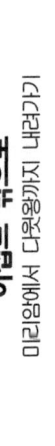

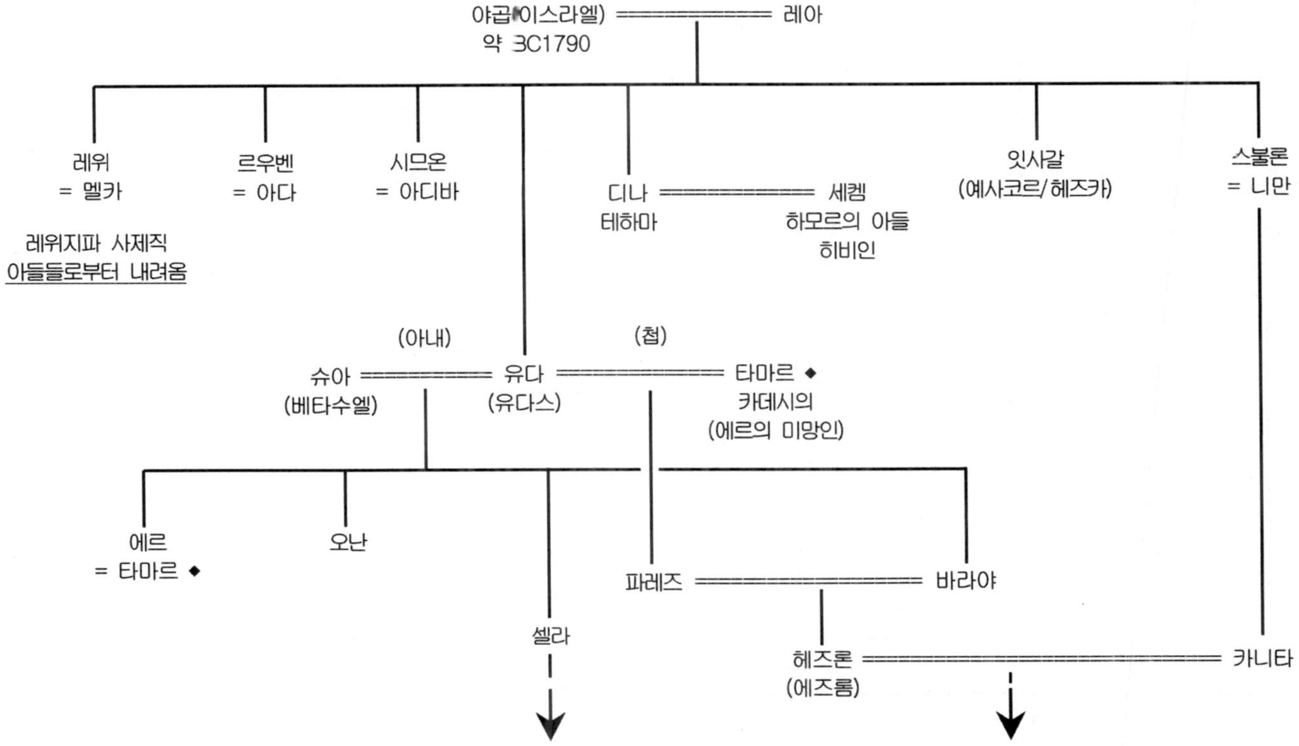

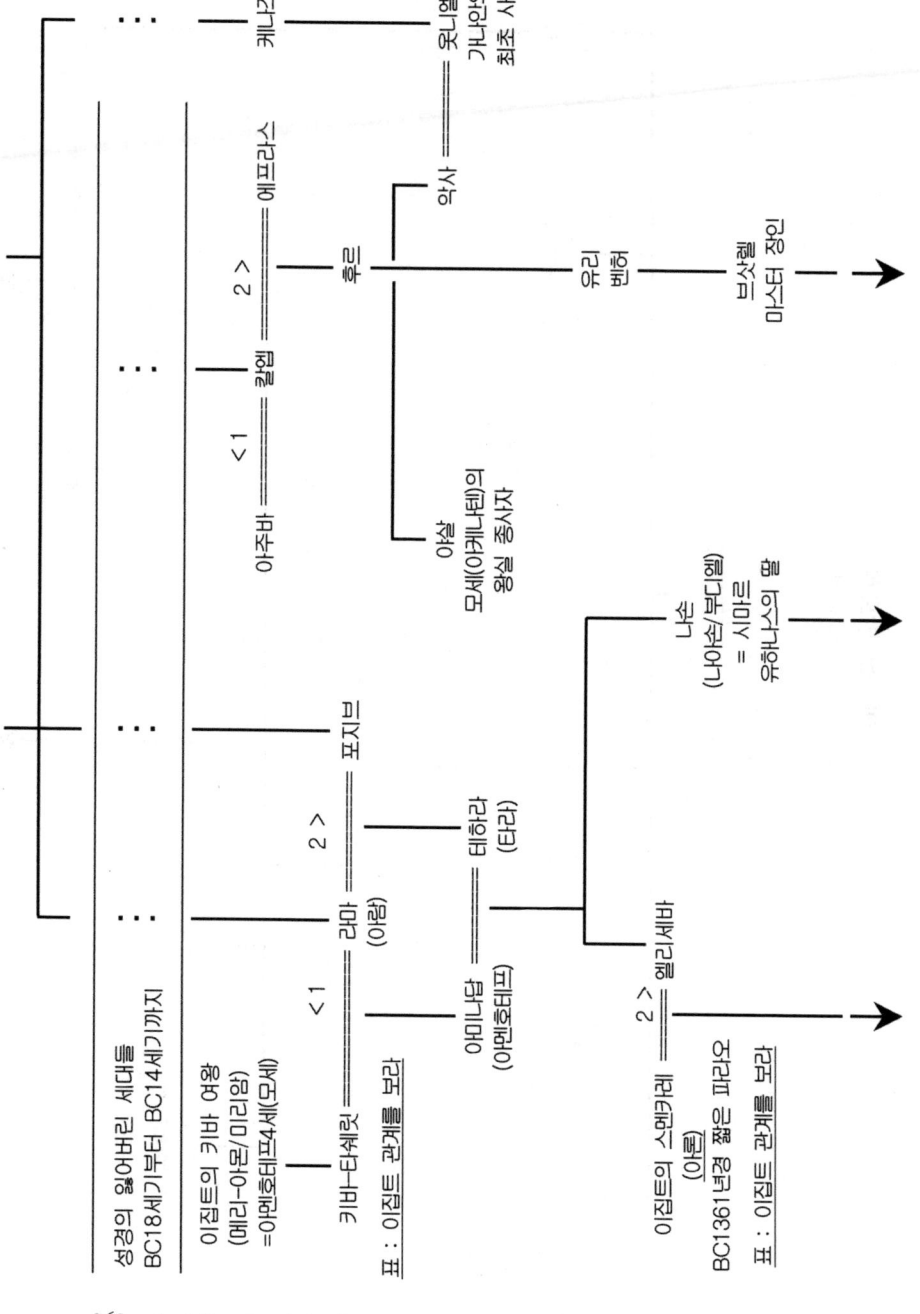

368   Lost Secrets of the Sacred Ark

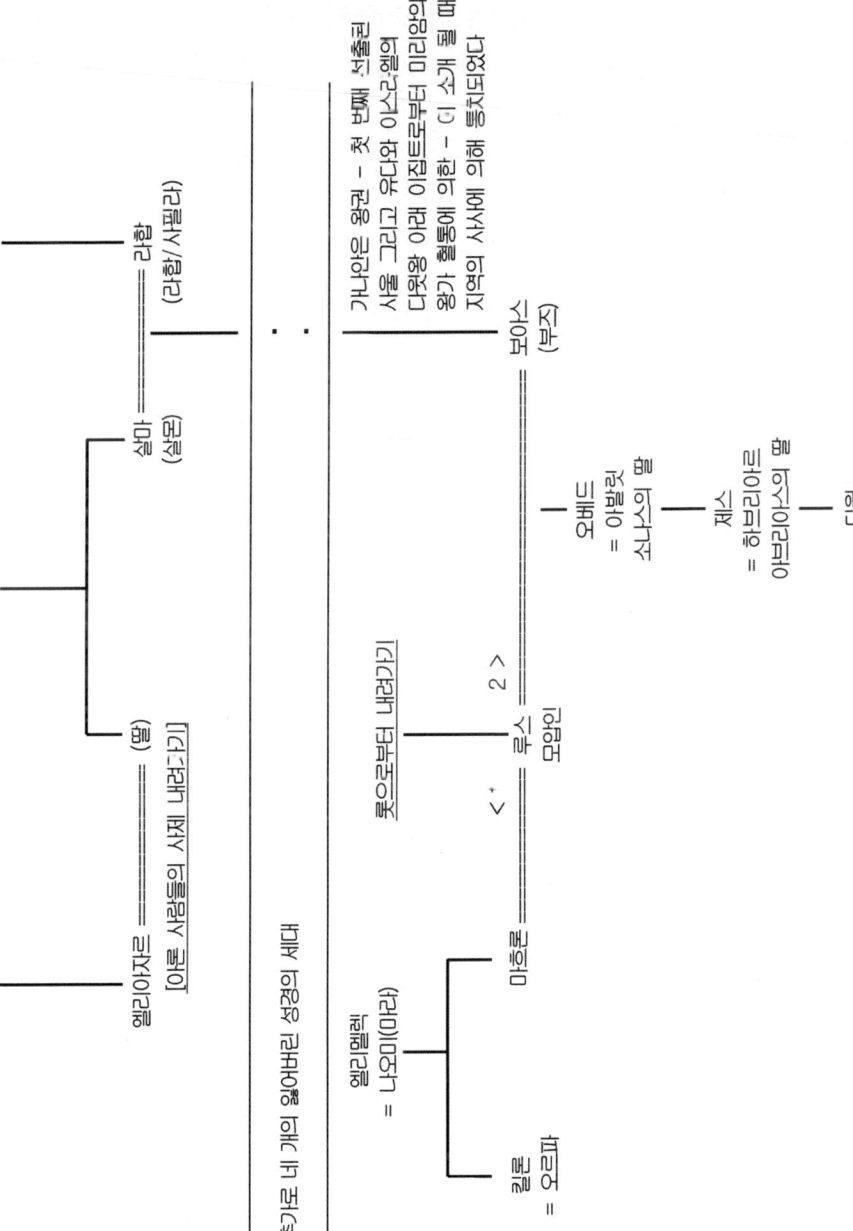

가나안의 이스라엘인 사사

이스라엘과 유다 왕국들 이전의 공동체 총독들

옷니엘
케나즈의 아들 – 유다 부족, 약 BC1300
=*아스사, 칼렙의 딸*

에훗

삼갈
하늘의 여왕 아낫의 사도

바락
아비노암의 아들(데보라와 합침)

데보라
여자 예언자이며 이스라엘의 어머니
=라피도스

기드온(스룹바벨)
요아스의 아들 – 므낫세 부족

아비멜렉
기드온의 아들

돌라
잇사갈 부족

야일
므낫세 부족

기르앗의 입다
베들레헴의 입잔
엘론
스불론 부족

엘리

압돈

삼손
마노아의 아들 – 단 부족

사무엘
한나의 아들

이스라엘 왕국은 사울왕 아래 약 BC1048년에 설립되었다.

이집트의 람세스 왕조
미리암으로부디 다윗까지 성경 시대와 동시대

19왕조

람세스 1세 BC1335~BC1333

세티 1세 BC1333~BC1304

람세스 2세 BC1304~BC1236

메르넵타 BC1236~BC1202

아멘메세스 BC1202~BC1199

세티 2세 BC1199~BC1193

십타 BC1193~BC1187

투스레트 (타우서트) 여왕 BC1187~BC1185

20왕조

세크나크테 BC1185~BC1182

람세스 3세 BC1182~BC1151

람세스 4세 BC1151~BC1145

람세스 5세 BC1145~BC1141

람세스 6세 BC1141~BC1133

람세스 7세 BC1133~BC1129

람세스 8세 BC1129~BC1126

람세스 9세 BC1126~BC1108

람세스 10세 BC1108~BC1098

람세스 11세 BC1098~BC1070

유다의 왕가

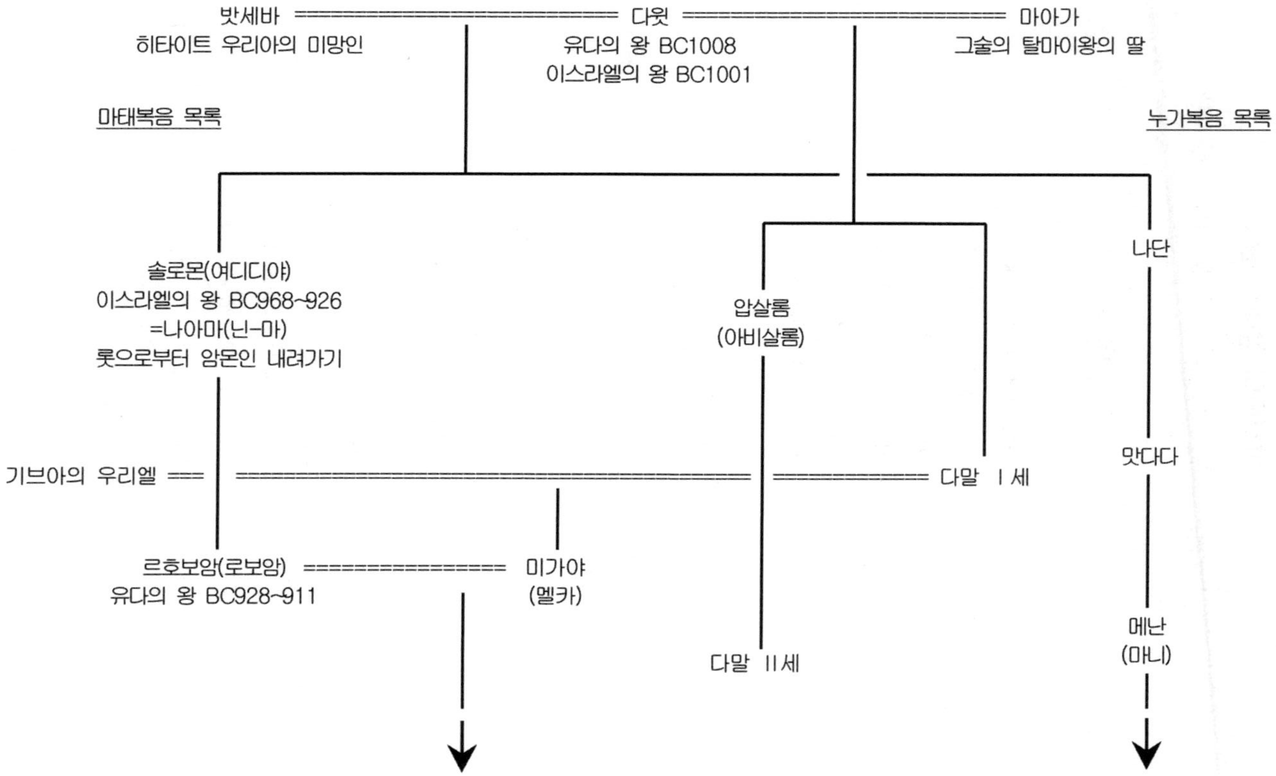

누가복음 목록

나단 ── 맛다다 ── 메나 (마나) →

그술의 탈마이왕의 딸
마아가

다윗
유다의 왕 BC1008
이스라엘의 왕 BC1001

다말 I 세

압살롬
(아버살롬)

다말 II 세

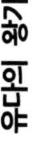

밧세바
헷사람 우리아의 미망인

마태복음 목록

솔로몬(여디디야)
이스라엘의 왕 BC968-926
=나아마(느-마)
롯으로부터 암몬인 내려가기

미디아
(헬가)

르호보암(로보암)
유다의 왕 BC928-911

기브아의 우리엘

372   Lost Secrets of the Sacred Ark

르호보암 — 아비얌 — 아사 — 요셋 — 요람 — 시므온(아미야) →

아비야(아비얌)
유다의 왕 BC911~BC908
= 예루살렘 아비살롬의 딸 마아가(밀갓)

아사(아사프)
유다의 왕 BC908~BC868
= 실하(살라)의 딸 아주바(아조바)

여호사밧(요사밧)
유다의 왕 BC868~BC851
= 아비훗의 딸 말기야

여호람(요람)
유다의 왕 BC851~BC843
= 이스라엘의 왕 아합과 이세벨 여왕의 딸 아탈리아(아탈리아)
아탈리아는 아들의 뒤를 이어 유다의 여왕이었다 BC843~BC839

아하시야
유다의 왕 BC843
= 해르슬리아스의 딸 시비아(수브하)

요아스
유다의 왕 BC839~BC799
= 예루살렘의 아훗앗단(요아단)

성궤의 잃어버린 비밀　373

374　Lost Secrets of the Sacred Ark

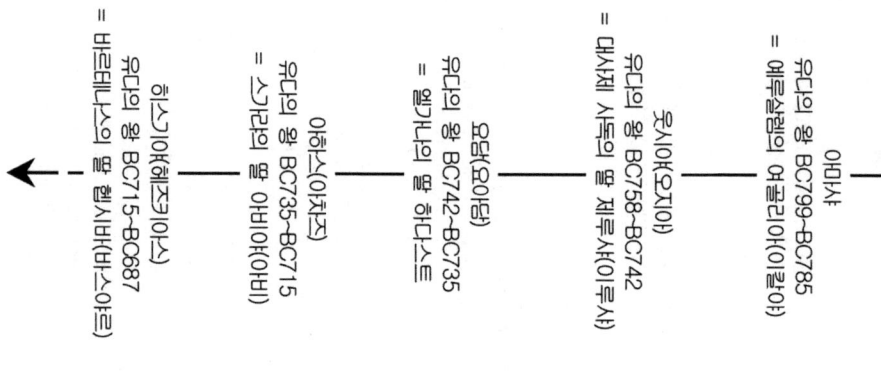

유다의 왕 BC799~BC785
= 예루살렘의 아훌리야(이름아)

유다의 왕 BC758~BC742
= 웃시야(요지야)

유다의 왕 BC758~BC742
= 대사제 사독의 재투사(이루사)

유다의 왕 BC742~BC735
= 엘가나의 딸 하닷스트
요담(요아담)

유다의 왕 BC735~BC715
= 스가랴의 딸 아비야(아비)
아하스(아차즈)

유다의 왕 BC715~BC687
= 바드테네스의 딸 헬시바(맘스아르트)
히스기야(헤즈키야스)

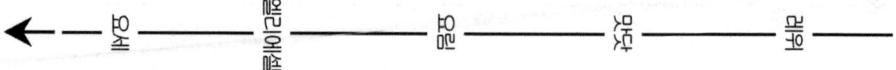

다윗 — 솟 — 요람 — 엘리에셀 — 모세

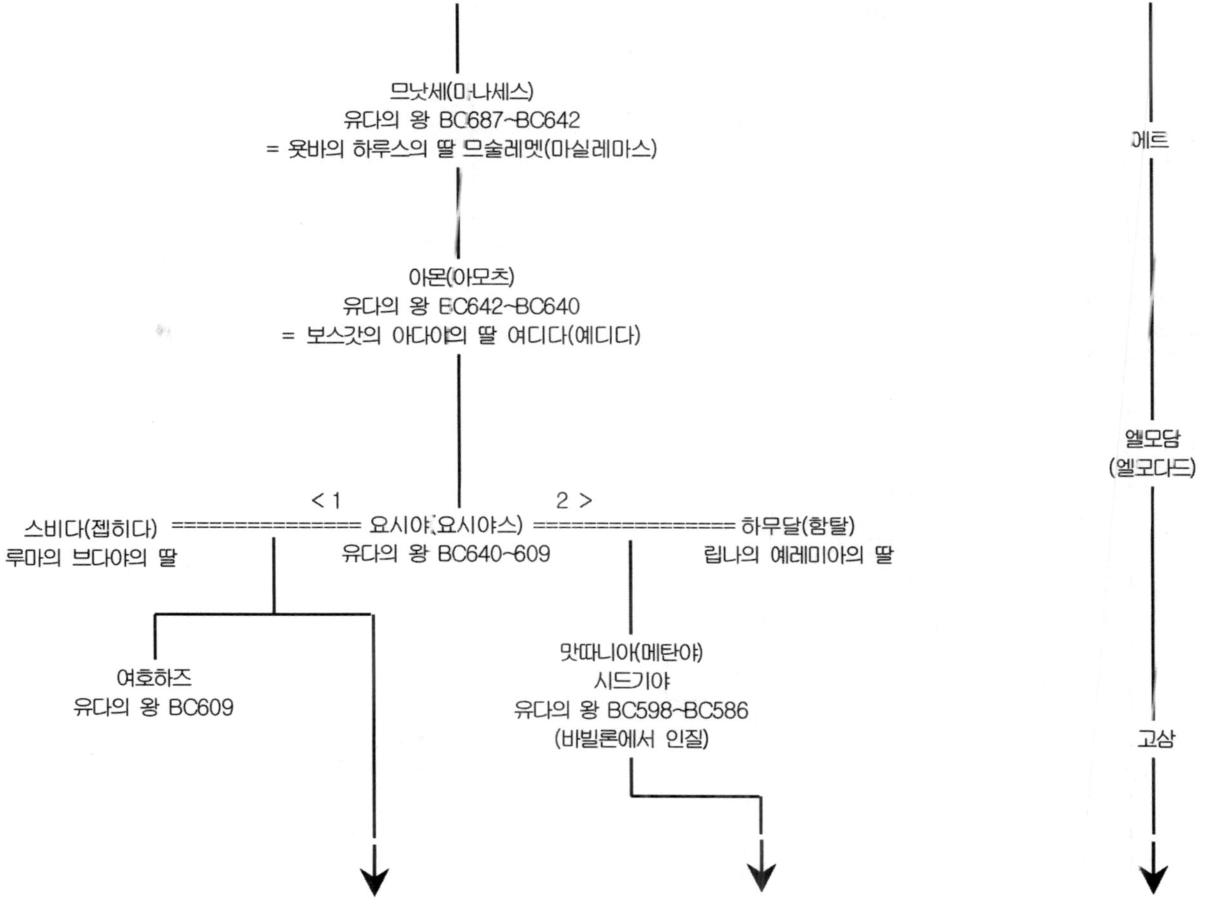

게르 — 헬멈담(헬고드) — 고상

므낫세(마나세스)
유다의 왕 BC687~BC642
= 웃바의 하루스의 딸 므술레멧(마실레마스)

아몬(아모즈)
유다의 왕 BC642~BC640
= 보스갓의 아다야의 딸 여디다(예디다)

< 1 > 스바다(젤히다) ============ 루마의 브다야의 딸
< 2 > 요시야(요시아스) ============ 립나의 예레미야의 딸 하무달(하탈)
유다의 왕 BC640~609

맛다니야(메탄야)
시드기야
유다의 왕 BC598~BC586
(바빌론에서 인질)

여호아즈
유다의 왕 BC609

성궤의 잃어버린 비밀　375

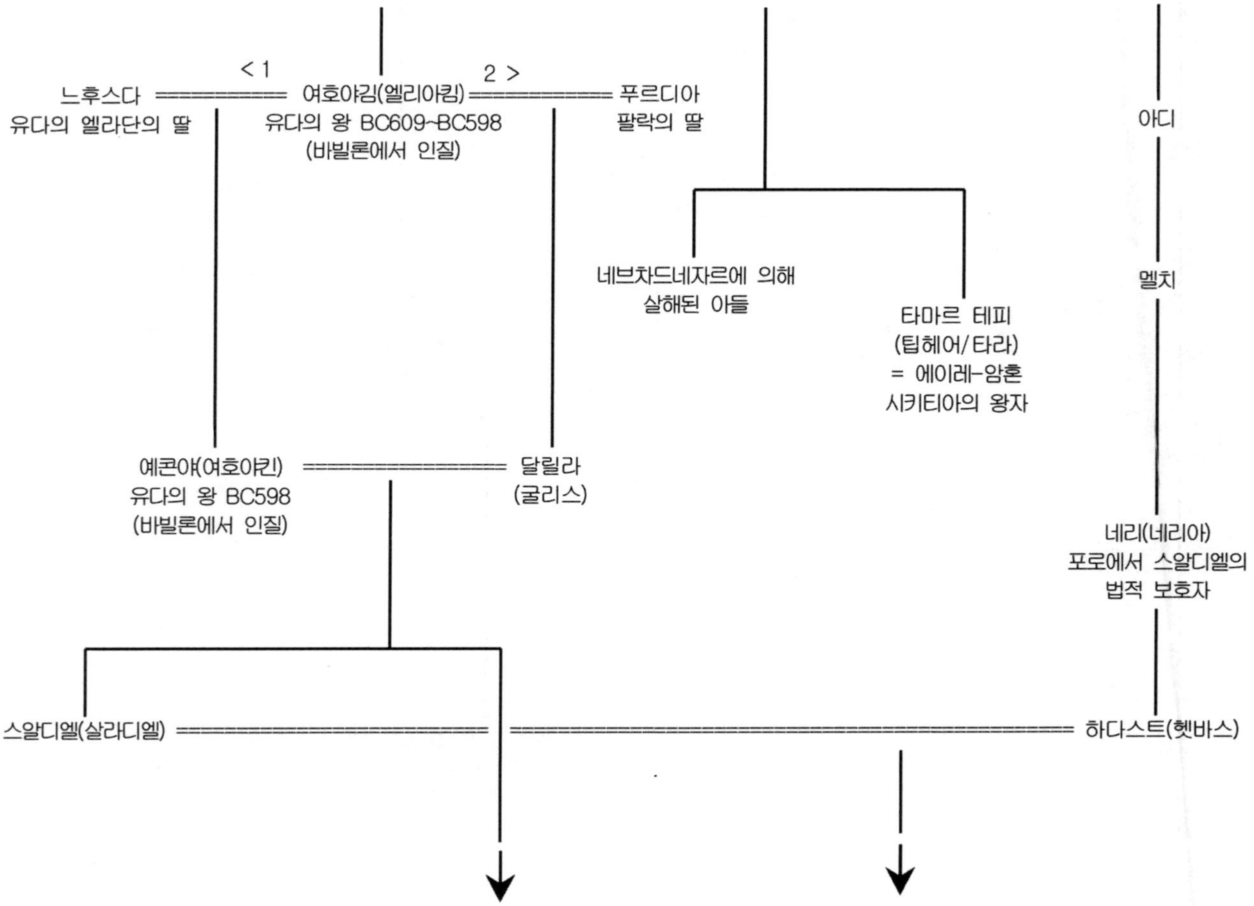

느후스다
유다의 헬다난의 딸

＜1

여호야김(엘리아김)
유다의 왕 BC609~BC598
(바빌론에서 인질)

2＞

무르디아
팔딕의 딸

네브차드네자르에 의해
살해된 이름

타마르 티피
(팀헤어/타라)
＝ 에이레-암혼
시카티아의 왕자

아디

멜기

네리(네리아)
포로에서 스알디엘의
법적 보호자

하디스트(핫바스)

달릴라
(쿨리스)

예코아(여호아긴)
유다의 왕 BC598
(바빌론에서 인질)

스알디엘(살라디엘)

376   Lost Secrets of the Sacred Ark

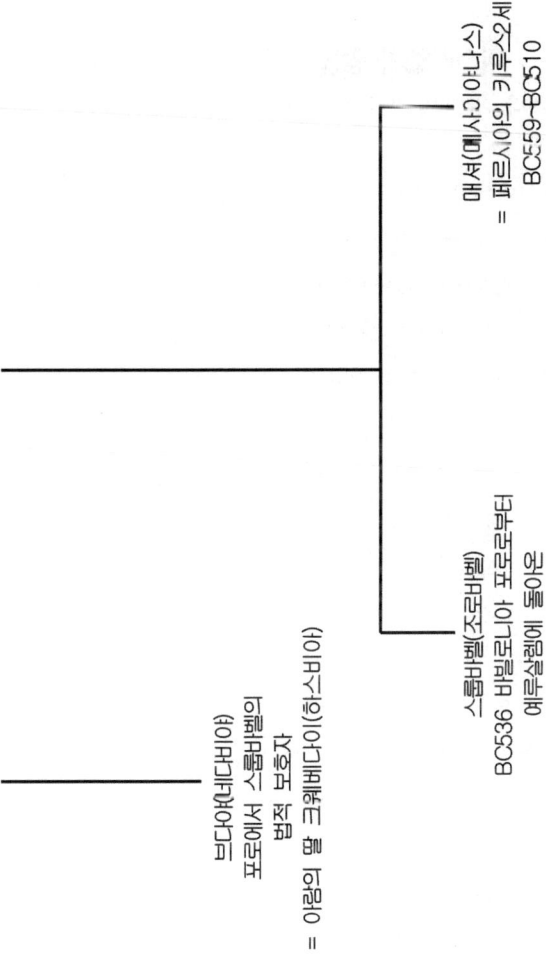

유다왕(제데기야)
포로에서 스룹바벨이
법적 보호자
= 아랍의 딸 크웨베다이(하스비아)

스룹바벨(조로바벨)
BC536 바빌로니아 포로로부터
예루살렘에 돌아옴

메샤(메사이아)(누가)
= 페르시아의 카루소2세
BC559~BC510

성궤의 잃어버린 비밀　377

이스라엘의 왕들
유다 왕가의 평행적 계승

여로보암 BC928~BC906

나답 BC906~BC904

바아사 BC904~BC892

엘라 BC892~BC890

지미리 BC890~BC886

오므리 BC886~BC878

아합 BC878~BC854

아하시야 BC854~BC852

예호람 BC852~BC843

예후 BC843~BC815

여호아하스 BC815~BC801

요하스 BC801~BC786

여로보암2세 BC786~BC746

스가랴 BC746~BC745

살룸 BC745

므나헴 BC745~BC738

페카이아 BC738~BC737

페카 BC737~BC732

호세아 BC732~BC721

BC721

이스라엘과 수도 사마리아가 아시리아의 살만에셀 5세에게 침략당했다.

아론의 사제가

그리고 구약성경의 예언자들

헬리제바
아미나답(아렌홀렙)의 딸

2 >
스페냐스
이집트의 파라오 앗 BC1361
(아켄크레스/시사리스/스펜드카라-원
아론
= 1 > 이집트이 메리타텐

메리타텐
스키티아의 스코타2세 공주
= 스키티아의 니울 왕자

헬레아자르
= 나손/푸티엘의 딸

비느하스

아비수아

북기

웃지

스라히야

므라욧

아마리야

380　Lost Secrets of the Sacred Ark

[이스라엘의 다윗왕 시대]

[이스라엘의 솔로몬왕 시대]

예언자들

엘리야
[유다 아하시야의 시대]

엘리사
[유다 요아스왕의 시대]

아모스
[유다 웃시야의 시대]

호세아
[유다 웃시야의 시대]

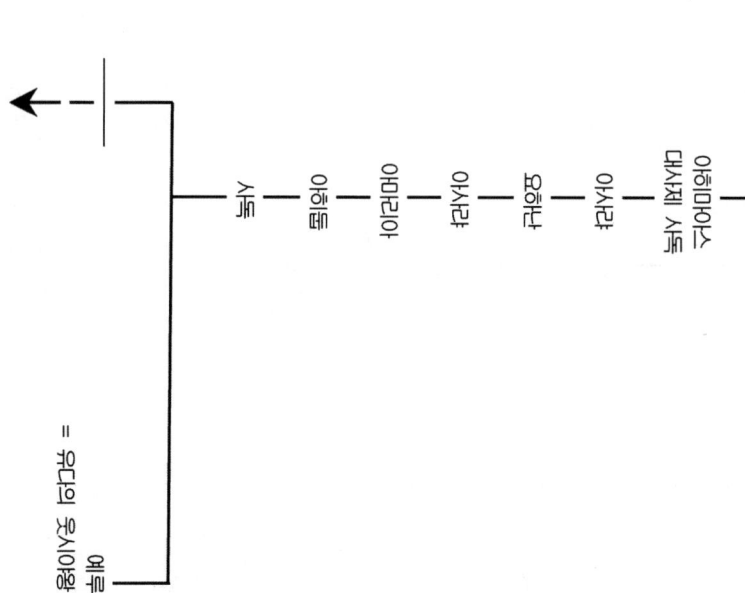

아브라함 — 다윗왕BC1000 — 아히야 — 아히미아스 대제사장 시독 — 아사랴 — 요하난 — 아사랴 — 아마리아 — 아히둡 — 시독 — ←

예루사 = 유다의 웃시야왕 BC785-BC742

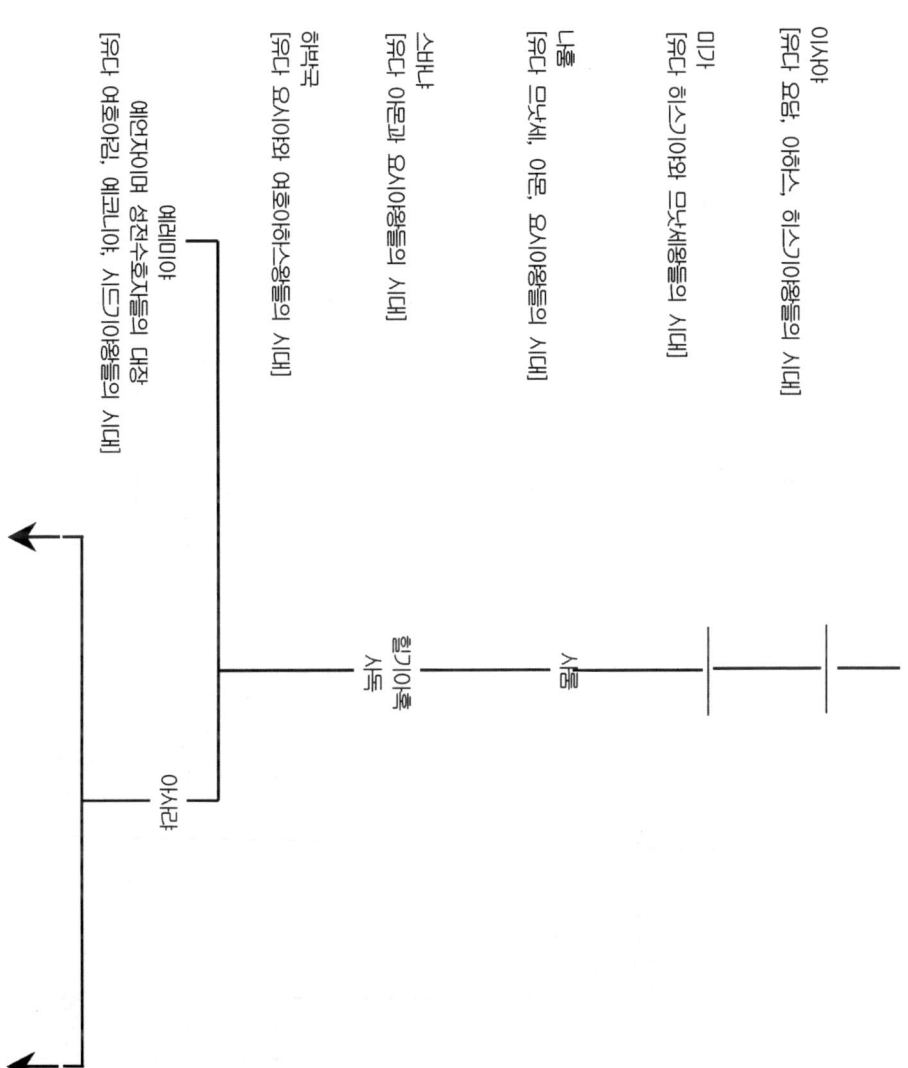

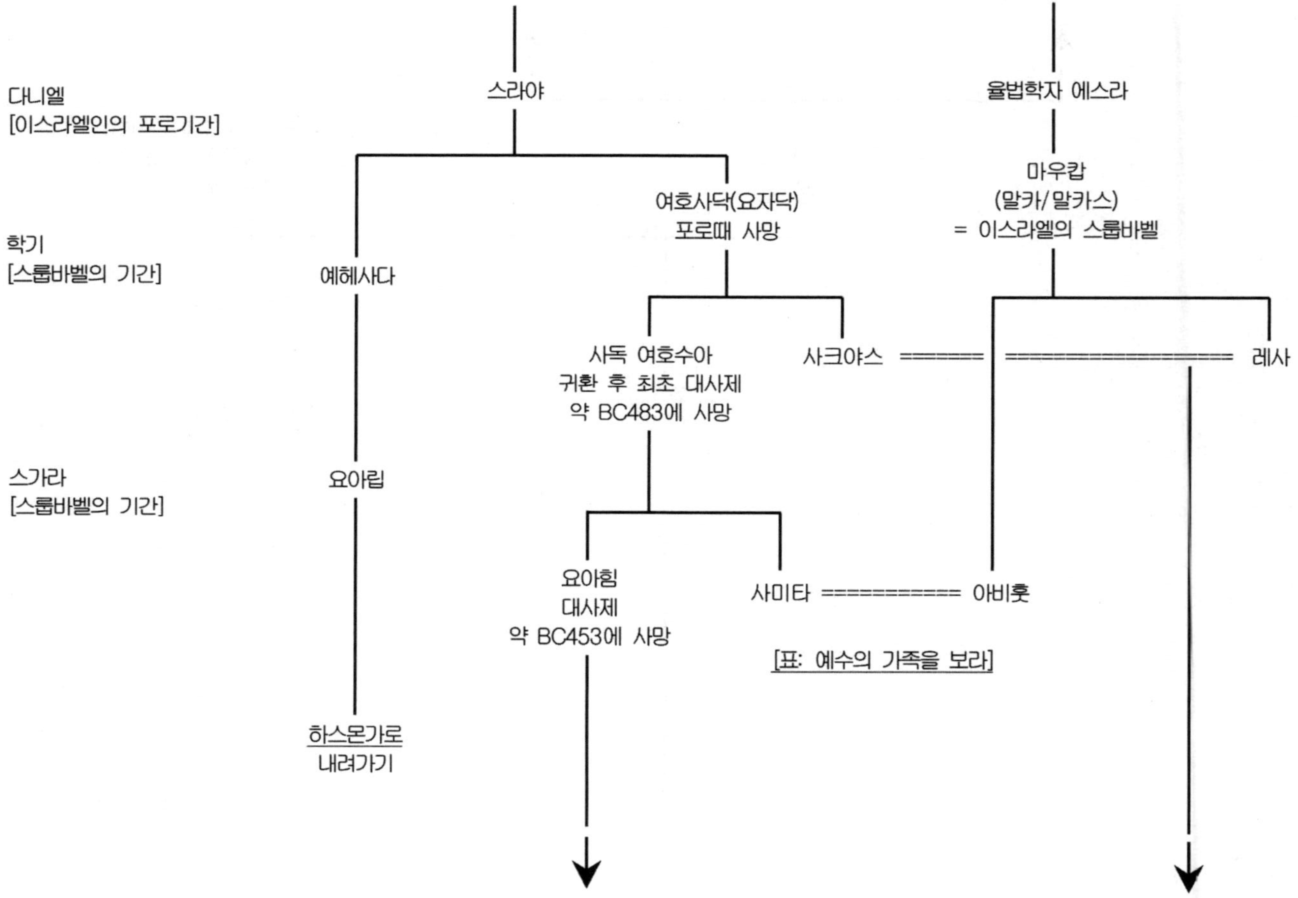

율법학자 에스라

마우랍
(말가/말가스)
= 이스라엘의 스룹바벨

레사

스라야

여호사닥(요자닥)
포로때 사망

사크미스

사독 여호수아
귀환 후 최초 대사제
약 BC483에 사망

사미타 ============ 아비훗

요아힘
대사제
약 BC453에 사망

[표: 예수의 가족을 보라]

에해사다

요아립

요

하스몬가로
내려가기

다니엘
[이스라엘인의 포로기간]

학기
[스룹바벨의 기간]

스가랴
[스룹바벨의 기간]

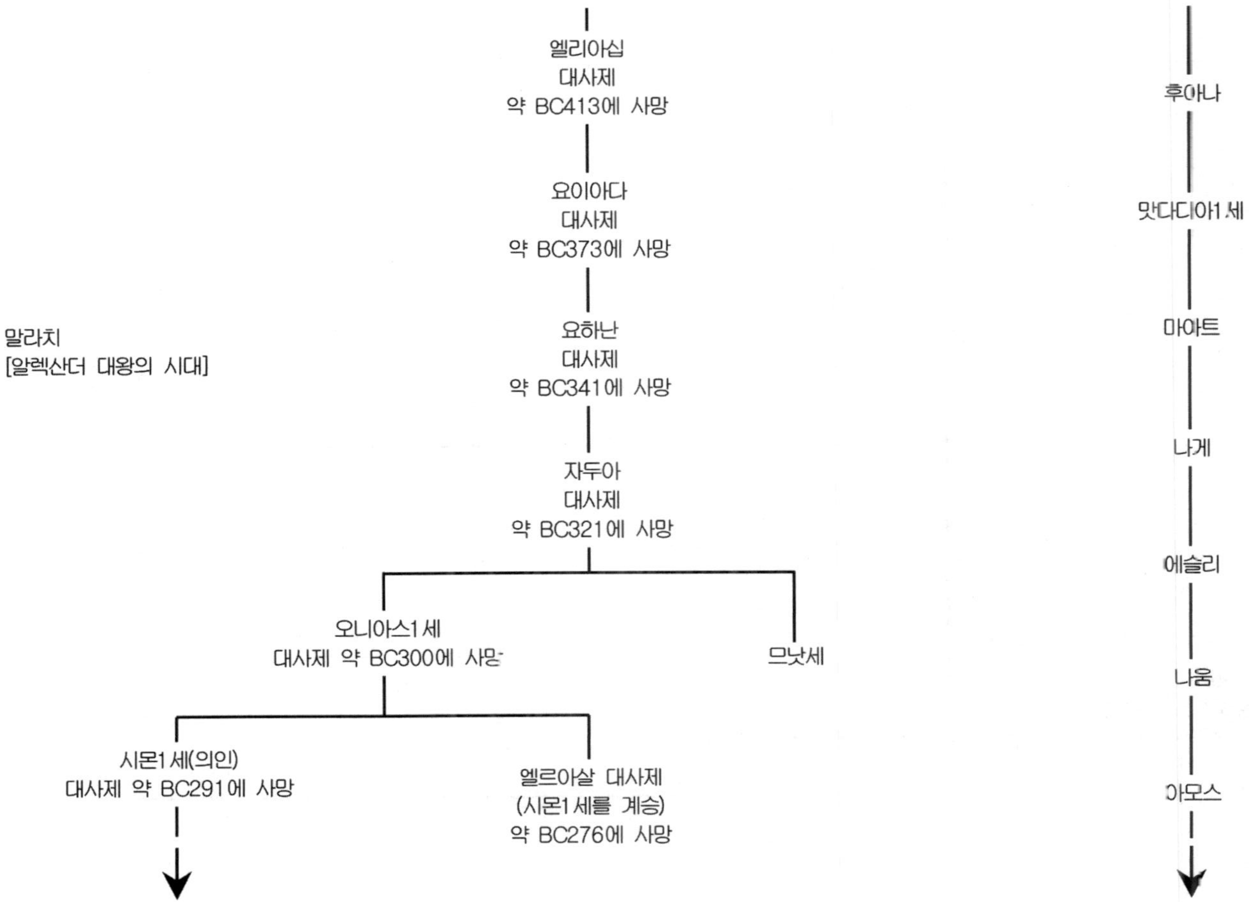

성서의 영웅시대 지도   383

알라지
[알렉산더 대왕의 시대]

엘리아신 대사제 약 BC4130에 사망
요이아다 대사제 약 BC3730에 사망
요하난 대사제 약 BC3410에 사망
자두아 대사제 약 BC3210에 사망
오니아스1세 대사제 약 BC3000에 사망
시몬1세(의인) 대사제 약 BC2910에 사망 ←
엘르아살 대사제 (시몬1세를 계승) 약 BC2760에 사망

모닷세

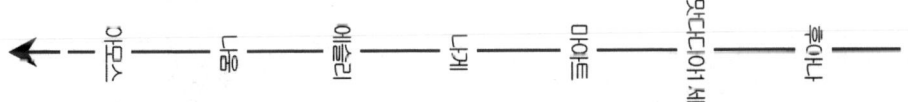

후아나 — 낫다디아셰 — 마아트 — 나게 — 에슬리 — 낳음 — 기모스 ←

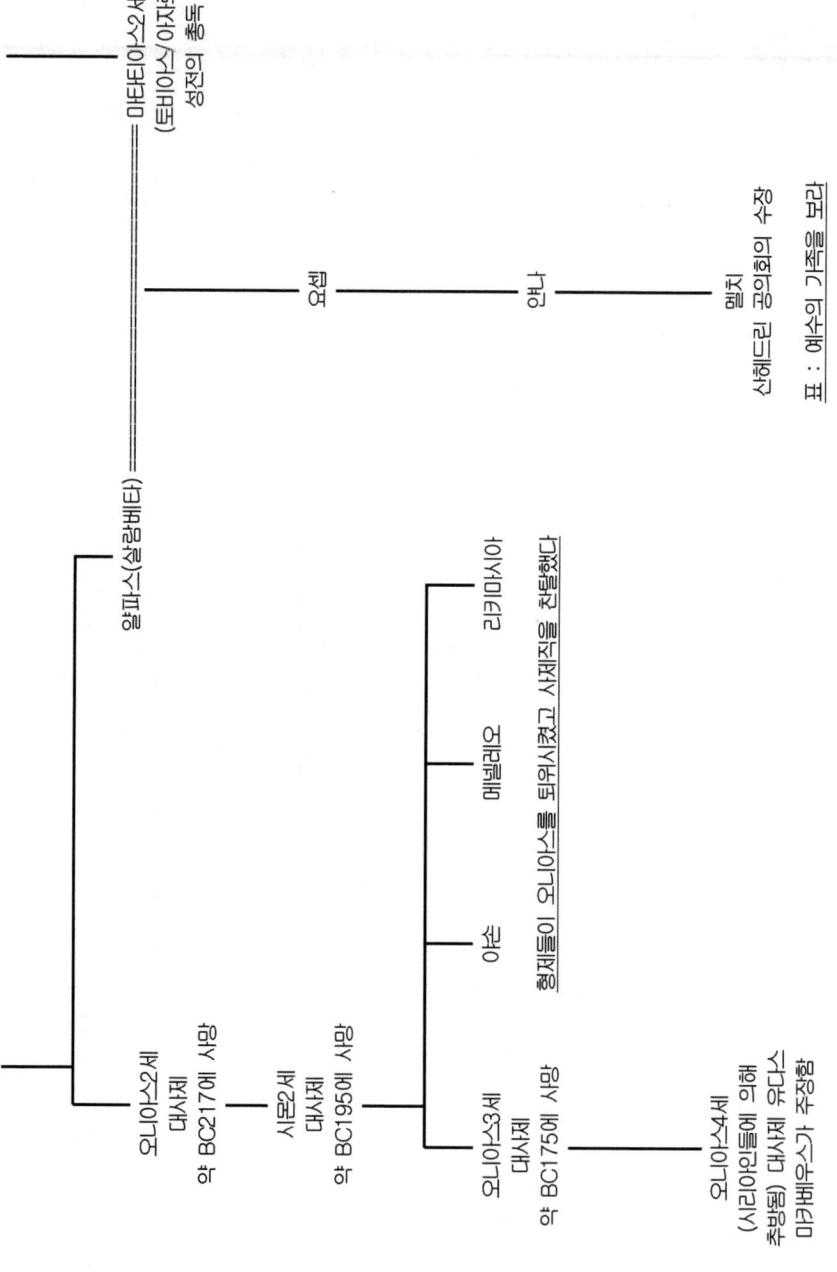

표 : 예수의 가족들 보라

이집트의 파라오들
21에서 26왕조들 - 쿠다 왕들과 동시대

제3중간기
21왕조 : 타니스로부터 지배

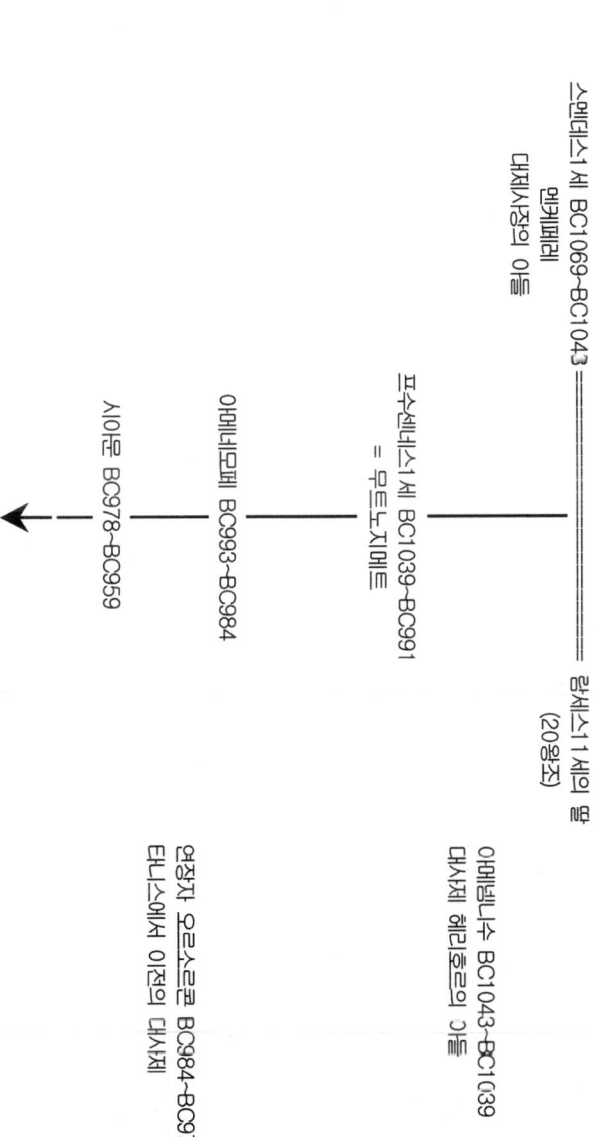

스멘데스1세 BC1069-BC1043
대제사장의 아들
엔케페레

람세스11세의 딸
(20왕조)

프수센네스1세 BC1039-BC991
= 무트노지메트

아메넴누 BC1043-BC1039
대사제 헤리호르의 아들

아메네모페 BC993-BC984

연장자 오로스로곤 BC984-BC978
타니스에서 이전의 대사제

시아문 BC978-BC959

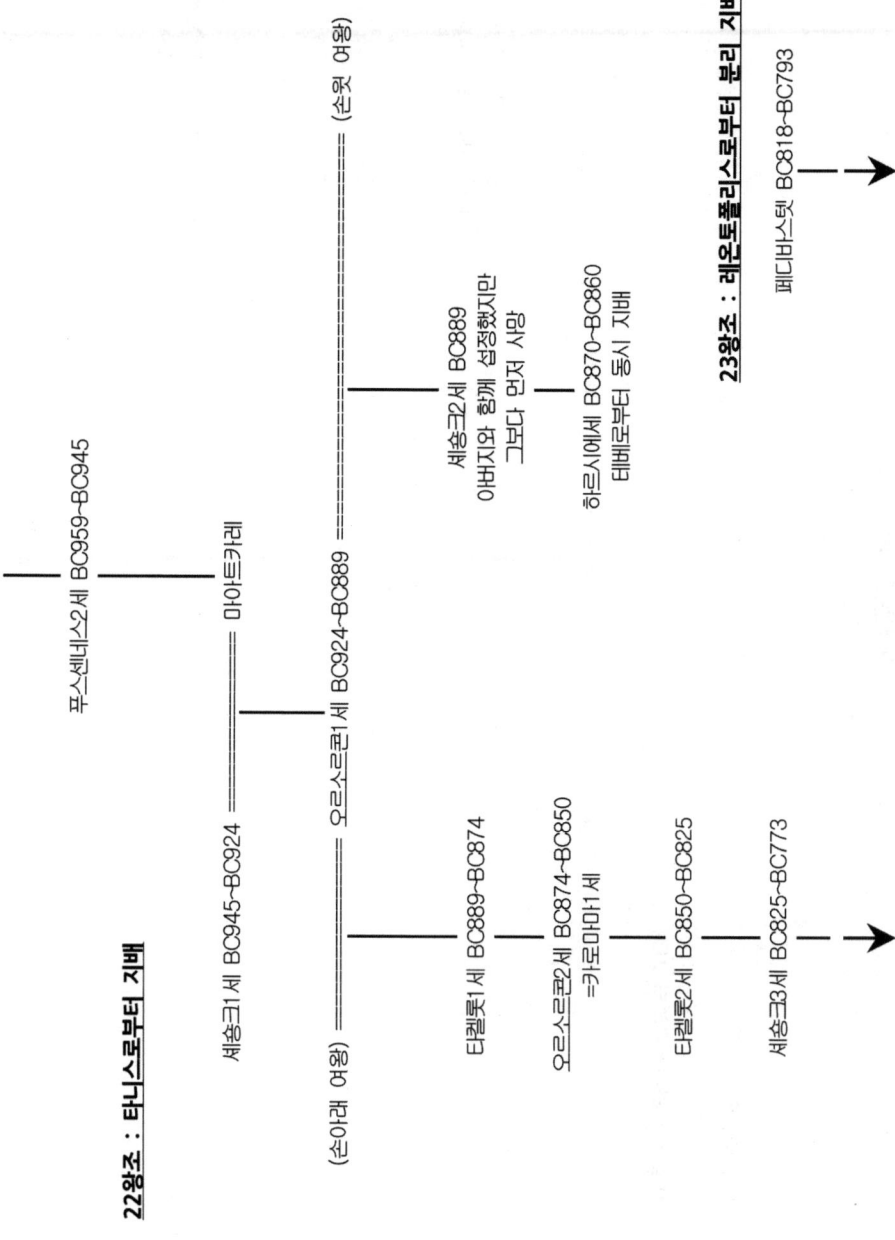

22왕조 : 타니스로부터 지배

푸스센네스2세 BC959~BC945

마아트카레

세숑크1세 BC945~BC924

(손아래 여왕)

우르스르콘1세 BC924~BC889

(손윗 여왕)

세숑크2세 BC889
아버지와 함께 섭정했지만
그보다 먼저 사망

하르시에세 BC870~BC860
테베로부터 동시 지배

타켈롯1세 BC889~BC874

우르스르콘2세 BC874~BC850
=카로마마1세

타켈롯2세 BC850~BC825

세숑크3세 BC825~BC773

23왕조 : 레온토폴리스로부터 분리 지배

페디바스텟 BC818~BC793

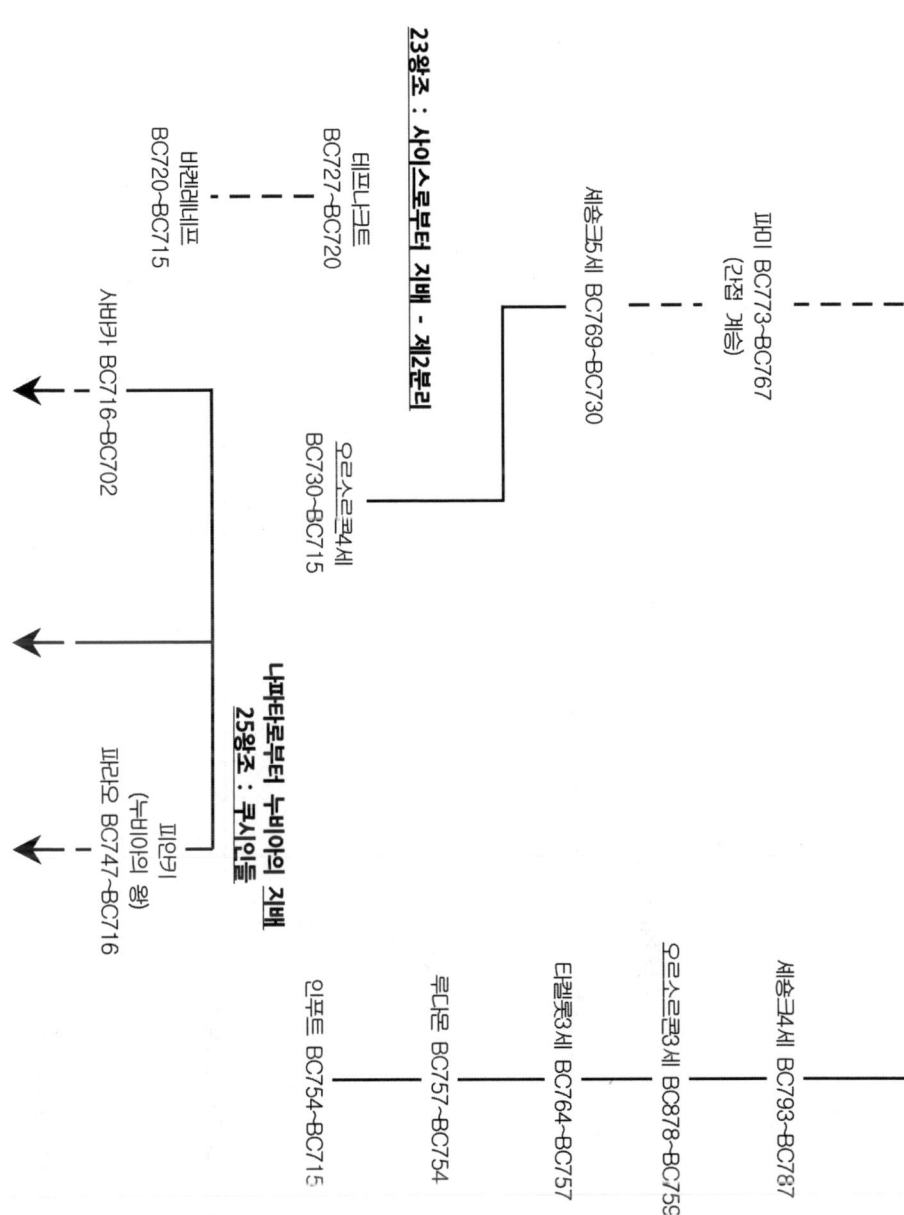

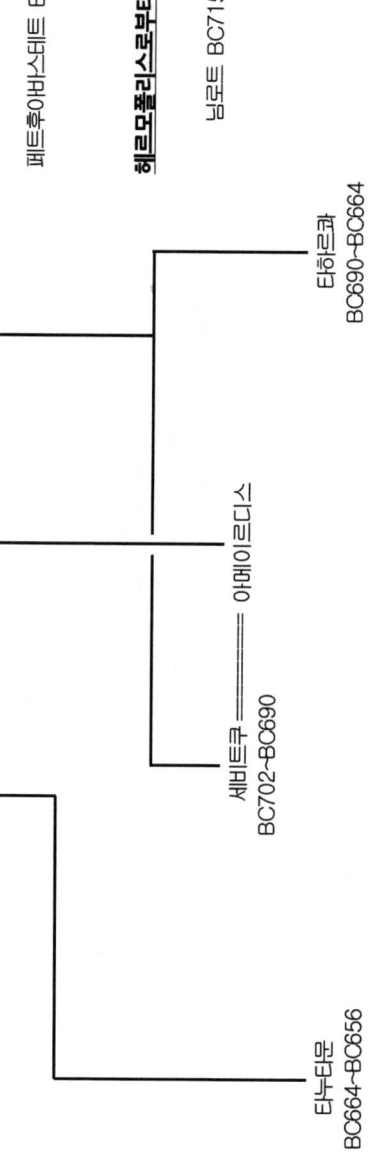

헤라클레오폴리스로부터 지배

페트후아바스테트 BC715

헤르모폴리스로부터 지배

님로트 BC715

세비트쿠 ======== 아메이르디스
BC702~BC690

타누타문
BC664~BC656

타하르콰
BC690~BC664

아시리아의 아슈르바니팔에 의해 이집트 정복됨(BC668~BC631)

26왕조 : 아시리아왕들 - 사이스로부터 지배

프삼티크1세 BC664~BC610

↓

[이스라엘 포로의 시대]

```
네카우 BC610~BC595
(네코/네카네부스)
         |
         +—— (딸)
         |   스키티아의 스코타 공주
         |   = 스키티아의 길람 왕자
         |
프삼티크2세 BC595~BC589
         |
와히브레 BC589~BC570
         |
이흐모세2세 BC570~BC526
         |
프삼티크3세 BC526~BC525
```

페르시아의 캄비세스2세에 의해 이집트 정복됨 BC530~BC522

아시리아의 메소포타미아 왕들
다윗왕으로부터 포로까지 성경 기간과 동시대

아슈르나시르팔 1세 BC1049~BC1031

샬만세르 2세 BC1031~BC1019

아슈르 - 니라리 4세 BC1019~B 1012

아슈르 - 라비 2세 BC101012~BC970

아슈르 - 레스 - 이쉬 2세 BC970~BC 967

티글라스필레세르 2세 BC967~BC935

아슈르 - 단 2세 BC935~BC912

아다드 - 니라리 2세 BC912~BC891

투쿨티 - 닌누르타 2세 BC891~BC884

아슈르나시르팔 2세 BC884~BC859

샬만네세르 3세 BC859~BC824

삼시 - 아다드 5세 BC824~BC811

아다드 - 니라리 3세 BC811~BC783

샬만네세르 4세 BC783~BC772

아슈르 - 단 3세 BC772~BC754

아슈르 - 니라리 5세 BC754~BC746

티글라스필레세르 3세 BC746~BC727

샬만네세르 5세 BC727~BC720

사르곤 2세(샤르루 - 킨) BC720~BC705

산헤립 BC705~BC681

에살하돈 BC681~BC669

아슈르 - 바니팔 BC669~BC631

아슈르 - 에틸 - 일라니 BC631~BC630

신 - 샤르 - 이스쿰 BC630~BC612

아슈르 - 우발리트 BC612~BC610

아시리아는 BC310년 매대와 바빌로니아에 의해 타도되었다.

바빌론의 왕들

다윗왕으로부터 포로까지 성경 기간과 동시대

아다드 – 아팔 – 이디나 BC1067~BC1046

[공위 기간]

심마쉬 – 쉬팍 BC1038~BC1032

[공위 기간]

나부 – 무킨 – 아플리 BC990~BC995

난누루투 – 아쿠드 – 우루수2세 BC955~BC953

마르 – 비티 – 아헤 – 이딘 BC953~BC942

사마쉬 – 무담미쿠 BC942~BC901

나부 – 수미 – 스쿤1세 BC901~BC885

나부 – 아팔 – 이디나 BC885~BC852

마르둑 – 자키르 – 슈미1세 BC852~BC828

나부 – 무킨제리

마르둑 – 빌라추 – 이쿠비

마르둑 – 아팔 – 이디나2세

에리바 – 마르둑 BC782~BC763

나부 – 슘 – 이스쿤 BC763~BC747

나부 – 나시르 BC747~BC733

우킨 – 제르 BC733~BC730

마르둑 – 자키르 – 슈미 2세 BC730~BC721

마르둑 – 아팔 – 이디나 3세 BC721~BC711

[공위 기간]

벨 – 이비니 BC702~BC700

아슈르 – 나딤 – 슘 BC700~BC694

네르갈루 – 쉐지브 BC694~BC693

무쉐집 – 마르둑 BC693~BC669

사마쉬 – 슘 – 우킨 BC669~BC648

칸달아누 BC648~BC627

나보포라사르 BC627~BC605

네부카드레자르 2세 BC605~BC562
(네부카드네자르)

아웰 – 마르둑

네리그리사르

라바쉬 – 마르둑

나부 – 나 – 이드 BC556~BC545

벨사루스루 BC545~BC539
(벨사자르)

BC539
바빌론이 페르시아의 키루스 2세에 의해 지배됨

페르시아의 왕들과 이집트의 파라오들

마케도니아의 알렉산더 대왕 시대까지

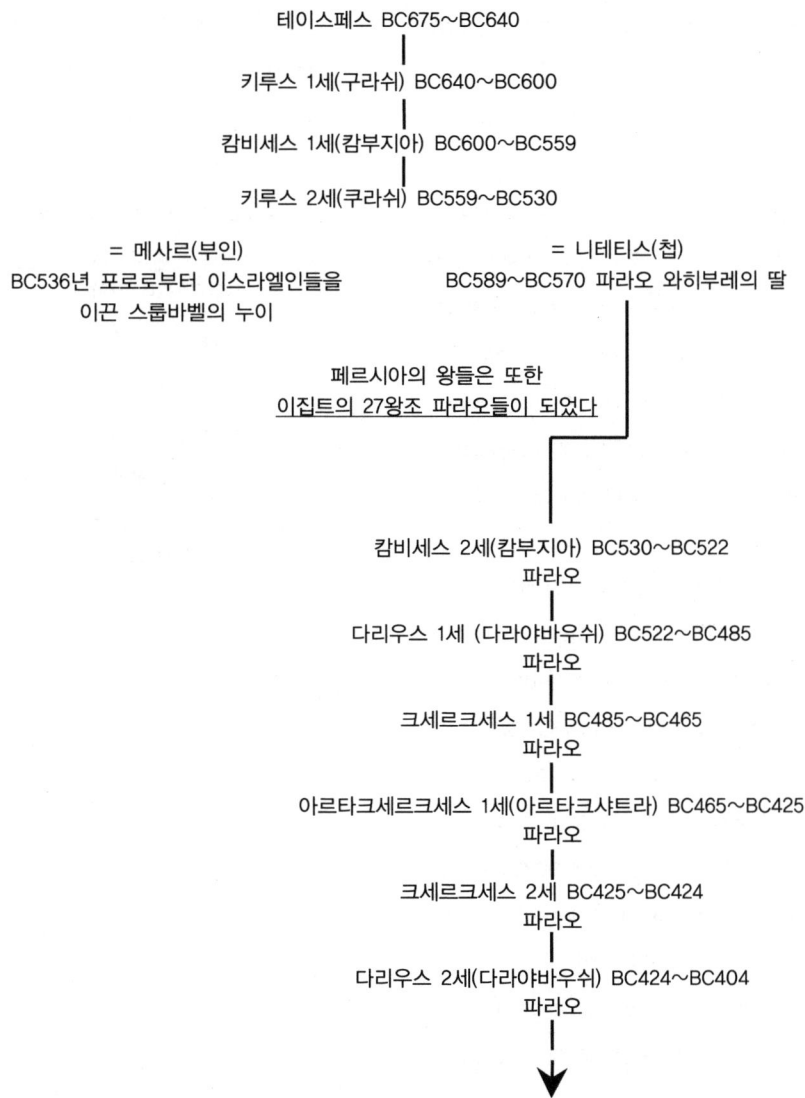

테이스페스 BC675~BC640

키루스 1세(구라쉬) BC640~BC600

캄비세스 1세(캄부지아) BC600~BC559

키루스 2세(쿠라쉬) BC559~BC530

= 메사르(부인)
BC536년 포로로부터 이스라엘인들을
이끈 스룹바벨의 누이

= 니테티스(첩)
BC589~BC570 파라오 와히부레의 딸

페르시아의 왕들은 또한
이집트의 27왕조 파라오들이 되었다

캄비세스 2세(캄부지아) BC530~BC522
파라오

다리우스 1세 (다라야바우쉬) BC522~BC485
파라오

크세르크세스 1세 BC485~BC465
파라오

아르타크세르크세스 1세(아르타크샤트라) BC465~BC425
파라오

크세르크세스 2세 BC425~BC424
파라오

다리우스 2세(다라야바우쉬) BC424~BC404
파라오

평행한 이집트의 28왕조

사이스의 아미르타에우스
BC404~BC399

29왕조

멘데스의 네파아루드
BC399~BC380

하코르(아코리스)
BC393~BC380

30왕조

세벤니토스의 나크네베프
BC380~BC362 (넥타네보1세)

나크토레브
BC360~BC343 (넥타네보2세)

제드하르(테오스)
BC362~BC360

아르타크세르크세스 2세
(아르타크샤트라)
BC404~BC358
파라오

제2 페르시아 시기
31왕조

아르타크세르크세스3세(아르타크샤트라) BC358~BC338
파라오

아르세스 BC338~BC336
파라오

다리우스3세(다라야바우쉬) BC335~BC330
아르타크세르크세스 2세의 큰 조카
파라오

페르시아와 이집트는 BC 330년부터 알렉산더의 마케도니아에 지배를 받는다.

페르시아는 셀레우코스 제국으로 BC312~BC250년간 통합되었다.

성궤의 잃어버린 비밀 393

스파르타의 왕들과 마케도니아

구약과 신약성경 사이 기간의 일부를 포함

스파르타	마케도니아

스파르타

두 가계의 이중 왕권
아기아다이(A)와 유리폰티다이(E)

아낙산드리다스(A) BC560~BC520

아리스톤(E) BC560~BC520

데마라토스(E) BC520~BC491

클레오메네스(A) BC520~BC487

레오티키데스(E) BC491~BC476

레오니다스(A) BC487~BC480

플레이스타르코스(A) BC480~BC458

아르키다모스2세(E) BC476~BC427

플레이스토아낙스(A) BC458~BC400

아기스 1세(E) BC427~BC401

아게실라오스 2세(E) BC401~BC361

아게시폴리스(A) BC400~BC380

클레옴브로토스 2세(A) BC380~BC371

아게시폴리스 2세(A) BC371~BC370

클레오메네스(A) BC370~BC309

아르키다모스 3세(E) BC361~BC338

아기스 2세(E) BC338~BC331

에우다미다스 1세(E) BC331~BC309

아레우스 1세(A) BC309~BC265

마케도니아

페르딕카스 BC500~BC498

알렉산드로스 1세 BC498~BC450

페르딕카스 2세 BC450~BC413

아르켈라우스 BC413~BC399

[공위 기간]

아민타스 3세 BC393~BC370

알렉산드로스 2세 BC370~BC367

페르딕카스 3세 BC367~BC359

아민타스 4세 BC359

필립포스 2세 BC359~BC336

알렉산드로스 3세 BC336~BC323
알렉산더대왕
=페르시아의 록산느

필립포스 3세 BC323~BC317

(공동 통치자)

알렉산드로스 4세 BC323~BC316

(공동 통치자)

아르키다모스 4세(E) BC309~BC265

카산드로스 BC316~BC297

필립포스 4세 BC297(공동 통치자)

안티파테르 1세 BC297~BC296(공동 통치자)

알렉산드로스 5세 BC297~BC295(공동 통치자)

데메트리오스 1세 BC295~BC288
(아시아의 도시 함락자)
[공위 기간]

리시마쿠스 BC285~BC281
또한 트라키아의 왕 BC305~BC281

셀레우코스 BC281~BC280
셀레우코스 왕조의 시초

아크로타투스(A) BC265~BC263

프톨레마이오스 BC280~BC279(케라우노스)

에우다미다스 2세(E) BC265~BC245

멜레이거 BC279

아레우스 2세(A) BC263~BC256

안티파토루스 2세 BC279~BC278

레오니다스 2세(A) BC256~BC252

안티고누스 2세 BC278~BC239
(아시아의 고나투스)

아기스 4세(E) BC252~BC237

클레옴브로토스 3세(A) BC252~BC237

에우리다미다스(E) BC241~BC236

데메트리오스 2세 BC239~BC229

클레오메네스 3세(A) BC237~BC229

아키다모스 5세(E) BC236~BC220

필립포스 5세 BC229와 BC221~BC179

아게시폴리스 3세(A) BC229~BC210

니쿠르고스(E) BC220~BC210

펠롭스(E)
마하니다스(E)

페르세우스 BC179~BC168

나비스(E)
BC146년 스파르타가 로마에 멸망함

성궤의 잃어버린 비밀　395

마케도니아인의 이집트와 프톨레마이오스 왕조

필립 아리다에우스
BC323~BC317

마케도니아의 알렉산드르3세 대왕
BC332~BC323
= 페르시아의 록산느

알렉산드르4세
BC317~BC305

이집트의 파라오들 - 톨레미 왕조와 클레오파트라

< 1

톨레미1세(소터1세) BC305~BC282
(알렉산드르3세의 마케도니아 장군)
= 베레니스(첩)
유리디아스를 섬기는 여인

2 >

에우리디케, 마케도니아의
안티파투르 섭정의 딸

파라오의 딸
= 뤼시마쿠스

톨레미2세(필라델퍼스) C285~BC246
= 아르시노에
트라이아의 뤼시마쿠스 장군의 딸

396   Lost Secrets of the Sacred Ark

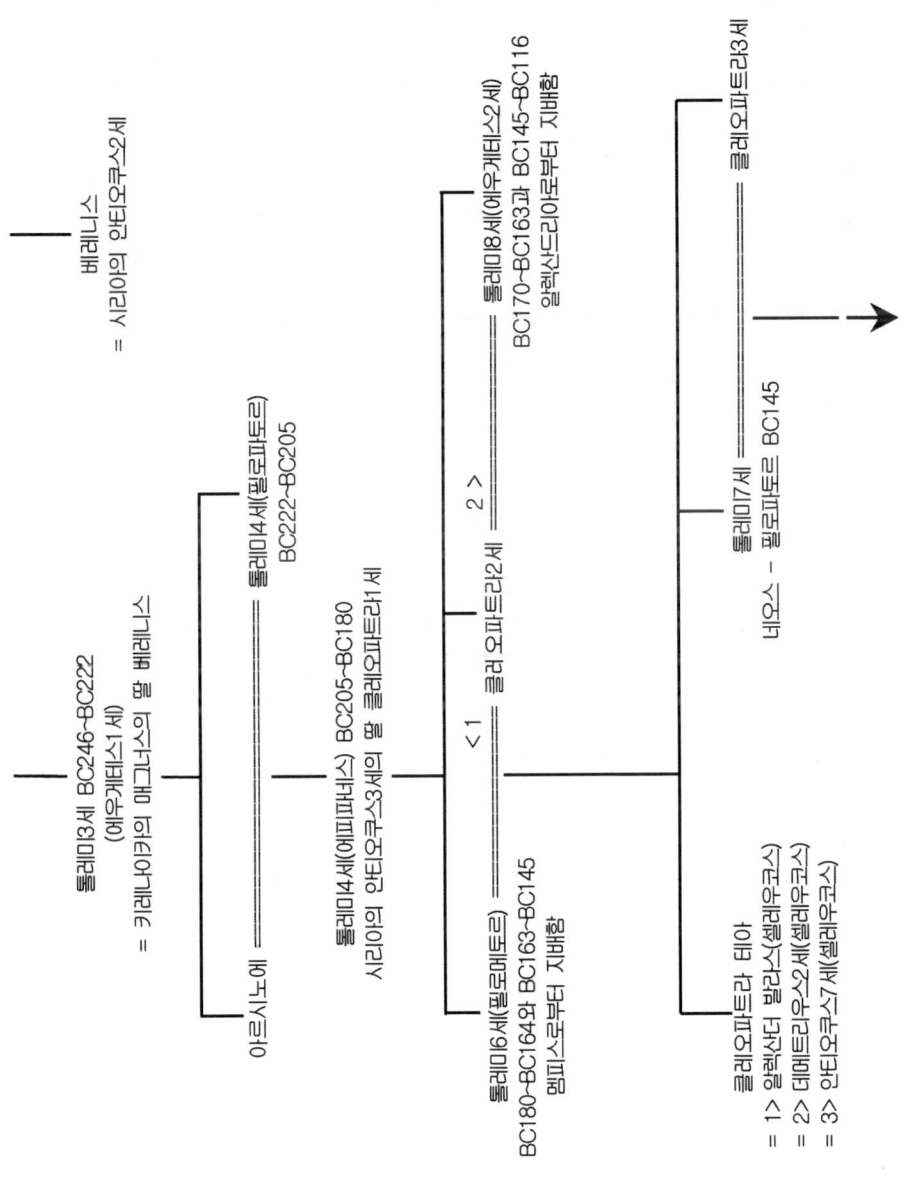

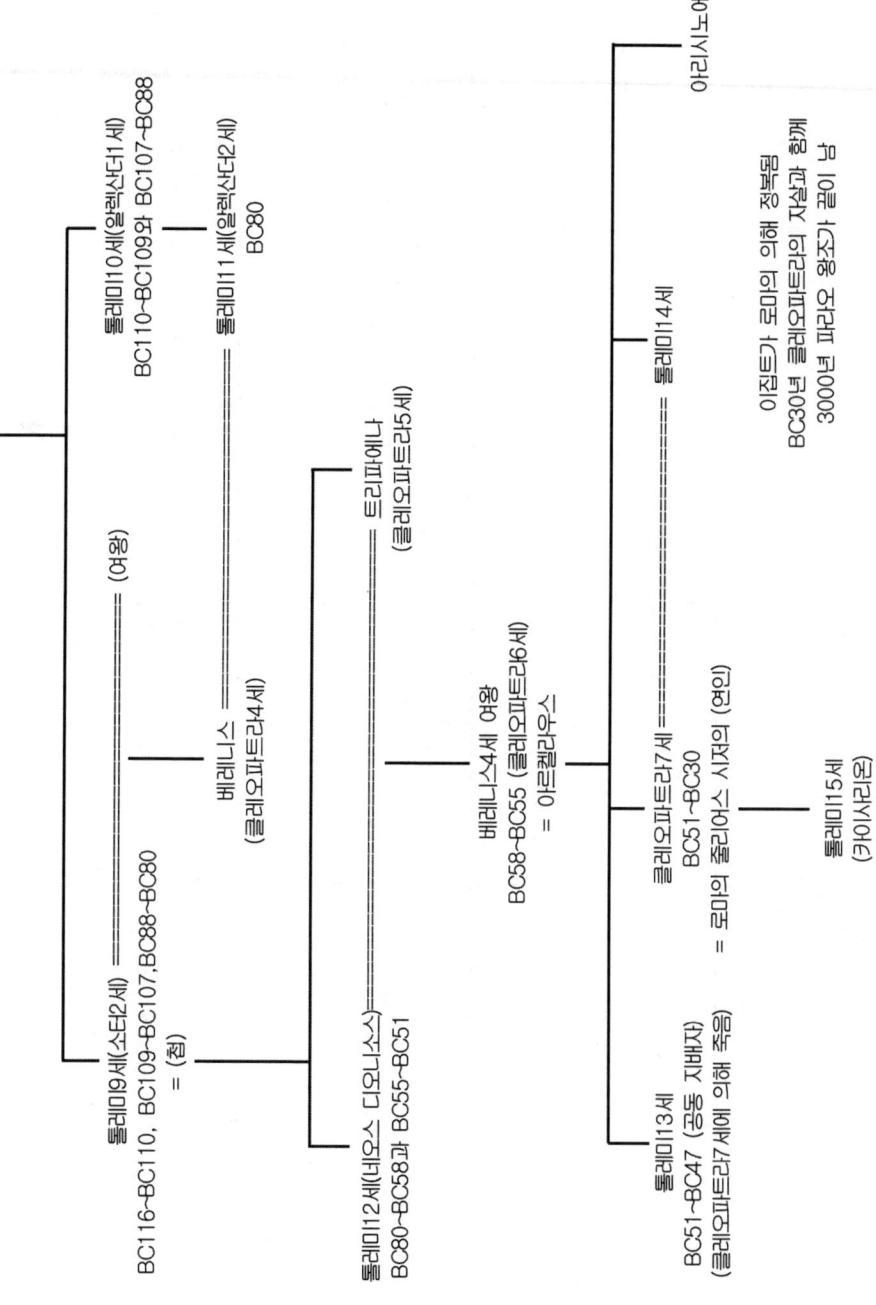

상실의 요아하킴 지음   399

셀레우코스 제국
시리아, 소아시아, 메소포타미아, 페르시아

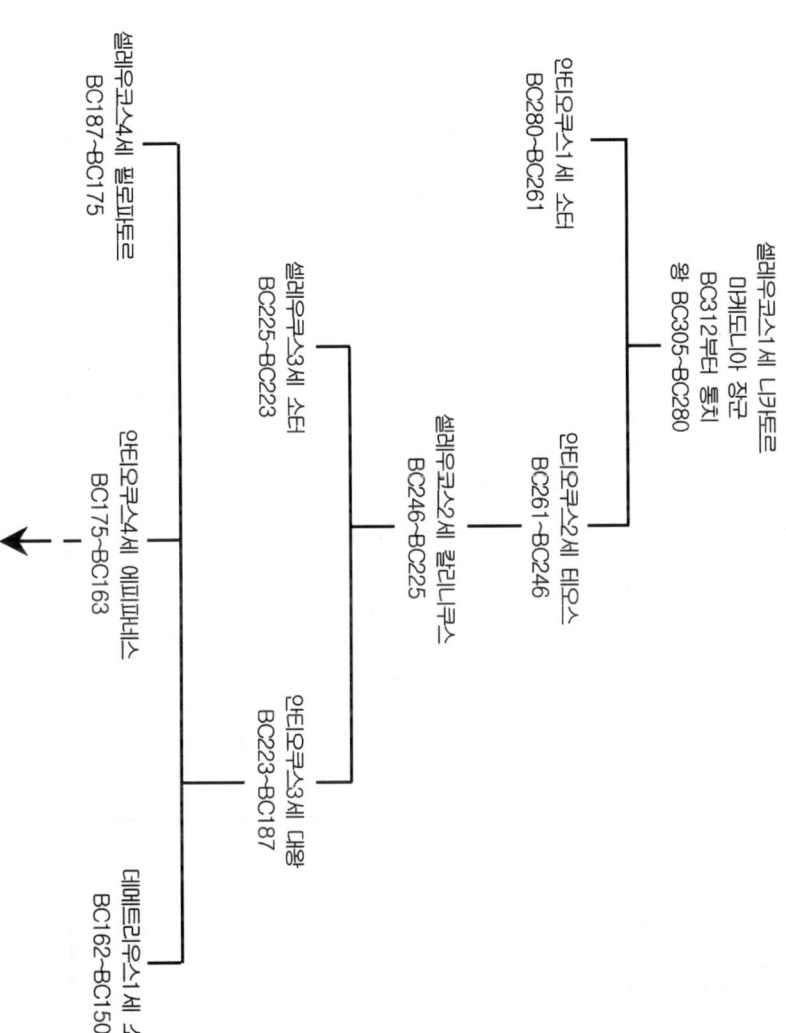

- 셀레우코스1세 니카토르
  마케도니아 장군
  BC312부터 통치
  왕 BC305~BC280
  - 안티오쿠스1세 소테르
    BC280~BC261
    - 안티오쿠스2세 테오스
      BC261~BC246
      - 셀레우코스2세 칼리니쿠스
        BC246~BC225
        - 셀레우코스3세 소터
          BC225~BC223
        - 안티오쿠스3세 대왕
          BC223~BC187
          - 셀레우코스4세 필로파토르
            BC187~BC175
            - 안티오쿠스4세 에피파네스
              BC175~BC163 ←
          - 데메트리우스1세 소터
            BC162~BC150

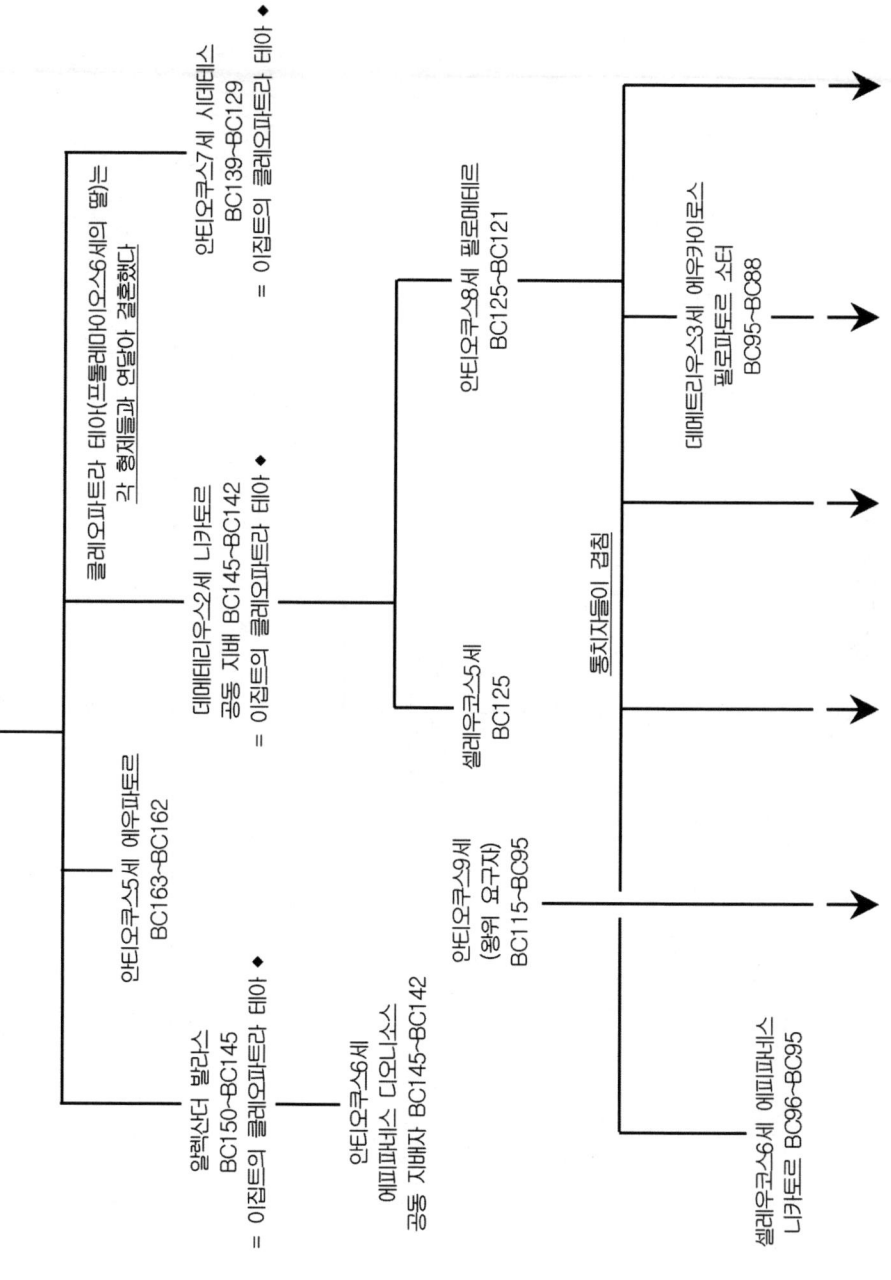

400   Lost Secrets of the Sacred Ark

부록 II 유대아 왕가의 계보

```
안티오쿠스10세 에우세베스
필로파토르 BC95-BC83
                                  안티오쿠스11세 에피파네스
                                  필라델푸스
                                  BC92
안티오쿠스12세 아시아티쿠스
BC69-BC64
                                                        필리파스1세 에피파네스
                                                        필라델푸스
                                                        BC92-BC83
                          필립파스2세
                          BC65-BC64
                                                                  티그라네스
                                                                  아르메니아 왕
                                                                  BC83-BC69
                                                                                      안티오쿠스12세 디오니소스
                                                                                      BC87-BC84
```

셀레우코스 왕국들은 BC64년에 로마에 몰망했다.

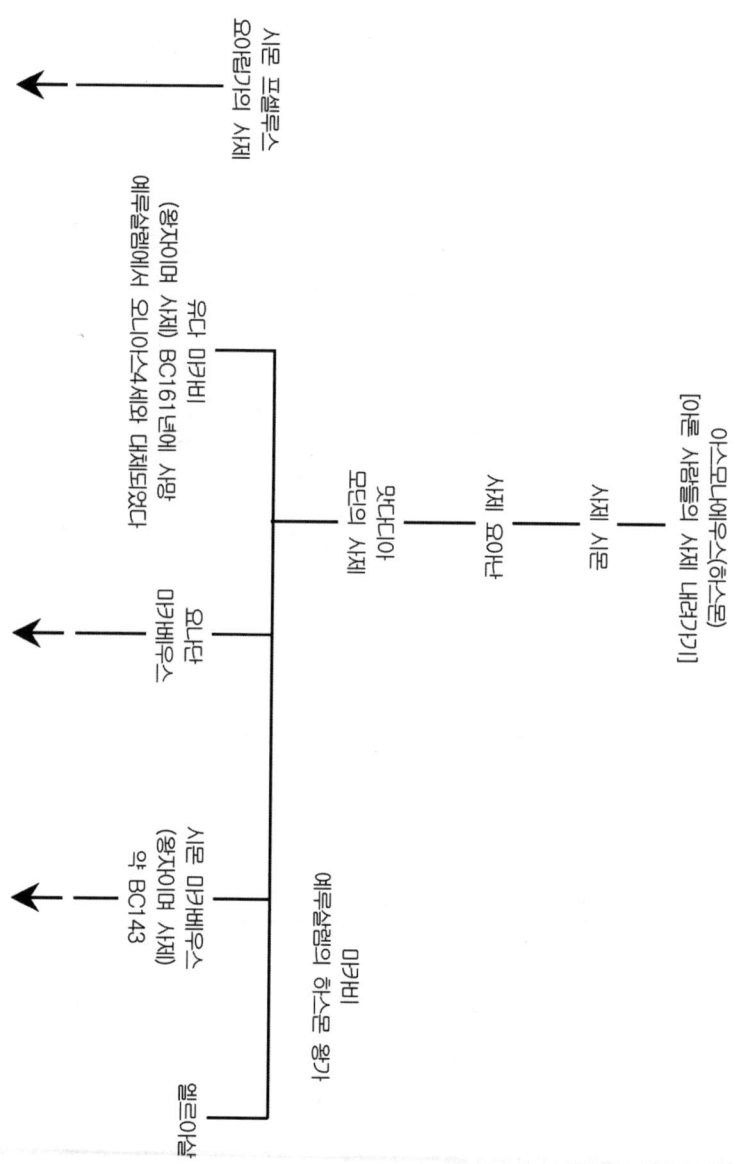

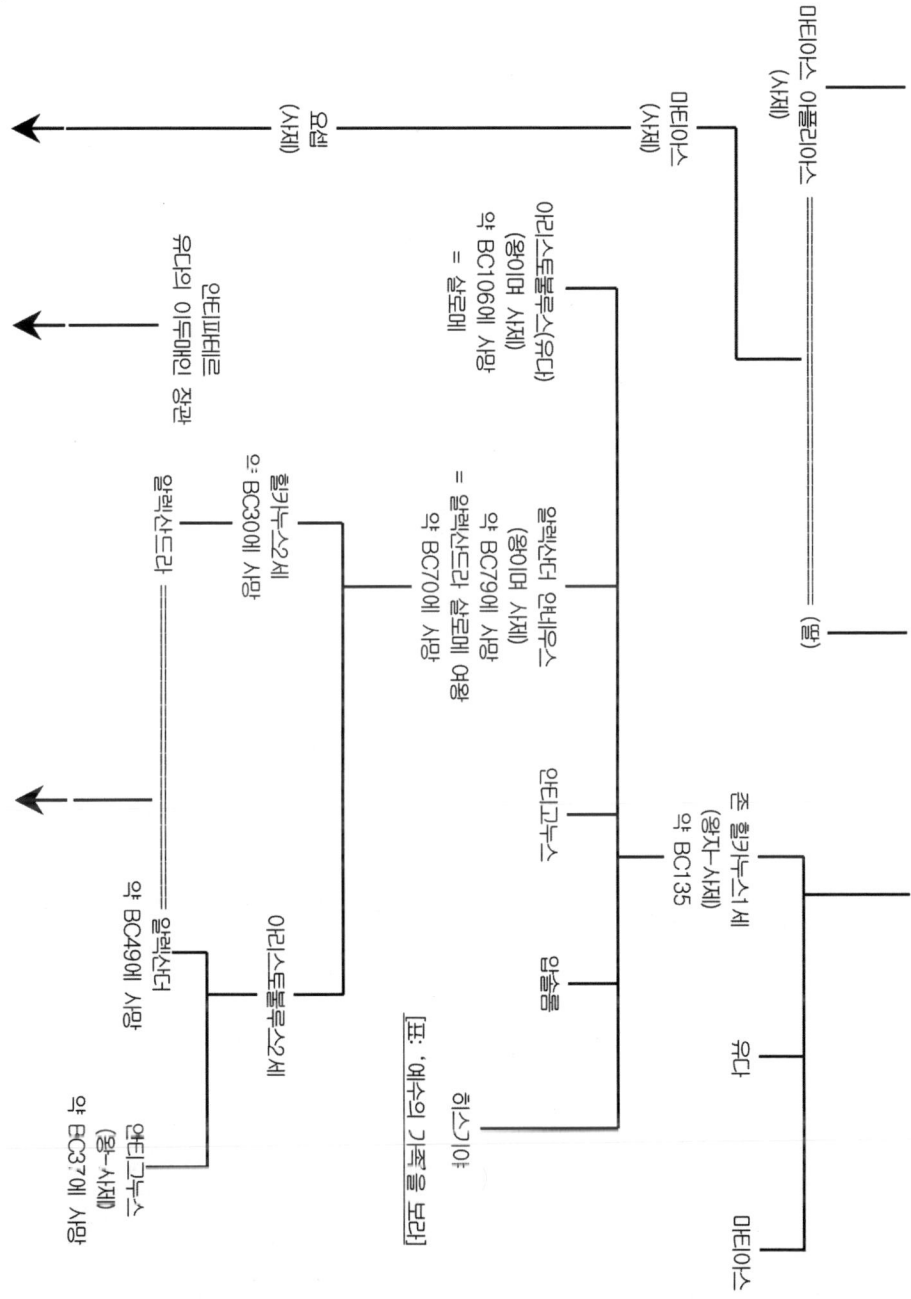

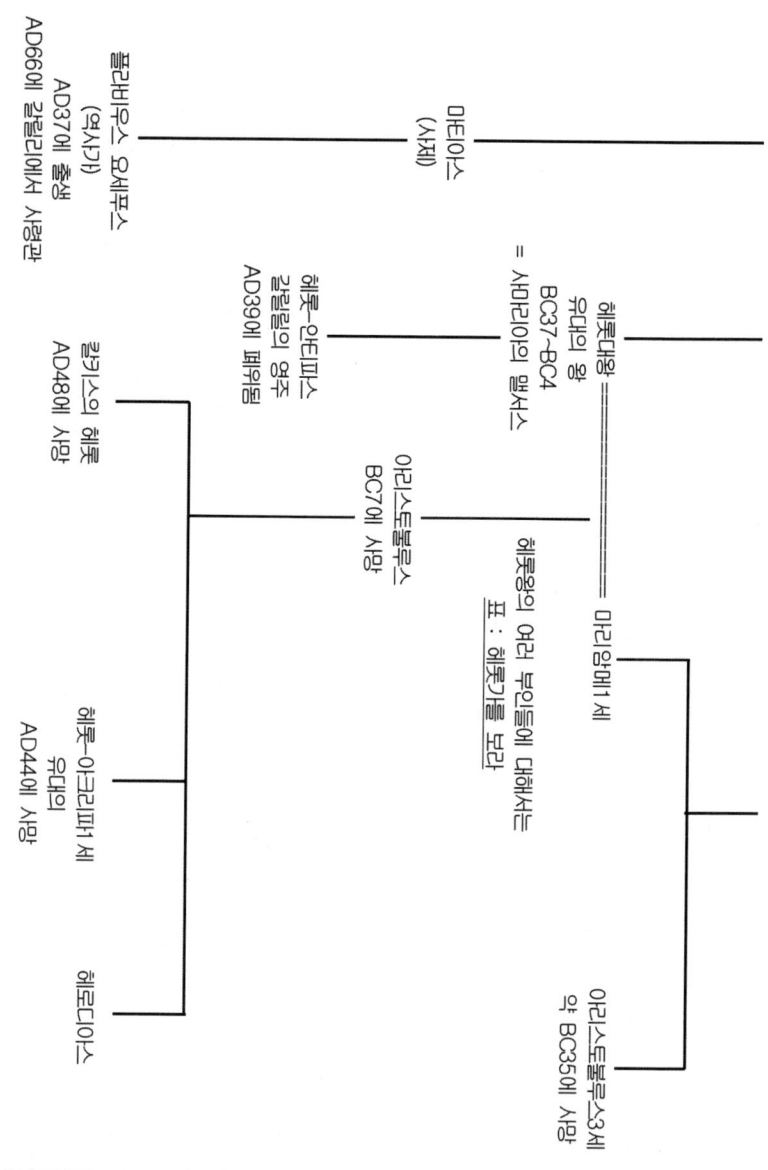

로마 공화국과 초기 제국
율리아스 시저부터 네로까지

제1차 삼두정치
가이우스 율리어스 시저
BC60~BC44

미르쿠스 안토니우스
BC42~BC30

제2차 삼두정치
미르쿠스 에밀리우스 레피두스
BC42~BC13

그나이우스 폼페이우스 마그누스
BC60~BC48

미르쿠스 리키니우스 크라수스
BC60~BC53

가이우스 옥타비우스
BC42
아우구스투스 황제가 되었다 ◆

로마황제들
아우구스투스(옥타비안) ◆
BC27~AD14

클라우디우스 티베리우스
AD14~37

가이우스 시저(칼리굴라)
AD37~41

클라우디우스 1세
AD41~54

루시우스 도미티우스 네로
AD54~68

헤롯가

신약성경 왕들과 유대의 총독들 (BC37~AD99)

이두매인 안티파테르
BC48에 사망
= 사이프로스 (아라비아인)

헤롯대왕
BC37부터 유대의 왕
BC4에 사망

 < = 10명의 부인들(몇몇은 동시에) 포함해서 = >

1
= 도리스
(이두매인)

안티파테르
BC4에 사망

2
=마리암메1세
알렉산더의 딸
하스몬사람
(유대인 여자)

아리스토불루스
BC7에 사망
= 베레니스
헤롯대왕의
조카딸

알렉산더
BC7에 사망
= 글라피라

3
= 팔라스

4
= 파에드라

5
= 마리암메2세
시몬 보에투스의 딸
대사제
(유대인 여자)

헤롯-필립
(토마스)
= 헤로디아스 ◆
살로메 ◆

6
= 사마리아의
말다스
BC4에 사망
(사마리아인)

아켈라오
유대의 총독
AD6에 폐위됨
[갈릴리로 망명]

헤롯-안티파스
갈릴리의 영주
AD39에 폐위됨
[갈릴리로 망명]
= 헤로디아스 ◆
(이래를 보라)

7
= 예루살렘의
클레오파트라
(유대인 여자)

헤롯-필립
트라코니티스의
영주
AD34에 사망
= 살로메 ◆

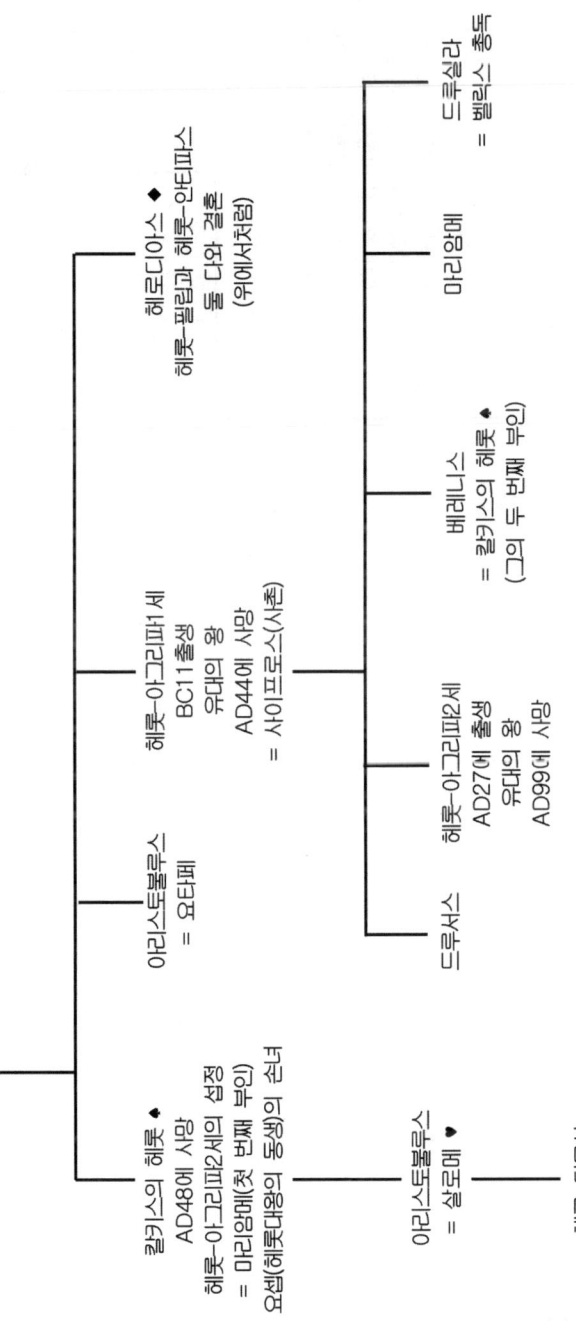

성궤의 잃어버린 비밀　407

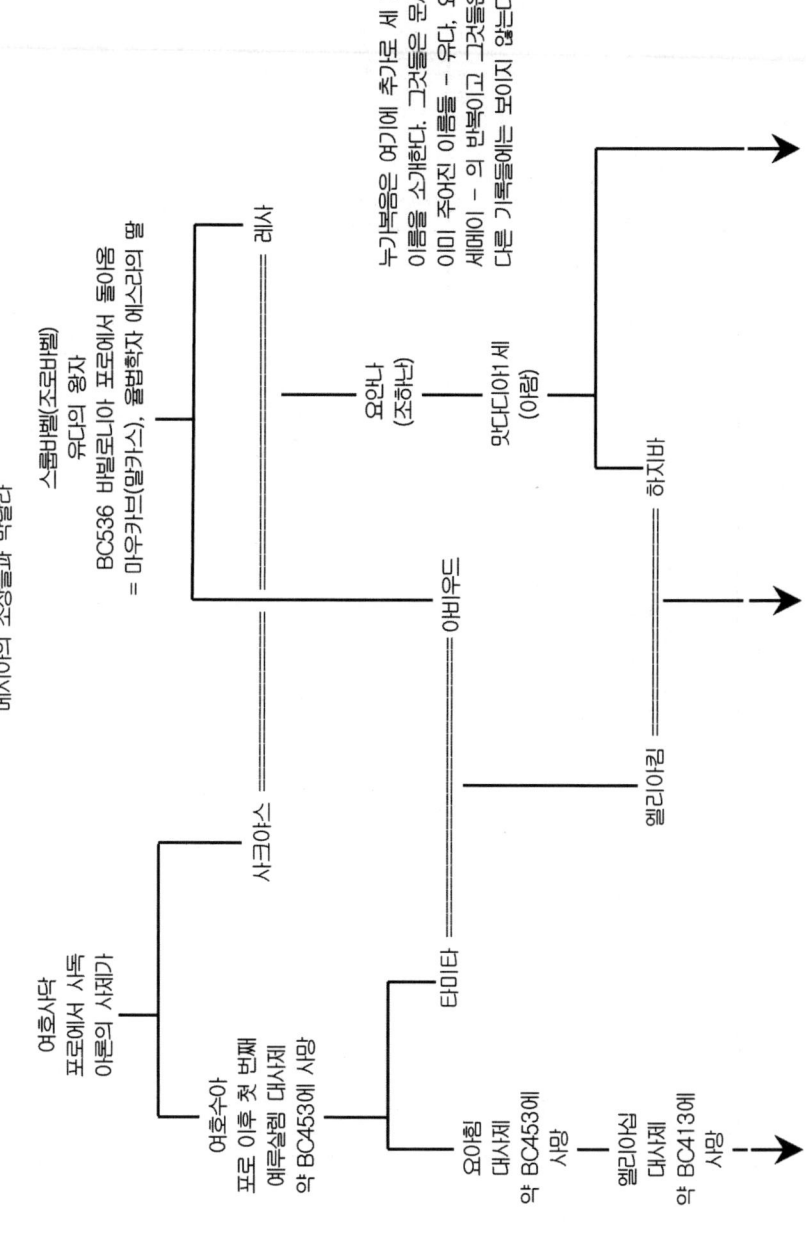

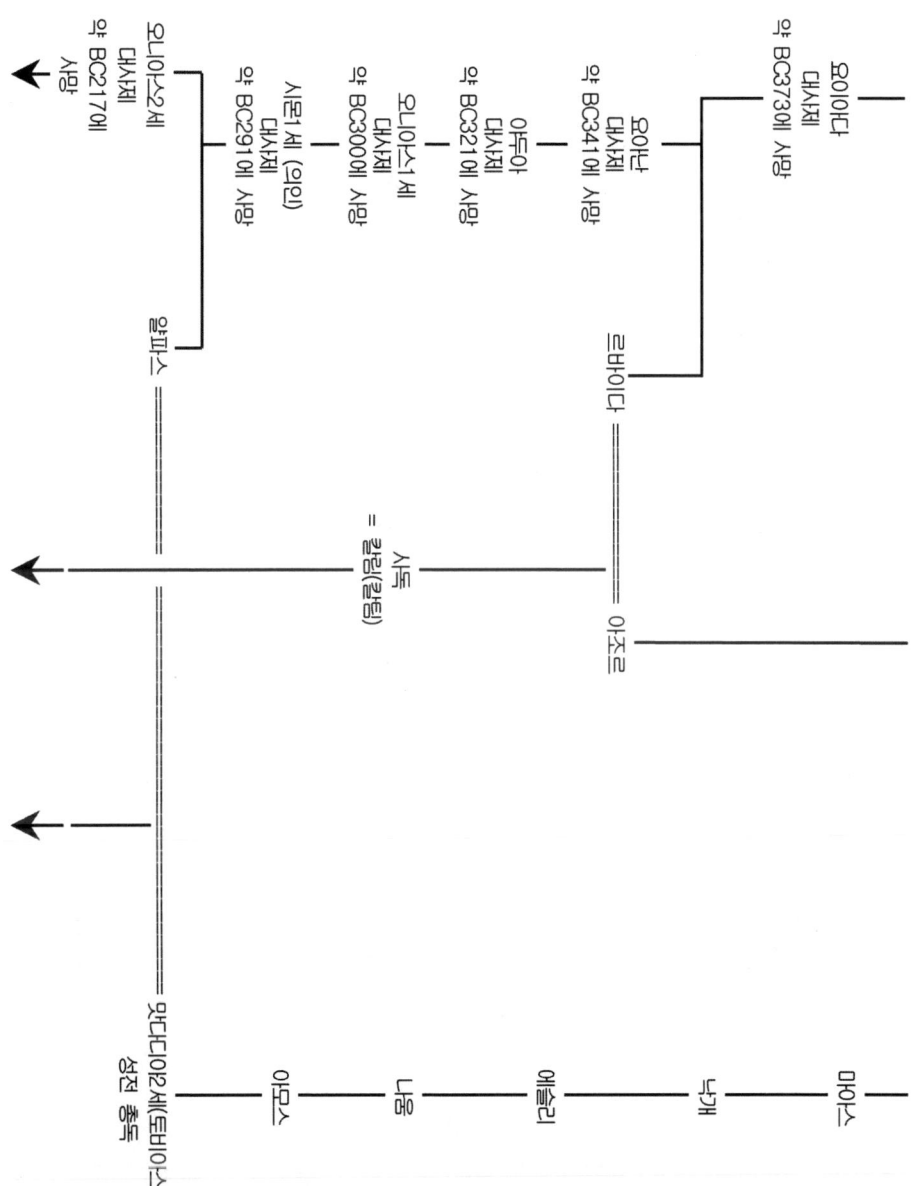

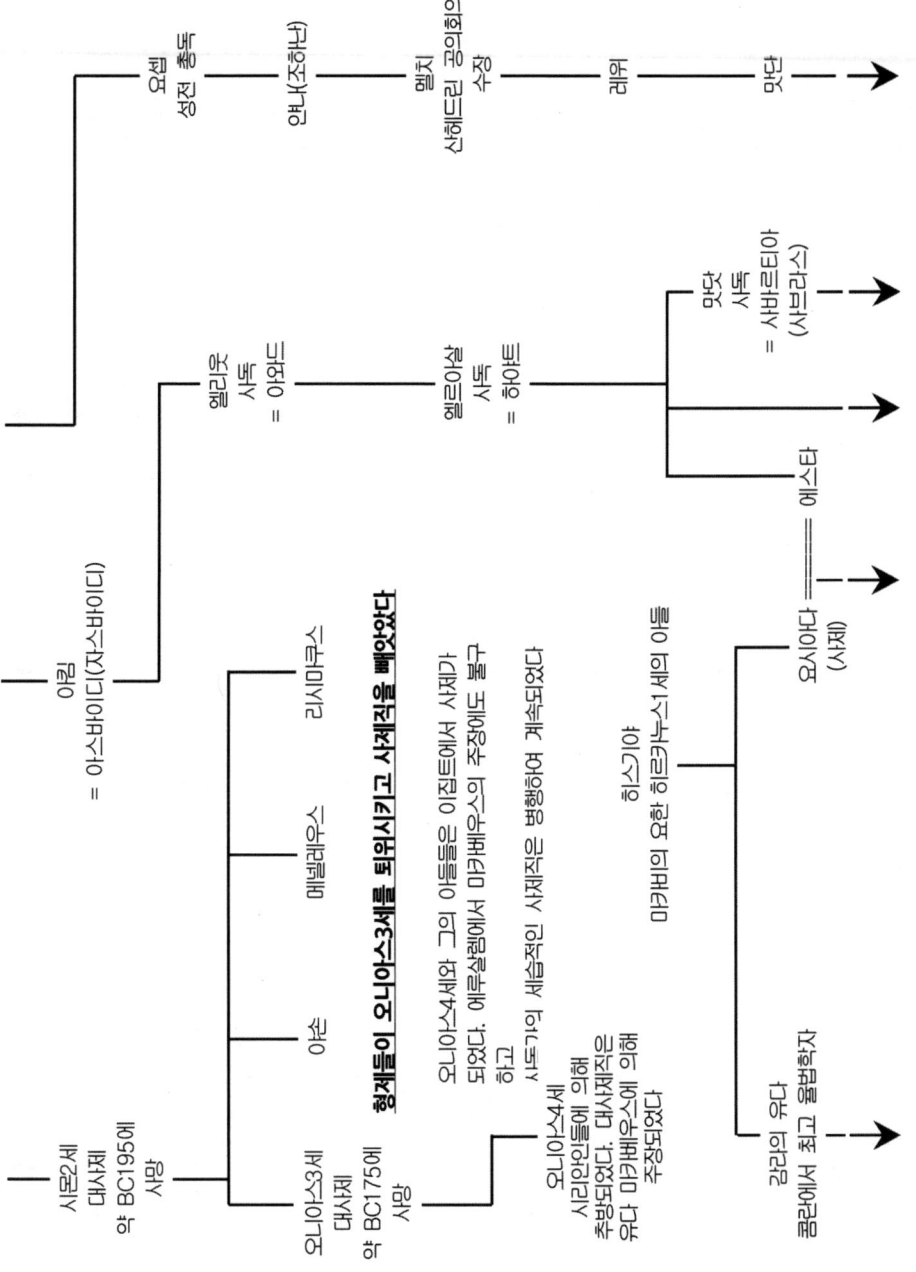

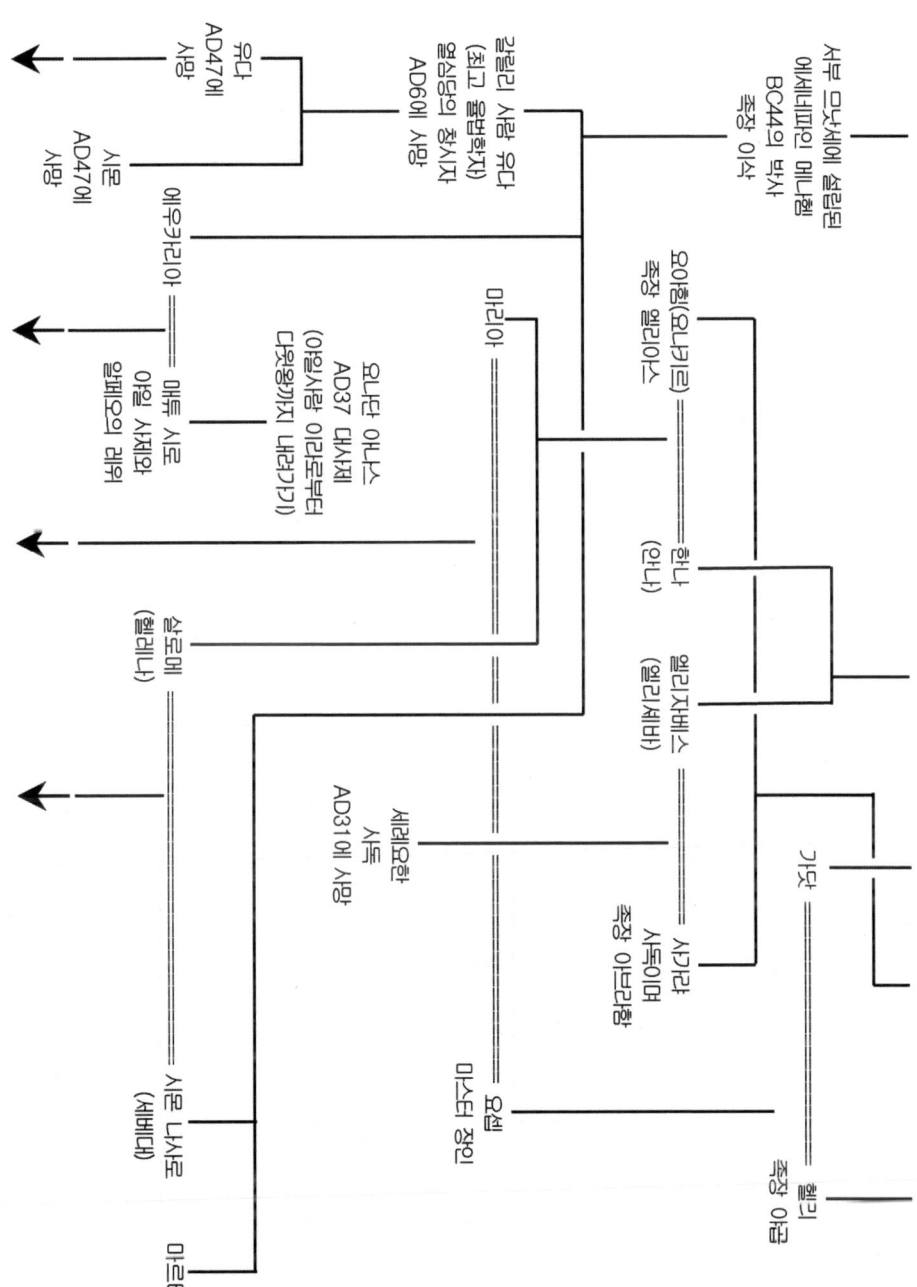

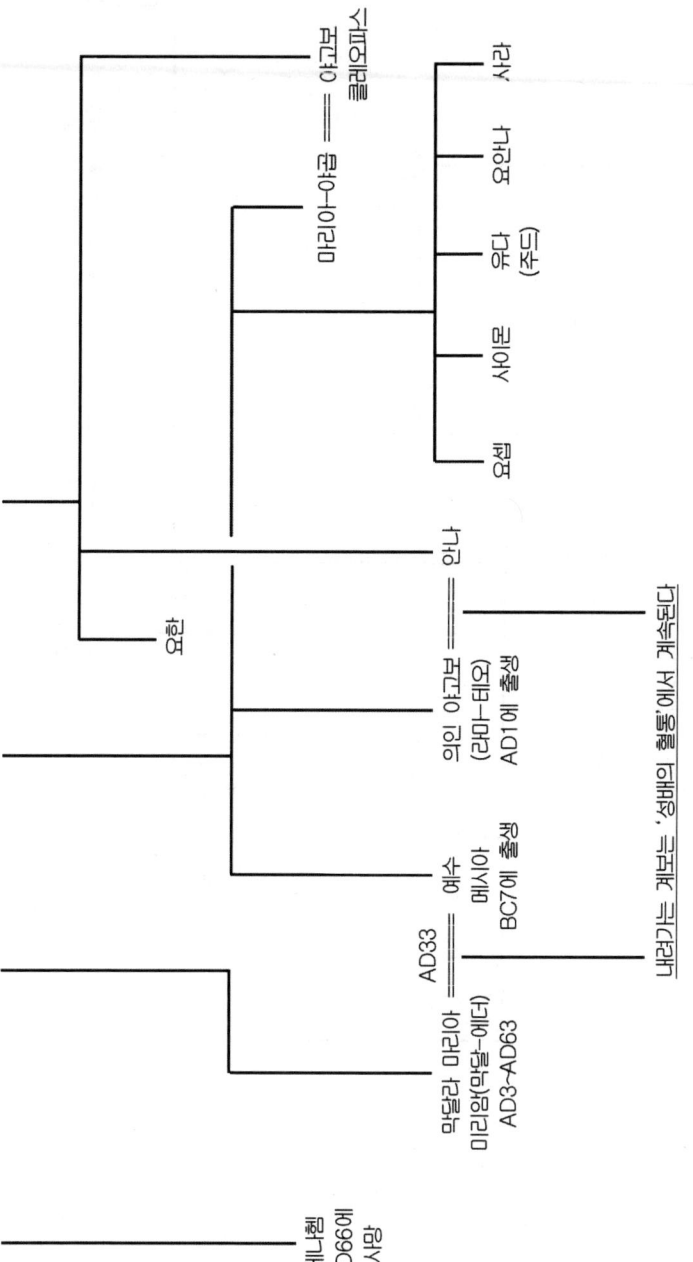

412   Lost Secrets of the Sacred Ark

부록

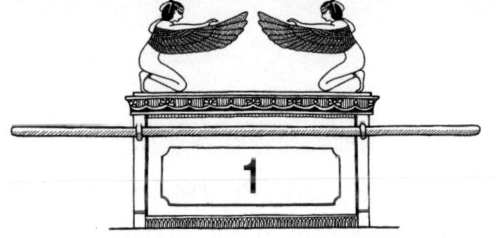

무덤의 수수께끼

〈근동연구잡지Journal of Near Eastern Studies〉1에 따르면 네페르티티가 아케나텐의 위대한 왕실의 부인으로 지명되었기 때문에 그녀는 의심의 여지없이 최고의 혈통이었다고 한다. 아케나텐은 파라오의 전통에 따라 손위의 계승자인 그녀와 결혼함으로써 왕의 지위를 얻었지만 이에 굴하지 않고 많은 이집트학 학자들(아마르나왕들을 비난하려는 지속적인 시도에서)은 네페르티티 유산을 경시하고 있다. 그들은 그녀가 아멘호테프 3세와 시타문의 딸일 필요가 없다고 주장하기를 더 선호하고, 아케나텐의 경계석이 그녀를 특별히 계승자로 나타내어 상하 이집트의 여지배자(두 땅2의 여인)로 부르는 사실에 주목하지 않는다. 사실 기의 3000년의 왕조 역사를 통하여 네페르티티의 얼굴은 모든 이집트 여왕 중에서 가장 잘 알려진 것으로 나타났고, 그녀의 엄청난 중요성은 발견된 카르투시 위에 그녀의 이름이 놀라울 정도로 자주 나타난 것으로 강조된다. 그녀의 남편 아케나텐에 대한 언급이 3번인데 반해 그녀는 67번 언급된다.3

아케나텐의 시나이 망명과 관련하여 그의 죽음에 대한 증거는 조금도 없다고 말할 수 있다. 그는 그저 이집트에서 사라졌다.4 스멘크카레에 대해 고찰이 계속되고 있지만 그의 죽음에 대한 이집트 기록은 없다. 현재 스멘크카레와 아케나텐에 관한 논쟁이 일고 있는 무덤은

성궤의 잃어버린 비밀   415

아마르나에 있지 않고 테베의 왕들의 계곡에 있는 무덤 번호 KV55이다. 이 무덤은 1907년 1월, 미완성의 상태로 물에 훼손된 채 발견되었다. 묘실은 하나뿐이며 그 안의 시신은 여성으로 확인되었다. 처음에는 아마 아케나텐의 어머니 티예 왕비일 것이라고 생각했지만 점유자의 이름을 가리키는 아무런 카르투시가 없었기 때문에 이것은 단지 추측에 불과했다. 그럼에도 불구하고 티예의 금을 입힌 석관의 잔해가 있었다. 계속해서 또 다른 신원 미상의 여성 시체가 KV35 무덤(아멘호테프 2세 무덤) 근처에서 발견되었고, 현재 티예 왕비의 시체로 추정한다.5

이 발견의 결과로 KV55 무덤 (그것은 단지 상태가 아주 좋지 않게 보존된 유골이다.) 에서 발견된 시신은 신비하게도 성별을 바꾼 것으로 보이며, 그 후 아케나텐의 유해라고 제기되었다.6 이러한 수정된 이론의 이유는 아케나텐에 대한 현대의 몇몇 묘사들이 그가 이상하게 둥그런 골반 구조를 가지고 있다는 것을 보여주었기 때문이다. 그러나 알려진 것처럼, 아마르나 예술은 이집트에서 독특한 것이었고 유명한 네페르티티 흉상에 있는 특별히 긴 목처럼 많은 신체적 기이한 것들을 포함시켰다. 실제 인물을 이 혁신적 예술 형식에 맞추려고 노력한 것은 오히려 피카소의 모델인 왜곡된 인물들을 찾는 것과 같다. 이것을 인지하고 또 그 몸이 여성이었다고 인정하면서 몇몇 이집트학 학자들은 (그들의 아케나텐 이론을 유지하기 위해) 그와 네페르티티가 6명의 딸을 두었던 것으로 알려진 사실을 완전히 무시한 채, 심지어 어쩌면 아케나텐이 남자로 변장한 실제 여자였을 수도 있다고 주장하기도 한다. 그 몸이 특이한 모양을 한 남자라는 생각을 추종하는 다른 사람들은 그것이 아마도 스멘크카레7의 유골일 것이라고 추측한다. 그러나 이 개념은 전혀 뒷받침되지 않고 그의 이름을 암시하는 문자 파편이 하나도 없다.

이 무덤에서는 여성의 머리가 섬세하게 조각된 설화석고 카노푸스

416   Lost Secrets of the Sacred Ark

단지(방부 처리한 시체의 내장을 넣는 데 사용하는) 4개도 발견되었지만 그것들은 새김이 없었다. 유골 잔재가 아마 아케나텐(무세)이나 스멘크카레(아론)의 것인지에 관한 논쟁이 계속되고 있음에도 불구하고 현존하는 유일한 문자 파편은 그 무덤이 왕가의 여성을 위해 준비되었다는 것을 나타내며 비록 그 명문이 심하게 손상되었지만 그 소유자의 이름은 분명히 여성적인 결말을 지니고 있다.

아케나텐에 관한 한, 그의 정확하게 계획된 무덤은 아마르나에 별도로 위치해 있는데, 그의 17년 통치 기간 중 약 6년 만에 바위에서 잘려나간 것으로 보인다. 또한 그의 3개의 운명적인 미라 상자(주 석관) 바깥쪽도 발견되지만, 그의 미라를 넣는 데 사용했을 내부 상자들이 없다. 이와 비슷하게 장례 가구 품목들이 없는데 이것은 무덤이 결코 사용되지 않았다는 것을 가리킨다. 아케나텐의 설화석고 카노푸스 궤(항아리를 위한 4개의 구획이 있는)도 발견되었지만, 이것 역시 비어 있었고 더럽혀지지 않았고 전혀 사용되지 않았다. 그것은 준비 풍습처럼 항아리를 넣기 위해 준비된 무덤 안에 단순히 놓였을 것이다.[8]

1. vo.14, 1955, pp.168-80. 품목: 실레Seele, 'King aye and the Close of the Amarna Age'.
2. 시릴 알드레드, 'Akhenaten, King of Egypt', 테임즈 앤 허드슨, 런던, 1988, p.222.
3. 레이 윈필드 스미스Ray Winfield Smith, 'The Akhenaten Temple Project', Aris & Phillips, Warminster, 1976, p.22.
4. 아흐메드 오스만, 'Moses, Pharaoh of Egypt', Grafton/Collins, 런던, 1990, p.134.
5. 데이비드 롤, 'A Test of Time: The Bible from Myth to History', Century, 런던, 1995, p.397.
6. 피터 클레이턴, 'Chronicle of the Pharaohs', 테임즈 앤 허드슨, 런던 1994, p.126.
7. 같은 책, p.127.
8. 아흐메드 오스만, 'Moses, Pharaoh of Egypt', pp.138-47. 무덤 KV55의 주제는 또한 바바라 워터슨의 'Amarna: Ancient Egypt's Age of Revolution', Tempus, Stroud, 1999, ch.6, pp.108-120에 잘 다루어졌다.

성궤의 잃어버린 비밀　417

출애굽

이집트로부터 이스라엘인들의 탈출이 BC 1335년경에 일어났음을 확인하였으므로, 열왕기상(6:1)에서 솔로몬왕의 성전이 출애굽 480년 이후에 세워졌다고 주장하는 기록을 고려할 필요가 있다. 솔로몬의 치세는 BC 853년에 일어난 카르카르 전투에 대한 아시리아의 천문학적 기록을 통해 상당히 정확하게 결정될 수 있다. 이 전투에 다마스쿠스의 하다드-이드리Hadad-idri와 동맹하여 이스라엘 아합왕이 참전했는데, 아합 재위 21년이었다. 유다와 이스라엘 왕들의 즉위년을 통하여 거슬러 올라가면, 우리는 BC 968년1에 솔로몬에게 도착하는데 예루살렘 성전은 BC 966년경에 시작되었다. 이 날짜에 480년 전을 더하면 출애굽의 날짜가 BC 1446년이 되는데 그것은 계산했던 것보다 상당히 이른 것이다. 그러나 열왕기상 초입을 읽을 때 고려해야 할 또 다른 중요한 요소가 있다.

아주 초기에 구약성경은 솔로몬으로부터 다윗 왕위를 계승한 모든 유다왕들이 통치했던 BC 586년부터 이스라엘인들의 바빌로니아 포로 시대에 시작되었다. 이 과정 동안, 비유적인 왕의 표준 – 각 세대에 대해 "40년"의 상징적인 기준2으로 – 이 왕실에서 확립되었다. 그렇기 때문에 다윗과 솔로몬의 통치 기간은 각각 40년으로 정확하다. (사무엘하 5장 4절, 열왕기상 11장 42절) 성경은 야곱(이스라엘인들을 이집트로 데려간

418   Lost Secrets of the Sacred Ark

사람)으로부터 솔로몬까시 총 12세대를 목록화하고, 12×40을 계산하면 480년이 나온다.

이 때문에 당초의 계산은 이스라엘인들이 이집트에 처음 도착한 때로부터 나온 것이지, 앞서 말한 출애굽 후기에 나온 것이 아니다. 그 계산을 한 율법학자들이 직면한 문제는 창세기와 출애굽기 사이에 약 4세기의 역사가 완전히 무시되어 40년 왕조 기준을 야곱에게 적용할 수 없었다는 것이다. 그러므로 비록 그것이 세대 기준에 부합하지 않음에도 불구하고 출애굽기와 솔로몬왕 사이의 기간에 전략적으로 적용되었다. 1923년에 이집트학 교수 에릭 피트가 지적한 바와 같이 열왕기상에 주어진 것으로 480년은 "어디까지나 의심받을 만한 숫자이다"3

1. 에릭 피트, 'Egypt and the Old Testament', 리버풀 대학출판사, 1922, pp.111-12.
2. 바바라 티어링, 'Jesus the Man', Transworld, 런던, 1992, pp.177과 196.
3. 에릭 피트, 'Egypt and the Old Testament', p.28.

판매용 금

1700년대부터 금은 국가 통화에 대한 주요 금괴 비축물이 되었지만 그 이유를 이해한 사람들은 거의 없었다. 금은 부피가 크고 무거우며, 예를 들어 특정한 보석들과 비교할 때 특별히 드물지 않다. 그럼에도 불구하고 그것은 재정적으로 뒷받침되는 물질로 최고의 위치에 있다. 그 이유는 금은 고대 시대로부터 통화 재산 이상의 인식된 가치 (형이상학적이고 과학적인 가치 - 그 비밀은 잃어버렸지만 언젠가는 되돌아올 것으로 운명 지어진)를 갖고 있었기 때문이다. 이것은 현재 단원자의 고-스핀 야금학의 재발견된 과학 - 진귀한 금속 원소들을 단일 원자, 초전도, 반중력 상태로 변화시키는 능력 - 에서 일어났다. 이제 그 비축량은 변덕스러운 통화 - 특히 논의의 여지가 있는 유로화 - 를 위해 "교환된다"(공식 용어를 사용해서).

1999년 국제통화기금(IMF)은 많은 양의 금괴를 팔 것이라고 발표했다. 그때 금이 의도적으로 평가절하 되어야 한다는 것이 분명해졌다. 그들의 제안을 정당화하기 위한 계획에서 IMF 대표들은 그것은 '부채가 많은 가난한 나라'(그들이 불린 대로 HIPCs)들을 돕기 위한 계획의 일부였다고 발표했다. 그러나 세계금협회(WGC)가 지적했듯이 HIPC 목록에 있는 약 41개국은 실제로 이 계획에 의해 그들 자신의 국가 경제가 완전히 파괴되지 않더라도 마비될 수 있는 금 생산국들이었다. 그럼에도 불구하고 금값은 염가 판매에 대비한 20년간 최저 수준으로 떨어졌다.

1999년 4월, IMF 제안은 미하원 의회 소위원회의 조사에 들어갔다. 그 대변인은 "만일 세계 최빈국에 제공되는 원조가 실제로 이러한 문제가 있는 경제에 더 큰 피해를 입히고 금광 채굴에 대한 투자를 중단시킨다면 잔인한 아이러니가 될 것이다"라고 말했다. 분명히 친절하다고 여겨지는 모든 말들에도 불구하고 HIPC는 이 점에서 IMF 관심사에서 가장 작은 것이었다.

1999년 7월 6일, 영국의 금 보유량 25톤 트랜쉬(기업 자금, 주식의 분할 발행, 차입)가 처음으로 팔려나가면서 가격이 또다시 최저로 떨어졌다. 그러나 제안된 경매 총량은 영국의 전체 보유량 715톤에서 415톤에 달할 것이라고 거론되었다. WGC는 이것을 "미치광이의 경제"라고 불렀으며, WGC 최고경영자는 금값이 더 내려가지 않더라도 현금 수령액은 "영국 사람들에게 6억 달러만큼 거스름돈을 덜 줄 것이다!"라고 강조했다. 한편 15개 이상의 유럽 중앙은행들은 2000년과 2005년 사이에 2,000톤의 금을 팔 계획이라고 발표했다.

1999년 9월, 상당한 대중의 반대와 WGC의 추가 경고에도 불구하고 영국 재무성은 금 25톤을 더 낮은 가격에 팔았으며, 7월 판매 때보다 약 376만 달러를 덜 받았다. 그 점에 있어서 현금 적자 잠재력은 7억 1,820만 달러로 증가했고, 그 회계연도에는 3번의 경매가 계획되었으며, 영국 재무성은 2001년 말까지 6번의 경매에서 추가로 150톤의 판매 계획을 확인하였다.

결국 정기적인 경매가 계속되었고 영국의 본래 715톤 중 총 395톤이 판매된 후, WGC의 최고 경영자인 하루카 후쿠다는 다시 그 프로그램을 비난했다. 2002년 3월 6일2 그는 이 판매를 하며 "이번 조치로 재무부는 지난 2년간 금값의 완전한 상승을 이용하는 데 실패한 것으로 보인다"고 말했다. 그가 여기서 언급한 것은 일반적으로 금 값이 1999년 7월 이후 충분히 상승했지만 규칙적인 높은 가격 지정 은 규칙적인 경매 판매 사이에 항상 있었다는 것이다. 구매자들에게 매우 편리하게도 그 가격은 매 판매일 전에 언제나 크게 떨어졌으나 얼마 지나지 않아 다시 원래의 수준을 되찾았다. 영국 재무성의 반응 은 이 모든 것이 "보유량 포트폴리오의 장기적 구조조정의 문제이지 단기적인 시장 추격은 아니다"라는 것이었다. 국가가 수억 달러 부 족하게 되었다는 사실이 그 방정식에 들어맞는 것처럼 보이지 않았 다. 그럼에도 불구하고 일어난 사실은 어떤 승인된 구매자(영국 은행에 의해 그들의 정체가 드러나지 않는다.)들은 현재 싸게 구입한 금을 잘 들여놓고 있다는 것이다. 사실 현재까지 그들은 원래 영국 재무성이 갖고 있던 것의 약 55%를 획득했다. 현재 경매 진행은 당분간 중단된 것으로 보이며, 우연하게도 우리는 금값이 "2년 만에 최고 수준에 오른 것" 을 발견한다.3

단원자 금의 초전도성 불-돌 특성과는 별개로, 금속 금에 대한 최 근에 개발된 수많은 다른 용도가 있는데 이것은 산업 및 제조 시장에 필요한 요건들이다. 미국 우주 왕복선의 로켓 엔진은 열을 반사하기 위해 금 합금으로 안감되어 있다. 터치톤(숫자에 따라 누르면 각기 다른 소리가 나는 방식)식 전화에는 33%의 금 도금 접점이 포함되어 있다.

이 모든 것에 더하여 남아프리카의 플래티넘 그룹 채굴에 대한 서 양의 관심이 크게 증가했다. 이것은 1977년에 시작되었는데 앰플라 츠Amplats (앵글로-아메리칸 플래티넘 회사)가 4개의 독립된 회사들의 합병에 의 해 설립되었을 때였다.4 이로 인해 이 회사는 세계 플래티넘 공급의 약 70%를 통제하게 되었다. PGM 관심에 대한 엄청난 급증으로, 영국의 '선데이 텔레그래프'는 2000년 10월5에 이 문제를 조사했다. 그 시점에서 진귀한 금속 시장이 새로운 연료전지 기술을 만족시키고 유지하기 위해 새로운 소유권으로 재편되고 있다는 것이 우려한 사람들에 의해 마침내 드러났다.6

1. 이 부분에서의 모든 정보는 세계금협회, 45 Pall Mall, London SW1Y 5JC로부터 얻어진다. 웹사이트 : <http://www.gold.org/>
2. 'The Times', Business section, p.25, 2002.3.6. 화요일.
3. 'The Times', Money section, p.8, 2002.6.1. 토요일.
4. Anglo Platinum, Rustenburg Platinum Mines(RPM), Potgietersrust Platiniums (PPRust), Lebowa Platinum Mines(Leplats).
5. 'The Daily Telegraph', Business Section article "The Most Precious of Metals", by 에드워드 심킨스Edward Simpkins, 2000.10.1.
6. 11장 "스텔스 원자와 시공"에서 기사의 상세 내용을 보라.

아메네모페와 잠언

성경에 사용된 이집트 지혜문학의 예들

아메네모페의 지혜로부터	**솔로몬의 격언으로부터**

내 말을 듣기 위해 귀를 기울여라
그리고 그들의 이해에 마음을 두어라
그들을 마음에 새기는 것은 이익이 된다
(아메네모페 1장 6절)

너는 귀를 기울여
지혜 있는 자의
말씀을 들으며
내 지식에 마음을 둘지어다
이것을 네 속에 보존하며
(잠언 22장 17절~18절)

광야의 경계에 경계표를 옮기지 마라
그리고 미망인의 경계를 침입하지 마라
(아메네모페 7장 12절~15절)

옛 지계석을 옮기지 말며
외로운 자식의 밭을
침범하지 말지어다
(잠언 23장 10절)

그들은 스스로 거위 같은 날개를 만들었다
그리고 그들은 하늘로 날아갔다
(아메네모페 10장 5절)

재물은 날개를 내어
하늘에 나는 독수리처럼
날아가리라
(잠언 23장 4절~5절)

신의 손 안에 있는 가난이
창고 안의 부보다 낫다
마음이 기쁠 때 사랑이 더 좋다
(아메네모페 9장 5절~8절)

가산이 적어도
여호와를 경외하는 것이 크게 부하고
번뇌하는 것보다 나으리라
(잠언 15장 16절~17절)

화난 사람과 친목하지 마라
그리고 대화를 위해 그를 강요하지 마라
(아메네모페 11장 13절~14절)

424   Lost Secrets of the Sacred Ark

사라지는 포인트를 향해

1990년대 후반 데이비드 허드슨이 궤도 재배열 단원자 원소ORMEs
에 관한 연구를 하는 동안 (11장에서 논의했듯) 의료 단체는 암 치료에
ORMEs의 잠재적 사용을 관심 갖기 시작했다. 초기 연구에 참여한
곳은 로즈웰 파크 암연구소, 국립 암연구소, 마크 앤 코퍼레이션, 럿
거스 대학교, 일리노이 대학교, 웨인 주립대학교, 위스콘신-메디슨
대학교, 생물공학 연구소이다.1 〈플래티넘 메탈 리뷰〉와 〈사이언티
픽 아메리칸〉 같은 잡지들은 어떻게 단원자 플래티넘 그룹 금속들이
변형된 체세포와 공명하여 DNA가 이완되고 수정되는지 보고했다.2
방사선으로 조직을 파괴하거나 화학요법 약품으로 면역체계를 죽이
는 대신에 여기서는 변경된 세포를 실제로 고칠 수 있는 유망한 치료
법이 있었다. 그것은 "항암"이 아니라 "친생명"이었다. 국립 건강연
구소는 모든 종류의 암에 대해 독립적인 세포들에 관해 다양한 검사
를 시행했다. 약 58개의 초기 연구로부터 ORME 적용이 암 활동의
극적인 감소 또는 중단을 야기한다는 결론을 내렸다.3 다른 분석기관
들도 비슷한 결과를 보고했다.

연구자들은 깜짝 놀랐고 1996년 3월과 4월 '정신과학 협회'의 뉴스
레터에서 다음과 같이 인용했다. "그들은 앞서 암세포를 죽일 물질을
보았다… 그러나 그들은 말 그대로 암세포의 본질을 변화시키고 그것

들을 정상으로 행동하게 만드는 물질을 이전에는 결코 보지 못했다."4 개인 지원자들에 대한 여러 번의 성공적인 실험 후에 의사들이 이미 말기로 분류했던 백혈병, 에이즈, 암환자들의 구체적인 ORMEs 치료가 지정된 클리닉에서 시작되었다. 뉴욕주에서는 담당 의사가 국립건강연구소(NIH)의 대체의학과에 직접 보고하는 등 30명의 환자들이 실험 계획에 참가했다. 비슷한 프로그램이 오리건주 포틀랜드에서 10명의 환자를 대상으로 시작되었으며, 근처 애슐랜드의 의사들이 관련 뇌파 추적에 참여하기로 동의하였다. 노스캐롤라이나에 면역 체계와 체세포 프로토콜이 준비되었고, 단원자 물질이 DNA에 미치는 정확한 영향을 철저히 연구하기 위한 세포 공학 시설이 설립되었다.

이 모든 것이 진행되어 다른 지역의 임상 연구센터로 확장되면서, 어떤 사실은 점점 더 명백해졌다. 우선 이것이 모든 걸 끝내기 위한 암 치료라는 것 - 암을 죽이는 것이 아니라 기형 세포를 교정하는 것- 에 의심의 여지가 없었다. 그러나 아무런 약이 관련되지 않았다. ORME 재료는 단원자 형태의 귀금속이지만 금속으로는 분류할 수 없다. 과학의 세계에서 할 푸소프는 그것들을 "외래 물질"이라고 불렀으며, 반면에 신체적인 이익의 세계에서 허드슨은 그것들을 "신성한 물질"로 분류했다. 가장 긴급한 문제는 미국 식품의약국(FDA)에 '신성한 물질부'가 없었다는 것이었다. 또한 '외래 물질'을 감독하기로 계획된 정부 부처가 없었다. 이것은 제약 세계에 큰 딜레마를 낳았다. 화학요법 합성물은 제약산업에서 막대한 수입을 가져다주지만 여기에는 약이 아닌 더 효율적인 대안이 있었다. 더욱이 허드슨은 특허를 출원했고 생산과 공급으로 움직이려고 했다.

데이비드 허드슨의 주된 논점은 비록 "의학"의 사전적 설명이 외과적 절차 이외의 방법에 의한 질환의 치료와 관계가 있지만 공식적 해

426   Lost Secrets of the Sacred Ark

석은 의학은 약에 관한 것이라는 것이다. 의약품 분류에 속하지 않는 제품과 치료법은 "보완적" 요법으로 병칭되었다. 여기에는 섭취한 약초(허브) 물질에서부터 침술과 같은 물리적으로 적용된 기술에 이르기까지의 모든 종류의 구호, 치료 그리고 대응책을 포함할 수 있다. 그러나 이에 대해서 데이비드는 치료 목적에 사용될 수 있지만 연료전지, 내열 세라믹 그리고 그와 같은 것들에 적합한 제품을 공급하기 위해 약이나 의료조차 생산하거나 제조하려고 하지 않았다. 구리 팔찌는 류머티즘을 완화하는 데 사용되었고, 따뜻한 금반지는 맥립종(눈에 생기는 다래끼)과 싸울 것이다. 그러나 그러한 것들은 결코 의학이나 약으로 분류되지 않는다. ORME 물질은 결코 금속으로 분류할 수 없다는 것을 제외하면 구리와 금과는 다르다.

이 특정한 것에 대해 데이비드의 말을 인용하면, "나는 의사가 아니기 때문에 의료를 할 수 없습니다. 병을 치료하는 목적으로 누군가를 관리하는 모든 것은 의료입니다… 이것에 있어서 내 목적은 병이나 아픔을 치료하는 것이 아니었지만 알고 싶었습니다 : 그것이 작용할까?… 나는 그것이 부게릭병에 사용되어 왔다고 여러분에게 말할 수 있습니다. 그것은 MS에 사용되었고 MD에도 사용되었고 관절염에도 사용되었습니다… 하루 2mg으로 카르포시 사르코지(KS)를 에이즈 환자들에게서 완전히 제거했습니다.(1온스에 32,000mg이 있습니다. 2mg은 아무것도 아닙니다.) 그리고 그것은 KS를 제거합니다. 나는 말할 수 있습니다. 그것을 주사로 2mg 투여한 사람들은 두 시간 안에 그들의 백혈구 수가 2,500에서 6,500까지 증가합니다. "4기 암환자들은 그것을 경구로 투여했고, 45일 후 몸 어느 곳에도 암이 없다고 말할 수 있습니다."

거대한 제약회사들은 기대에 동요되었을 것이고 허드슨 팀의 비밀

성궤의 잃어버린 비밀　　427

서약 덕분에 그의 최종 절차가 성공적으로 복제될 수 있는 방법이 없었다. 산업계에서 인식해야 할 것은 피닉스 제품이 암 치료제 시장에서 성공하면 해로운 부작용(더 많은 보완적 약물을 필요로 하는)을 동반한 반효능 약품으로 엄청난 이익을 올리는 시대는 끝날 것이라는 것이다. 그러나 만일 허드슨이 사라진다면 높은 이익을 유지할 방법이 있을 것이다. 외부인이 합리적인 가격에 팔기 위해 자연적인 단원자 물질로부터 제품을 완성하는 대신, 다양한 형태의 ORMEs는 금과 플래티넘 그룹 금속으로 직접 만들 수 있을 것이다.

정확하게 같은 시나리오가 정유 회사에도 적용되었을 것이다. 만일 ORME 기반의 연료전지가 미래의 연료가 된다면 그것들 역시 전통적으로 채굴된 금속으로 값비싸게 제조될 수 있을 것이다. (사실 자동차 부품 산업은 이미 촉매 변환기에 팔라듐을 사용하고 있다.) 이것은 단지 높은 시장 가격과 높은 이윤의 지속을 보장할 뿐 아니라 제약과 연료 세입에 대한 정부 세금 비율도 유지할 수 있을 것이다.

PGMs와 연료전지들과 관련한 정보가 공공 영역으로 이동한 것은 허드슨 기업의 와해로부터 오래되지 않았다. 2000년 10월, 영국의 '데일리 텔레그래프' 신문은 PGMs에 대한 산업 수요가 상당히 증가하고 있다고 보도하면서 연간 28억 달러의 수익을 내는 앰플라츠 Amplats를 세계 최대 생산자와 공급자로 인용했다. 최고 경영자 배리 데이비슨은 "장기적인 수요는 연료전지 기술에서 나올 것으로 예측한다"라고 말했다.5 이어서 그 기사는 "안 좋은 일이 닥쳐오는 것을 본" 정유 회사들도 연료전지에 대한 미래의 참여를 기대하고 있다고 서술하였다. 또한 "다임러-크라이슬러, 오펠, BMW, 포드를 포함한 대부분의 대형 자동차 제조사들이 연료전지 동력의 자동차를 실험하고 있다." 이에 대해서 존슨 매티Johnson Matthey의 그룹 관리이사 그레이엄 팃컴은 "연료전지는 내연 기관의 유일한 대안이다. 이 새로운 분야의 잠재 수요는 엄청나다"라고 부인했다.

우리가 본 대로 (148쪽 "샤르-온의 면" 내용) 〈사이언티픽 아메리칸〉의 1995년 5월호는 단일한 루테늄 원자들이 짧은 DNA 가닥의 양 끝에 놓이면 초전도체가 된다는 것을 확인했다. 또한 암의 경우처럼 DNA 상태가 변하면 플래티넘 화합물의 적용은 변형된 세포와 공명하여 DNA를 완화하고 조정하게 할 것이다. 그러나 외과의사들이 그렇게 극히 작은 크기에서 일하는 것이 어떻게 가능할 수 있을까?

물리학 세계에서 과학이 점점 더 확장될수록 과학은 더 탄탄해진다. 과학자들은 최근에 그들이 단일 원자로부터 트랜지스터를 발명했다고 발표했다.6 이것은 이 문장 끝에 있는 단락 점 안에 넣기에 충분히 작은 강력한 컴퓨터를 만들 가능성을 내보인다. 이것은 나노 기술 – 100만 분의 1밀리미터 단위의 기계 제작 – 과학의 새로운 시대를 여는 것으로 보인다. 이것들은 말 그대로 루테늄 원자와 암 세포와 관련하여 논의된 DNA 조정의 형태를 정확하게 반영하기 위해 시시각각 내장 컴퓨터를 통해 안내될 수 있는 장치들을 포함한다. 그러한 최초의 원자 성분은 현재 코넬대학7과 하버드대학교8에서 개발되었고 그것들은 지름이 단지 1나노미터(100만 분의 1밀리미터)이다 – 그것은 사람의 머리카락보다 10만 배나 가늘다.

이것을 전망해 보면 : 1993년 인텔의 마이크로 프로세서는 단일의 실리콘 칩에 310만 개의 트랜지스터를 가지고 있었다. 최근의 강력한 마이크로프로세서는 4천만 개의 트랜지스터를 수용할 수 있다. 그러나 이 새로운 발견은 이것을 100배 증가시켜 칩당 40억 개의 트랜지스터를 만들 수 있다. '더 타임스'의 과학 특파원9은 이것이 사라지는 지점으로 향한 궁극의 길이라고 말한다. "나노" 용어로 모든 것은 현

성궤의 잃어버린 비밀 **429**

재 이전에 알려지지 않았던 초차원 내의 영역으로 향하고 있으며 그 시점부터 모든 것이 가능하게 될 것이다.

1. Science of the Spirit Foundation의 'Newsletters # 8 & 9', 1996.5/6에 상세한 것처럼.
2. 예를 들면, 'Platinum Metals Review', volume 34, no.4, 1990, p.235에서 "Anti - tumour Platinum Coordination Complexes".
3. SOSF 'Newsletters # 12 & 13', 1996.9/10.
4. SOSF 'Newsletters # 6 & 7', 1996.3/4.
5. 2000.10.1, 'The Daily Telegraph', Business Section article "The Most Precious of Metals", by 에드워드 심킨스.
6. 'The Times', News section,p.12, 2002.6.13, 또한 'Nature', 2002.6.13, article by Leo Kouwenhoven, Department of Applied Physics professor of the Delft University of Technology.
7. 물리학 교수 폴 멕뉴엔Paul McEuen과 화학교수 헥토 아브루나Hector Abruna가 이끔.
8. 화학·물리 조교, 박홍근이 이끔.
9. 위 각주 6에 있는 'The Times'의 날짜를 보라.

테세우스와 미노타우로스

테세우스와 그의 어머니 아이트라는 트로이젠(고대 그리스의 도시)이라 불리는 장소에 있는 큰 산 기슭에 살았다. 테세우스가 어렸을 때 그의 아버지 아이게우스는 산의 소나무들 중간에 있는 커다란 바위를 들어 올려 그의 검과 샌들을 아래에 묻었다. 그는 아이트라에게 테세우스가 그 바위를 들어 올릴 만큼 강해지면 검과 샌들을 가지고 그가 아티카의 왕이었던 아테네로 보내라고 했다.

테세우스가 자라서 검과 샌들을 회수하고 아테네를 향해 떠났다. 그 나라는 황량했고 바위 뒤에서는 거인과 강도들이 잠복해 있었지만 테세우스는 작별을 고하고 모험을 시작했다. 그가 "곤봉을 가진 자" 인 페리페테스에게 공격을 받았을 때는 멀리 가지 않아서였다. 엄청난 쇠곤봉을 가진 그는 정말 험악하게 생겼지만 테세우스는 용감하게 앞으로 나아가 곧바로 페리페테스를 죽여 길바닥에 내쳤다. 곤봉을 쥐고 그는 여행을 계속했다.

그다음에 그는 "소나무를 구부리는 자" 시니스를 만났다. 그는 두 소나무의 꼭대기를 아래로 구부려 그 사이에 포로를 묶은 뒤 나무를 다시 튕겨 포로를 찢어버릴 것이다. 시니스는 곤봉으로 어린 소나무를 가지고 다녔지만, 지금은 테세우스가 휘두른 쇠곤봉만큼 세지 않았고, 그날 소나무 사이에 찢긴 사람은 시니스였다. 조금 더 멀리 여

성궤의 잃어버린 비밀   431

행을 하자 테세우스는 강도 스키론을 만났다. 그는 여행자들에게 그의 발을 씻기라고 강요하고 그들을 절벽 아래 바다로 차버렸다. 그러나 이 경우에 똑같은 불쌍한 운명을 만난 것은 스키론이었다. 멀지 않은 곳에 또 다른 강도 프로크루스테스가 살았는데 그는 그의 오두막에서 낯선 사람을 접대하는 척했다. 만일 그들이 자기 침대보다 키가 크면 그들의 머리나 발을 잘랐다. 만일 그들이 작으면 침대에 맞게 그들을 늘렸다. 아테네로 가는 길에 다른 거인들과 강도들처럼 프로크루스테스 역시 테세우스에게 죽임을 당했다.

당시 아름다운 마녀 메데이아가 왕의 궁전에 살고 있었다. 그녀는 아이게우스왕의 뒤를 이어 왕좌에 앉기를 희망하는 아들이 있었고 그래서 테세우스에게 줄 컵에 독이 든 약초를 섞었다. 그녀는 왕에게 젊은 방문객이 그의 생명을 노린 반역자였다고 말했고, 아이게우스를 설득하여 그 컵을 테세우스에게 건네주었다. 메데이아의 배반에 대해 전혀 생각하지 못한 테세우스가 그 컵을 입술에 가져갔지만, 그 순간 아이게우스는 그 검을 주목했고 그 컵을 옆으로 내던지며 자신의 아들을 알아보았다.

메데이아는 안전하게 도망치기 위해 자신의 모든 마법을 사용했다. 먼저 그녀는 강으로부터 올라오는 짙은 안개를 불러 모았다. 그리고 나서 그녀는 그녀의 날개 달린 용들을 불렀고 그녀의 전차에 뛰어들었으며 결코 다시는 돌아오지 않을 아테네를 떠났다. 사람들은 테세우스가 트로이젠으로부터 여행하면서 한 모든 용감한 행위들을 왕에게 이야기하였다. 아이게우스는 너무 만족하여 사흘간 흥겨운 축하잔치를 베풀었다. 그런데 이 와중에 한 전령이 와서 크레타에서 공물수집가가 도착했다고 알렸다.

오래전, 크레타 왕 미노스의 큰아들이 아테네에서 살해되었다. 그

의 죽음에 대한 복수로 미노스왕은 수많은 군대를 이끌고 와 아테네
인들에게 매 9년마다 7명의 젊은 귀족 청년과 7명의 처녀들을 공물로
바치라고 강요했다. "공물의 자식들"은 미노타우로스에게 게걸스럽
게 먹혔다고 한다. 이 피에 굶주린 동물은 사람의 몸과 황소의 머리를
갖고 있으며 크레타 궁전 근처의 미궁에 숨어 있었다. 이 미궁에 들어
간 사람은 누구도 돌아오지 않았다.

테세우스는 적절한 때에 맞춰 미노타우로스를 죽이고 공물 바치는
것을 끝내기로 결심했다. 그래서 추첨이 있기 전에 그는 7명의 젊은이
들 중 1명으로 나섰다. 이것은 아테네인들을 기쁘게 했고 테세우스를
유명하게 만들었다. 다른 6명의 젊은이와 7명의 처녀들은 추첨으로
뽑혔고 항해를 위한 모든 준비가 끝났다. "공물의 자식들"을 실은 배
는 검은 돛으로 장착하는 것이 전통이었는데 아이게우스왕은 만약 테
세우스가 임무를 성공한다면 돌아올 때 내걸라고 하얀 돛을 주었다.

"공물의 자식들"이 크레타에 도착했을 때 테세우스는 미노스왕에
게 미노타우로스를 죽일 것이라고 알렸다. 미노스는 왕자에게 만일
그가 이 일을 실행하면 그와 그의 모든 동료들은 자유로워질 것이고
더 이상 공물을 바치지 않아도 된다고 말했다. 그럼에도 불구하고 그
는 테세우스가 그 괴물과 맞서기 위해 무장을 하고 가도록 허락하지
않았다.

포로들의 지하감옥 바로 위는 테세우스가 미노타우로스를 죽이는
것을 돕기로 결정한 미노스왕의 딸 아리아드네와 페드라의 방이었다.
아리아드네는 다른 사람들이 잠들었을 때 테세우스를 풀어주었고, 그
녀와 페드라는 그에게 달빛에 번득이는 하얀 대리석 벽이 있는 유명한
미궁을 보여주었다. "미노타우로스가 잠자고 있는 지금이 그를 공격
하기 가장 좋은 시기예요"라고 아리아드네가 속삭였다. "아침까지 기

다려서는 안 돼요. 그의 소굴은 미궁의 가장 중심에 있고 당신은 그의 숨소리를 따라가야 해요. 여기 검과 실뭉치가 있어요. 이것으로 당신은 돌아오는 길을 찾을 수 있어요." 이 말을 하고 그녀는 실의 느슨한 끝을 꽉 잡았고 테세우스는 검을 손에 쥐고 미궁 속으로 들어갔다.

내부는 높은 벽으로 둘러싸인 좁은 통로로 잘려 있었다. 많은 통로들이 막다른 곳이었고 테세우스는 자주 발걸음을 되짚어가야 했다. 유명한 다이달로스가 만든 것 중 이와 같이 심하게 뒤얽힌 미궁은 결코 없었다. 앞뒤로, 안에서 밖으로 테세우스는 나아갔다. 그는 거친 숨소리를 들을 수 있었고 언제 그가 미노타우로스의 소굴에 근접할지 알았다. 한편 아리아드네와 페드라는 입구에 서 있었고 아리아드네는 여전히 실뭉치의 끝을 잡고 있었다. 마침내 그들은 벽을 흔드는 커다란 고함을 들었고 이후 모든 것이 다시 고요해졌다. 아리아드네는 테세우스가 죽어서 누워 있을지 아니면 실뭉치를 떨어트렸을지 알 수 없었지만 그녀는 실이 당겨지는 것을 느꼈고 오래지 않아 승리한 왕자가 나타났다.

테세우스와 그의 동료들을 크레타로 데려온 돛배가 해변에 누워 있었다. 잠자고 있던 젊은이들과 처녀들은 깨어났고 곧 아테네로 돌아가는 길로 들어섰다. 아버지의 보복을 두려워한 아리아드네와 페드라는 그들과 함께 갔다. 항해 중 그들은 낙소스 섬에 멈추었고 밤을 지내기 위해 바위 위에 야영했다. 다음 날 아침 일찍 그들은 다시 항해를 했지만 아리아드네는 계속 잠들어 있어 뒤에 남겨졌다. 테세우스는 아리아드네를 잃었을 뿐 아니라 흰 돛을 내거는 것 또한 잊고 있었다. 이렇게 해서 배가 불길한 검은 돛을 날리며 아테네로 돌아왔을 때, 아이게우스왕(그의 아들이 죽었다고 믿는)은 바다에 몸을 던졌다.

섬에서 아리아드네는 돛배가 시야에서 완전히 사라지는 것을 절망적으로 바라보았는데 그때 탬버린, 피리, 심벌을 치는 이상한 음악을 들었다. 그녀 뒤로 소나무 숲으로부터 두 마리의 표범이 끄는 전차가 나왔다. 전차 안에는 요정과 사티로스(숲의 정령들)에 둘러싸인 포도주의 신, 바커스가 앉아 있었는데 창에는 솔방울이 꽂혀 있었다. 그는 아리아드네의 슬픈 이야기를 들었을 때 "테세우스는 분명히 너를 그의 여왕으로 삼기 위해 아테네로 데려갔어야 했다. 그러나 너는 그가 줄 수 있는 것보다 더 좋은 왕관을 갖게 될 것이다"라고 말했다. 그것으로 그는 아리아드네의 머리에 9개의 밝은 별 왕관을 씌워주었다. 그 후 다른 신들이 그녀를 북쪽 하늘로 데려갔고, 그곳에서 그녀의 왕관은 오늘날까지 여전히 빛나고 있다.

성궤의 잃어버린 비밀　435

역·자·후·기

영화사에 길이 남아 있는 명작 중에 1956년도 '십계'를 기억하는 사람들이 많을 것이다. 모세와 파라오 그리고 십계에 관한 내용으로 당시 엄청난 성공을 거두었다. 그리고 세월이 흘러 1981년 '인디아나 존스 - 성궤의 추적자'가 개봉되어 이 역시 영화사의 새로운 장을 열었다. 이 대 영화들에서 우리가 마주친 것이 바로 성궤 이야기이다. 영화 '십계'가 성궤를 제작할 당시의 주변 정세를 자세히 이야기하고 있는 반면 '인디아나 존스'는 성궤 자체의 경이로운 힘에 무게를 싣고 있다. 이렇듯 성궤라는 것이 매우 범상치 않은 물건이긴 하나 실제 그것이 어떤 물건인지 궁금증을 갖는 사람은 많지 않은 것 같다. 또한 교회를 나가거나 종교가 없는 사람들도 이 단어 자체에는 특별한 생각을 하지 않았다고 볼 수 있다. 그런데 역자는 서점에서 이 책의 제목을 보고 커다란 호기심이 일었다. 책의 저자는 신성한 물건이지만 사람들이 관심을 보이지 않는 성궤의 정체를 파헤치고 있었다.

성궤는 대체 무엇인가? 본서를 다 읽고 나면 공상과학 소설을 읽은 듯한 착각을 일으키기도 하는데 그 광범위한 배경 설명은 고대 역사로부터 현대에 이르는 사건들을 자세히 아우른다. 우리가 반드시 알아야 할 주제인 성궤에 관한 모든 것을 매우 흥미롭게 다룬 책이 분명하다. 성궤는 십계명을 넣은 단순한 상자로, 주인공의 자리에서 벗어나 있었기 때문에 사람들은 그러한 단순한 고정관념으로 성궤 자체를

436   Lost Secrets of the Sacred Ark

지금까지 깊게 고려하지 않아 왔다.

십계명의 중요성으로 성궤가 '언약의 서판'을 보관하는 것으로만 알고 있는데 사실 성궤 안에는 정확하게 만나를 담은 금항아리, 십계명의 두 돌판, 아론의 싹이 난 지팡이 세 가지 물건이 들어 있었다. 그러나 이 물건들만 넣기에는 성궤가 너무 과분한 장식의 신성한 상자처럼 보인다. 특별한 의상을 입지 않고 그것을 만지는 자는 죽기까지 하고 또한 그 안을 들여다본 자들은 쳐 죽임을 당했다. 이것으로 말미암아 이 책은 성궤가 단지 서판을 넣은 상자가 아니며 그 자체가 어떤 기능을 하는 장치라는 가설을 이어나간다. 여리고성의 공격 때처럼 엄청난 파괴력이 있는 그것의 가공할 위력은 놀라운 무기를 짐작하게도 한다. 더 나아가 성궤는 하나의 기계장치이며 그 장치는 양자역학, 우주의 초끈 이론을 배경으로 설명될 수 있는 미래 첨단과학의 결과물이라는 결론을 이끈다.

유명한 이집트학 고고학자 플린더스 페트리의 발견이 이 책의 시작이다. 시나이반도에 있는 고대 신전 유적지에서 수수께끼의 하얀 가루 50톤이 발견된다. 그리고 이 책의 중심어인 이집트의 mfkzt(상형문자에서는 모음이 생략되어 있다.)를 드러내며 하얀 가루와 이를 생산하는 작업장으로서의 신전을 언급한다. 나중에 설명되지만 이것은 왕들이 섭취하는 것으로 후에 성찬식의 원형이다. '최후의 만찬'에서 예수가 제자들에게 빵과 포도주를 주는 장면도 이와 연관된다.

또한 '언약의 서판'은 사실 돌을 정교하게 자르는 사피르임을 자세히 설명하며, 역사를 통하여 그려진 십계명을 들고 있는 모세의 그림이 근거가 없는 상상화임을 밝힌다. 서판은 지성소에서 성궤를 받치고 있는 공중부양 된 석판이다. 그리고 이 돌들의 속성을 설명하기

성궤의 잃어버린 비밀　437

위해 저자는 레이저의 발견 같은 물리학의 세계로 독자를 이끈다. 예부터 의학에 관한 표상은 막대를 휘감아 오르는 뱀의 모습인데 이는 첨단 레이저의 개념도와 똑같다는 발견을 하며 신화적으로 무엇을 상징하는지 몰랐던 표장에 대한 신선한 해결점을 제시하고 있다.

이후 이야기는 자연스럽게 시나이반도의 주인공 모세에게 초점이 맞춰진다. 성궤는 모세와 직접적으로 관련 있는 것으로 서로 불가분의 관계이다. 일단 십계명이 이집트의 '사자의 서'에서 나온 것임을 언급한다. 하지만 오늘날 학계에서는 모세가 실존 인물인지도 규명되지 않았다. 게다가 그가 시나이 광야를 40년간 방랑한 것에 대해서도 고고학적 증거를 전혀 찾을 수 없다.

모세는 누구인가? 본서에는 모세가 유대인이 아니라 이집트인이라고 한다. 그리고 더 나아가서 모세가 당대의 파라오 아케나텐이라고 결정하는데 그는 당시 다신교 국가였던 이집트에 아톤 신을 숭배하는 일신교를 창시한 파라오다. 이에 대해 논거는 본문에서도 언급되었지만 프로이트의 '종교의 기원'이 참고할 만하다. 이미 많이 알려진 이론이지만 프로이트의 주장 - '모세 일신교 이집트 기원설'과 '모세 이집트인 설' - 은 저자의 가설을 탐구하는 데 도움이 된다. 이집트 파라오의 혈통은 사실 메소포타미아와 연결되어 있다. 이후 투탕카멘의 누이는 이스라엘가와 결혼한다. 모계사회인 이집트의 역사 전개가 앞으로 어떻게 진행될지 상상할 수 있다. 이에 계속해서 모세의 누이 미리암을 자세히 논하는데 매우 흥미로운 논의가 이어지며 모세가 이스라엘의 다윗왕가와도 빗겨 서 있음을 다룬다.

그렇다면 언약의 서판이 들어 있지 않은 성궤 자체의 목적은 무엇인가? 여기서 본서의 시작에서 나온 mfkzt를 구체적으로 정의한다.

438   Lost Secrets of the Sacred Ark

모음이 없어 발음을 할 수 없는데 '무프쿠스트'라고 읽는 것이 가장 근접하다고 한다. 시나이빈도의 아주 오래된 세라비트 엘 카딤 지역 탐사를 소개하며 이곳의 신전에서 발견된 하얀 가루를 등장시킨다. 이것이 신비의 불-돌과 연결되며 성궤의 정체를 밝히는 근원으로 다루어진다. 이 하얀 가루는 본서 내내 중요한 역할을 하며 내세를 위한 생명의 근원 물질로 해석된다. 그리고 성궤가 이를 생성하는 기계(?)일지 모른다는 저자의 추정이 과학적 배경을 아우르며 탐구를 시작한다.

그렇다면 결국 성궤는 무엇인가? 성궤는 2개가 있었다. 『신의 암호』를 저술한 그레이엄 핸콕은 성궤의 위치를 추적하며 성궤가 에티오피아의 한 교회에 있다고 했지만 본서에서는 이것이 다른 하나라고 확인한다. 게다가 그것은 하느님의 성궤와는 조금도 닮지 않은 다른 궤라는 것이다. 어쨌든 성궤는 성막 안의 지성소에 놓인다. 학계에는 잘 알려져 있듯이 성궤의 디자인은 이집트가 기원이다. 출애굽기에 묘사된 성궤의 모습은 이스라엘인이나 히브리인들의 것이 아닌 이집트인의 것이었다. 유명한 투탕카멘의 무덤에서 아누비스 궤가 발굴되었다. 성궤의 디자인에 게루빔이 있다. 게루빔은 왕좌이다. 여기서 저자는 획기적인 가정을 제기한다. 게루빔은 날 수 있고 이것은 나중에 성궤의 공중부양과 이어진다. 그러므로 게루빔은 엔진이다.

그렇다면 위에서 언급했듯 성궤에 들어 있는 만나는 무엇인가? 가나안에서 이스라엘인들을 먹인 음식이다. 이것은 하나님으로부터 공급받았던 특별한 양식으로, 매일 아침 하늘에서 내려오는 신비로운 하얀 음식으로 표현되는데 일종의 식물로 여겨졌다. 그리고 그것은 공급 방법이나 시간 등이 인간의 이해를 초월했다. 저자는 만나가 하얀-빵이며 후에 성체의식에서 사용되는 제병이라고 제기한다. 그러나 이것은 단지 음식이 아니다. 이것은 왕들의 영생을 위한 불로장생의 약이다. 그리고 성궤는 그 만나를 생산하는 기계라는 가정을 하기도 한다. 이제 여기서 더 나아가 만나 자체는 먹을 수 있는 음식이 아닌 바로 mfkzt라는 개념을 주장한다. '생명을 주는 것'으로 mfkzt는 본서에서 '투영의 가루', 메소포타미아의 쉠-안-나shem-an-na(높은 불-돌)이다. 다시 말하면 이것이 나중에 가톨릭 의식에서 성체용 빵(빵-돌)으로 사용되는데 성배로 제공된 것이다. 이렇게 이야기는 본론으로 들어간다. 성궤라고 언급되는 궤 안에는 '언약의 서판'은 들어 있지 않고 우림과 둠밈이라는 기계가 들어 있다고 한다. 우림과 둠밈은 아론이 성궤에 접근할 때 착용한 가슴판과 함께 넣은 것으로 이야기된다. 어쨌든 '언약의 서판'은 사피르를 일컬었고 이를 작동시키는 전원 공급 장치가 성궤의 내용물이다. 다시 말해 십계명이 아닌 우림-샤미르가 들어 있었다. 그렇다. 헤르메스 전통에서 최고 마스터인 모세는 엘 샤다이(위대한 산의 신)에게서 사피르를 받았다. 신의 이름 엘티은 밝거나 '빛나는 자'를 의미한다. 이것은 전기 효과와 관련이 있다. 일렉트리쿠스(전기)는 마찰력인데 이것은 전기의 발생이고 번개를 방사한다. 성경에서 브살렐이 성궤를 만들었다고 하지만 실제로 브살렐은 성궤를 만들지 않았으며 그것에 다가갈 수 있는 의상 등을 만들었다. 성궤는 호렙산에 이미 있었다.

고대에 전기는 평범한 현상이었다. 실례로 바그다드 전지와 덴데라의 전구를 볼 수 있다. 덴데라 신전의 미스터리한 부조는 전기의 사용을 확신한다. 이들 전지를 설명하며 고대의 전기 도금을 증명한다. 성궤ark의 셈어 뿌리는 "모으다"라는 뜻의 아론aron이다. 전기를 모으는 것! 축전기다. 금으로 만든 성궤 뚜껑 그리고 뚜껑에 사용된 금의 엄청난 양의 진실을 규명한다. 그 금은 어디서 왔을까? 숭배의 장소로 엄밀하게 잘못 알려진 신전에서 금을 하얀 가루 mfkzt로 만든다. 금의 역사를 개괄하며 단원자 금가루의 물리학의 등장으로 이야기는 새로운 국면을 맞는다. 산 위에서의 과학적 전기 현상은 옛 신들이 산과 갖고 있는 연관이었다. 전기를 사용하여 축전기를 만들고 축전기는 아크를 발생하며 단원자 고-스핀의 금(mfkzt 가루)을 만드는 작업에 사용되었다.

성궤와 떼어낼 수 없는 금에 중점하여 금과 관련된 금속들, 즉 PGM(플래티넘 그룹 금속)을 고찰한다. 고대인들은 사르디니아 정련소에서 보듯 PGM을 알고 있었다. PGM은 금으로부터 나오는데 고대인들은 전기 분해에 의한 분리 방법을 알고 있었다. PGM은 쉠-안-나(불-돌)이다. 쉠-안-나는 하얀 가루이며 '빛의 육체'를 위해 먹는 것이다. 이 대목에서 저자는 시툴라를 들고 있는 (이것이 묘사된 부조는 신대륙에서도 보인다.) 유명한 고대 부조인 '압칼루'를 설명하는데 송과선을 묘사하는 것이라는 독특한 아이디어를 제기한다. 압칼루 또한 고대 메소포타미아의 부조로 그 상징이 명확히 해석되지 못하고 있었다.

mfkzt 가루는 또한 '현자의 돌'이다. 전통적으로 채굴한 금으로부터 '현자의 돌'을 제작하는 솔로몬의 방법 그리고 데이비드 허드슨의 것과 비슷한 헤롯의 제작 방법이 있다. 야금술의 견지에서 금속 가루를 바라보면 그것은 상식에 부합한다. 금과 다른 귀한 금속들을 '낙원의 돌'의 미세한 하얀 mfkzt 가루로 변환시키는 "높은" 상태를 '샤르-온의 면'(Mfkzt의 장)이라고 하는데 이 고찰은 나중에 양자역학과 연결된다. 성궤는 모세와 솔로몬 시대에 금의 하얀 가루(mfkzt 또는 쉠-안-나 shem-an-na)의 신성한 돌을 제작하는데 필수적이었던 반면, 그것은 또한 초전도체가 되고 그래서 공중에 뜨게 하고 관련된 힘을 일으키는 물질을 위한 저장 용기였다. 여기에 잠시 성전의 커다란 용기를 언급하는데 이 또한 미스터리이다. 어쨌든 성궤와 '현자의 돌'은 비록 동의어가 아니지만 불가분의 관계이다. 저자는 성궤가 "단원자 금"을 제조하는 기계였다고 구체적으로 제기했다. 그것은 생명을 연장하는 데 사용되었을 것으로 추측되는 불로장생의 약이었다. 이 약을 설명하며 더 먼 고대의 솔방울 모양의 상징을 언급한다. 생명의 정수인 송과체가 왕과 관련되며 사제에 의해 제공되고 있었다.

이집트 왕조에서 시작된 이스라엘 왕가를 고찰하며 그들의 가나안 침략 이후의 역사를 살펴본다. 이것은 당시 성궤의 역할과 행방을 알기 위한 필요사항이다. 여리고 성벽이 성궤의 힘으로 무너지고 그 파괴력은 성경에 잘 묘사되어 있다. 이와 함께 가나안에서의 여러 전투에서 성궤의 관련을 이야기한다. 이러한 이야기들은 솔로몬의 등장을 설명하는 바탕이었다. 이 설명은 에티오피아의 또 다른 성궤와 더 나아가 시바 여왕의 전설까지 다룬다. 성궤는 바빌로니아 침략 때도 예루살렘에 있었다. 이것이 나중에 있을 십자군 전쟁 때 기사단에 의해 서양으로 옮겨질 것이라는 가정을 하게 한다. 그리고 역사는 로마의 등장과 함께 예수 탄생의 시점으로 향한다.

책은 어쩌면 혼돈스러워할 독자들을 위해 잠시 최근의 과학적 사례를 언급한다. 성궤가 금 변형의 전환기로 사용되었고 성궤 자체가 강력하게 발진하는 초전도체이며 공중에 떠오르는 초전도체라는 것에 대한 이해를 돕기 위해 저자는 물체의 공중부양을 증명한 이 책의 가장 특이한 장을 설명한다. 과학적 개념을 확장한 가설을 소개하며 단

442   Lost Secrets of the Sacred Ark

원자의 하얀 가루는 시-공을 휠 수 있다는 새로운 가정인데 사실 피라미드 건설의 비밀도 여기에 있다. 중력을 이용한 것이다. 바로 물질의 무중력의 공중부양 능력이다. 여기서 저자는 잠시 고개를 돌려 지금까지 사용해 온 불-돌 현상을 심도 있게 설명하는데 바로 '허드슨 파일'이다. 허드슨은 미국 애리조나의 대농장주로 PGM을 엄청나게 함유한 토양을 발견한다. 이로 인한 특정 원소의 무중력 성질의 발견을 이야기하며 초전도체를 설명한다. 물론 이 연구에 집중하는 과정과 함께 ORME(궤도 재배열 단원자 원소)의 개념을 설명하고 고-스핀 단원자 물질을 다룬다. 이것은 화학 주기율표에 나오지 않는 원소이다. 단원자 원소는 새로운 물질 형태로 물론 이 물질은 '높은 불-돌', 쉠-안-나이다. 그리고 기존 물질이 단원자 상태로 변하면 하얀 가루로 바뀐다.

계속하여 초전도체에 관한 특별한 이야기가 성궤의 기본 특징을 예고한다. 지구의 자기장은 초전도체를 공중부양 시킬 수 있다. 허드슨이 ORME 회사를 차리는 것이 정부와 연결되며 문제가 얽히고 이 프로젝트는 사장된다. 그러나 그 동안 지속된 각종 시험 연구에서 무중력과 순간이동이 물리학적으로 실현 가능한 것임을 증명한다. 물론 ORME 금은 자연 상태의 mfkzt라는 전제는 눈에 띄는 부분이다. 또한 금이 아닌 물질로부터 금을 제조하는 것을 증명한다. 양자물리학을 참고하며 물체의 공중부양과 순간이동을 검토한다. 물질이 공간을 뒤틀리게 할 수 있으며 광속은 물질을 시야에서 사라지게 한다.

'현자의 돌'이 중세의 성배 전설에 나타나는지를 보며 다시 이스라엘의 배경 역사를 되짚는다. 성궤의 행방을 찾는 중요한 설명이다. 금은 왕권의 전통적인 표시였고 금, 유향, 몰약은 사제직의 상징이다. 예수는 사제-왕이다. 성경의 수많은 문구를 인용하며 예수의 혈

성궤의 잃어버린 비밀　443

통과 출생연도를 밝힌다. 예수의 마구간 탄생에 대한 의문을 제기하며 그때의 구유는 궤라는 가정을 제기한다. 예수의 아버지 요셉은 일반적으로 목수라고 알려져 있지만 그는 쿰란에서 금속 마스터 숙련공이었다. 예수의 어머니 마리아는 처녀라고 하지만 정확한 뜻은 '젊은 여자'이다. 막달라 마리아가 프랑스 해안에 도착하고 프랑스 왕조의 기원을 이룬다. 이렇게 예수를 언급하며 모든 보물들 중 가장 위대한 것인 성배를 언급한다. 왜 성배인가? 성배는 '신들의 금'이라고 불린 용어에서 파생했다. 성배는 '현자의 돌'이다. 고대 왕들이 그들의 '빛의 육체'를 위해 먹었던 금, 바로 높은 불-돌, 쉠-안-나, mfkzt(금의 하얀 가루)이다. 성배의 미스터리가 풀리는 순간이다.

이제 이야기는 모세가 죽고 성궤의 행방을 추적한다. 이스라엘의 탄생과 최종 함락에 있어 성궤의 운명은 어떻게 되었는가? 성궤의 위치를 추적하는 몇 권의 책이 있긴 하지만 성궤 자체의 정체를 밝히는 것으로서는 본 책이 지침이 되고 더 나아가 그 행방에도 주의를 기울인다. 바빌론의 예루살렘 침략, 포로 등 일련의 사건들에 따른 성궤의 보존을 자세히 살핀다. 성궤의 마지막을 찾아보며 이후에 그것의 행방을 추측하기 위해서다. 이를 위해 저자는 하스몬가의 성립을 포함한 이스라엘의 고대 역사를 다시 한 번 들춘다. 그리고 예수 혈통을 예수 강탄, 막달라 마리아의 결혼 등 여러 가지 사건들을 통해 광범위하게 고찰한다.

결론적으로 성궤의 행방에 책임 있는 자들이 성전기사단이다. 그들은 성전의 보물을 발굴하고 프랑스로 옮겼는데 본서는 이 장면을 세밀하게 살핀다. 십자군 원정이 있었고 당시 창설된 기사단의 목적은 성궤를 회수하는 것이었다. 그리고 그들은 성전에서 모든 재물을 회수한 것으로 보인다. 계속하여 스코틀랜드에 남은 성전기사단과 그

444　Lost Secrets of the Sacred Ark

들의 비밀을 논하며 그들이 성지의 재물들을 스코틀랜드로 옮겼다고 설명하지만 성궤만은 프랑스에서 옮겨지지 않았다. 그리고 이 성진기 사단은 영국에 새롭게 설립된다.

17세기 이후 영국에 프리메이슨이 드러난다. 프리메이슨에는 로버트 보일, 프란시스 베이컨, 아이작 뉴턴이 있었다. 연금술사 보일은 금의 가루를 이해하고 있었다. 그는 '현자의 돌'을 발견했는지도 모른다. 어쨌든 당시는 '현자의 돌'을 찾는 과학적 발견의 시대로 중력의 발견은 그 정점이다. 헤르메스 전승에 빠진 뉴턴은 '에메랄드 서판'과 트리스메기스투스의 저작 번역에 착수하기도 했다. 그는 '최후의 수메르인'이라고 저자는 강조한다. 이렇듯 이 책은 성전기사단에 관한 흥미로운 새 정보를 기술하고 로열 아치 프리메이슨의 잃어버린 비밀들을 드러내며 모세부터 예수까지 성배 혈통의 비밀을 탐색했다. 이를 통해 이 책은 오래된 지난 역사 속으로 들어가며 독자들에게 신선한 통찰력을 제공한다.

이 책을 읽은 뒤, 독자들은 강력한 진실에 대해 생각하게 될 것이다. 그 진실은 어떤 보이지 않는 힘에 의해 대중들에게서 숨겨진다. 그러나 그들이 과거에 했던 일들을 오늘날 현대의 기술로 우리가 하고 있으며 곧 평범한 일이 될 것이다. 과거에는 자연스럽게 진행된 물질 변형이 가까운 미래에는 진보된 과학으로 알려지게 될 것이다. 저자의 설명은 매우 확실하다. 그는 성궤의 의미와 이동에 관해 고대, 중세 역사와 자연과학에 특별한 관심이 있는 독자들을 엉클어진 실을 풀듯 이끈다. 참조된 구약성경의 많은 문구들은 독자들에게 새로운 이해를 돕는다. 불명확한 성경 이야기들뿐 아니라 세밀한 역사를 설명하고 모세의 성궤 사용으로부터 솔로몬왕, 헤롯왕, 중세 성전기사

성궤의 잃어버린 비밀   445

단의 시대를 아우르며 데이비드 허드슨의 단원자 금의 비밀에 대한 현대의 재발견까지 역사와 첨단과학 분야를 넘나들며 고찰한다. 획기적인 관점에서 잘 연구된 이 책은 새로운 정보뿐 아니라 성경에 묘사된 사건들에 새로운 관점을 제시한다.

일반적인 학자들 또는 교회가 일상적인 사건에 익숙한 반면 이 책은 그 저편에 있는 과학을 밝혀준다. 고대 성경 역사에 흥미를 갖고 있는 독자뿐 아니라 미래를 내다보는 독자들에게도 흥미로운 책이다. 본문에서 언급하지만 프랑스의 성당들 중 가장 신성한 샤르트르 대성당은 기사단에 의해 설계되었고, 1194년 '솔로몬의 자손들'이라는 석공들의 조합에 의해 착공되었다. 그리고 책은 여운으로 끝을 맺는다. 성궤는 프랑스의 샤르트르 대성당에 있다!

참고 문헌

Addison, Charles G., The History of the Knights Templars, Adventures Unlimited, Kempton, IL, 1997.

Albany, HRH Prince Michael of, The Forgotten Monarchy of Scotland, Chrysalis/Vega, London, 2002.

Albright, William F., Yahweh and the Gods of Canaan, Athlone Press, London, 1968. Alcuin, Flaccus Albinus, Abbot of Canterbury (trans.), The Book of Jasher, Longman, London, 1929.

Aldred, Cyril, Akhenaten, King of Egypt, Thames & Hudson, London, 1988.

— Egypt to the End of the Old Kingdom, Thames & Hudson, London, 1992.

Alexander, David and Pat (eds.), Handbook to the Bible, Lion Publishing, Oxford, 1983.

Allegro, John M., The Dead Sea Scrolls, Penguin, Harmondsworth, 1964.

Allyn, Avery, A Ritual of Freemasonry, John Marsh, Boston, MA, 1831.

Alter, Robert, and Kermode, Frank, The Literary Guide to the Bible, Fontana, London, 1989.

Anati, Emmanuel, Palestine Before the Hebrews, Jonathan Cape, London, 1963.

Anderson, George Wishart, A Critical Introduction to the Old Testament, G. Duckworth, London, 1959.

Andressohn, John C., The Ancestry and Life of Godfrey of Bouillon, University of Indiana Press, Bloomington, IN, 1947.

Armstrong, Karen, A History of God, Ballantine, New York, NY, 1994.

Baigent, Michael and Loigh, Richard, The Temple and the Lodge, Jonathan Cape, London, 1989.

Baigent, Michael, with Leigh, Richard, and Lincoln, Henry, The Holy Blood and the Holy Grail, Jonathan Cape, London 1982.

Baikie, James, The Amarna Age, A. & C. Black, London, 1926.

Barnstone, Willis (ed.), The Other Bible, HarperSanFrancisco, San Francisco, CA, 1984.

Bauckham, Richard J., Jude and the Relatives of Jesus in the Early Church, T. & T. Clark, Edinburgh,1990.

Baumgartel, E.J., The Cultures of Prehistoric Egypt, Oxford University Press, Oxford, 1955.

Baumgartner, W., The Wisdom Literature: The Old Testament and Modern Study, (H.H. Rowley, ed.), Clarendon Press, Oxford, 1951.

Bayoumi, Tamim, with Eichengreen, Barry, and Taylor, Mark P. (eds.), Modern Perspectives of the Gold Standard, Cambridge University Press, Cambridge, 1997.

Becker, Robert O., and Selden, Gary, The Body Electric, William Morrow, New York, NY, 1985.

Begg, Ean C.M., The Cult of the Black Virgin, Arkana, London, 1985.

Bernstein, Peter L., The Power of Gold, John Wiley & Sons, New York, NY, 2000.

Bertholet, Alfred, A History of Hebrew Civilization, (trans. A.K. Dallas), G.G. Harrap, London, 1926.

Besant, Annie, and Leadbetter, Charles, Occult Chemistry, Theosophical Publishing, London,

성궤의 잃어버린 비밀　447

1919.

Bible, The Authorized King James Version with Apocrypha, Oxford University Press, Oxford, 1998.

Bible, The Revised Version, Cambridge University Press, Cambridge, 1885.

Black, Jeremy, and Green, Anthony, Gods, Demons and Symbols of Ancient Mesopotamia, British Museum Press, London, 1992.

Bleeker, C., Hathor and Thoth, E.J. Brill, Leiden, 1973.

Bordo, Michael, and Schwartz, Anna J., The Gold Standard and Related Regimes, Cambridge University Press, Cambridge, 1999.

Box, G.H., Judaism in the Greek Period, Oxford University Press, Oxford, 1932.

Branner, Robert, Chartres Cathedral, W.W. Norton, London, 1996.

Breasted, James H., The Dawn of Consciousness, Charles Scribner's Sons, New York, NY, 1934.

Brenton, Sir Lancelot C.L. (trans.), The Septuagint, Samuel Bagster, London, 1851.

Brewer, Rev. E. Cobham, The Reader's Handbook of Famous Names in Fiction, J.B. Lippincott, Philadelphia, PA, 1899.

Bright, John, Early Israel in Recent History Writing, SCM Press, London, 1956.

British Museum, Hieroglyphic Texts from Egyptian Stelae, British Museum, London, 1911.

Browne, Lewis (ed.), The Wisdom of Israel, Michael Joseph, London, 1948.

Bucher, Franc ois, Architector: The Lodge Books and Sketchbooks of Medieval Architects, Abaris Books, New York, NY, 1979.

Budge, Sir Ernest A. Wallis (trans.), The Book of the Bee (from the Syriac text), Clarendon Press, Oxford, 1886.

— The Book of the Cave of Treasures (from the Syriac text), The Religious Tract Society, London, 1927.

— The Book of the Dead: Papyrus of Ani, University Books, New York, 1960.

— Cleopatra' s Needle and Other Egyptian Obelisks (1926), rep. Dover Publications, New York, NY, 1990.

— Kebra Nagast: Glory of the Kings, Oxford University Press, Oxford, 1932.

Bull, Norman J., The Rise of the Church, Heinemann, London, 1967.

Burchardt, Titus, Chartres and the Birth of a Cathedral, Golgonooza Press, Ipswich, 1995.

Burney, C.F., The Book of Judges, Rivingtons, London, 1930.

— Israel's Settlement in Canaan, Oxford University Press, Oxford, 1919.

— Notes on the Hebrew Texts of the Books of Kings, Clarendon Press, Oxford, 1903.

Carlyon, Richard, A Guide to the Gods, Heinemann/Quixote, London, 1981.

Carpenter, Clive, The Guinness Book of Kings, Rulers and Statesmen, Guinness Superlatives, Enfield, 1978.

Carter, Howard, The Discovery of Tutankhamun's Tomb, Metropolitan Museum of Art, New York, NY, 1978.

Catholic Encyclopedia, The, Robert Appleton Co., New York, NY, 1908.

Cauville, Sylvie, Le Temple de Dendera: Guide Archaeologique, Institut Francais Orientale, Paris, 1990.

Cerny, Jaroslav, The Inscriptions of Sinai, Egypt Exploration Society, London, 1955.

Challine, Charles, Recherches sur Chartres, Société Archéologique d'Eure & Loir, Chartres, rep. 1994.

Charles, R.H. (trans.), The Book of Enoch, (revised from Dillmann's edition of the Ethiopic

448 Lost Secrets of the Sacred Ark

text, 1893), Oxford University Press, Oxford, 1906 and 1912.

Charpentier, Louis, The Mysteries of Chartres Cathedral, Research Into Lost Knowledge Organization and Thorsons, Wellingborough, 1972.

Chase, Mary Ellen, Life and Language in the Old Testament, Collins, London, 1956.

Chassinat, Emile, Le Temple de Dendera, Institut Francais d'Archaeologie Orientale, Paris, 1934.

Chevalier, Jean, and Gheerbrant, Dictionnaire des Symboles, Robert Laffont, Paris 1997.

Childress, David Hatcher, Anti-Gravity & The World Grid, Adventures Unlimited, Kempton, IL, 2001.

— Technology of the Gods, Adventures Unlimited, Kempton, IL, 2000.

Childs, Brevard S., Myth and Reality in the Old Testament, SCM Press, London, 1960.

Church, Rev. Leslie F. (ed.), Matthew Henry's Commentary on the Whole Bible, Marshall Pickering, London, 1960.

Ciba Foundation, Telomeres and Telomerase, John Wiley, New York, NY, 1997.

Clayton, Peter A., Chronicle of the Pharaohs, Thames & Hudson, London, 1994.

Clébert, Jean-Paul, The Gypsies, Vista Books, London, 1963.

Cohen, A., Joshua and Judges, Soncino Press, London, 1950.

Cohn-Sherbok, Lavinia and Dan, A Short Reader in Judaism, Oneworld, Oxford, 1997.

Collins, Andrew, From the Ashes of Angels, Michael Joseph, London, 1996.

Cook, Nick, The Hunt for Zero Point, Century, London, 2001.

Cook, Stanley A., The Religion of Ancient Palestine in the Light of Archaeology, (from the 925 Schweich Lectures of the British Academy), Oxford University Press, Oxford, 1930.

Corteggiani, Jean Pierre, The Egypt of the Pharaohs at the Cairo Museum, Scala, London, 1987.

Covey-Crump, Rev. W.W., The Hiramic Tradition, R.A. Kessinger, Kila, MT, 1998.

Crowfoot, John W. and Grace M., Early Ivories from Samaria, Palestine Exploration Fund, London, 1938.

Cruden, Alexander, Complete Concordance to the Old and New Testaments and the Apocrypha, Frederick Warne, London 1891.

Curtis, John (ed.), Art and Empire: Treasures from Assyria in the British Museum, Metropolitan Museum of Art, New York, NY, 1995.

Danby, Herbert (trans.), The Mishnah, Oxford University Press, Oxford, 1933.

Däniken, Erich von, Chariots of the Gods, Souvenir, London, 1969.

Daube, David, The Exodus Pattern in the Bible, Faber and Faber, London, 1963.

David, Rosalie, and Antony E., A Biographical Dictionary of Ancient Egypt, Seaby, London, 1992.

Davidson, Robert F., The Old Testament, Hodder & Stoughton, London, 1964.

Davies, Norman De Garis, The Rock Tombs of El-Amarna, Egypt Exploration Society, London, 1906.

Day, David, Tolkien's Ring, HarperCollins, London, 1994.

De Lubicz, R.A. Schwaller, Sacred Science, Inner Traditions, Rochester, VT, 1988.

Dobbs, Betty J.T., The Foundations of Newton's Alchemy, Cambridge University Press, Cambridge, 1975.

Doresse, Jean, The Secret Books of the Egyptian Gnostics, Hollis & Carter, London, 1960.

Driver, G.R., Canaanite Myths and Legends, T. & T. Clark, Edinburgh, 1956.

Dummelow, J.R., ed., A Commentary on the Holy Bible, Macmillan, London, 1909.

성궤의 잃어버린 비밀　449

Dupont–Sommer, André, The Essene Writings from Qumrân (trans. G. Vermes), Basil Blackwell, Oxford, 1961.
— The Jewish Sect of Qumrân and the Essenes, Vallentine Mitchell, London, 1954.
Edwards, I.E.S., The Pyramids of Egypt, Viking, New York, NY, 1986.
Ehler, Sidney Z., and Morral, John B. (eds.), Church and State through the Centuries, Burns & Oates, London, 1954.
Eichengreen, Barry, and Flandreau, Marc, Gold Standard in Theory and History, Routledge /Taylor & Francis, London, 1997.
Eisenman, Robert, The Dead Sea Scrolls and the First Christians, Element Books, Shaftesbury, 1996.
— Maccabees, Zadokites. Christians and Qumrân, E.J. Brill, Leiden, 1983.
Elliot–Binns, L., The Book of Numbers, (Westminster Commentaries), Methuen, London, 1926.
Encyclopaedia Judaica Decennial, Keter Publishing, London, 1997.
Engnell, Ivan, Studies in Divine Kingship in the Ancient Near East, Basil Blackwell, Oxford, 1967.
Epstein, Perle, The Way of the Jewish Mystic, Shambhala, Boston, MA, 1988.
Eusebius of Caesarea, Ecclesiastical History (trans. C.F. Crusé), George Bell, London, 1874.

Fagan, Brian M., Kingdoms of Gold, Kingdoms of Jade, Thames & Hudson, London, 1991.
Faivre, Antoine, The Golden Fleece and Alchemy, State University of New York Press, New York, NY, 1993.
Faulkner, R.O., The Ancient Egyptian Pyramid Texts, Oxford University Press, Oxford, 1969.
Forbes, R.J., Studies in Ancient Technology: No. 8, Metallurgy in Antiquity—Part 1: Early Metallurgy, E.J. Brill, Leiden, 1971.
Frankfort, Henri, Kingship and the Gods, University of Chicago Press, Chicago, 1948.

Gadd, C. J., The Fall of Nineveh, British Academy & Oxford University Press, Oxford, 1932.
— The Stones of Assyria, Chatto & Windus, London, 1936.
Gahlin, Lucia, Ancient Egypt: Gods, Myths and Religion, Lorenz Books, New York, NY, 2001.
Gardiner, Alan, Egyptian Grammar, Griffith Institute, Ashmolean Museum, Oxford, 1957.
Gardner, Laurence, Bloodline of the Holy Grail, HarperCollins, London, 2002.
— Genesis of the Grail Kings, Bantam Press, London, 1999.
— Realm of the Ring Lords, HarperCollins, London, 2003.
Garstang, John, The Foundations of Bible History: Joshua and Judges, Constable, London, 1931.
Geden, Alfred D., Studies in the Religions of the East, Charles H. Kelly, London, 1913.
Gerber, Pat, Stone of Destiny, Cannongate, Edinburgh, 1997.
Gherman, Beverly, The Mysterious Rays of Dr. Roentgen, Atheneum, New York, NY, 1994.
Gibson, Shimon, and Jacobsen. David M., Below the Temple Mount in Jerusalem, Tempus Reparatum, Oxford, 1996.
Gimpel, Jean, The Medieval Machine: The Industrial Revolution of the Middle Ages, Pimlico, London, 1976.
Ginsberg, Louis, Legends of the Jews, John Hopkins University Press, Baltimore, MD, 1998.
Glasser, Otto, Dr. W.C.R. Röntgen, Charles C. Thomas, Springfield, IL, 1972.
Gould, R.F., Gould's History of Freemasonry, Caxton, London, 1933.
Grant, Kenneth, The Magical Revival, Skoob Books, London, 1991.
Graves, Robert, The White Goddess, Faber & Faber, London, 1961.

Gray, John, The Canaanites, Thames & Hudson, London, 1964.

Greene, Brian, The Elegant Universe, Vintage, New York, NY, 2000.

Gribbin, John, The Search for Superstrings, Little, Brown, New York, NY, 1999.

Grierson, Roderick, and Munro-Hay, Stuart, The Ark of the Covenant, Weidenfeld & Nicolson, London, 1999.

Guirand, Felix, Greek Mythology, (trans. Delano Ames), Paul Hamlyn, London, 1965.

Guthrie, H.H., God and History in the Old Testament, SPCK, London, 1961.

Hall, Manly P., The Lost Keys of Freemasonry, Macoy Publishing and Masonic Supply, Richmond, VA, 1976.

— The Secret Teachings of All Ages, Philosophical Research Society, Los Angeles, CA, 1989.

Hamill, J., The Craft: A History of English Freemasonry, Crucible/Thorsons, London, 1986.

Hancock, Graham, Fingerprints of the Gods, William Heinemann, London, 1995.

— The Sign and the Seal, William Heinemann, London, 1992.

Harden, Donald, The Phoenicians: Ancient People and Places, Thames & Hudson, London, 1963.

Hasse, A, Landwehr, G., and Umbach, E., Rontgen Centennial: X-Rays Today in Natural Life Sciences, World Scientific Publishing, London, 1997.

Hastings, James, Dictionary of the Bible, T. & T. Clark, Edinburgh, 1909.

Hawking, Stephen, The Illustrated A Brief History of Time, Bantam, London, 1996.

Heard, Richard, An Introduction to the New Testament, Adam & Charles Black, London, 1950.

Hebert, Arthur Gabriel, The Authority of the Old Testament, Faber and Faber, London, 1947.

Heidel, Alexander, The Babylonian Genesis, University of Chicago Press, Chicago, IL, 1942.

Herodotus, The Histories, (trans. Robin Waterfield), Oxford University Press, Oxford, 1998.

Herzog, Chiam, and Gichon, Mordechai, Battles of the Bible, Greenhill Books, London, 1997.

Hill, Mary, Gold, University of California Press, Berkeley, CA, 2000.

Hocart, A.M., Kingship, Oxford University Press, Oxford, 1927.

Hodges, Henry, Technology in the Ancient World, Allen Lane, The Penguin Press, London, 1970.

Hooke, S.H., The Labyrinth, SPCK, London, 1935.

— Myth, Ritual, and Kingship, Clarendon Press, Oxford, 1958.

— The Siege Perilous, SCM Press, London, 1956.

Horne, Alex, King Solomon's Temple in the Masonic Tradition, Aquarian Press, London, 1971.

Howard, Michael, The Occult Conspiracy, Rider/Century Hutchinson, London, 1989.

Hunter, Michael, Science and Society in Restoration England, Cambridge University Press, Cambridge, 1981.

Isserlin, B.S.J., The Israelites, Thames & Hudson, London, 1998.

Jack, J.W., The Ras Shamra Tablets: Their Bearing on the Old Testament, T. & T. Clark, Edinburgh, 1935.

Jacobsen, Thorkild, The Sumerian King List, (Assyrialogical Studies No.11), University of Chicago Press, Chicago, IL, 1939.

— The Treasures of Darkness: A History of Mesopotamian Religion, Yale University Press, New Haven, CT, 1976.

James, E.O., The Ancient Gods, Weidenfeld & Nicolson, London,1960.

— The Nature and Function of the Priesthood, Thames & Hudson, London, 1955.

성궤의 잃어버린 비밀　451

James, John, The Master Masons of Chartres, West Grinstead Publishing, Leura, NSW, 1990.

Jennings, Hargrave, The Rosicrucians: Their Rites and Mysteries, Routledge, London, 1887.

Jeremias, Alfred, The Old Testament in the Light of the Ancient Near East, Williams & Norgate, London, 1911.

Jerusalem Bible, The, Darton, Longman & Todd, London, 1996.

Jones, A.H.M., The Herods of Judaea, Clarendon Press, Oxford, 1938.

Jones, Bernard E., Freemasons' Book of the Royal Arch, George G. Harrap, London, 1980.

— Freemasons' Guide and Compendium, Harrap, London, 1956.

Jones, Steve, In the Blood: God, Genes and Destiny, HarperCollins, London, 1996.

Josephus, Flavius, The Works of Flavius Josephus, including The Antiquities of the Jews, The ars of the Jews and Against Apion, (trans. William Whiston), Milner & Sowerby, London, 1870.

Jung, Carl Gustav, Psychology and Alchemy, Routledge, London, 1980.

Kaiser, Cletus J., The Capacitor Handbook, Van Nostrand Reinhold, New York, NY, 1993.

Kaku, Michio, Beyond Einstein, Anchor Books, New York, NY, 1995.

Keating, Geoffrey, The History of Ireland, (trans. David Comyn and Rev. P.S. Dinneen), 1640; reprinted by Irish Texts Society, London, 1902–14.

Keil, K.F., Manual of Biblical Archaeology, (trans. Peter Christie), T. & T. Clark, Edinburgh, 1888.

Keller, Werner, The Bible as History, (trans. William Neil), Hodder & Stoughton, London, 1956.

Kennett, R.H., Deuteronomy and the Decalogue, Cambridge University Press, Cambridge, 1920.

Kenney, James F., The Sources for the Early History of Ireland, Four Courts Press, Dublin, 1966.

Kenyon, Kathleen, Amorites and Canaanites, (The Schweich Lectures, 1963), Oxford University Press, Oxford, 1966.

King, Karen L. (ed.), Images of the Feminine in Gnosticism, Fortres Press, Philadelphia, PA, 1988.

Kingsland, William, The Gnosis or Ancient Wisdom in the Christian Scriptures, Allen & Unwin, London, 1937.

Kipling, David, The Telomere, Oxford University Press, Oxford, 1995.

Kitchen, Kenneth Anderson, Ramesside Inscriptions, B.H. Blackwell, Oxford, 1975.

Kjellson, Henry, Forvunen Teknik, Nihil, Copenhagen, 1974.

Knappert, Jan, The Encyclopedia of Middle Eastern Religion and Mythology, Element Books, Shaftesbury, 1993.

Knight, Christopher, and Lomas, Robert, The Hiram Key, Century, London, 1996.

Knight, S., The Brotherhood: The Secret World of the Freemasons, Granada, St. Albans, 1984.

Kostjuk, Olga G., Gold of the Tsars, Arnoldsche Verlagsanstalt, Stuttgart, 1996.

Kramer, Samuel Noah, History Begins at Sumer, Thames & Hudson, London, 1958.

— Sumerian Mythology, Harper Bros., New York, NY, 1961.

Kuhl, C., The Prophets of Israel, Oliver and Boyd, London, 1960.

Lambert, W.G., Babylonian Wisdom Literature, Clarendon Press, Oxford, 1960.

Lapidus, In Pursuit of Gold: Alchemy in Theory and Practice, (ed. Stephen Skinner), Neville Spearman, London, 1976.

Leick, Gwendolyn, Mesopotamia, Allen Lane/Penguin, London, 2001.

Lomesurier, Peter, The Great Pyramid Decoded, Element, Shaftesbury, 1997.

Levine, Moshe, The Tabernacle: Its Structure and Utensils, Soncino Press, Tel Aviv, 1969.

Levine, Sue A., The Northern Foreportal Column Figures of Chartres Cathedral, Verlag Peter Lang, Frankfurt, 1001.

Lewis, H. Spencer, The Mystical Life of Jesus, Ancient and Mystical Order Rosae Crucis, San Jose, CA, 1982.

Lindblom, J., Prophecy in Ancient Israel, Basil Blackwell, Oxford, 1962.

Lister, Martin, A Journey to Paris in the Year 1698, Jacob Tonson, London 1699.

Lloyd, Seton, The Art of the Ancient Near East, Thames & Hudson, London, 1961.

Lohmeyer, E., Lord of the Temple, (trans. S. Todd), Oliver and Boyd, London,1961.

Lomas, Robert, The Invisible College, Headline, London, 2002.

Loomis, Roger Sherman, The Grail: From Celtic Myth to Christian Symbolism, University of Wales Press, Cardiff, 1963.

Luckert, Karl W., Egyptian Light and Hebrew Fire, State University of New York Press, New York, NY, 1991.

Maiman, Theodore, The Laser Odyssey, Laser Press, Blaine, WA, 2000.

Malan, Rev. S.C. (trans.), The Book of Adam and Eve, (from the Ethiopic text), Williams & Norgate, London, 1882.

Manley, M.A., The Book of the Law: Studies in the Date of Deuteronomy, Tyndale Press, London, 1957.

Marazov, Ivan; Fol, Alexander; Tacheva, Margarita, and Venedikov, Ivan, Ancient Gold: The Wealth of the Thracians, Harry N. Abrams, New York, NY, 1998.

Marshall, Peter, The Philosopher's Stone, Macmillan, London, 2001.

Martin, G.T., The Royal Tomb at El-Amarna, Egypt Exploration Society, London, 1974.

Martin, Malachi, The Decline and Fall of the Roman Church, Secker & Warburg, London, 1982.

Matthews, W.H., Mazes and Labyrinths, Dover Publications, New York, NY, 1970.

May, Herbert G., Oxford Bible Atlas, Oxford University Press, Oxford, 1964.

McCalman, Iain, with Cook, Alexander, and Reeves, Andrew (eds.), Gold, Cambridge University Press, Cambridge, 2001.

McEwan, John, Pre-Columbian Gold, Fitzroy Dearborn, Chicago, IL, 2001.

McNeile, A.H., The Book of Exodus, (Westminster Commentaries), Methuen, London, 1917.

McTaggart, Lynne, The Field, HarperCollins, London, 2001.

Michell, John, The Dimensions of Paradise, Thames & Hudson, London, 1988.

Miles, Jack, God: A Biography, Vintage, New York, NY, 1996.

Milik, J.T., Ten Years of Discovery in the Wilderness of Judaea (trans. J. Strugnell), SCM Press, London, 1959.

Miller, Malcolm, Chartres Cathedral, Pitkin Guides, Andover, 1996.

Mills, Watson E. (ed.), Lutterworth Dictionary of the Bible, Lutterworth Press, Cambridge, 1994.

Montet, Pierre, Eternal Egypt, (trans. Doreen Weightman), Weidenfeld & Nicolson, London, 1964.

Muller, Hans Wolfgang, and Thiem, Eberhard, The Royal Gold of Ancient Egypt, I.B. Tauris, London, 1999.

North, Christopher R., The Old Testament Interpretation of History, Epworth Press, London, 1946.

Noth, Martin, The History of Israel, (trans. S. Godman), Adam & Charles Black, London, 1960.

성궤의 잃어버린 비밀　453

O'Brien, Christian and Barbara Joy, The Genius of the Few, Dianthus, Cirencester, 1999.
— The Shining Ones, Dianthus, Cirencester, 1997.
Oesterley, W.O.E., and Robinson, T.H., Hebrew Religion, Its Origin and Development, SPCK, London, 1937.
Oldenbourg, Zoé, Massacre at Monts é gur, (trans. Peter Green), Pantheon, New York, NY, 1961.
Osman, Ahmed, Moses, Pharaoh of Egypt, Grafton/Collins, London, 1990.
— The House of the Messiah, HarperCollins, London, 1992.
— Stranger in the Valley of Kings, Souvenir Press, London, 1987.
Osterley, W.O.E., Hebrew Religion—Its Origin and Development, Macmillan, New York, 1937.

Patai, Raphael, The Hebrew Goddess, Wayne State University Press, Detroit, MI, 1967.
— The Jewish Alchemists, Princeton University Press, Princeton, NJ, 1994.
— The Jewish Mind, Charles Scribner's Sons, New York, NY, 1977.
Peet, T. Eric, Egypt and the Old Testament, Liverpool University Press, Liverpool, 1922.
Perowne, S., The Later Herods, Hodder & Stoughton, London, 1958.
— The Life and Times of Herod the Great, Hodder & Stoughton, London, 1956.
Petrie, W.M. Flinders, Ancient Egypt and Ancient Israel, (1910), Ares Publishers, Chicago, IL, 1980.
— Researches in Sinai, John Murray, London, 1906.
Philalethes, Eirenaeus, Introitus apertus ad occulusum regis palatium—Open entrance to the closed palace of the King: Secrets Revealed, Musaeum Hermeticum, Amsterdam, 1667.
— Tres tractatus de metallorum transmutatione—Brief Guide to the Celestial Ruby, Musaeum Hermeticum, Amsterdam, 1668.
Porter, J.R., The Illustrated Guide to the Bible, Duncan Baird, London, 1995.
Presley, Reg, Wild Things They Don't Want Us to Know, Blake/Metro, London, 2002.
Pritchard, James B., The Ancient Near East In Pictures: Relating to the Old Testament, Princeton University Press, Princeton, NJ, 1954.

Qualls—Corbett, Nancy, The Sacred Prostitute, Inner City Books, Toronto, 1988.

Rad, G. von, Studies in Deuteronomy, SCM Press, London, 1953.
Ramage, Andrew, and Craddock, Paul, King Croesus' Gold: Excavations at Sardis, British Museum, London, 2000.
Rankin, O.S., Israel's Wisdom Literature, T. & T. Clark, Edinburgh, 1936.
Ravenscroft, Trevor, and Wallace—Murphy, Tim, The Mark of the Beast, Samuel Weiser, York Beach, ME, 1997.
Read, John, Prelude to Chemistry, Bell, London, 1936.
Reade, Julian, Assyrian Sculpture, British Museum, London, 1983.
— Mesopotamia, British Museum, London, 1991.
Reader's Digest, The World's Last Mysteries, Reader's Digest, London, 1978.
Recht, Rolland, Les Bâtisseurs des Cathédrales Gothiques, Éditions les Musées de la Ville de Strasbourg, Strasbourg, 1989.
Redford, Donald B., Akhenaten, the Heretic King, Princeton University Press, Princeton, NJ, 1984.
— Egypt, Canaan and Israel in Ancient Times, Princeton University Press, Princeton, NJ, 1992.

Reed, William L., The Asherah in the Old Testament, Texan Christian University Press, Fort Worth, TX, 1949.

Reeder, Ellen (ed.), Scythian Gold, Harry N. Abrams, New York, NY, 1999.

Reeves, Nicholas, The Complete Tutankhamun, Thames & Hudson, London, 1990.

— Ancient Egypt: The Great Discoveries, Thames & Hudson, London, 2000.

Reiter, Russel J., and Robinson, Jo, Melatonin, Bantam Books, New York, NY, 1996.

Ritmeyer, Leen and Kathleen, Secrets of Jerusalem's Temple Mount, Biblical Archaeological Society, Washington, DC, 1998.

Roaf, Michael, Cultural Atlas of Mesopotamia and the Ancient Near East, Equinox, Oxford, 1990.

Roberts, Rev. Alexander, and Donaldson, James (eds.), Ante–Nicene Fathers No.6, Continuum International/T. & T. Clark, Edinburgh, 1980.

Robinson, H.W., Inspiration and Revelation in the Old Testament, Clarendon Press, Oxford, 1956.

— The Religious Ideas of the Old Testament, G. Duckworth, London, 1959.

Robinson, James, The Nag Hammadi Library, The Coptic Gnostic Project, E.J. Brill, Leiden, 1977.

Rohl, David M., A Test of Time: The Bible from Myth to History, Century, London, 1995.

Rola, Stanislas Klossowski de, Alchemy, Thames & Hudson, London, 1977.

Roney–Dougal, Serena, Where Science and Magic Meet, Element Books, Shaftesbury, 1993.

Roux, Georges, Ancient Iraq, George Allen & Unwin, London, 1964.

Rowley, H.H., From Moses to Qumrân, Lutterworth Press, 1963.

— The Rediscovery of the Old Testament, James Clarke & Co., London, 1945.

— Royal Arch: Aldersgate Ritual, Lewis Masonic, Hersham, 1999.

Runciman, Steven, A History of the Crusades, Cambridge University Press, Cambridge, 1951.

Sanderson, Ivan T., Investigating the Unexplained, Prentice Hall, Englewood Cliffs, NJ, 1972.

Sarna, Nahum M., The Origins of the Biblical Israel, Schocken Books, New York, NY, 1996.

Sassoon, John, From Sumer to Jerusalem, Intellect Books, Oxford, 1993.

Schonfield, Hugh J., The Essene Odyssey, Element Books, Shaftesbury, 1984.

— The Passover Plot, Element Books, Shaftesbury, 1985.

Scholem, Gershom G., Major Trends in Jewish Mysticism, Thames & Hudson, London, 1955.

— On the Kabbalah and its Symbolism, Schocken Books, New York, 1965.

— Zohar: The Book of Splendour, Schocken Books, New York, NY, 1963.

Schröter, Willy, A Rosicrucian Notebook, Samuel Weiser, York Beach, Maine, 1992.

Segal, J.B., The Hebrew Passover: From the Earliest Times to A.D. 70, Oxford University Press, Oxford, 1963.

Seward, Desmond, The Monks of War, Paladin/Granada, St. Albans, 1974.

Shafer, Byron E., Temples of Ancient Egypt, Cornell University Press. Ithaca, NY, 1999.

Shapiro, Debbie, The BodyMind Workbook, Element Books, Shaftesbury, 1990.

Simpson, Cuthbert A., Composition of the Book of Judges, Basil Blackwell, Oxford, 1957.

— The Early Traditions of Israel, Basil Blackwell, Oxford, 1948.

Sinclair, Andrew, The Sword and the Grail, Crown, New York, NY, 1992.

Sitchin, Zecharia, Divine Encounters, Avon Books, New York, NY, 1990.

— Genesis Revisited, Avon Books, New York, NY, 1995.

— The 12th Planet, Avon Books, New York, 1978.

Smith, Dr. William, Smith's Bible Dictionary, (1868 revised), Hendrickson, Peabody, MA, 1998.

성궤의 잃어버린 비밀　455

Smith, Ray Winfield, and Redford, Donald B., The Akhenaten Temple Project, Aris & Phillips, Warminster, 1976.

Smith, Sidney, Early History of Assyria, Chatto & Windus, London, 1928.

Smith, W. Robertson, The Religion of the Semites, Adam & Charles Black, London, 1894.

Snape, Steven, Egyptian Temples, Shire Publications, Risborough, 1996.

Spahn, Heinz—Peter, From Gold to Euro, Springer Veriag, Heidelberg, 2001.

Sparks, H.F.D. (ed.), Apocryphal Old Testament, Clarendon Press, Oxford, 1984.

Spong, John Selby, Born of a Woman, HarperSanFrancisco, San Francisco, CA, 1994.

Stierlin, Henri, The Gold of the Pharaohs, Pierre Terail, Paris, 1997.

Stoyanov, Yuri, The Hidden Tradition in Europe, Arkana/Penguin, London, 1995.

Strong, James, The Exhaustive Concordance of the Bible, Abingdon Press, New York, NY, 1890.

Suarès, Carlo, The Cipher of Genesis, Samuel Weiser, Maine, 1992.

Sworder, Mary (ed.), Fulcanelli, Master Alchemist—Le Mystère des Cathédrales, Brotherhood of Life, Albuquerque, NM, 1986.

Tacitus, The Annals of Imperial Rome, (trans. Michael Grant), Penguin, London, 1956.

— The Histories, (trans. Kenneth Wellesley), Penguin, London, 1995.

Taylor, F. Sherwood, The Alchemists, Heinemann, London, 1952.

Taylor, J.W., The Coming of the Saints, Covenant Books, London, 1969.

Taylor, Nick, Laser: The Inventor, the Noble Laureate, and the Thirty—year Patent War, Simon & Schuster, New York, NY, 2000.

Temple, Robert, The Crystal Sun, Century, London, 2000.

Thiele, Edwin R., The Mysterious Numbers of the Hebrew Kings, Zondervan, Grand Rapids, MI, 1983.

Thiering, Barbara, Jesus the Man, Transworld, London, 1992.

Thomas, D. Winton (ed.), Documents From Old Testament Times, HarperCollins, New York, NY, 1961.

Times Atlas of Archaeology, The, Times Books, London, 1988.

Times Atlas of the Bible, The, Times Books, London, 1987.

Tinniswood, Adrian, His Invention So Fertile: A Life of Christopher Wren, Jonathan Cape, London, 2001.

Tiradritti, Francesco (ed.), Ancient Egypt, British Museum, London, 2002.

— The Cairo Museum, Thames & Hudson, London, 1999.

Torjesen, Karen Jo, When Women Were Priests, HarperSanFrancisco, San Francisco, CA, 1995.

Unterman, Alan, Dictionary of Jewish Lore and Legend, Thames & Hudson, London, 1997.

Van der Leeuw, G., Religion in Essence and Manifestation, (trans J.E. Turner), Allen & Unwin, 1938.

Vaux, Roland de, The Early History of Israel to the Period of the Judges, Darton, Longman & Todd, London, 1978.

Velikovsky, Immanuel, Ages in Chaos, Sidgwick & Jackson, London, 1952.

— Worlds in Collision, Victor Gollancz, London, 1973.

Vermes, Geza, The Complete Dead Sea Scrolls in English, Penguin, London, 1998.

— Jesus the Jew, SCM Press, London, 1983.

Vernus, Pascal, and Lessing, Erich, The Gods of Ancient Egypt, Tauris Parke, London, 1998.

Vilar, Pierre (trans. Judith White), A History of Gold and Money, 1450-1920, Verso Books, London, 1984.

Voragine, Jacobus de, The Golden Legend, (trans. William Caxton), Cambridge University Press, Cambridge, 1972.

Vriezen, Thomas C., An Outline of Old Testament Theology, (trans. S. Neuijen), Basil Blackwell, Oxford, 1958.

Waite, Arthur Edward, Alchemists Through the Ages, Steinerbooks, New York, NY, 1988.

— The Brotherhood of the Rosy Cross, William Rider, London, 1924.

— The Hidden Church of the Holy Grail, Rebman, London, 1909.

— The New Encyclopedia of Freemasonry, Weathervane, New York, 1970.

Wallace—Murphy, Tim, and Hopkins, Marilyn, Rosslyn, Element Books, Shaftesbury, 1999.

Ward J.S.M., Freemasonry and the Ancient Gods, Baskerville, London, 1926.

— Who Was Hiram Abiff?, Baskerville, London, 1925.

Watterson, Barbara, Amarna: Ancient Egypt's Age of Revolution, Tempus, Stroud, 1999.

— Gods of Ancient Egypt, Sutton, Stroud, 1996.

Weigall, Arthur, The Life and Times of Akhenaten, Thornton Butterworth, London, 1910.

Weinberg, Steven Lee (ed.), Ramtha, Sovereignty Inc., Eastbound, WA, 1986.

Welch, A.C., The Work of the Chronicler, (Schweich Lectures, 1938), The British Academy, London, 1939.

White, Michael, Isaac Newton, Fourth Estate, London, 1997.

Wilkinson, John T., Principles of Biblical Interpretation, Epworth Press, London, 1960.

Wilkinson, Richard H., The Complete Temples of Ancient Egypt, Thames & Hudson, London, 2000.

Williams, Dyfri, and Ogden, Jack, Greek Gold, British Museum Press, London, 1994.

Wilson, A.N., Jesus Sinclair Stevenson, London, 1992.

Wilson, Colin, and Grant, John, The Directory of Possibilities, Webb & Bower, Exeter 1981,

Witt, Reginald Eldred, Isis in the Greco—Roman World, Thames & Hudson, London, 1971.

Wojcik, Jan W., Robert Boyle and the Limits of Reason, Cambridge University Press, Cambridge, 1997.

Wolters, Al, The Copper Scroll, Sheffield Academic Press, Sheffield, 1996.

Wood, David, Genisis: The First Book of Revelations, Baton Press, Tunbridge Wells, 1985.

Wright, G. Ernest, The Old Testament Against its Environment, SCM. Press, London, 1950.

Yadin, Yigael, The Art of Warfare in Biblical Lands, Weidenfeld & Nicolson, London, 1963.

— The Temple Scroll, Weidenfeld & Nicolson, London, 1985.

Yates, Frances A., The Rosicrucian Enlightenment, Routledge, London, 1972.

Yatri, Unknown Man, Sidgwick & Jackson, London, 1988.

Young, Edward J., An Introduction to the Old Testament, Tyndale Press, London, 1960.

Ziegler, Jerry L., YHWH, Star Publications, Morton, IL, 1977.

Zuckerman, Arthur J., A Jewish Princedom in Feudal France, Columbia University Press, New York, NY, 1972.

찾아보기

가

가나안 42, 66, 70, 82, 90, 161, 171, 183, 192, 286, 307, 439, 442
가스 131, 216, 314
가스통 데 라 피에르 페부스 281
가웨인 233
가이우스 마리우스 196
가이우스 옥타비우스 197
갈리아 196, 247, 253, 258, 230
갈릴리 50,70,169,170,197,240,241
갤러해드 232
게루빔 97, 100, 117, 128, 130, 140,177, 439
게르솜 79,
게벨 무사 28,
게자 베르메스252,
고드프루아 드 부용 266, 267, 268, 283,
골라 수조 293
골리앗 173,
귀동 드 몬타노르 281, 285
그라알154
그호뜨 데 드루이드 273
글래스턴베리 대수도원 301
기브온족167
기욤 드 티레 268
기자 피라미드 31, 67,159,
길가메시 서사시 72
길루키파 84, 162
길보아산 174
길헬름 276, 279

나

나답 104,
나르메르 팔레트 135
나바테아 239,240
나사렛 174, 232, 246, 253, 260
나사로 258,
낙사고라스 116,
네브차르-아단 190,
네브카드네자르 72, 187, 189, 190, 192, 193,
네카우 190
네페르티티 75, 81, 83, 84, 416
네펠레 116
노아 89, 286

노트르담 성당 272, 316
누가복음 244, 245, 246, 247, 249, 250, 253
누비아 사막 109, 186
느보산 165,
느부갓네살 93, 99
느헤미야기 56
니네베 193
니콜라스 플라멜 23,122, 123
님로드 304

다

다니엘서 102
다니엘 시웰 워드 21, 219, 223, 226,321, 325
다리우스 1세 193
다리우스 3세 195
다마스쿠스 문서 242,292
다우 케미컬 206
다윗 48, 52, 68, 73, 87, 96, 163, 173, 186, 190, 234, 276, 418, 438
다이달로스 318, 434
데이비드 1세 282,
데이비드 파인스 219,
데이비드 허드슨 201, 211, 221, 240, 322, 425, 441, 446
데카르트 152
데포시니 254, 255, 261,
덴데라 신전 138, 440
덴데라 황도 136,
델릴라 171
도미티아누스 255,
두발가인 118
둠밈-스헤티야 67, 68
드미트리 멘델레예프 146

라

라 77, 81, 120, 130, 135, 307, 340
라로셸 282
라멕 118, 119, 120,
라스 샴라 73
람세스 1세 79, 81, 82
람세스 2세 82
람세스 3세 170
랑그독 259, 277, 278, 279, 280, 281
레너드 울리 147
레네 하우 222
레베카 170

458   Lost Secrets of the Sacred Ark

레사 246
레오 1세 181
레위기 49, 92,
레위족 65, 74, 95, 101, 165, 173, 187, 250,
　296
로듐 143, 148, 151, 160, 204, 218
로렌스 더모트 106, 297, 311
로마 교회 181, 256, 261, 277
로물루스 아우구스툴루스 181
로버트 더 브루스 285, 303, 313,
로버트 보일 298, 300, 445
로버트 플러드 305
로버트 후크 300
로슬린 성당 320
로엔그린 158,
로열 아치 프리메이슨 55, 144, 296, 304, 445
로제타석 34,
루비 레이저 61, 62
루위안(인) 171,
루이 샤르팡티에 273, 325,
루이 7세 267, 270
루이 9세 267
루이 드 그리모아르 281
루키우스 코르넬리우스 술라 196
루테늄 143, 150, 204, 218, 429,
르호보암 188
리디아(인) 113, 144

마

마가복음 249, 253
마기(동방박사) 155
마르두크 54
마리 왕국 171
마리아 야곱 253
마리암메 236
마소라 히브리 성경 188
마아트 130
마이클 스피어 213,
마이클 패러데이 137, 140,
마카베오서 188, 234, 236
마태복음 243, 250, 257,
마틴 리스터 321,324,
막달라 마리아 253, 257, 270, 444
만나 49, 65, 218, 228, 437, 439
말라위 129
말리크 샤 266
맛다디아 234, 235,

메넬리크 91, 180
메르넵타 82,
메리 스튜어트 297
메라-키바(키야) 84
메소포타미아(인) 23, 47, 54, 62, 72, 84, 92,
　113, 146, 153, 162, 170, 193, 201, 231,
　254, 261, 307, 314, 438, 440
멘카우레 159
멜기세덱 46, 52, 231, 241, 249
멜라토닌 151, 155
모르몬 67,
모리아산 164, 174, 265, 295, 310
모세 24, 50, 91, 100, 150, 161, 182, 225, 274,
　286, 310, 417
모세오경 55, 92, 95, 161
모스크 262, 268
모압(인) 165, 174
몬테수마 111
무어(인) 276
므깃도 174, 176, 190
미디안 28, 79, 81, 86, 164, 170
미리암 83, 162, 169, 174, 190
미쉬나 293, 313,
미쉬네 토라 189
민수기 57, 66, 92, 103, 161

바

바그다드 배터리 145
바리새인 196
바바라 쓰레일 289
바빌론 72, 187, 190, 192, 254, 292, 304,
바빌로니아(인) 29, 44, 54, 92, 101, 153, 189,
　192, 236, 245, 261, 295, 418
바알 169, 189, 192,
바울 52, 65, 182, 249, 256
바티칸 270, 275, 280, 288
반달족 181,
발란트라도치 282
발루아 왕가 283
밧세바 175, 186
베냐민 173, 276
베네딕트 11세 280
베눅번 전투 2845, 313
베드로 182, 249, 257
베들레헴 48, 244, 249, 260,
베르나르 269, 272, 277, 282, 315
베스파시아누스 255

성궤의 잃어버린 비밀　459

벳세메스 173
보두앵 266, 268,
보두앵 2세 268,
보니파스 8세 280,
불가타 성경 47, 69, 94
브리스톨-마이어스 스퀴브 150
브살렐 48, 90, 97, 129, 142, 252, 260, 310, 440
블레셋(인) 87, 161, 170
비엔 공의회 289
빌라르 드호네쿠르 317
빌립보 복음서 253,
빌헬름 쾨니히 133

사

사도행전 249, 251
사독 174, 241
사라 162, 164
사르곤 대왕 72,
사르곤 2세 153, 185
사르디스 113, 144
사마리아 70, 197, 286,
사무엘 169, 172
사무엘서 57, 85, 100, 251, 418
사보아스 99
사사기 57, 169
사울 172-174,
사탄 182
사피르 55, 66, 101, 117, 119, 129, 144,
살라딘 267
살로메 253,
삼손 169
샤를마뉴 85, 262, 276, 283
샤를 칼린 319
성모 마리아 243, 246, 250, 252, 253, 258,
성전기사단 24, 52, 176, 190, 224, 268, 280, 295, 303, 320, 322,
세겜 169
세라비트 엘 카딤 28, 31, 40, 51, 67, 129, 135, 139, 178, 319
세라핌 103
세로토닌 151
세숑크 188
세자르 미니빌 282
세티 1세 82
세페르 하 조하르 55
셀주크 투르크 266

소돔과 고모라 241
소베코텝 36
소피아 99, 257
솔로몬 73, 91, 100, 163, 175, 183, 239, 293, 313, 418, 441
송과선 151, 155, 158, 441
수가토 보스 222
수메르(인) 54, 70, 110, 117, 135, 147, 153, 183, 225, 302
쉐브레드 48-49
쉠-안-나 23, 37, 66, 148, 152,201, 240, 261, 313, 440, 441, 444
슈르나왕
스네푸르 28
스룹바벨 193, 245, 246, 293, 307, 313, 354, 370, 392
스멘크카레 78, 81, 83, 335, 415, 416, 417
스코틀랜드 111, 137, 183, 261, 282, 296, 303, 312, 348, 351, 445
스털링 로지
스테인드글라스 273,
스테판 교황 276
스튜어트가 305
스티븐 호킹 220, 229
시나이 24, 27, 30, 67, 76, 178, 286, 310
시농 양피지 289, 290, 291
시드기야 190,
시리아 55, 72, 109, 170, 182, 235, 248, 293, 364,
시몽 드 몽포르 277,
시므온 255
시므온 벤 요하이 55
시바 91, 179, 185
시스라 170
시타문 75, 415
시트레 68,
시편 100, 127, 161, 307
실로 96, 169, 172
실베스텔 주교 256,
실비 코빌 135, 138
십계명 54, 62, 64, 86, 90, 115, 436, 440
십보라 79

아

아나스 189,
아누 307,
아누비스 40, 41, 130, 131, 439,

아다파 서판 72,
아담 92, 95, 182, 244, 251,
아더 261,
아도니아 175,
아드리아노 포르지오네 288,
아람인 55,
아론 38, 56, 65, 80, 104, 142, 161, 235, 250,
    363, 437, 440,
아룬델 258,
아르고 89, 115, 122,
아르고스 115,
아르네 에게브레히트 135,
아르비라거스 260,
아리마대의 요셉 233,
아리스토불루스 236
아리아드네 318, 320, 433, 434, 435
아마르나 32, 79, 81, 128, 416
아말렉인 164,
아메네모페 118, 424,
아메넴헤트 3세 32,
아멘호테프 41, 75, 77, 78
아멘호테프 4세 77,
아모리인 165,
아몬 84,
아문레 41
아부드 왕 239
아부 살리 184,
아브라함 42, 46, 54, 63, 88, 117, 155, 231,
    286,
아비도스 40,
아비후 104,
아비훗 246
아슈르나시르팔 153
아슈르바니팔 192
아스다롯 169
아스클레피오스 59, 61, 120, 123
아스타르테 287
아시리아 29, 72, 116, 153, 185, 261, 314, 363,
    390, 418
아우구스투스 247, 248, 267, 305,
아우구스틴 베아 255
아우르 카스데임스 54,
아이 78, 81, 130, 167
아이작 뉴턴 39, 123, 300, 305, 445
아일랜드 21, 190, 261, 284, 306, 308, 313
아일랜드 그랜드 캠프 306
아일레이섬 283
아즈나 차크라 155

아즈텍 110
아케나텐 32, 42, 78, 128, 162, 286, 322, 415,
    438
아텐 77, 84, 128
아폴로니우스 123
아흐메드 오스만 71, 75
악티움 해전 197
안나 260
안나(요안나) 253
(성)안드레아 성전기사단 194
안킴 36
안토니우스와 클레오파트라 197, 236
안톤 자일링거 222
안티고누스 195, 236
안티오코스 3세 195
안티오코스 4세 195, 235
안티오크 181, 256
안티파테르 197
알렉산더 대왕 53, 195, 235, 364, 392
알렉산더 듀샤르 306
알렉산드리아(인) 23, 99, 123, 149, 195, 197,
    256, 287
알렉시우스 1세 266
알루미늄 160, 202, 214
알-마문 칼리프 159
알비게네스
알비파 십자군 279, 280
알쿠비에르 미구엘 213
알폰소 271
암몬인 165
압디아스서 254
압살롬 175
압칼루 153, 314, 441
앙드레 드 몽바르 269
앙리 드 몽포르 281
양투안 파이브르 274
애버딘 로지 297
앤 콘웨이 298
앨런 가디너 30
야곱 69, 82, 119, 162, 190, 233, 246, 258,
    321, 419
야긴과 보아스 177, 190, 287
야살의 책 85, 87
어거스터스 프레데릭
에녹 118
에녹서 122
에누마 엘리쉬 63, 72
에돔인 164

에드워드 2세 282, 290
에드워드 7세 27
에드워드 브루스 284, 313
에메랄드 서판 117, 120, 301, 445
에벨 69, 74
에스겔서 100, 241
에오케이드 4세 261
에우세비우스 245, 254
에이레네우스 필랄레테스 14, 39, 51
에티오피아 71, 85, 91, 180, 439, 442
에크론 171
엔닐 47
엔리케 코르넬리오 아그리파 183
엘로히스트 92, 95
엘르아살 56, 66
엘르아제르 안나스 248
엘리아스 애쉬몰 39, 321
엘리야 103, 265, 321
엘리에셀 79
(성)엘모의 불 131
엘 샤다이 38, 46, 66, 86, 95, 101, 164, 190,
    440
여고니아 190, 193
여로보암 188, 378
여리고 47, 96, 165, 437, 442
여호수아서 337
여호아하스 190, 378
여호야김 190
여호와 29, 38, 43, 56, 63, 92, 127, 131, 169,
    187, 192, 287, 424
연금술 39, 51, 67, 89, 116, 123, 154, 202,
    265, 272, 298, 321, 356
열심당 241
열왕기 92, 177, 292
예레미야서 187
예루살렘 47, 65, 94, 101, 162, 188, 195, 224,
    240, 261, 279, 292, 312, 364, 442
예루살렘 성전 24, 55, 95, 144, 180, 238, 292,
    308, 313, 320, 418
예멘 185
예수 43, 85, 104, 123, 155, 163, 181, 197,
    232, 243, 250, 273, 437
예쿠노 암락 183
오그도아드 120
오마르 이븐 알-카타브 265, 322
오벨리스크 29, 286, 322
오시리스 135, 137
와디 할파 109

와디 함마마트 109
외젠 캉젤리에 287
요나단 173, 235
요셉 43, 233, 246, 252, 444
요아스 65, 163
(성) 요한 257, 269, 282
요한계시록 52, 189, 257, 274
요한복음 249, 251
요한 22세 284, 290
요한 23세 255
욥기 60, 117
우나스 34
우르바노 2세 266
우르바바 304
우리 벤 홀 48, 88
우림과 둠밈 56, 67, 104, 128, 143, 440
우림-샤미르 57, 58, 62, 128, 440
웃사 104, 142, 174
유다 마카베오 195, 233, 234, 241
유대인 49, 70, 91, 117, 155, 183, 232, 265,
    302, 438
유딧 162
유마계곡 201
유스터스 266
유진 폴지크 223
유카라이아 258
월리스 버지 322
위그 드 파앵 268, 282, 315
윌라드 M. 그레이 134
윌리엄 캑스턴 105, 258
이가엘 야딘 178
이노센트 2세 270
이드로 79, 86
이리듐 66, 143, 160, 204, 322
이반 샌더슨 137,
이사야서 94, 103
이삭 162
이슈타르 44
이스라엘인 49, 59, 70, 81, 130, 161, 225,
    250, 370, 418, 439
이슬람 123, 265, 276, 294
이시스 44
이집트 21, 34, 42, 68, 84, 133, 178, 225, 286,
    371, 392, 415, 437
일렉트리쿠스 115, 127, 133, 201, 440
잉카 110

자

자비르 이븐 하이얀 123
지그 드 몰레 282, 284, 288
자크 드 비아 285
잠언서 118
장미십자단 121, 296, 299, 302, 312, 321, 325
장 프랑수아 샹폴리옹 34
재커리 교황 261
제너럴 일렉트릭 134, 206, 221
제드 기둥 227
(성)제롬 94
(성)제르맹 284
제리 지글러 128
제우스 115, 133, 235
제임스 5세 285
제임스 6세 297, 298
제임스 헨리 브레스테드 71
젠틸리스 드 폴리뇨 281
조지 3세 303, 305
조지 4세 305
조커 255
존 디 301
존 메이너드 케인즈 302
주벨라 295
주벨로 295
주벨룸 295
주피터 265
줄리어스 시저 364
지그문트 프로이드 71

차

차크라 155, 156
찰스 1세 312
찰스 2세 298, 312
찰스 스튜어트 297, 299
찰스 워렌 293
찰스 타운스 60
초전도체 23, 150, 152, 158, 208, 218, 321,
   429, 442
치무 제국 110

카

카르나크 신전 49, 229, 239
카르타고 195
카르타고 공의회 231, 254

카르투슈 31, 33, 79
카발라 54, 55, 63, 117, 225
카타리파 277, 278, 279
카프레 67, 159
칼 구스타프 융 116
칼로니모스 276
케네스 클라크 138
케로프 81
케메누 121
케브라 나가스트 91, 180, 183, 186
콘스탄티누스 황제 180, 256
콘스탄티노플 180, 181, 267
(성)콜롬바 262
쿰란 60, 94, 232, 239, 252, 286, 292, 444
쿰란의 에세네파 60, 239
퀴리니우스 246, 247, 248
크룩스관 138
크리소그라피아 116
클레멘스 5세 280, 282, 288, 289, 290
클레오파트라 7세 136, 197
크로이소스 147
크롬웰 보호국 299
크리스토퍼 렌 298, 305, 320
키루스 2세 193
킬위닝 로지 303

타

타르비스 85
타마르 190, 261
타볼라 스미리기디나 헤르메티스 121
탈무드 55, 56, 101, 104, 188, 292, 313
테베 50, 75, 82, 188, 416
테세우스와 미노타우로스 320, 431
테오필누스 123
텔 마르디크 74
토마스 그레셤 299
토트 120, 121, 123
톨레도 위원회 181
투탕카텐 78
투트모세 3세 32, 41, 49, 53, 286
투트모세 4세 36, 42, 75
트라야누스 255
트렌토 공의회 231
트루아 공의회 270, 271, 277, 282, 315
트룰로 공의회 252
티레 174, 176, 179, 195, 268, 287, 310
티베리우스 그라쿠스 196

성궤의 잃어버린 비밀   463

티예 32, 75, 81, 162, 416
티투스 94, 254, 265

파

파나헤시 42, 128
파르티아(인) 133
팔라듐 143, 144, 204
팔레스타인 55, 68, 82, 171, 188, 195, 255, 271, 293
페니키아인 174
페루 110, 111
페르시아 제국 55, 193, 195
페트로니우스 238
페트로폴리타누스 사본 94
폰티우스 빌라도 241
폼페이우스 마그누스 196
풀카넬리 116, 272, 287
프란시스코 피사로 111
프란시스코 알바레스 183
프랜시스 베이컨 298
프리드리히 5세 312, 312
프리드리히 2세 267
프리메이슨 51, 55, 106, 118, 128, 144, 158, 177, 295, 319, 445
프톨레마이오스 1세 71
플라비우스 요세푸스 50, 234, 247
플라즈마 131
플라톤 120, 147, 298
플래티넘 21, 147, 150, 160, 218, 322, 422
플랜태저넷가 284, 285
플린더스 페트리 경 27
플크 드 샤르트르 268
피닉스 201, 205, 211, 428
피레네 278
피에르 도몽 283
피타고라스 120, 123
피핀 3세 276
필로 100
필리오케 조항 181
필립 아우구스투스 267
필리프 4세 280, 283, 284, 288
(마케도니아) 필립보 197

하

하드리아누스 265
하루카 후쿠다 421
하르솜투스 228
하메깃도 170
하박국 해석 242
하스몬가 195, 233, 234, 242, 257, 293, 444
하시딤 236
하워드 카터 130
하토르 31, 36, 135, 154, 226, 236, 319
하트립 서클 298
학개서 245
한니발 195
할 푸소프 158, 211, 221, 323, 324, 350, 426
헤로도토스 113
헤르메스주의 전집 301
험프레이 데이비
헤르만 피쿨트 274
헤 121, 137
헤게시푸스 255
헤르메스 116, 157, 273, 298, 301, 304, 440
헤르메스 트리스메기스투스 120
헤롯 대왕 237, 238, 247, 293
헤로도토스 113
헤로필로스 152
헨리 모어 298
헨리 1세 271
헬리오폴리스 53, 71, 75, 81, 128, 287, 307
현자의 돌 14, 23, 39, 51, 116, 121, 154, 201, 240, 273, 299, 311, 441
호노리우스 2세 315
호렘헤브 79, 81, 84
호렙산 4, 27, 36, 56, 70, 86, 109, 113, 127, 144, 161, 175, 310, 440
황금 양털 24, 89, 115, 272
히스기야왕 187
힐기야 189, 194, 268
힌두교 156
히포크라테스 59
히람 아비프 272, 287, 295, 308, 310
히브리서 49, 65, 218, 250
히르카누스 236, 241
히타이트 제국 170